생각의 진화

Die Evolution des Denkens.
Das moderne Weltbild - und wem wir es verdanken
by Michael Schmidt-Salomon

Copyright © 2024 Piper Verlag GmbH, München/Berlin
Korean Translation © 2025 by Chungrim Publishing Co., Ltd.
All rights reserved.
The Korean language edition is published by arrangement with
Piper Verlag GmbH through MOMO Agency, Seoul.

이 책의 한국어판 저작권은 모모 에이전시를 통해
Piper Verlag GmbH와의 독점 계약으로 ㈜청림출판에 있습니다.
저작권법에 의해 한국 내에서 보호를 받는 저작물이므로
무단전재와 무단복제를 금합니다.

생각의 진화

Die EvolutiOn DES Denkens

미하엘 슈미트잘로몬 지음
이덕임 옮김

▶▶▶▶▶▶▶▶

그들은 어떻게
시대를 앞서갔는가

추수밭

한 그루의 나무가 모여 푸른 숲을 이루듯이
청림의 책들은 삶을 풍요롭게 합니다.

나에게는 누군가를 기쁘게 할 마음이 없다.
그들이 무엇을 좋아하는지 모르기 때문이다.
하지만 나는 그들의 시야를 넘어선 것만큼은 알고 있다.

_에피쿠로스

머리는 혼자
생각하지 않는다

머리말

이제 우리는 나무만 보고 숲을 짐작할 수 없다. 생산하는 정보의 양이 많아질수록 이를 추적하기는 더욱 어려워진다. 2012년 초 일일 데이터 전송량은 10억 기가바이트에 달했다. 이는 당시까지 쓰인 책에 담긴 데이터 양의 약 2,500배이다. 이러한 정보의 홍수 속에서 중요한 것과 덜 중요한 것, 의미 있는 것과 말도 안 되는 것, 사실과 가짜를 어떻게 구별할 수 있을까?

과거에는 정보 습득이 중요했다면, 오늘날에는 정보에 휩쓸리지 않기 위해 안간힘을 써야 한다. 이는 단순하기 짝이 없는 음모 이데올로기가 사람들의 마음을 어떻게 사로잡는지 잘 설명해준다. 이것은 혼란의 바다에 떠 있는 안전한 섬이라는 커다란 이점을 제공하기 때문이다. 음모론 신봉자들은 '나는 모든 것을 알고 있다'라는 '파우스트적 확신'과 자신이 세상을 하나로 묶는 핵심 요소를 이해하고 있다는 '선택받은 소수'라는 생각에 빠진다. 이들이 자신의 세계관을 무너뜨릴 수 있는 사실과 주장을 무시하는 것은 당연하다.

음모 이데올로기는 세상의 복잡성을 묵과할 수 없을 정도로 축소하는 것에 기반을 두지만, 그렇다고 해서 복잡성을 축소하는 것이 문제는 아니다. 복잡성을 축소하는 것은 우리 삶에서 필수다. 우리의 뇌는 유입되는 수백만 비트의 정보 중에서 우리의 실존과 관련이 있거나 관련이 있을 수 있는 데이터를 매순간 걸러낸다. 이러한 신경세포의 선택 과정이 없다면 우리는 방향을 잃고 방황할 것이다. 다시 말해 인간 두뇌의 복잡성은 현실의 복잡성을 감당할 수 있을 정도로 단순화하기 위해 필요하다. 그래야만 우리의 사고 장치가 효과적인 '예측 기계'로서 기능할 수 있으며, 살면서 길을 제대로 찾아갈 수 있기 때문이다.

우리는 정보의 선택이 정보의 구성만큼이나 중요하다는 것을 안다. 하지만 실제 삶과 관련된 정보와 그렇지 않은 정보를 구분하는 기준은 무엇일까? 일반적으로 우리는 이런 질문을 던지지 않는다. 우리의 뇌는 진화를 통해 선천적으로 가지고 태어난 선택 매커니즘과 경험을 바탕으로 유입되는 모든 정보를 본능적으로 평가하기 때문이다.

이 단순한 과정은 일상생활에 도움이 되지만 실제 삶과 관련된 정보를 구분하는 객관적인 기준을 제공한다고는 볼 수 없다. 결국, 우리의 뇌는 태어난 시대나 문화, 가족에 따라 크게 좌우되는 주관적 경험을 바탕으로 작동한다. 이러한 이유로 우리는 사회화 과정에서 배운 것이 의미 있다고 여기지만, 이것들이 그 영향을 벗어나 실질적인 의미를 지니지는 않는다.

따라서 이 '주관성의 함정'에서 어떻게 벗어날 수 있을지에 대한 의문이 제기된다. 선입견이 있는 상태에서 삶과 관련되어 보이는 것과 실제로 관련된 것을 어떻게 구분할 수 있을까? 이런 경우 우리는 종종 '정량화'라는 수단에 의존한다. 자신의 주관적인 경험을 다른 많은 사람의 경험과 비교함으로써 보다 객관적인 관점을 지니려 하는 것이다. 하지만 이것은 우리에게 도움이 될까? 삶과 관련된 정보는 실제로 얼마나 많은 사람이 관련되었다고 생각하느냐에 달려 있을까? 글자나 이미지 또는 소리의 품질은 얼마나 관심이 있느냐에 따라 달라질 수 있을까?

그게 사실이라면, 2022년 '유튜브'에서 120억 회의 놀라운 조회수를 기록한 한국어 버전 동요 〈아기 상어〉를 인류의 가장 중요한 문화 상품이라고, 크리스티아누 호날두를 지구상에서 가장 영향력 있는 사람이라고 선언해야 할 것이다. 이건 그리 간단한 문제가 아니다. 국제 '위키백과'에는 도널드 트럼프에 대한 항목이 230개나 있는 반면, 노벨상을 두 번이나 수상한 마리 퀴리에 대한 항목은 174개, '대륙이동설'을 주장한 알프레트 베게너에 대한 항목은 73개에 불과하다. 하지만 그렇다고 해서 트럼프가 인류의 역사에서 '더 중요한 인물'인 것은 아니지 않는가.

역사상 가장 위대한 천재는 누구인가?

정량화는 세상을 더 명료하게 파악하는 데 매우 유용하지만, 이는 질문이 치밀하고 수집된 데이터가 합리적이고 명확할 때만 가능하다. 그렇지 않다면 통계는 거의 도움이 되지 않는다. 설문조사를 통해 역사적 인물의 중요성을 파악하려고 할 때 나타날 수 있는 기괴한 결과는, 20년 전 웃어야 할지 울어야 할지 우리를 고민하게 만든 두 편의 텔레비전 프로그램에서 입증되었다.

  2002년 BBC에서 제작한 〈100명의 위대한 영국인〉이라는 프로그램에서 시청자들은 '역대 가장 위대한 영국인'으로 찰스 다윈과 윌리엄 셰익스피어, 아이작 뉴턴을 4~6위로 선정했고, 이들을 제치고 윈스턴 처칠과 다이애나 비를 1위와 3위로 선정했다. 같은 포맷으로 제작한 독일 ZDF의 2003년 프로그램 〈가장 위대한 독일인〉에서 콘라트 아데나워와 마르틴 루터가 1, 2위를 차지했고, (동독인들 덕분에) 카를 마르크스는 3위를 차지했지만 알베르트 아인슈타인은 10위에 만족해야 했다. 그나마 16위에 오른 서바이벌 프로그램 〈독일 슈퍼스타 찾기〉의 우승자 다니엘 퀴블뵈크에게 밀리지 않았다는 것을 위안으로 삼아야 했다.

  그렇다면 인류 역사와 관련 있거나 오늘날 우리 삶에 영향을 미치는 인물을 결정하는 다른 방법은 없을까? 2016년 '역사상 가장 위대한 천재 40' 목록이 발표되어 전 세계 언론의 헤드라인을 장식했다. 이 목록은 미국 공학자인 리브 팀스 Libb Thims가 작성한 것으로, 개인과 그들의 업적이 전 세계에 미친 영향, 그리고 이들의 측정 가능한 지능지수 IQ라는 두 가지 중요한 특징을 바탕으로 하였다. 이 목록에서는 요한 볼프강 폰 괴테가 1위, 알베르트 아인슈타인이 2위, 레오나르도 다빈치가 3위를 차지했다. 그러나 의아하게도 찰스 다윈, 프리드리히 니체, 카를 마르크스는 포함되지 않았고, '미국에서 가장 똑똑한 사람'으로 꼽히는 미국의 역도 선수와 IQ 테스트에서 뛰어난 점수를 받은 퀴즈쇼 발명가가 대신 순위에 올랐다.[1]

예상했던 대로 팀스의 목록은 격렬한 논쟁을 불러일으켰다. 비판 가운데 하나는 너무 미국 중심적이며 여성은 25위에 오른 마리 퀴리가 유일했다는 점이었다. 팀스가 추정한 천재성과 지능의 연관성은 여전히 미심쩍다. 어느 분야에서든 뛰어난 능력을 발휘하려면 일정 수준의 지능이 필요하지만, 그렇다고 해서 유명한 '스탠포드-비네 테스트'의 개발자인 미국의 심리학자 루이스 터먼Lewis M. Terman이 주장한 것처럼 IQ와 천재성에 명확한 비례 관계가 있다는 의미는 아니기 때문이다.

터먼은 1928년부터 시작된 장기 연구에서 135 이상의 IQ를 가진 1,500명 이상의 영재 아동을 조사했으며, 그들 중 많은 아이들이 평균 이상으로 성공을 거두었지만, 탁월한 업적으로 역사에 이름을 남긴 아이는 그 누구도 없었다. 그런데 터먼이 IQ가 낮다고 판단하여 연구에서 제외한 두 명의 아이는 예외였다. 바로 물리학 노벨상 수상자인 윌리엄 쇼클리William Shockley와 루이스 알바레즈Luis Alvarez였다.[2]

그러나 알바레즈는 소립자 물리학에 결정적인 공헌을 한 것 외에도 1978년 '미국 발명가 명예의 전당'에 등재된 매우 창의적인 발명가였다. 그는 아들인 지질학자 월터 알바레즈와 함께 6,600만 년 전 공룡의 미스터리한 멸종에 대한 수수께끼를 설명한 것으로도

유명하다.³

　　높은 지능이 과학과 철학 분야에서 뛰어난 업적을 거둔 사람 대부분의 공통점이기는 하지만, 이것만으로 천재라고 하기에는 충분하지 않다는 점에 주목할 필요가 있다.⁴ 팀이 언급한 또 다른 특징인 영향력은 어떤가? 세상에 끼친 영향력의 크기로 한 사람의 천재성을 판단할 수 있을까? 그렇다면 히틀러나 스탈린, 마오쩌둥도 '천재' 목록에 포함해야 할 것이며, 전 세계 수십억 인구의 존경을 받는 (물론 대부분은 허상에 불과하지만) 종교 창시자인 예수, 모하메드, 부처도 포함해야 할 것이다. 물론 그들 중 실제로 '최고의 목록'에 이름을 올린 이도 있긴 하다.

　　작성자에 따라 순위가 다른 데에는 그럴 만한 이유가 있다. '천재'는 사람의 실제 특성을 나타내는 것이 아니라 사회적 인식의 결과이기 때문이다. 11권으로 구성된 저작을 통해 누구보다 진지하게 '천재 문제'를 다루었던 독일의 정신과 의사 빌헬름 랑에-아이히바움 Wilhelm Lange-Eichbaum은 천재에 대해 다음과 같이 피력했다. "천재란 인정받는 존재에 불과하다."⁵

　　이 말의 의미는 빈센트 반 고흐의 예를 보면 쉽게 알 수 있다. 우리가 세상을 바라보는 눈을 근본적으로 바꾼 그의 그림은 아무도 알아주지 않았을 때조차 이미 '압도적으로 창의적이고 독창적'이라는 의미에서 '천재적'이었다. 하지만 이 네덜란드 화가는 그의 작품이 전 세계적으로 관심을 끌고 기록에 남을 만한 가격에 팔렸을 때 비로소 진정한 '천재'가 되었다. 따라서 예술과 과학, 철학 또는 정치 분야의 인물을 천재로 만들려면 '추종자 집단'이 필요하다. 오직 사도(예수 그리스도가 복음을 온 세상에 전파하기 위하여 선택한 12명의 제자들-옮긴이)만이 선지자를 만든다.

사실 천재는 숭배의 중심에 있는 실제 인물과 공통점이 거의 없는 경우가 많다. 역사적 인물은 신격화된 이상이라는 왜곡된 이미지 뒤에서 증발해야만 천재로 추앙받을 수 있기 때문이다. 랑에-아이히바움은 심지어 '천재 집단'은 '실제 인간'에게는 관심을 보이지 않는다고 주장하기도 했다. "이들은 자신들이 만든 구조만 숭배하기 때문이다. 이상적인 그림처럼 보이려면 원래 인물인 역사적 인간의 진정한 모습은 사라져야 한다. (…) 이러한 천재 페티시의 참모습을 직면하면 모두가 매우 실망할 것이다."[6]

이런 이유로 천재는 종종 죽은 후에야 태어난다. 미하일 엔데의 동화책《기관차 대여행》에 나오는 불행한 투르 씨처럼, 그들은 멀리서 볼 때만 초인적으로 위대해 보이는 '환상의 거인'일 뿐이다. 아르투어 쇼펜하우어 *Arthur Schopenhauer*는 천재 숭배의 이러한 핵심을 훌륭하게 요약했다. "숭배는 친밀함을 용납하지 않고 대체로 거리를 유지한다. 너무 가까우면 숭배자가 햇볕 속의 버터처럼 녹아내리기 때문이다."[7]

그렇다면 공간적으로나 시간상으로 멀리 떨어져야만 알아볼 수 있으며, 실제 인물은 왜곡된 이미지 뒤에 숨긴 채 이상화시키는 천재 만들기의 원동력은 무엇일까? 종교적 측면에서 살펴보면 이러한 행동의 맥락을 잘 이해할 수 있다. 18세기 이후 진행된 유럽 사회의 세속화는 이러한 행동을 없앤 것이 아니라 변형시킬 뿐이다. 천사나 성인과 같이 하늘의 존재인 종교적 우상은 레오나르도 다빈치 같은 화가나 루트비히 판 베토벤 같은 작곡가, 알베르트 아인슈타인 같은 과학자와 그레타 가르보 같은 여배우('여신'), 재니스 조플린 같은 팝 음악의 아이콘이나 무하마드 알리 같은 운동선수 등 세속적 우상으로 대체되었다. 실제로 이 같은 천재 숭배는 종교를 대체하기도 한다.

그러나 이러한 숭배의 이면에는 인간의 깊은 욕구, 즉 우리 삶을 이끌어줄 롤모델에 대한 갈망이 숨어 있다. 롤모델은 우리 정체성의 일부이며 우리가 누구인지, 혹은 어떤 사람이 될 수 있는지를 알려준다. 따라서 특별한 업적을 이루고, 감동을 주며 우리에게 영감을 주는 사람들이나 더 나은 세상을 위한 투쟁에 앞서는 사람들에게 존경과 감사, 심지어 찬사를 보내는 것은 당연하다. 하지만 찬사가 기적에 대한 믿음으로 바뀌어서는 안 된다. 따라서 우리는 롤모델을 '인간다움'을 넘어 자신들만의 '신성한' 영역에 머무는 신적 존재로 변질시키는 것을 항상 경계해야 한다. 이들도 살과 피를 가진 인간에 불과하기 때문이다. 다빈치나 아인슈타인, 베토벤 같은 사람들이 후대에 '특별하게' 기억될 수 있는 이유는, 앞으로 살펴보겠지만, '초역사적인 개인의 위대함' 때문이 아니라 각자의 특성을 매우 적절한 시기에 매우 적절한 장소에서 펼칠 수 있었던 지극히 역사적인 우연 때문이다.

더 나은 세상을 위한 10인의 인플루언서

이 책에서 나는 크리스티아누 호날두나 도널드 트럼프보다 더 큰 영향력을 발휘할 수 있었더라면 좋았으리라 생각하는 인물 10인의 인물을 소개하고자 한다. 이들 대부분은 19~20세기에 살았다. 그 중 한 사람은 불과 25년 전에, 다른 한 사람은 2,000년 전에 세상을 떠났다. 내가 이들을 선정한 이유는 그들이 '역사상 가장 위대한 천재'이기 때문이 아니라(그러한 순위가 얼마나 무의미한지는 앞에서 분명히 밝혔다), '인류가 지배하는 지질 시대'인 '인류세'에 인간의 문제를 더욱 합리적으로 해결할 수 있는 현대적 세계관을 발전시키는 데 특별한 방식으로 도움이 되는 생각을 정립했다고 믿기 때문이다.

어떤 비평가는 내가 선정한 '더 나은 세상을 위한 영향력 있는 10인'이 주로 '늙다리 백인 남성'으로 구성되었다고 불평할 수도 있다. 맞다. 여성은 한 명뿐인 데다 모든 인물이 서구 문화권 출신인 것도 사실이다! 오해를 불러일으킬 수 있으므로 이 부분은 해명하고 싶다(어쩌면 절망적인 시도가 될 것이라는 두려움도 있지만).

우선, 이 목록이 남성이 여성보다 더 재능이 있다거나 유럽인이 아시아인이나 아프리카인보다 더 재능이 있다는 것을 의미하는 것은 아니다.[8] 단지 20세기까지 유럽 남성이 사후에 기릴 만큼 중요한 업적을 남길 가능성이 더 높았다는 것을 증명할 뿐이다. 그런데도 다윈이나 마르크스, 아인슈타인만큼 탁월한 재능을 지닌 다른 지역, 다른 성별의 사람도 많았으리라는 것은 의심할 여지가 없다.

과거 일반적인 여성에게는 이런 명성을 얻기에 적절한 시기도 적절한 공간도 없었다. 인류의 절반이 오랫동안 지적으로 소외되면서 생긴 피해는 가늠하기가 어려울 정도이다. 가부장적 환경이 수 세기 동안 여성들의 잠재력 개발을 막지 않았다면 오늘날 우리 곁엔 중요한 여성 예술가와 철학자, 과학자 들이 더 많이 존재할 것이다.

이렇게 '나의 목록'에서 여성의 비율이 낮은 것을 쉽게 설명할 수 있다. 그런데 이들은 왜 모두 서구 문화권 출신일까? 노골적인 형태의 '문화 제국주의'는 아니더라도 '문화적 편견'을 숨기고 있는 것은 아닐까? 일면 우리가 아무리 노력하더라도 이를 완벽히 배제하는 것은 불가능할 것이다. 그러나 확실한 것은 이 책의 출간 목적이 다른 문화권에서 이룩한 업적을 어떤 식으로든 깎아내리려는 것은 아니다(중국이나 고대 이집트 제국을 생각해보라). '인본주의와 계몽주의'는 흔히들 주장하는 것처럼 서구의 배타적 문화 자산이 아니라 모든 시대, 모든 대륙의 남녀가 이바지한 인류의 세계 문화유산이라는 점을 분명히 하고 싶다.[9]

다만 18~20세기 서유럽과 북미가 지적·예술적·기술적 발전의 중심지였다는 사실을 간과해서는 안 된다.[10] 교육받은 계층의 재능 있는 사람들(특히 남성)에게 이 시기는 전통적인 세계관을 뒤집는 혁명적이고 새로운 관점을 개발하기에 알맞은 시기이자 적절한 공간이기도 했다.

9~13세기 인류의 문화적 중심지는 동양이었기 때문에 몇 세기 전만 해도 서양이 문화적으로 선구적인 역할을 할 것이라고는 상상조차 할 수 없었을 것이다.[11] 알 라지 Al-Razi, 이븐 알 하이탐 Ibn al-Haitam, 이븐 시나 Ibn Sina 같은 학자들은 이슬람 통치 아래서 비교적 자유롭게 연구하고 놀라운 성과를 냈던 반면 기독교가 지배하던 유럽은 비참한 문화적 정체 상태였다. 르네상스(기독교 이전 고대 문헌의 재발견을 동반한 유럽의 '재탄생') 시대에 이르러서야 서양은 점차 종교적 지배에서 벗어날 수 있었다. 비슷한 시기 요하네스 구텐베르크 Johannes Gutenberg에 의해 근대적 책 인쇄술이 발명되면서 새로운 관점이 더욱 효과적으로 전파될 수 있었다. 팸플릿이나 책, 나중에는 신문과 잡지를 통해 더 많은 인구가 '지식의 변혁적 순환'[12]에 도달하고 통합되어 문화가 크게 융성했다.

18세기 중반에는 교육받은 사람들(주로 남성이었지만)이 어느 정도 '임계치'에 도달했는데 이는 혁명적이고 새로운 통찰력을 발전시키는 전제 조건이기도 했다. 작가 카를하인츠 데슈너 Karlheinz Deschner의 말처럼 "머리는 홀로 생각하지 않는다".[13] 과학 분야는 이것이 가장 극명하게 드러난다. '진화론'이나 '상대성 이론'은 무인도에서 탄생하지 않았다. 위대한 아이디어가 탄생하려면 풍부한 지식의 저장고와 끊임없는 논쟁과 같은 교류가 필요한 것이다.

거인의 어깨 위에 서다

인류의 위대한 사상가들은 독창적인 것처럼 보이지만, 모두 자신을 둘러싼 지적 환경과 그 이전 사람들의 업적에 의존했다. 아이작 뉴턴은 이를 다음과 같이 탁월하게 표현했다. "내가 더 멀리 볼 수 있는 것은 거인들의 어깨 위에 서 있는 덕분이다."[14]

'운동의 법칙'과 '중력의 법칙', '빛의 스펙트럼'을 설명한 뉴턴은 역사상 중요한 과학자 중 한 명이었기 때문에 그의 말은 지나친 겸손의 표현으로 해석될 수도 있다. 하지만 뉴턴은 자신의 빛을 덤불 속에 감추기 위해 그런 말을 했을까? 앞서간 과학자들이 학문적 측면에서 자신을 능가했으며, 자신보다 엄청나게 큰 초인적 '거인'이라고 믿었을까? 물론 아닐 것이다. 단지 그는 다른 사람이 이미 성취한 것을 기반으로 자신의 숱한 발견이 이루어졌다는 것을 밝히고자 한 것이다.

뉴턴은 수많은 지식인의 연구를 바탕으로 자신이 《자연철학의 수학적 원리》를 쓸 수 있었다는 것을 잘 알았다. 기본적으로 그는 갈릴레오 갈릴레이 Galileo Galilei 와 요하네스 케플러 Johannes Kepler 를 비롯한 여러 선배 과학자가 시작한 일을 계속해온 것이었다. 케임브리지 트리니티 칼리지 학생이었고 이후 교수로 강단에 섰던 그는 적절한 시기에 적절한 장소에 있었던 인물이었다. 당시 학계에서는 뉴턴을 유명해지게 한 발견을 비롯하여 수많은 발견이 이루어졌고, 이 때문에 '지적 우선권'을 두고 격렬한 논쟁이 항상 벌어졌다.

예를 들어, 고트프리트 빌헬름 라이프니츠 Gottfried Wilhelm Leibniz는 뉴턴과 같은 시기에 무한대 미적분 개념을 발견했기 때문에 자신이 최초 발견자임을 주장했고, 로버트 후크 Robert Hooke는 뉴턴이 중력의 법칙을 자신에게서 훔쳤다고 비난했다.

뉴턴의 예를 통해 쉽게 알 수 있는 것은 이것이 역사상 모든 과학자, 철학자, 예술가에게도 적용된다는 사실이다. 새로운 발견은 멀리서 보면 독창적이라기보다 고도로 복잡한 인과관계 네트워크에 통합되어 작업에 반영된 것이다. 이를 통해 우리는 소위 '천재 숭배'와는 정반대되는 통찰을 얻을 수 있다. 간단히 말해 한 명의 창작자만 있는 작품은 어디에도 없다! 그러므로 우리는 과학, 철학, 예술의 중요한 대표자를 특정 작품의 유일한 저자로 간주해서는 안 되며, 오히려 길고 복잡한 결정 과정의 마지막 고리로 이해해야 한다. 작품의 창작을 가능하게 한 길고 복잡한 결정 사슬의 연결 고리로 말이다. 아무리 혁명에 가까운 통찰력이라 해도 오랜 진화의 역사가 있다.

그렇다고 뉴턴이나 아인슈타인, 다윈, 레오나르도 다빈치, 베토벤이 매혹적인 인물이 아니었다는 말은 아니다(그렇지 않았다면, 어떻게 그들이 그런 업적을 이룰 수 있었겠는가). 이들을 덜 매력적이고 덜 창의적으로 보이게 하는 것은 이들의 능력과 관계된 것만은 아니다. 이들의 스타일이나 작품의 완성도, 명성 등 자세히 살펴보면 모든 것은 우연과 필연이 불가사의하게 상호작용한 결과라는 것을 알 수 있다.

따라서 뉴턴의 유명한 발언에 드러난 겸손함은 과장된 것이 아니라 사물의 본질에 대한 깊은 통찰이 담긴 표현에 가깝다. 자세히 보면 볼수록 인간의 특성이 우연이나 필요에 의해 얼마나 많이 결정되는지 더 명확해진다. 그 때문에 우리가 가진 자질에 대해 합리적인 이유를 추론하기가 어려운 것이다. 가령 많은 천재에게서 볼 수 있는 '지적 재능'이라는 특성을 생각해보면, 높은 지능은 난자 세포와 정자 세포의 우연한 융합에 의한 것으로 자랑스러운 자아가 아직 존재하지 않을 때 일어난 사건에 기인한다. 따라서 자신을 보통의 영재보다 더 뛰어난 영재로 격상시키고자 하는 욕망은 터무니없는 것이다. 게다가 "스스로 지적 능력에 자부심을 가지고 있는 사람은 자신이 그다지 똑똑하지 않다는 것을 보여줄 뿐이다. 지능에 대한 자부심은 지능의 증거가 아니다".[15]

이는 다른 인간의 특성에도 적용될 수 있다. 성향과 경험에 약간의 변화만 있어도 우리는 다른 특성을 가진 다른 사람이 될 수 있다. 이는 평범한 사람과 마찬가지로 위대한 과학자나 철학자, 예술가에게도 적용된다. 다른 시대나 환경에서 태어났다면 이들 또한 우리가 중요하게 여기는 자질을 개발하지 못하고 오래전에 잊힌 이름이 되었을 가능성이 큰 것이다.

다시 정리해보자. 백인 남성이 흑인 여성보다 뛰어난 통찰력을 형성할 기회가 더 많았던 것은 역사적 권력 관계 때문이었다. 이것이 오늘날 시사하는 바는 무엇일까? 다윈, 아인슈타인 등이 과거에 특권을 누렸다고 해서 그들의 연구 결과를 외면하는 것이 좋을까? 문화적으로 민감한 또는 다양성을 지향하는 관점을 옹호하는 사람이 요구하는 것처럼 '문화 간 젠더 정의'라는 이름으로 더는 이들을 언급하지 말아야 할까? 당연히 그건 아니다. 그것은 더 높은 수준의 정의를 달성하는 방법이 아니라(기존의 권력 관계는 영향을 받지 않는다), 오히려 비합리성의 수준을 높이는 주장일 뿐이기 때문이다. 무엇보다, 합리적 토론의 기본 요건 중 하나인 논점의 타당성은 누가 주장했는지와 무관하게 평가되어야 한다.[16]

그렇다고 해서 삶 경험의 다양성이라는 측면을 무시해야 한다는 뜻은 아니다. 모두는 시대와 문화에 얽매여 있으며, 안타깝게도 종종 전통적인 편견을 스스로 인지하지 못하는 경우가 많다는 점을 알아야 한다. 여성에 대한 니체의 발언이나 다윈의 야만인에 대한 발언에서 알 수 있듯 인류의 가장 뛰어난 지성인들도 인식의 왜곡에서 벗어날 수 없다. 이들이 보인 그 같은 면은 당연히 낡은 관점이다. 그렇다고 해도 이들이 이룬 업적을 통해 이 복잡한 세상에서 우리가 인간으로서의 정체성을 잃지 않고 살기 위해 필요한 엄청난 통찰을 얻을 수 있다는 사실은 변하지 않는다.

문화적 치매의 문제

이 책을 쓰게 된 이유는 최근 몇 년 동안 하루하루 넘쳐나는 정보의 홍수 속에서 우리가 우리에게 정말 중요한 지식을 잃어가고 있다는 생각을 지울 수 없기 때문이다. 학계에서조차 대부분 현대 세계관의 기초를 제대로 알지 못하고, 그것이 누구에게 빚지고 있는지도 관심이 없는듯하다.

이러한 '문화적 치매' 현상은 우리의 시야를 더욱 좁히는 위험 요인이다. 실제로 우리가 과거의 풍족한 지식을 제대로 받아들인다면 우리가 처한 많은 현재의 문제 또한 명확하게 볼 수 있을 것이다. 그렇지 않다면, 우리는 금세 방향을 잃고 수 세기 또는 수십 년 전에 문제와 답을 찾았음에도 똑같은 문제와 씨름하게 될 운명에 처할 것이다.

10년 전, 나는 이 문화적 치매의 흐름을 거스르려 했다. 돌이켜보면 당시 내가 쓴 《희망하는 인간Hoffnung Mensch》에는 이러한 욕심이 다소 과하게 드러나 있지 않나 싶다.[17]

따라서 이 책에서 나는 '인류세의 인간'이라는 주제에 보다 합리적으로 접근하기 위해 '현대 세계관'으로 관심사를 제한하고자 한다. 또한 독자 대부분은 이론보다 그것을 주장하는 사람에 더 관심이 많다는 점을 감안해, 다음 10개의 장을 통해 현대인에게 중요한 통찰과 철학을 제시한 인물의 인생 이야기에 초점을 맞추려 한다.

인물을 선정하는 일은 쉽지 않았다.[18] 10명이 아니라 50명의 '영향력 있는 인물'을 소개하는 것이 훨씬 쉬웠겠지만 그렇게 되면 책의 범위를 너무 벗어나게 된다. 궁극적으로 중요한 것은 어떤 인물을 선정하느냐는 아니었다. 이 책은 '인류의 위대한 천재 10인'에 관한 책이 아니라 '현대 세계관에 영향을 미친 10인'에 관한 책일 뿐이기 때문이다. 이들이 자신의 삶에서 위대한 일을 성취했다면 그것은 수천 년 동안 인류 지식 진보에 기여한 수많은 다른 사람의 업적을 활용할 수 있었기 때문이다(기억하라. 어떤 창작물도 단 한 명의 작가에 의해 만들어지지 않는다).

  10인의 '영향력 있는 인물'의 인생 이야기를 살펴보기 전에 두 가지를 간단하게 언급하려 한다. '세계관을 더 명확하게 전달하는 사신'으로서 연구 결과의 핵심을 왜곡하지 않고 가능한 한 간단하고 이해하기 쉽게 제시하려 노력했음에도, 일부 경우(예: 아인슈타인의 상대성 이론)는 너무나 힘든 도전이라는 것을 절감했다.[19] 또한 젊은 흑인 여성에 비해 나이 든 백인 남성이 우위를 점하고 있다는 오늘날의 논점에 대해서는 다소 비정통적인 언어 사용으로 대응하기로 했다. 어떻게? 그렇다. 나는 엄격한 젠더주의자나, 엄격한 반젠더주의자 그 어느 쪽에도 아첨하지 않기 위해 가능한 모든 노력을 기울이기로 했다. 그리하여 이 책에서 독자들은 '젠더 별표(독일어권 일부 작가가 젠더 중립적 언어로 사용하는 비표준 타이포그래피 스타일. 어간 뒤에 별표를 붙이고 여성형 복수 접미사 '-innen'을 붙여서 쓴다. 예를 들어, Fahrer는 Fahrer*innen이 되는 식이다-옮긴이)'는 물론 젠더 형식과 일반적인 남성형 표현을 모두 만날 수 있다. 이것이 몇몇 독자를 짜증나게 하고 심지어 분노하게 할 수도 있지만 모호함에 대한 약간의 관용은 모두에게 나쁘지 않다고 생각한다.

미하엘 슈미트잘로몬

차례

머리말 머리는 혼자 생각하지 않는다

역사상 가장 위대한 천재는 누구인가?   010

더 나은 세상을 위한 10인의 인플루언서   016

거인의 어깨 위에 서다   019

문화적 치매의 문제   022

[1장] 변화하는 것보다 영원한 것은 없다

찰스 다윈과 진화의 발견

비글호에서의 항해   036

종의 진화   041

가장 섹시한 자가 살아남는다   045

내일의 네안데르탈인이자 벌거벗은 유인원   049

[2장] 발상의 전환으로 시공간을 뒤흔들다

알베르트 아인슈타인과 자연의 법칙

끝없는 호기심   057

새로운 세계관   062

시공간의 발견   068

세계적 공식을 찾아서   076

【3장】 우주는 평화와 폭탄을 품고 있다
마리 퀴리와 물질의 신비

재능 있는 여성의 고된 여정	088
방사능의 발견	092
과학의 사회적 책임	098
최첨단 기술과 최고의 어리석음	102

【4장】 대륙과 함께 세상이 흔들리기 시작하다
알프레트 베게너와 판구조론의 발견

과학계의 모험가	112
기후 연구의 선구자	116
방랑하는 대륙	122
그래도 움직인다	129

【5장】 우리는 우주의 티끌 한 점이다
칼 세이건과 지구 너머로의 모험

우주로 나아간 어린 신동	141
밖에 아무도 없어요?	148
지구에 대한 책임	154
인류 생존을 위한 과학적 사고	160

【6장】 오직 지금의 삶만이 존재한다
에피쿠로스와 의미 찾기

숨겨진 삶	177
개인의 발견	184
오늘을 살아라!	187
때늦은 승리	192

【7장】 이 세계는 모래 위에 세워진 성이다
프리드리히 니체와 도덕과의 작별

벼랑 위의 삶	201
망치를 든 철학자	207
선과 악을 넘어서	213
길과 함정	223

【8장】 우리에게는 사슬을 끊는 힘이 있다
카를 마르크스와 사회의 발견

존재와 의식	241
공산주의의 유령	254
자본론	262
마르크스와 마르크스주의	273

[9장] **우리는 오류를 통해 위로 올라간다**
칼 포퍼와 열린사회의 가능성

불확실한 미래	290
탐구의 논리	299
열린사회와 그 적들	306
합리적 토론의 어려움	318

[10장] **모든 것은 진화로 이해할 수 있다**
줄리언 헉슬리와 미래의 인간

성공을 짊어진 운명	337
진화의 관점에서	347
진화적 인본주의	359
미래의 도전 과제	368

전망 **미래를 향해**
인류세의 인류

지구의 책임	383
새로운 축의 시대	393

미주	405

변화하는 것보다
영원한 것은 없다

찰스 다윈과
진화의 발견

1장

찰스 다윈

Charles Robert Darwin
1809-1882

"살인을 자백하는 것 같은 기분이네." 종의 변화에 대한 기초적인 생각을 노트에 끄적이기 시작한 지 5년이 지난 1844년, 찰스 다윈은 처음으로 동료에게 털어놓을 용기를 냈다. 식물학자 조지프 후커*Joseph Hooker*에게 보낸 유명한 편지의 말미에서 그는 자신이 '주제넘은 일에 몰두하고 있다'고 고백한다. 그는 편지에 이렇게 썼다. "나를 어리석다고 하지 않을 사람은 없겠지만 나는 '종은 불변하지 않는다는 것'을 (…) 거의 확신하네. (…) 나는 종이 여러 목적에 탁월하게 적응해가는 단순한 원리를 (…) 발견했다고 믿네. 그렇다면 자네는 그동안 누구를 위해 글을 쓰고 시간을 낭비하고 있었나, 라고 탄식하며 자문할 테지. 5년 전이라면 나도 똑같이 생각했을 거야."[1]

다행히 후커는 다윈의 말에 분노하기보다 흥미를 보였다. 그래서 다윈은 1842년에 써놓았던 '자연 선택'에 관한 35쪽 분량의 에세이를 230쪽 분량의 원고로 늘려서 집필하기로 했다. 원고는 1844년 7월에 완성되었다. 여기에는 핵심이 되는 모든 논문을 비롯하여 15년 후 전통적인 세계관을 뒤흔든 획기적이고 놀라운 연구물

《종의 기원》이 포함되었다. 하지만 다윈은 자신의 위험한 이론을 발표하기를 주저했다. 그래서 원고를 숨기고 아내에게 자신이 갑자기 사망할 경우에 대비해 유능한 출판 전문가에게 사후 출판을 의뢰하라고 요청했고, 이를 위해 유산에서 400파운드를 따로 마련해두기도 했다.[2]

당시 무슨 일이 있었는지 알아보자. 다윈은 인류의 과학 역사상 가장 중요한 이론을 정립했음에도 그것을 꽁꽁 얼려둔 채 8년 동안이나 따개비 연구에 몰두했고 관련해 두 권의 두꺼운 책을 출판했다. 1854년이 되어서야 그는 진화론에 대한 연구를 재개했지만 여전히 출판은 염두에 두지 않았다. 그러다 1858년 영국의 자연학자 앨프리드 러셀 월리스*Alfred Russel Wallace*의 연구에 관해 알게 되면서 생각을 바꾼다. 월리스는 연구를 통해 20년 전의 다윈과 비슷한 결론을 내렸지만, 다윈과 달리 자신의 연구 결과를 즉시 출판하기로 했다. 다윈은 진화론에 대한 우선권을 잃게 될까 봐 큰 충격을 받았다. 하지만 월리스의 배려 덕분에 두 사람은 '신사적인 합의'에 이르렀고 마지막 순간에 이를 막을 수 있었다. 다윈의 친구인 후커와 찰스 라이엘*Charles Lyell*은 다윈이 이론을 발표하도록 거듭 압력을 가했고, 그 덕에 1858년 7월 1일 런던 린네 학회에서 월리스의 무게 있는 과학 에세이뿐 아니라 진화론에 관한 다윈의 미발표 저작도 세상에 나올 수 있었다.

기이하게도 과학적 세계관을 뒤흔들 거라 여겼던 다윈의 이 강연은 별다른 반응을 얻지 못했다. 심지어 린네 학회장인 동물학자 토머스 벨Thomas Bell은 1858년 연례 리뷰에서 올해에는 과학계에 놀라운 발견이 없었다고 언급하기까지 했다. 그러나 이러한 평가는 얼마 지나지 않아 틀린 것으로 판명되었는데, 1859년 11월 24일 찰스 다윈의 저서 《종의 기원》이 출간되자마자 시장에서 폭발적인 반응을 보였기 때문이다. 역사상 자신과 세상에 대한 인간의 관점을 이렇게 빠른 시간에 지속적으로 변화시킨 책은 없을 것이다. 초판은 공식 출판일 이틀 전에 모두 판매되었다. 다윈의 이론은 교육계에서 순식간에 화제의 중심에 섰고, '종의 진화적 변화'라는 개념이 국제적으로 인정받기까지는 몇 년밖에 걸리지 않았다.

그렇다면 다윈은 자신의 이론을 발표하는 데 왜 그토록 오래 주저했을까? 여기에는 두 가지 중요한 측면이 있었던 듯하다. 첫째, 다윈은 이론을 공개하기 전 꼼꼼하게 증명하고자 신중을 기하던 연구자였다. 다른 한편으로, 그는 진화론이 얼마나 방대한 범위에 영향을 미칠지 알고 있었다.[3] 따라서 그는 출판을 성급히 하면 과학자로서의 명성을 망칠까 봐 두려워했고 종교계의 공격에 대해서도 커다란 공포감이 있었다. 다윈은 자신의 진화론이 기독교의 창조 교리와 모순된다는 것을 너무나 잘 알았기 때문이다.

처음에는 다윈조차 자신의 이론에 수반되는 이데올로기적 충격을 받아들이는 데 어려움을 겪었다. 젊은 다윈은 스스로를 '독실한 기독교인'으로 여겼기 때문이다. 아버지의 조언에 따라 그는 영국 교회의 성직자가 되기 위해 신학을 공부하기도 했다. 다윈이 1876년 자서전에서 회고한 것처럼 비글호를 타고 탐험하는 동안에도 기독교 신앙의 진리를 확신했다. "도덕 문제로 토론하면서《성경》을 의심할 수 없는 권위로 내세우자 배 위의 몇몇 장교들이 나를 비웃었던 것을 기억한다."[4]

몇 년 후 '자연 선택 이론'을 발전시키기 시작했을 때에도 그는 기독교 세계관에 의문을 제기할 생각을 하지 못했다. 이성적으로는 진화와 창조 중 하나를 선택해야 한다는 것이 분명했지만, 감정적으로는 오랫동안 이를 인정하고 싶지 않았다고 다윈은 자서전에서 밝혔다. "나는 내 믿음을 포기할 생각이 없었다."[5] 하지만 의심은 점점 커졌다. 다윈은 알고 있는 것과 믿어야 하는 것의 불일치를 더 이상 외면할 수 없었다. 그러면서 자연에서 발견한 것이 더 이상 종교의 가르침과 조화를 이룰 수 없다는 것을 서서히 깨달았다. 다윈은 그 과정을 다음과 같이 요약했다. "불신은 이처럼 아주 천천히 나를 덮쳤지만 결국에는 반박할 수 없이 완전한 것이 되었다."[6]

그러나 그는 죽기 몇 년 전 자서전에서야 겨우 이 사실을 홀가분하게 인정했다. 수십 년 동안 그는 극심한 양심의 고통에 시달렸다. 1844년에 자신의 이론이 과학을 위한 상당한 진전[7]이 될 것이라는 확신을 품었지만, 이를 발표해도 되는지에 대한 문제로 고뇌를 거듭해온 것이다. 어쨌든 그는 진화론의 광범위한 결과를 받아들이는 것이 얼마나 어려울지, 더욱이 그가 본 것을 직접 눈으로 보지 못한 다른 모든 사람에게 설명하는 것이 얼마나 더 힘들지 잘 알고 있었다. 근본적인 신앙의 위기를 촉발할 만한 이론을 발표할 권리가 그에게 있을까? 인간을 이롭게 하기 위한 의도로 만들어진 신성한 창조물의 '왕관'이라는 환상을 박탈하는 것이 온당한 일일까?

상상해보라, 세상에 어마어마한 영향을 미칠 만한 이론을 그 누구에게도 말하지 못하고 수년 동안 마음속에 품고 다닌다는 것이 어떤 의미일지. 자연 선택 이론의 첫 번째 윤곽이 나온 직후 다윈의 건강이 극도로 악화된 것은 우연일까? 다윈이 지속적인 메스꺼움, 불면증, 현기증과 두통에 시달렸던 것이 육체적인 건강상의 이유 때문만은 아니라는 것을 많은 사실들이 암시한다.[8] 진화론을 발표함으로써 발생할 수 있는 결과에 대한 걱정으로 너무 힘들었던 다윈은 정상적인 생활이 거의 불가능할 정도였다.

불행히도 다윈의 이러한 내적 갈등은 가정에서도 벗어날 수 없었다. 1839년, 그는 병든 약혼자를 사랑으로 돌보던 사촌 엠마 웨지우드Emma Wedgwood와 결혼했다. 그러나 다윈이 높이 평가하는 그녀의 모든 장점에도 엠마는 자유주의자이지만 독실한 기독교 신자였고 이 때문에 다윈은 결혼 생활을 더더욱 후회하게 되었다. 그가 결혼 생활을 위태롭게 하지 않기 위해 진화론의 출판을 오랫동안 연기했을 가능성도 배제할 수 없다.[9] 연구자의 생각과 행동을 결정하는 것은 심오한 이론적 근거뿐 아니라 평범한 일상 속 요소일 수도 있는 것이다.

1842년부터 다윈의 일상은 런던에서 25킬로미터 떨어진 다운 하우스를 중심으로 돌아갔다. 40년 동안 찰스 다윈은 번잡한 대도시 런던에서 멀리 떨어진 이 시골 저택에서 자신의 연구로 인해 촉발된 열띤 논쟁에서 벗어나 한적한 시간을 보냈다. 33세가 되자 다윈은 공적 생활에서 거의 물러났다. 대신 후커나 월리스, 토머스 헨리 헉슬리 Thomas Henry Huxley 등 여러 사람에게 진화론을 전파하는 데 전념했다. 1882년 사망할 때까지 예외적인 경우를 제외하고는 다운 하우스를 벗어나지 않았다. 인생 후반기의 외적인 측면만을 본다면 22세에 범선을 타고 세계의 온갖 이국적인 장소로 모험을 떠났던 청년 다윈과는 공통점이 거의 없는 것처럼 보인다. 하지만 그의 한쪽 삶은 다른 한쪽 삶 없이는 상상할 수 없는 것이었다.[10]

비글호에서의 항해

찰스 다윈은 1809년 2월 12일 영국의 부유한 의사와 연구자 집안에서 태어났다. 할아버지 에라스무스 다윈 Erasmus Darwin과 아버지 로버트 다윈 Robert Darwin은 왕립 학회의 회원에 가입하는 영광을 누렸다. 찰스도 이들과 마찬가지로 학자의 길을 걷게 될 것이라 예상했다. 그러나 로버트 다윈의 막내아들은 자연과학에 열정을 가지고 있었지만 학교 성적이나 학문적 성취 면에서는 아쉬움이 많았다. 찰스가 의학공부에 재능이 없다는 것이 밝혀지고 신학으로 진로를 바꾸자 그의 아버지는 크게 실망했다. 로버트 다윈이 보기에 찰스는 지능은 부족하지 않지만 진정으로 의미 있는 성취를 이루려는 동기가 부족한 학업 실패자였다.

그러나 자신의 경력뿐 아니라 세계관의 방향을 근본적으로 바꿀 탐험의 세계를 알게 되면서 젊은 다윈의 삶은 변화에 직면했다. 다윈은 자서전에서 "비글호 항해는 내 인생에서 가장 중요한 사건이었으며 내 삶 전반에 결정적인 영향을 미쳤다"라고 고백했다. 이 사건은 1831년 8월 외삼촌이자 나중에 장인이 된 조시아 웨지우드Josiah Wedgwood 2세가 친절하게 그를 집으로 데려다주지 않았더라면 절대 이루어질 수 없었을 일이라고 다윈은 책에서 덧붙였다.[11] 집으로 가는 길에 젊은 찰스는 남극 탐험 제안을 받았지만 자신의 아버지가 이를 반대한다고 털어놓았고, 이야기를 들은 외삼촌 웨지우드는 망설이지 않고 아버지 로버트 다윈을 설득해 다윈이 여행길에 오를 수 있게 도와주었기 때문이다.

다윈이 1831년 12월 비글호를 타고 항해를 떠날 수 있었던 것은 연속된 우연의 결과였다. 예를 들어, 우울증을 앓고 있던 선장 로버트 피츠로이Robert FitzRoy가 지질 조사 작업을 도와줄 뿐 아니라 긴 항해 동안 교양 있는 대화를 나눌 '자연주의자 신사분'을 찾기 위해 다윈을 만나러 온 것도 하나의 인연이었다. 케임브리지대학교 식물원 설립자인 존 스티븐스 헨슬로John Stevens Henslow도 같은 제안을 받은 사람 중 한 명이었다. 식물학 교수였던 그는 처음에는 비글호를 타고 직접 항해에 나설 것을 고려했지만, 아내의 질색하는 반응에 계획을 포기했다. 이는 성공회 목사의 평온한 삶에 안주하기 전, 위대하고 모험 가득한 탐험을 하고 싶었던 22세 신학교 졸업생 찰스 다윈에게 절호의 기회가 되었다.

다윈은 사촌의 소개로 헨슬로와 친구가 되었고, 헨슬로는 다윈이 완벽한 '자연주의자 신사분'에 부합한다고 여겼다. 게다가 케임브리지대학교에서 보낸 추천서도 확실하니 모든 것이 순조롭게 진행되는 것 같았다. 그리하여 다윈은 여행 가방에 앉아서 출발을 기다리고 있었다. 그런데 어이없게도 피츠로이가 여행 동반자로 더 적합한 다른 후보를 찾았다는 소식이 날아왔다. 하지만 선장이 선호하는 후보가 마지막 순간에 여행을 포기하면서 다윈이 과학사에 남을 탐험에 합류할 수 있는 길이 열렸다.

몇 달간 질질 끈 끝에 1831년 12월 27일, 드디어 비글호는 출항했다. 다윈은 곧바로 뱃멀미에 시달렸지만 금방 회복했다. 1832년 1월 초, 그는 촘촘한 그물망으로 작은 유기체를 포획하는 트롤 그물을 만들었고, 이 유기체는 수십 년 후 '플랑크톤'으로 불리게 되었다. 현미경으로 관찰한 플랑크톤의 다양한 형태에 다윈은 깊은 감명을 받았다. 그리고 무엇보다도 다윈은 떠나기 전 피츠로이가 선물해준 미래의 동료 찰스 라이엘 Charles Lyell의 지질학 서적에 큰 흥미를 느꼈다. 지구의 현재 지질학적 형태가 길고 느리고 점진적인 과정을 거쳐 발전했다는 라이엘의 논문[12]은 당시에도 논란의 대상이었다. 그러나 1832년 1월 16일 비글호가 항해의 첫 기착지인 산티아고의 카보베르데 섬에 도착하자마자 다윈은 라이엘의 이론을 뒷받침하는 듯한 발견을 한다. 약 14미터 높이에 이르는 섬 절벽을 가로지르는 소라 껍데기로 이루어진 수평 띠를 보며 이 고원이 오래전 해저에 존재했음을 짐작했다.[13]

이 발견은 다윈의 지질학에 대한 관심을 더욱 고조시켰다. 실제로 항해 말기 그가 남긴 지질학적 기록은 생물학적 보고서보다 훨씬 더 방대한데, 이는 미지의 지형을 조사하는 비글호의 임무 때문이 아닐까 한다. 화산섬 산티아고에서 남미 동부 해안까지 여정은 계속되었다. 2월 말에야 다윈은 처음으로 브라질 본토에 발을 디뎠다. 그는 열대 우림의 생물 다양성에 매료되었지만, 다른 한편으로 노예제도의 현실을 보고 충격을 받았다. 이는 진보적인 다윈과 보수적인 선장 피츠로이 사이에 치열한 논쟁을 불러일으킨 주제이기도 했다.

1832년 9월, 다윈은 잘 보존된 거대 나무늘보 두 마리의 유골을 포함한 화석을 아르헨티나에서 처음으로 발견했다. 아르헨티나, 우루과이, 칠레, 페루를 거쳐 오랜 탐험 끝에 3년 후인 1835년 9월, 처음으로 유명한 갈라파고스 제도를 방문했는데, 이 섬은 1978년 유네스코 세계 유산 목록에 추가되었다. 다윈은 이곳에서 수많은 동식물 표본을 수집했고 섬에 사는 거대한 거북에 매료되었는데, 이후 자신의 이름이 붙기도 한 새('다윈의 핀치새')에 대해서는 특별히 관심을 기울이지 않았다.

다윈은 비글호에서 2년 동안 항해할 예정이었지만 실제로는 거의 5년이 걸렸다. 그는 항해 중에 동물학과 지질학에 관한 기록 이외에도 약 800쪽에 달하는 여행 일기를 썼고, 수집품 목록 12권을 편찬했는데, 이 목록에는 최종적으로 약 4,500개의 수집물이 포함되었다. 뉴질랜드와 호주, 남아프리카 등 여러 곳을 기항한 후 1836년 10월 2일 영국 팰머스 항에 도착했을 때, 27세의 다윈은 과학계의 유명 인사가 되어 있었다. 1835년, 그의 스승 헨슬로는 다윈이 탐험 중 자신에게 보낸 편지를 발췌하여 저명한 케임브리지대학교 철학 학회에서 발표했고, 이를 저명한 연구자들 사이에서 회자된 《지질학에 관한 편지》라는 작은 책으로 출판했다.

《지질학에 관한 편지》는 아들이 학자의 길을 걷게 될 것이라고는 예상하지 못했던 찰스의 아버지에게도 깊은 인상을 남겼다. 심지어 현대 지질학의 창시자 중 한 사람인 케임브리지대학교의 저명한 교수 애덤 세지위크Adam Sedgwick가 로버트 다윈을 방문하여 찰스 다윈이 '중요한 과학자로 자리매김 할 것'이라는 확신을 주기도 했다.[14]

다윈의 아버지는 비글호 귀환 후 아들이 과학계의 유명 인사로 칭송받으며 위대한 자연주의자들의 구애를 받았다는 사실을 매우 자랑스럽게 언급했다. 그리하여 이에 고무된 재력가 로버트 다윈은 아들이 처음 의도한 것처럼 성공회 신부가 되지 않고 개인적으로 과학 연구를 계속할 수 있도록 초기 자금을 지원해주었다.

1837년 1월, 찰스 다윈은 비글호 항해 중 수집한 450마리의 새를 런던 동물학회에 기증했다. 큐레이터였던 조류학자 존 굴드는 다윈이 갈라파고스 제도에서 수집한 핀치새가 독립된 속을 형성하고 있음을 재빨리 알아차렸고, 굴드는 처음에 이들을 12종으로 나누었다가 나중에는 각 섬의 생활 조건에 잘 적응한 13종으로 분류했다. 이 발견은 다윈이 여행 일기에 기록한 갈라파고스 제도의 앵무새에 대한 관찰을 뒷받침하는 중요한 증거였다. 이제 종 사이에 원활한 변이가 이루어진다는 실증적 증거가 점점 더 쌓이는 듯했다.

굴드의 기여는 다윈의 연구에 큰 힘이 되었지만, 1838년 9월 영국의 경제학자 토머스 맬서스Thomas Malthus의 오래된 논문은 이를 읽은 다윈에게 훨씬 더 강한 인상을 남겼다. 맬서스는 1798년 발표한 유명한 논문 〈인구론〉에서 한 사회의 인구 증가는 가용 자원에 의해 제한된다는 것을 보여주었다. 40년 후, 다윈은 이 이론을 고전 경제학에서 자연의 조건으로 옮겨 와 종의 변화를 과학적으로 설명하는 핵심 요소로 삼았다.

종의 진화

다윈이 생물 종의 점진적 변화에 대한 가설을 제기한 최초의 학자라고 볼 수는 없다. 이미 고대 그리스 철학자 아낙시만데르Anaximander는 최초의 인간은 동물에서 진화했다는 가설을 내세웠다. 에피쿠로스Epicurus와 그의 추종자였던 루크레티우스Lucretius는 이러한 변화의 원리에 대해 현대적인 설명까지 제시했는데, 이 부분은 책의 뒷부분에서 논의할 것이다. 하지만 기독교가 부상하면서 이 같은 가설은 생명을 위협하리만치 위험한 사상이 되었다. 에피쿠로스와 루크레티우스의 생각을 따랐다는 이유로, 해괴망측한 죄를 지은 이단으로 몰려 1600년 2월 17일 로마에서 화형을 당한 지오다노 브루노Giordano Bruno의 운명이 이를 잘 보여준다.

정교한 진화 이론은 계몽주의 시대에 이르러서야 정립할 수 있었다. 1809년은 찰스 다윈이 태어났을 뿐 아니라 장 바티스트 드

라마르크 Jean-Baptiste de Lamarck가 《동물 철학》을 발표한, 유독 중요한 해로 여겨진다.[15] 라마르크는 저서에서 종의 점진적인 변화를 설명하며 이를 완벽함을 향한 생명의 자연적 욕구 때문이라고 설명했다. 하지만 다윈은 이러한 설명 방식을 거부했다. 그는 스코틀랜드 철학자이자 경제학자, 역사가인 데이비드 흄 David Hume의 경험 중심적 사고에 지대한 영향을 받은 터라, 자연 속에서는 생명체의 '완벽함을 향한 욕구'를 관찰할 수 없다고 단언했다.

다윈은 비글호 항해 경험과 인구 증가 제한에 대한 맬서스의 경제적 통찰력을 결합하여 종의 변화를 과학적으로 이해할 수 있는, 놀랍도록 단순하지만 매우 그럴듯한 이론을 개발했다. 그리하여 다음과 같이 다섯 가지의 이론적 핵심 요소를 멋들어지게 정리했다.

1. 공통 조상 이론: 다윈은 오늘날 존재하는 모든 종은 까마득히 오래전 발생한 원시적 원형으로부터 내려온 후손이므로 서로 연결되어 있다고 주장했다.[16]
2. 자연 선택 이론: 유기체는 제한된 자원이라는 조건에서 살아남을 수 있는 것보다 더 많은 자손을 생산하기 때문에, 자연에서는 '존재를 위한 투쟁'이 발생하며 개체의 생활환경에 가장 잘 적응한 생명체가 존속에 성공한다.
3. 통상의 진화론: 기후변화, 새로운 포식자의 출현 등 환경 조건은 끊임없이 변화하기 때문에 생물은 지속해서 적응해야 하는 압박으로 항상 같은 상태를 유지할 수 없고 자신을 스스

로 변화시킬 수밖에 없다. 다윈에 따르면 변화하는 환경에 적응하지 못하는 종은 멸종할 수밖에 없다. 이것은 1832년 아르헨티나에서 화석으로 발견된 거대 나무늘보와 같은 생물 종의 멸종 이유를 잘 설명한다.

4. 점진주의 이론: 진화 과정의 모든 변화는 무수히 작은 단계로 천천히 이루어진다. 자연에서 비약적인 발전은 일어나지 않으므로 새로운 기관이나 새로운 종의 출현은 하루아침에 이루어질 수 없다.

5. 종 증가(분화) 이론: 같은 종의 개체군은 시간이 지남에 따라 생존을 위한 적응 과정에서 점차 멀어지게 되고, 이들끼리는 더 이상 번식할 수 없게 된다. 따라서 갈라파고스 제도의 다윈의 핀치새처럼 한 종에서 여러 파생 종이 생겨나거나 원래 종으로부터 점점 더 멀어져 새로운 종이 생겨날 수 있으며, 이는 궁극적으로 지구상의 생명체가 매우 다양해진 원인을 설명한다.

다윈은 이 간단한 다섯 가지 이론적 핵심 요소를 바탕으로 생물의 다양성이 이루어지는데, 여기에는 신의 의도나 라마르크식의 완벽함을 향한 욕구가 필요하지 않다는 것을 보여주었다. 이 모든 것은 유기체가 다양한 생식 능력을 바탕으로 특정 형질을 장려하고 다른 형질을 제거한다는, 지극히 맹목적인 자연 선택 이론으로 과학적이면서도 우아하게 설명할 수 있었다. 다윈도 《종의 기원》의 마지막 부분에서 이 냉철한 통찰을 다음과 같이 요약하고 있다. "그리하여 자연의 투쟁, 굶주림과 죽음으로부터 우리가 생각할 수 있는 가장 고차원적인 질문, 즉 더 뛰어나고 더 완벽한 동물의 출현이라는 질문에 대한 해답이 단박에 도출되는 것을 볼 수 있다."[17]

다윈이 말한 '더 뛰어나고 더 완벽한 동물'이 호모 사피엔스를 의미한다는 것은 알 만한 사람이라면 누구나 안다. 무엇보다도, 날카로운 언변으로 '다윈의 불독'이라는 별명을 얻었던 다윈의 강력한 지지자 토머스 헉슬리는 현대 인류의 출현도 진화론의 관점에서 해석해야 한다고 확신했다. 1860년 6월, 다윈의 저서가 출간된 지 불과 몇 달 후 옥스퍼드대학교에서 헉슬리와 옥스퍼드대학교의 성공회 주교였던 새뮤얼 윌버포스 Samuel Wilberforce 사이에 유명한 논쟁이 벌어졌다. 주교는 헉슬리에게 그의 아버지와 어머니 중 어느 쪽이 유인원의 후손인지 물었고, 헉슬리는 과학적 지식을 조롱하는 교양 있는 인간이 되는 것보다는 자기 조상이 유인원인 것이 차라리 덜 부끄러운 일이라고 대답했다.[18]

불과 3년 후 토머스 헉슬리는 인간의 기원에 대한 의문을 해소하는 《인간이 자연에서 차지하는 위치에 관한 증거》라는 얇은 책을 출간했다.[19] 다만 이 섬세한 주제에 대해 다윈은 눈에 띄게 언급을 아꼈다. 뜨거운 감자와 같았던 이 주제를 다루는 대신 그는 1868년 두 권으로 구성된 방대한 저작 《사육동물과 재배식물의 변이》를 발표했는데, 이 책은 수많은 사실로 가득했지만 많은 독자의 기대를 저버렸다.

혹자는 다윈이 애초에 인간의 기원에 대해 명시적으로 진술할 용기가 없었다고 얘기하기도 한다. 하지만 이는 매우 잘못된 생각이다. 1871년 다윈은 진화론에 관한 두 번째 주요 저작인 《인간의 유래와 성선택》을 발표했는데, 이는 이전에 이 주제에 관해 쓰인 모든 글을 전복시킬 정도였다.

가장 섹시한 자가 살아남는다

63세에 이른 다윈은 자제력을 잃은 듯했다. 놀랍도록 솔직하게 그는 '인간이 하등한 형태에서 유래했다'라는 사실을 증명하면서 인간의 정신력을 다른 동물의 능력과 연관 지었다. 그는 인간의 도덕적 감정을 사회적 본능과 집단 관계에 기인하는 것으로 보았고 동물계에서도 비슷한 형태를 발견할 수 있다고 주장했다. 가령 앨프리드 러셀 월리스와 달리 다윈은 자연에서 인간이 보이는 가장 높은 지적 특성을 일관되게 설명했다. 현대 인류의 모습에 결정적인 영향을 미친 점점 더 복잡한 사회의 발전과 같은 문화적 진화의 중요성을 무시하지 않았지만, 다윈의 과학적 설명에는 신이 창조한 '불멸의 영혼'과 같은 오래된 형이상학적 개념이 설 자리는 더 이상 없었다.

다윈은 이것만으로도 19세기 사회에 엄청난 충격을 안겨주었지만, 한 단계 더 나아갔다. 책 제목에서 알 수 있듯 그는 인간의 진화 현상이 본질적으로 '성적 선택', 즉 인간 조상의 성적 취향에 기인한다고 주장했다. 1871년 빅토리아 시대 런던의 대중에게는 성 sex이 인류의 발전과 관련 있을 수 있다는 가정이 지나친 비약으로 여겨졌다(다윈의 저서가 발표된 지 정확히 100년 후, 런던에서 초연된 인기 코미디극의 제목이 '제발 섹스는 안 돼요, 우린 영국인이니까'라는 사실은 우연이 아니다).

하지만 다윈은 동시대 사람들의 청교도적 태도에 굴하지 않았다. 그는 자연 선택의 원리만으로는 자연의 다양한 형태를 설명하기에 충분하지 않다는 것을 일찍이 깨달았다. 사실 진화가 적자생존만을 위한 것이라면 세상은 훨씬 더 암울하게 느껴질 것이다. 화려한 깃털을 가진 낙원의 새나 근사한 갈기를 가진 사자, 노래하는 나이팅게일, 그리고 인간의 예술도 굳이 존재할 이유가 없기 때문이다. 자연의 풍부한 색과 모양의 향연이나 새들의 빼어난 노랫소리와 둥지 짓기 기술은 자연이나 배고픔과의 사투에서 비롯된 것이 아니라 적절한 짝짓기 파트너를 구하기 위해 사치스럽게 에너지를 낭비한 결과다. 동물계에서는 일반적으로 암컷에게 파트너를 선택할 특권이 있기 때문에 수컷은 짝짓기에 대한 압박감이 상당하다.[20]

유기체가 번식하기 위해서는 포식자를 피하거나 먹이를 사냥하는 것과 같이 생존을 위한 투쟁에서 오래 살아남는 것만으로는 충분하지 않으며, 잠재적인 짝짓기 파트너에게 매력적으로 보여야 한다는 것을 다윈은 알고 있었다. 따라서 종의 외모는 무엇보다도 배우자 선택의 선호도에 의해 결정되었다. 예를 들어, 다윈은 1859년 초 베스트셀러가 된 《종의 기원》에서 다음과 같이 설명했다.²¹ "암컷 새는 수천 세대에 걸쳐 노랫소리가 가장 빼어나고 아름다운 수컷을 선택함으로써 (…) 분명한 결과를 거둘 수 있었다."

다윈은 종에 관한 책에서 성적 선택의 원리에 대해 더 자세히 설명하지 않았는데, 이는 엄청난 저항을 예상했기 때문일 것이다. 또한 성의 근본적인 중요성을 설명함으로써 빅토리아 시대의 독자들을 불쾌하게 만들고 싶지 않았기 때문일 수도 있다. 하지만 다윈은 《인간의 유래와 성선택》에서 더는 말을 아끼지 않고 수많은 사례 연구를 통해 짝짓기 선택의 결과로 다양한 생물 종의 특성이 시간이 지남에 따라 어떻게 변화했는지 자세히 설명한다. 이때 자연에 존재하는 자연 선택의 원리뿐 아니라 성적 선택의 원리에 대해서도 명확하게 설명했다. 간단히 말하자면, 진화는 가장 잘 적응한 자의 유전적 생존(적자생존)에 의해 결정될 뿐 아니라 가장 매력적인 자의 유전적 생존(가장 섹시한 자의 생존)에 의해서도 결정된다는 것이다.

다윈에 따르면 성적 선택은 특히 인간의 진화에서 두드러진 역할을 해왔다. 그는 심지어 다음과 같이 밝히기도 했다. "인간 종족 간, 인간과 하등 동물 간에 외모 차이가 발생하는 원인 중에는 성적 선택이 가장 중요한 역할을 했다고 믿는다."²² 성적 선택은 신체적 특징(예: 털이 없는 피부나 숱 많은 머리)의 출현뿐 아니라 인간의 특별한 인지적·정서적·예술적 능력 발달에도 영향을 미쳤다.

다윈에 따르면 전쟁은 헤라클레이토스Heraclitus가 말한 것처럼 '만물의 아버지'가 아니라 번식 본능에 따른 결과이다. 다윈은 이를 다음과 같이 표현했다. "용기와 전투력, 지구력이나 신체적 힘과 덩치 크기, 온갖 종류의 무기나 목청을 비롯한 악기, 화려한 색채와 장식용 부속물 등은 모두 사랑과 질투의 원천이며 소리나 색 혹은 형태의 아름다움을 인지하는 하나의 성 또는 다른 성에게 간접적으로 영향을 미친다."[23]

지그문트 프로이트의 정신분석학과 마그누스 히르슈펠트 Magnus Hirschfeld의 성 과학이 출현하기 수십 년 전에 다윈은 성을 인간 기원에 근본적인 역할을 하는 요소로 자리매김했을 뿐 아니라, 19세기와 20세기 초 가부장적 사고와는 정반대로 여성의 배우자 선택을 통해 창조주가 그 핵심적 특징을 키워왔음을 분명히 했다. 동시대 사람들에게 이것은 이중의 도발이었다. 사실 다윈은 성적 선택의 원리가 자연 선택의 원리만큼 빨리 전파될 것이라고 예상하지 못했고, (종종 그렇듯이) 어쩌다 과녁의 중심을 맞히게 된 것이었다.

그 후 100년 동안 자연 선택에 관한 수많은 논문이 발표되었지만 성적 선택을 다룬 논문은 거의 없었다. 1975년 이스라엘의 생물학자 아모츠 Amotz와 아비샤그 자하비 Avishag Zahavi 부부는 소위 '핸디캡 원리'를 사용하여 공작 암컷이 짝을 선택할 때 수컷의 화려한 깃털을 중요시하는 이유를 설명했는데, 이 같은 외모는 자연에서 생존에 유리하지 않다. 다만 건강하고 잘 먹은 수컷만이 커다랗고 섹시한 깃털의 불편함을 감당할 수 있기 때문에 이러한 선택은 암컷의 유전 물질이 다음 세대에서 살아남을 가능성을 높인다.[24] 핸디캡 원리는 또한 암컷 새들이 가장 우아한 춤을 추거나, 다양한 울음소리를 내거나, 매우 정교한 둥지를 짓는 수컷을 선호하는 이유를 설명하는데, 이는 건강하고 힘이 넘쳐야만 감당할 수 있는 수컷의 엄청난 노력과도 관련이 있다.

인간도 마찬가지다. 인간 또한 생존과 무관하게 상대의 신체적 특징뿐 아니라 말하고, 움직이고, 행동하는 방식이나 상대가 만들어내고, 꾸미고, 주변에 배치하는 물적·정신적 환경(집 안 가구, 옷 스타일, 음악 취향, 음식, 친구, 세계관, 정치적 신념, 취미, 직업 등)에 근거하여 파트너를 선택한다. 또한 인간은 삶의 거의 모든 영역을 아름답게 가꾸기 위해 많은 비용을 들여 노력하므로 유례없을 정도로 감각적인 동물이기도 하다. 그런데 회화나 음악과 춤, 연극과 문학, 패션, 건축, 스포츠 등의 움직임 예술에 이르기까지 인간 세계의 예술과 문화라는 이 놀랍고도 위대한 성취는 궁극적으로 비인간 조상들의 구애와 의식화된 성적 경쟁에서 비롯되었다고 볼 수 있다.[25]

내일의 네안데르탈인이자 벌거벗은 유인원

다윈은 이 모든 것을 이미 염두에 두었다. 그는 전통적으로 인간과 동물 사이에 그어진 신성한 구분선을 의도적으로 넘나들었다. 불과 1년 후인 1872년에 다윈은 《인간과 동물의 감정적 표현》이라는 제목의, 인간의 감정과 신체 신호, 유인원이나 고양이, 개, 말과 같은 동물들의 신호 사이에 존재하는 커다란 유사점을 명료하게 지적하는 또 다른 책을 출간했다. 이 책에는 인간이라는 종의 유일무이성에 대한 주장을 날카롭게 공격하는 내용이 담겨 있었다. 다윈은 복잡한 뇌를 가진 모든 동물(적어도 모든 포유류)은 우리와 매우 유사한 방식으로 고통과 기쁨을 느낄 수 있으므로 인간만이 지구상에서 감정을 가진 유일한 생물이 아니라는 사실을 매우 설득력 있게 설명했지만, 이 관점은 20세기까지 많은 연구자에 의해 논쟁의 대상이 되었다.

다윈은 1875년부터 1880년까지 생의 마지막 몇 년 동안에도 쉬지 않고 식물학에 관한 네 권의 책을 출간했다. 1881년에 출판된 그의 마지막 저서는 (오늘날에도 유효한) 생태학적 주제인데 지렁이의 활동을 통해서 경작할 수 있는 토양이 만들어진다는 내용이었다 (당시 사람들의 생각과 달리 다윈은 지렁이가 해롭지 않고 오히려 식물 재배에 매우 유용하며 토양과 부식질 형성의 중심 역할을 한다는 것을 증명했다).

찰스 다윈은 1882년 4월 19일 다운 하우스에서 73세의 나이로 세상을 떠났지만, 세상을 바라보는 우리의 시각을 영원히 바꾼 업적을 남겼다. 그가 사망한 지 35년이 지난 후 지그문트 프로이트는 다윈이 지구가 태양계의 중심이 아니라는 사실을 깨달은 코페르니쿠스에 이어 역사상 인간의 오만함에 두 번째로 근본적인 모욕을 가했다고 말했다.[26] '다윈의 모욕'을 한마디로 요약하면 다음과 같다. 오늘날 성찰하는 인간이라면 우리가 창조물의 정점이 아니라 내일의 네안데르탈인에 불과하다는 사실을 분명히 알아야 한다. 우리 '벌거벗은 유인원'은 체모를 없애고 스마트워치를 착용한다는 사실을 그렇게까지 자랑스러워할 필요가 없다.

물론 진화론의 발전은 1882년 다윈의 죽음으로 끝나지 않았다. 중요한 수많은 발견은 20세기가 되어서야 이루어졌다. 예를 들어, 오스트리아의 아우구스티누스 수도원의 수사이자 아마추어 연구자였던 그레고르 멘델Gregor Mende은 다윈의 생전에 유전의 법칙에 대한 기초를 다졌지만, 다윈은 여전히 유전의 법칙에 대해 아무것도 몰랐다(따라서 진화를 주도하는 유전자의 무작위 변이와 돌연변이에 대해서는 알 수가 없었다). 1940년대에는 유전학·인구 생물학·고생물학·발생학·세포 생물학·생태학·지질학·지리학 분야의 새로운 발견으로 다윈의 진화론이 근본적으로 수정되었다. 이런 식으로 통합된 새로운 이론이 등장했는데, 이 책의 뒷부분에서 논의할 진화생물학자 줄리언 헉슬리의 제안에 따라 여기에는 '현대적 종합 이론Modern Synthesis' 또는 '종합 진화론'이라는 이름이 붙여졌다.

현대적 종합 이론은 의심할 여지없이 진화론의 진화에서 중요한 단계지만, 그렇다고 해서 진화론의 최종적인 결론은 아니다. 새로운 발견이 끊임없이 추가되면서 이론은 수정되고 있으며, 이는 많은 예 중 하나에 불과하다.[27]

최근 수십 년 동안 이루어진 지구 역사에 대한 연구에서 다윈 시대부터 진화론의 기초가 되어온 점진적 진화론과 모순되는, 진화의 속도가 엄청나게 빨라진 시기가 있었다는 것이 밝혀졌다. 이러한 진화의 가속화는 거대 화산 폭발이나 대형 행성의 지구 충돌과 같은 갑작스럽고 급격한 환경 변화에 의해 촉발되었다.

다윈의 유명한 문구인 '변화하는 것보다 영원한 것은 없다'는 진화론에도 적용된다는 점을 기억하라. 진화론은 지난 150여 년 동안 지속적으로 발전해왔다. 이제 진화론은 생물학뿐 아니라 다른 많은 과학 분야에서도 하나의 이론적 틀로 받아들여지고 있다. 사실 우리가 세상에서 관찰하는 것의 대부분은 1953년 올더스 헉슬리가 말한 것처럼 진화의 관점에서 고려할 때에만 의미가 있지 않은가.[28]

진화론적 사고는 다윈이 생전에 맞서 싸워야 했던, 가장 근본적으로 반론을 제기한 이론물리학에서도 활용된다. 19세기의 주요 물리학자들은 지구가 다윈의 이론에서 말하는 수많은 소소한 진화적 변화만큼이나 오래되었다는 사실을 격렬하게 부정했기 때문이다. 그의 이름을 따 온도 단위 '켈빈(K)'을 탄생시킨 영국의 물리학자 켈빈 경 Lord Kelvin은 지구나 태양의 나이를 《성경》의 나이인 6,000년보다 훨씬 많은 2,000~4,000만 년으로 계산했는데[29], 이는 실제 지구의 나이인 약 46억 년에는 근접하지도 못한 수치에 불과하다.

켈빈 경은 지구가 수십억 년까지는 아니더라도 최소한 수억 년은 되었을 것이라는 다윈 주변의 생물학자나 지질학자 들의 생각이 터무니없다고 믿었다. 당시 통용된 물리 이론에 따르면 태양과 같은 별은 연료가 다 떨어지기 전까지 최대 수백만 년 동안만 빛날 수 있는 것이었다. 그러나 켈빈 경이 세상을 떠난 1907년, 당시만 해도 거의 알려지지 않았던 한 젊은이가 질량과 에너지의 관계를 발견하고, 과학 역사상 가장 유명한 공식을 발견하면서 이 위대한 물리학자의 착각은 명백히 드러났다. 젊은 과학자의 이름은 알베르트 아인슈타인이었다.

발상의 전환으로
시공간을 뒤흔들다

알베르트 아인슈타인과
자연의 법칙

2장

알베르트 아인슈타인

Albert Einstein
1879-1955

천재는 사후에 태어나는 경우가 많지만 알베르트 아인슈타인에게는 해당되지 않는 이야기다. 그는 생전에도 천재의 전형으로 여겨지며 자주 조롱의 대상이 되기도 했다. 아인슈타인은 자신의 명성이 사람들이 이해하지 못하는 신비로움에서 기인한다고 보았다.[1] 많은 사람이 자신을 제대로 이해하지 못해 자신이 존경받는 것이라고 믿었다. 명성으로 인한 혜택을 누구보다 많이 누렸지만, 그것의 위험성 또한 그는 일찍이 깨달았다. "명성을 얻으면 사람이 점점 더 어리석어지는데, 이는 매우 흔한 일입니다. 내가 생각하는 나와 다른 사람이 생각하거나 이야기하는 나의 격차도 엄청나지요. 다만 그 모든 것을 견딜 수 있게 하는 힘은 유머지요."[2]

다행히 아인슈타인은 탁월한 유머 감각으로 인생 후반기에 자신에게 쏟아지는 찬사를 견뎌낼 수 있었다. 그는 1921년 프린스턴대학교에서 명예박사 학위를 받았으며 '낯선 생각의 바다를 홀로 항해하는', '과학계의 콜럼버스'와 같은 엄청나게 장엄한 찬사를 받았다.[3] 1919년 5월 29일 일식 현상을 통해 아인슈타인이 뉴턴보다 중력을 더 정확하게 파악했다는 사실이 밝혀진 이후 그는 세계적으로 명성을 떨치게 되었다. 전 세계 신문은 공간과 시간, 에너지와 물질에 대한 전통적인 개념을 뒤엎은 이 인물에 대해 앞다퉈 보도했다. 특히 흐트러진 머리와 독특한 외모로 인해 '미친 과학자'라는 클리셰를 만들어낸 아인슈타인은 당시 등장한 대중 매체를 통해 세계적인 스타가 되었다.

그러나 아인슈타인은 평생 자신을 둘러싼 숭배 분위기에 환멸을 느꼈다. 그가 상상한 삶은 그것과는 반대였다. "젊은 시절 내가 바라던 삶은 구석에 조용히 앉아 사람들의 눈에 띄지 않고 내 일에 열중하는 것뿐이었습니다. 그런데 지금 내 꼴을 보세요."[4] 그는 과대포장된 대중적 이미지를 종식시키기 위해 자신이 죽은 후에는 시신을 화장하고 유골은 알려지지 않은 곳에 뿌려달라고 유언장에 적었다. 이 마지막 소원은 이루어졌지만, 1955년 4월 18일 화장터로 이송된 시신에는 아인슈타인에게 없어서는 안 될 장기였던 뇌가 빠져 있었다.

뉴저지주 프린스턴병원의 병리학자 토머스 하비 Thomas Harvey는 이 유명한 물리학자의 사인(복부 동맥류 파열로 인한 내출혈)을 밝히는 임무를 맡았지만, 그의 뇌를 자세히 살펴보고 싶은 유혹을 뿌리치지 못했다. '20세기 최고의 뇌'를 손에 쥔 후 절대 내어주고 싶지 않았던 것이다. 그는 아인슈타인의 뇌를 훔쳐 보존 병에 보관하기로 결심했다. 그의 목적은 이 특별한 사고 기관을 파헤쳐 진정한 천재성을 구성하는 요소를 알아내는 것이었다.[5]

전문적인 뇌 연구자가 아니었던 하비는 검증된 전문가들의 지원을 기대했다. 실제로 일부 연구자는 윤리적으로 논란의 여지가 많은 이 모험에 착수했다. 그 결과 아인슈타인의 뇌는 산소가 약간 더 잘 공급되었고, 두 반구가 좀 더 잘 연결되어 있어 직관적 이미지와 추상적인 사고를 연결하기가 더 쉬웠다는 것이 (확실하지는 않지만) 밝혀졌을 뿐, 특별히 놀라운 것은 없었다. 그렇다면 여기서 무엇을 배울 수 있을까? 이 연구 결과가 아인슈타인이 평범하지 않은 두뇌를 가지고 태어났음을 의미하지는 않는다. 그러므로 아인슈타인 전기 작가인 위르겐 네페*Jürgen Neffe*가 지적했듯 "아인슈타인의 신경 조직에서 측정된 (어느 정도의 의미 있는) 편차가 노년기에 이르기까지의 격렬한 정신 활동의 결과로 발생한 것인지"[6]는 확실하지 않다.

인간의 뇌는 근육과 같아서 사용하는 방법과 정도에 따라 모양이 달라지기 때문에 후자의 가능성도 매우 높다.[7] 아인슈타인의 생리학적 발견을 그의 전기와 분리할 수 없는 이유이기도 하다. 다시 말해 아인슈타인의 비밀을 밝히기 위해서는 그의 죽은 뇌를 연구하는 것만으로 충분하지 않다. 그의 삶을 살펴보고, 어떻게 그런 사람이 되었는지 이해해보자.

끝없는 호기심

알베르트 아인슈타인은 1879년 3월 14일 울름의 개방적인 유대인 가정에서 태어났다. 하지만 부모인 헤르만*Hermann*과 파울

리네 아인슈타인 Pauline Einstein이 이듬해 뮌헨으로 이사하며 알베르트는 어린 시절과 청소년기의 대부분을 그곳에서 보냈다. 그의 부모는 아들의 입이 늦게 트여 처음에는 걱정이 많았다. 초등학교 선생님들도 알베르트가 정신적·사회적 발달이 느리다고 이야기할 정도였다.

하지만 그는 주변 사람들이 생각하는 것처럼 우둔한 아이가 아니라 자신만의 세계에 빠져 있는 아이였다. 네 살 때 아버지에게서 받은 작은 나침반에 매료된 알베르트는 어떤 보이지 않는 힘이 바늘을 움직이는지 궁금해한다. 또한 1885년 아버지가 삼촌과 함께 설립한 가족 소유의 전기 장치 공장을 즐겨 방문했는데, 과학과 기술에 열광하는 소년에게는 무척 자극이 되는 환경이었다.

1888년부터 알베르트는 뮌헨의 오래된 루이트폴트 김나지움(그의 사후에 알베르트 아인슈타인 김나지움으로 이름이 바뀌었다)에서 학창시절을 보냈다. 학교생활을 하며 알베르트는 수줍음에서 많이 벗어날 수 있었다. 알베르트는 이제 권위에 복종하는 것을 좋아하지 않는 밝고 당찬 학생이었는데, 그의 영향이 다른 학생들에게 미칠까 봐 학교 선생님들이 우려할 정도였다. 자유로운 가정환경에서 자란 그는 어릴 때부터 모든 형태의 복종 정신과 군사 훈련에 대해 강한 혐오감을 느꼈고, 수십 년 후 이를 다음과 같이 표현했다. "음악에 맞춰 즐겁게 행진하는 사람이 있다면, 나는 그 사람을 기꺼이 경멸할 것이다. 그런 자의 대뇌는 실수로 생긴 것이며 그런 사람에게는 척추만 있어도 충분하다."[8]

알베르트 아인슈타인은 외국어 분야가 상당히 약했지만(이 단점은 평생 그를 따라다녔다), 수학과 자연과학 분야에서는 뛰어난 학생이었다. 호기심 많은 성격이었지만 매우 싫어하는 분야가 있었으니, 운동이었다. 다른 아이들이 밖에서 뛰어놀 때 알베르트는 숨어서 바이올린을 연주하고 철학과 대중 과학 분야 논문을 읽으며 시간을 보냈는데 오늘날이라면 분명 '과학 덕후'로 불렸을 것이다.

특히 그는 작가이자 자연과학자였던 아론 번스타인 Aaron Bernstein의 21권짜리 《과학 이야기책》에 매료되었다. 이 책들을 통해 그는 과학 연구에 빠져들었다. 젊은 아인슈타인은 번스타인이 제시한 다양한 실험적 사고를 열정적으로 받아들였을 뿐 아니라 이후 자신의 연구 활동을 통해 이를 계승했다. 번스타인은 또한 독일의 변호사이자 아마추어 천문학자였던 펠릭스 에버티 Felix Eberty의 사변적인 저서 《공간, 시간, 영원에 대한 생각》을 "특수 상대성 이론의 근본적인 측면을 예견한 뛰어난 저작"이라 언급하기도 했다.[9]

광범위한 독학의 결과 15세의 아인슈타인은 많은 분야에서 교사보다 훨씬 더 많은 지식을 축적했지만, 그럴수록 학교에 대한 존경심은 줄어들었다. 갈등이 극에 달하자 아인슈타인은 1894년 말 학교를 그만두고 그사이 밀라노로 이주한 가족을 따라가기로 결심했다. 그의 계획은 학교 졸업장 없이도 취리히연방공과대학교에서 수학·물리학 교육과정을 공부하는 것이었다. 하지만 그는 입학시험에 낙방했다. 대신 고등학교 졸업 시험인 마투라 Matura(한국의 '대학수학능력시험'에 해당하는 스위스 대학입학 시험 자격)를 통과해야 했다.

하지만 뮌헨의 김나지움보다 훨씬 더 자유로운 스위스 아라우주립학교에서 즐거운 시간을 보냈기 때문에 알베르트에게는 오히려 전화위복의 기회였다. 무엇보다 당시 하숙하던 집에서 빈텔러 교수 가족과 함께 지내는 시간이 아인슈타인은 몹시 즐거웠다. 교수이자 언어학자인 조스트 빈텔러Jost Winteler는 신과 세계에 대한 철학적 주제를 나눌 수 있는 이상적 대화 상대였고, 그의 딸 마리와는 처음으로 사랑에 빠졌다.

마투라 시험에 합격한 후(아인슈타인이 형편없는 성적의 학생이었다는 소문은 스위스 학제 시스템을 잘못 해석한 결과였다. 알베르트는 다섯 과목에서 최고 점수인 6점을 받았다), 아인슈타인은 취리히연방공과대학교에서 공부를 시작했다. 그의 교수 중에는 훗날 일반 상대성 이론에 크게 기여한 천재 수학자 헤르만 민코프스키Hermann Minkowski도 있었다. 하지만 공부하는 동안 아인슈타인은 자신만의 생각에 빠져 강의를 건너뛰기 일쑤였고, 마리 빈텔러를 슬픔에 빠트리고 동료 학생인 밀레바 마리치와 연애하느라 민코프스키의 지식을 흡수하고 누릴 수 있는 기회를 거의 얻지 못했다. 아인슈타인이 수학 시험에 합격할 수 있었던 것은 친구이자 동료 학생이었던 마르셀 그로스만Marcel Grossmann의 도움 덕분이었는데, 그는 훗날 일반 상대성 이론의 수학적 기초를 마련하는 데 많은 기여를 했다.

그로스만의 도움에도 아인슈타인의 성적은 평범한 수준이었기에 공대 조교 자리를 얻을 수는 없었다. 다른 대학교에서도 자리를 얻지 못한 아인슈타인은 임시 교사로 생계를 유지해야 했다. 이

때도 마르셀 그로스만은 아버지를 통해 아인슈타인이 1902년 베른의 스위스 특허청에 '3급 기술 전문가' 정규직으로 취직할 수 있도록 주선해주었다.

아인슈타인은 자신의 직업을 '유서 깊은 스위스 잉크벌레'라고 농담 삼아 불렀지만, 이 일은 1903년 결혼한 밀레바와의 생활에서 어느 정도 안정된 수입을 보장해주었고, 물리학자로서 흥미로운 기술 발명(특히 시간 측정의 동기화 시스템) 현장을 지속적으로 접할 수 있어 상당히 만족스러웠다. 업무 외에도 그는 자신의 물리학적 아이디어에 대해 생각할 시간을 충분히 가졌고, 마르셀 그로스만 외에도 엔지니어 미셸 베소 Michele Besso, 철학자 모리스 솔로빈 Maurice Solovine, 수학자 콘라트 하비히트 Conrad Habicht 등 학구적인 친구들과 밤을 새워가며 자주 토론했다.

아인슈타인은 이후 평생 베른에 살면서도 이들과의 인연을 유지했다. 특수 상대성 이론 발전에 특별한 역할을 한 미셸 베소가 1955년 3월에 사망하자 아인슈타인은 친척들에게 다음과 같은 조의 편지를 전달했다(이후 한 달도 안 되어 아인슈타인도 사망한다). "이제 그는 나보다 조금 앞서 이 기묘한 세상과 작별을 고했군요. 하지만 이것은 아무런 의미가 없습니다. 믿음을 가진 우리 물리학자들에게 과거, 현재, 미래의 구분은 지속적이지만 환상에 지나지 않습니다."[10]

아인슈타인은 10대 시절 자신에게 던졌던 질문에 평생 집착했다. 그는 또한 매우 복잡한 우주 문제에 어린아이 같은 호기심으로 접근했다. 그는 이것이 자신이 거둔 과학적 성공의 핵심적인 요소라 생각했다. 자신의 첫 전기 작가인 카를 실리그*Carl Seelig*에게 이렇게 털어놓기도 했다. "나는 특별한 재능은 없고 열정과 호기심이 많을 뿐입니다."¹¹

아인슈타인은 〈라이프*LIFE*〉 기자에게도 비슷한 감정을 표현했는데, 질문을 멈추지 않는 것이 왜 중요한지에 대해 그는 다음과 같이 설명했다. "호기심에는 나름의 이유가 있습니다. 영원의 신비라든가, 생명 또는 현실의 경이로운 구조에 경외감을 느끼지 않을 수 없지요. 매일 이 신비를 조금이라도 이해하려고 노력하는 것, 그것만으로 충분합니다. 우리는 이 거룩한 호기심을 잃지 말아야 할 것입니다."

아인슈타인을 독창적인 사상가로 만든 것은 무엇보다 끝없는 호기심이었다. 그는 수세기에 걸쳐 과학적으로 증명된 것이라 할지라도 정해진 답에 만족하지 않고, 그 이유에 대해 끊임없이 질문했다. 그렇게 해서 공간과 시간, 에너지와 물질에 대한 전통적인 관념을 깨고 우주에 대한 혁신적이고도 새로운 관점을 탄생시킬할 수 있었다.

새로운 세계관

16세 때 아인슈타인은 번스타인의 《과학 이야기책》에서 영감을 받아 빛줄기를 타고 여행하면 어떨까, 하는 상상을 했다. 10년이 지나 그는 자신의 질문에 대한 놀라운 답을 찾았다. '기적의 해'

라 불리기도 하는 1905년 한 해 동안, 26세의 베른시 특허청 직원이었던 무명의 아인슈타인은 물리적 세계관을 뒤흔든 다섯 편의 논문을 발표했다. 논문은 모두 노벨상 수상감이라고 할 만한 내용을 담고 있었는데, 실제로 16년 후 아인슈타인은 이 중에서 첫 번째 논문으로 노벨상을 수상했다.

1905년 3월 중순에 완성된 〈빛의 발생과 변형에 관한 발견적 관점〉이라는 난해한 제목의 첫 번째 논문에서 아인슈타인은 소위 '광전 효과', 즉 빛과 물질의 상호작용을 다루었다. 당시 널리 퍼져 있던 빛의 파동 모델과 달리 아인슈타인은 빛에도 입자의 특성이 있음을 증명했다. 아인슈타인에 따르면 빛 에너지는 개별적인 '에너지 덩어리(예: 검은 돌이나 맨살)'로 물질에 전달되며, 아인슈타인은 이를 '빛 양자(나중에는 '광자'로 명칭을 변경한다)'라는 용어로 소개했다. 1905년 아인슈타인의 초기 연구는 이후 양자 물리학 발전에 중요한 토대가 된다.

이후 두 편의 논문[12]으로 아인슈타인은 분자와 원자가 실존한다는 것을 증명했다. 다만 당시에는 논란의 여지가 있는 이론이었다. 아인슈타인이 특히 존경했던 오스트리아의 위대한 물리학자 에른스트 마흐 Ernst Mach는 원자를 형이상학적인 유령으로 간주했고 자신의 면전에서 원자에 대해 말하는 사람을 보고는 침울한 어조로 '그렇게 괴이한 것의 실체를 본 적이 있느냐'고 반문할 정도였다.[13]

아인슈타인이 초기에 쓴 세 편의 논문은 물리학적 관점으로 볼 때 그 중요성이 의심할 나위 없지만(앞서 언급했듯 그는 첫 번째 논문으로 이후 노벨 물리학상을 수상한다), 1905년 6월 말 완성한 네 번째 논문과 비교하면 상대적으로 덜 중요하다고도 볼 수 있다. 이 논문에서 그는 훗날 '특수 상대성 이론'으로 역사에 기록될 내용을 정립했다. 이 주제를 논하며 그는 얼핏 사소해 보이는 문제를 선택했는데, 두 사건이 '동시에' 일어난다고 말할 때 그것이 의미하는 바가 실제로 무엇인지 질문한 것이다. 자세히 살펴보면 이 질문은 사소한 문제가 아니었다. 여기서 아인슈타인은 광속의 불변성을 바탕으로 움직이는 시계는 정지한 시계와 다르게 움직인다는 놀라운 결론에 도달한다.

— 이는 간단한 사고 실험을 통해 설명할 수 있다.[14] (감각적 지각 능력을 지닌) 열차 승무원이 정차 중인 기차 한가운데 있다고 가정해보자. 열차의 첫 번째 칸과 마지막 칸에서 번개가 칠 때, 두 번개의 빛이 동시에 망막에 닿으면 열차 승무원은 동시에 번개가 치는 것으로 인식할 것이다. 여기까지는 괜찮다. 이제 기차가 정지하지 않고 매우 빠른 속도로 앞으로 나아가고 있다고 가정해보자. 이 경우, 전방 헤드라이트에서 나오는 빛은 전방을 향해 이동하기 때문에 기차의 속도에 의해 추가 속도가 붙지 않는 후방 헤드라이트보다 1밀리초 더 빨리 도달한다는 결론이 도출된다(빛의 속도보다 더 빠르게 갈 수는 없다). 따라서 달리는 열차의 승무원은 이로부터 열차의 앞부분에서 나오는 빛이 뒷부분보다 먼저 도달한다는 결론을 내릴 것이며, 그 순간 지나가는 열차를

바라보는 선로 위의 관찰자는 두 개의 헤드라이트가 열차에서 동시에 빛을 내고 있다고 알아차릴 것이다.

이제 똑같은 속도로 달리지만 반대편에서 달려오는 열차에 탑승한, 마찬가지로 날카로운 관찰력을 지닌 승무원이 있다고 가정해보자. 그는 맞은편 열차의 뒤편을 향해 고속으로 움직이고 있으며 거리가 짧기 때문에 처음 승무원과 반대 방향의 헤드라이트를 더 일찍 감지할 것이다. 이로부터 어떤 결론을 내릴 수 있을까? 열차의 앞쪽이나 뒤쪽 헤드라이트 중 어느 쪽이 빛을 먼저 발할까? 아니면 두 개의 헤드라이트가 동시에 빛을 냈을까? 세 명의 관찰자는 각각 다른 결론을 내릴 수 있지만, 어느 것이 맞을까? 아인슈타인의 대답은 '모두가 맞고, 아무도 맞지 않다'였다. 상대성 이론은 절대적 시간과 절대적 공간에 대한 오랜 믿음을 종식시켰다.

아인슈타인의 발표 이후 시간과 공간은 더 이상 보편적인 수량이 아닌 특정한 물리적 기준체계(관성기준계) 내에서만 상대적인 의미를 갖게 되었다. 이 기준체계에 따라 시간적·공간적 거리가 단축되거나 확장될 수 있으며, 이는 여러 가지 기이한 효과를 초래한다. 예를 들어 쌍둥이 우주비행사가 먼 행성으로 성간 여행을 떠났다가 빛의 속도로 가속하여 돌아온다면 지구에 남겨진 나머지 쌍둥이보다 훨씬 젊어져서 돌아올 수 있을 것이다.

시간이 일정한 박자에 맞춰 메트로놈처럼 흘러간다고 가정하는 우리의 상식으로는 말도 안 되는 이야기처럼 들리지만, 아인슈타인의 예측은 경험적으로 여러 차례 확인되었다. 예를 들어 항공기나 인공위성의 정확한 원자시계는 지구에 있는 원자시계와 수십억분의 1초의 오차가 있다는 것이 밝혀졌다(나중에 설명할 일반 상대성 이론의 영향도 여기서 중요한 역할을 한다).

그러는 사이 이 같은 측정 방식은 말 그대로 우리 일상의 일부가 되었다. 과학 저널리스트 뤼디거 바사 Rüdiger Vaas 는 특수 상대성 이론과 일반 상대성 이론의 공식을 활용하지 않으면 정밀한 위성 항해도 불가능할 것이라고 설명한다. "속도와 중력이라는 두 가지 시간 지연 요소를 고려하지 않으면 위치 파악에는 하루에 2.2킬로미터 또는 약 10킬로미터 정도 오차가 발생한다. 단 3일만 지나면 항해 시스템은 더 이상 뮌헨글라트바흐에 있는지 부퍼탈에 있는지 알 수 없게 될 것이다. 아인슈타인이 없었다면 지구상의 위성 내비게이션은 기껏해야 대도시만 찾아낼 수 있을 뿐, 특정한 집이나, GPS 송신기가 달린 목걸이를 하고 집 안 어딘가에 숨어 있는 고양이를 찾아내는 데는 실패했을 것이다."[15]

그런데 1905년 기적의 해에 아인슈타인은 시간과 공간에 대한 전통적인 개념을 뒤집는 데에서 그치지 않았다. 9월에는 한 단계 더 나아가 〈물체의 관성은 에너지 함량에 따라 달라지는가?〉라는 제목의 세 쪽짜리 논문으로 전기역학에 관한 논문을 보완했다. 이 짧은 부록에는 그의 유명한 공식인 '$E=mc^2$'의 기본 개념, 즉 에너지와 질량이 궁극적으로 일치한다는 생각이 암시적으로나마 드러나 있다. 내용은 다음과 같다. "물체의 질량은 에너지 함량을 측정하는 척도이다. 에너지 함량이 매우 가변적인 물체(예: 라듐염)일 경우 이 이론의 실험이 성공할 가능성을 배제할 수 없다."[16]

아인슈타인도 나중에야 이것이 얼마나 광범위한 통찰인지 깨닫지 않았을까 싶다. 1907년 12월, 그는 〈상대성 원리와 그로부터 도출된 결론에 관하여〉라는 논문을 완성했는데, 여기서 그는 에너지와 질량의 등가성을 (복잡한 수학 공식을 사용하여 도출한) '이론적으로 매우 중요한 (…) 결과'라고 설명했다. 몇 줄 뒤, 그는 이 사유의 핵심을 다음과 같이 요약했다. "질량 μ는 관성의 측면에서 μc^2의 에너지 함량과 동일하다."[17] 여기서 우리는 세계에서 가장 유명한 공식인 $E=mc^2$(질량을 뜻하는 그리스어 'μ'는 나중에 라틴어 'm'으로 대체됨)의 기원을 찾을 수 있을 것이다.

이 공식이 자주 인용되는 이유는 아인슈타인의 다른 방정식과 달리 기억하기 쉬울 뿐 아니라 그 의미가 엄청나게 크기 때문이다. '신체의 에너지 함량(E)은 나머지 질량(m)에 광속의 제곱(c^2)을 곱한 결과'라는 통찰은 모든 형태의 물질에 얼마나 엄청난 에너지가 저장되어 있는지를 명확하게 보여준다. 예를 들어 1그램의 질량은 약 2,500만 킬로와트시에 해당한다.[18] 그러므로 일반 성인의 몸에는 대형 수소폭탄 30개의 폭발력을 능가하는 양의 에너지가 들어 있다고 볼 수 있다.[19]

하지만 우리 몸 안에 있는 이 엄청난 양의 에너지는 방출하고 싶어도 불가능하다. 다만 핵분열(질량의 약 0.1%가 에너지로 전환되는 경우)과 핵융합(전환율 0.72%일 경우)을 통해 질량을 에너지로 전환하는 것은 가능하다. 자연계를 보면 이를 잘 알 수 있다. 태양은 수소를 헬륨으로 끊임없이 융합하여 에너지를 생성하는 거대한 핵융합 원자로이다. "1,570만 도의 뜨거운 중심부에서 매초 5억 톤 이상의 수소가 변환되고, 이 중 약 400만 톤이 에너지로 전환된다. 이는 인류의 현재 에너지 수요를 백만 년 동안 충당할 수 있는 양이다."[20]

아인슈타인이 지적한 것처럼 질량과 에너지는 동전의 양면과 같다는 사실은 태양의 연료가 한 번도 고갈된 적 없고 가까운 미래에도 고갈되지 않을 이유를 쉽게 이해할 수 있게 돕는다. 단순하면서도 우아한 공식 $E=mc^2$의 도움으로 우리는 또한 19세기 물리학자들의 진화론에 반박하는 주장을 쉽게 물리칠 수 있다. 다시 말해 태양과 지구가 사실은 켈빈 경이 생각했던 것보다 훨씬 더 오래되었다는 것을 증명할 수 있는 것이다. 우리의 고향별 지구는 질량이 매우 커 45억 년 동안 안정적으로 방사할 수 있는 충분한 에너지가 있으며, 이는 찰스 다윈이 반세기 전에 설명했던 느리고 점진적인 진화론적 변화의 충분한 근거가 된다.

시공간의 발견

1905년 단숨에 물리학적 세계관을 혁신한 아인슈타인이 물리학 연구소에 취업하지 못하고 베른 특허청에서 사무원으로 계속 일해야 했다는 것은 역사의 우스갯소리같다. 다만 아인슈타인은

1905년에 발표한 〈분자 차원에 관한 새로운 결정〉이 박사 학위 논문으로 인정받아 '3급 기술 전문가'에서 '2급 기술 전문가'로 승진하는 등 직접적인 혜택을 누릴 수 있었다.

  실제로 아인슈타인은 '기적의 해' 이후에도 4년 동안 베른 특허청에서 일했으며, 1909년 10월 마침내 취리히연방공과대학교의 이론물리학 강사와 부교수로 임명되었다. 1911년 프라하로 잠시 자리를 옮겼던 아인슈타인은 1912년 취리히연방공과대학교의 정교수로 임명되었다. 그리고 2년 후 베를린으로 이사했다. 아인슈타인이 특히 존경하고 자주 인용했던 막스 플랑크Max Planck가 그에게 프로이센과학아카데미의 회원으로 높은 보수를 받을 수 있는 일자리를 제안한 것이다. 게다가 아인슈타인은 교수 자격으로 학생들을 가르치지 않고도 연구에 전념할 수 있는 자유를 누렸다.

  1914년 베를린으로 이주한 후 알베르트와 밀레바는 두 아들 한스와 에두아르트를 사이에 두고 헤어지게 되었다.[21] 대부분은 아인슈타인이 밀레바에게(사실 모든 여성에게!) 몹쓸 행동을 했기 때문에 결혼 파탄의 책임이 일방적으로 있다고 생각한다. 그러나 이 시기의 편지를 읽어보면 사람들이 구별하는 것처럼 '자선가 아인슈타인'과 '방탕한 괴물 아인슈타인'이 그리 단순하게 나누어지지 않는다는 것을 알 수 있다. '빛이 강할수록 그림자도 짙다'는 격언은 그럴듯하게 들릴 수 있지만, 당시 두 사람의 사생활을 충분히 대변하지는 못한다.

  한 가지 분명한 사실은 해가 거듭되면서 밀레바와 알베르트가 서서히 멀어졌다는 것이다. 아인슈타인은 재능 있는 물리학자였지만 주부 역할로 밀려나며 우울증에 빠져 괴로워하는 아내의 비난을 점점 더 견딜 수 없게 되었다.²² 이렇듯 부담스러운 상황에서 벗어나고 싶었지만 감히 이를 공개적으로 발설하지 못했던 아인슈타인은 밀레바에게 두 사람이 함께 살기 위해서라며 도저히 받아들일 수 없는 조건들을 요구한다. 결국 밀레바가 베를린에서 취리히로 돌아가면서 아인슈타인은 목표를 달성했지만, 아내뿐 아니라 두 아들까지 잃었다는 사실에 쓴 눈물을 흘려야 했다(그럼에도 아인슈타인이 전처와 자녀의 운명에 무관심하지 않았다는 것은 당시의 편지뿐 아니라 상당한 액수였던 노벨상 상금 전액을 그들에게 남겼다는 사실에서도 알 수 있다).

아인슈타인이 자신의 어머니 파울리네가 '늙은 할망구'라고 불렀던 아내 밀레바와 무슨 수를 써서라도 헤어지려 한 것은 끊임없는 부부 싸움으로부터 벗어나고 싶었기 때문만은 아니었다. 결혼 생활을 하며 그는 사촌 엘사 뢰벤탈Elsa Löwenthal과 불륜 관계를 유지했으며, 1919년 밀레바와 이혼한 후 마지못해 엘사와 재혼했다.²³ 그러나 무엇보다도 아인슈타인에겐 그를 절망 직전까지 몰고 갔던 일반 상대성 이론의 수학적 토대라는 가장 어려운 문제를 풀기 위한 시간과 평화가 필요했다.

일반 상대성 이론의 시작은 1907년으로 거슬러 올라가는데, 아인슈타인은 상대성 이론으로 가속도와 중력을 제외한 모든 물리 현상을 설명할 수 있다는 것을 깨달았다.²⁴ 그리하여 아인슈타인은 1905년에 발견한 특수 상대성 이론과 새로운 중력 이론을 통합한 보다 포괄적인 이론, 즉 '일반 상대성 이론'을 연구하고 있었다.

이는 당시의 중력 이론이 특수 상대성 이론과 모순되는 것처럼 보였기 때문에 시급한 해결 과제였다. 뉴턴의 모델에 따르면, 태양은 지구에 즉각적으로(즉 8분 정도 늦게 지구에 도착하는 태양의 빛보다 빠르게) 작용하는 '인력'을 가지고 있는데, 이는 빛의 속도(초속 2억 9,979만 2,458미터이며, 시속 10억 킬로미터를 조금 넘는다)를 우주의 궁극적 속도 제한으로 설정하는 특수 상대성 이론의 기본 가정과 모순되는 것이었다.

그때 아인슈타인은 훗날 자신의 인생에서 '가장 행복했던 생각'이라고 회고한 아이디어를 떠올렸다. "베른의 특허 사무실 안락의자에 앉아 있는데 갑자기 다음과 같은 생각이 떠올랐습니다. '사람이 자유 낙하 중이라면 자신의 무게를 느낄 수 없지 않을까? 머리에 번개를 맞은 것 같았고, 이 단순한 생각은 뇌리에 깊이 각인되었습니다. 이것이 나에게 중력 이론의 방향을 제시했지요."[25]

― 아인슈타인이 한 말의 의미는 간단한 사고 실험을 통해 설명할 수 있다. 어떤 사람이 닫힌 상자 안에서 지구 위에 서 있으면 중력으로 인해 그 무게를 느낄 수 있다. 하지만 상자가 우주에 있다면 지구 주위를 자유 낙하하거나, 중력의 영향을 무시할 정도로 거대한 천체에서 멀리 떨어져 있기 때문에 더 이상 그 무게를 느낄 수 없다. 하지만 똑같은 상자가 (그의 관점에서 볼 때) 위를 향해 적절한 속도를 낸다면 그는 지구상에서 상자 안에 있을 때와 똑같은 중력을 느낄 것이다. 여기서 아인슈타인은 중력과 가

속도가 밀접한 관련이 있다는 결론을 내렸다.

이 결론은 일반 상대성 이론의 완성을 향한 중요한 단계다. 하지만 이 단순한 사고 실험에서 수학적으로 타당한 이론을 도출하려면 더 큰 도약이 필요했다. 다행히도 얼마 지나지 않아 아인슈타인의 과거 수학 교수였던 헤르만 민코프스키가 그에게 도움의 손길을 내밀었다. 1908년, 민코프스키는 독일 자연과학자 및 의사 협회 세미나에서 아인슈타인의 특수 상대성 이론을 바탕으로 공간과 시간을 4차원 '시공간 연속체'로 통합하는 수학적 모델을 제시하는 놀라운 강연을 했다.[26] 아인슈타인은 처음에 이 개념을 불필요한 학식으로 간주했지만, 나중에 일반 상대성 이론을 공식화하는 데 필요하다는 것을 깨달았다. 그러나 민코프스키가 44세에 시공간에 대한 강의 직후 맹장 파열로 사망하면서 더 이상 아인슈타인에게 도움을 줄 수 없었다. 1912년 수학적 지식이 충분하지 않았던 아인슈타인은 학창 시절에 그랬던 것처럼 친구인 마르셀 그로스만에게 이론을 수학적으로 공식화하게 도와달라고 요청했다. 하지만 그로스만의 지원에도 일반 상대성 이론을 완성하는 데는 3년이라는 시간이 더 걸렸다. 아인슈타인이 인정했듯 이 때는 그의 인생에서 가장 힘든 시기였다. 그는 몇 번이고 좌절하고 실수를 수정하고 다시 시작해야 했다. 하지만 1915년 11월, 아인슈타인은 드디어 성공을 거두었다. 그는 네 편의 논문을 써 매주 발표했고, 나중에 이를 요약하여 개요 논문으로 발표했다. 1916년, 아인슈타인의 가장 잘 알려진 과학적 업적이라고 할 수 있을 논문이 〈물리학 연보〉에 실렸다. 제목은 〈일반 상대성 이론의 기초〉였다.[27]

아인슈타인의 공식은 완전히 새로운 우주의 그림을 탄생시켰다. 이전에는 공간과 시간을 단순하게 세계의 현상이 벌어지는 수동적인 틀이라고 여겼다면 아인슈타인은 4차원 시공간과 그 안의 물체 사이에 영구적인 상호작용이 있다는 것을 보여주었다. 이에 따르면 물체의 질량은 시공간을 휘게 하고, 휘는 시공간은 질량이 어떻게 움직여야 하는지 알려준다.

— 이를 어떻게 시각화할 수 있을까? 우주의 곡률을 이해하기 쉬운 비유가 하나 있다. 우주를 커다란 철제 공(이것을 태양이라 치자)이 가운데 놓여 있는 팽팽한 그물이라고 상상해보라. 공의 질량으로 인해 그물은 아래쪽으로 처지고 주위에 빈 공간이 생긴다. 이때 작은 유리구슬(지구를 상징한다)을 속이 빈 곳 위쪽 가장자리에 빠른 속도로 던지면 처음에는 지구가 태양 주위를 도는 것과 비슷한 방식으로 구슬이 철구 주위를 회전한다. 따라서 중력을 설명하는 데는 뉴턴이 말한 '인력'의 신비한 장거리 효과보다 거대한 물체에 의한 공간의 곡률이 훨씬 더 그럴듯한 근거를 제공한다.

당시 물리학 거장들은 일반 상대성 이론이 몇 가지 심각한 신학적 문제를 우아하게 해결했다는 사실을 즉시 인정했다. 하지만 아인슈타인의 복잡한 공식이 우주에서 일어나는 일을 설명할 수 있을까? 그리고 이를 어떻게 검증할 수 있을까? 아인슈타인은 태양계에 숨겨진 행성이 있다고 여겼던 당시 (물론 존재하지 않아서 발견되지 못했지만) 수성의 신비한 궤도를 설명하기 위한 실험을 시도했다. 수성의 특이한 궤도가 일반 상대성 이론의 예측과 일치한다는 사실을 깨달은 아인슈타인은 너무 흥분한 나머지 며칠 동안 심장 부정맥에 시달려야 했다.

아인슈타인은 또 다른 실험도 진즉에 생각해냈다. 일식이 진행되는 동안 멀리 떨어진 별빛의 경로가 태양의 중력에 의해 살짝 휘어지는 것을 확인하기 위한 실험이었다. 실제로 1914년, 두 팀이 8월 21일에 일어난 일식 기간에 아인슈타인의 예측을 테스트하기 위해 실험에 착수했다. 그러나 제1차 세계대전이 발발하면서, 혹은 구름이 너무 두꺼워 실험이 실패했는데, 당시 아인슈타인의 이론에는 여전히 어느 정도의 오류가 있었고 이는 얼마 후 수정되었으므로, 그로서는 실패한 실험이 오히려 축복이었다. 따라서 영국의 천체 물리학자 아서 에딩턴Arthur Eddington이 이끄는 연구팀은 1919년 5월 29일 개기일식 당시 아인슈타인의 예측이 맞았다는 것을 실증적으로 증명해야 하는 과제를 떠안게 되었다. 11월에 결과가 발표된 후 아인슈타인은 단숨에 세계적으로 유명해졌다. 코페르니쿠스, 뉴턴과 어깨를 나란히 하며 '세계사의 새로운 위인'으로 불리게 되었지만 끊임없는 의심을 피할 수는 없었다.

그러나 당시 아인슈타인조차도 일반 상대성 이론의 잠재력을 완전히 깨닫지는 못했다. 상대성 이론의 공식이 불러온 효과 중 하나는 공간이 팽창하고 있다는 것이었다. 아인슈타인은 1917년에 이미 이 세계는 은하수보다 훨씬 더 크지 않을까 의심했지만(1923년 에드윈 허블 Edwin Hubble이 실증적으로 증명할 때까지는 미지의 영역으로 남아 있었다), 무한히 팽창하는 우주라는 개념은 그에게도 허황되게 느껴졌다. 따라서 아인슈타인은 상대성 이론을 당시 널리 퍼져 있던 정적 우주론과 조화시키려고 노력했고, 이를 위해 소위 '우주 상수'를 자신의 이론에 도입했다. 나중에 허블을 통해 우주가 실제로(상대성 이론에서 예측한 대로) 팽창하고 있다는 사실이 밝혀지자 아인슈타인은 우주 상수를 자신의 생애에서 '가장 거대한 헛소리'라고 표현했다(그런데 아인슈타인의 실수는 한 번에 그치지 않았다. 그가 죽은 지 수십 년이 지난 후, 우주는 팽창하고 있을 뿐 아니라 이 팽창이 가속화되고 있다는 것이 밝혀졌다. 이는 아인슈타인 우주 상수의 작은 값으로 매우 쉽게 증명할 수 있는 것이었다[28]).

세계에서 존경받는 연구자들(노벨상 수상자 다수 포함)에 둘러싸여 있던 아인슈타인의 베를린 시절(1914~1932)은 과학적인 측면에서 매우 생산적인 시기이기도 했다. 그러나 그는 사회가 급격하게 우경화되는 것을 크게 우려했다. 아인슈타인을 '독일 민족체'를 파괴하는 '유대인 지성주의(유대인들이 학문, 철학, 과학, 예술 등 지성 중심의 분야에서 두드러진 활동을 해온 전통 또는 경향을 일컫는다.-옮긴이)'의 선동가라 폄하하는 목소리도 점점 더 커졌다.

아인슈타인은 1933년 1월 30일 국가사회당(나치)이 집권한 후 3월 20일 카푸스에 있는 자택을 수색당했고, 3월 28일에는 프로이센 과학 아카데미에서 사임했으며, 4월 4일에는 벨기에에 망명신청을 했고, 9월에는 엘사와 함께 유럽을 떠나 미국으로 건너갔다. 이 모든 일이 짧은 시간에 연이어 이루어졌다. 얼마 지나지 않아 아인슈타인은 마지막 근무지인 프린스턴 고등연구소의 회원이 되었고, 그후 다시는 독일 땅을 밟지 못했다.

세계적 공식을 찾아서

아인슈타인은 프린스턴 고등연구소에서 무수히 많은 전문가 의견서와 추천서를 써 신변을 위협받는 유대인 예술가와 과학자 들이 미국에 들어올 수 있도록 도움을 주었다. 그럼에도 그가 구하지 못한 친구나 친척, 지인도 많았다. 예를 들어, 그의 사촌 리나 아인슈타인은 1942년 테레지엔슈타트 강제수용소로 추방되었고 얼마 지나지 않아 트레블링카 학살 수용소에서 살해당했다.

나치 독재 정권의 범죄에 알베르트 아인슈타인은 너무나 경악했고, 전쟁이 끝난 후 독일 과학 단체가 접촉을 시도하자 모진 말로 이들을 거부했다. "독일인들이 저지른 범죄는 소위 문명국가 역사상 가장 가증스러운 짓입니다. 하나의 계급이라고 할 수 있는 독일 지식인들의 태도는 폭도들의 태도보다 나을 것이 없었죠. (…) 이런 상황에서 단순히 청결의 필요성 때문에 독일이 우리의 공적 대의에 관여하는 것에 대해 나는 참을 수 없는 혐오감을 느낍니다."[29]

아인슈타인은 1938년 12월 베를린의 옛 동료 오토 한 Otto

Hahn이 핵분열을 발견한 것에 큰 충격을 받았다. E=mc² 공식에 따라 핵분열 시 방출되는 엄청난 에너지를 누구보다 잘 알고 있었기 때문이었다. 나치 독일이 원자폭탄을 먼저 개발해 전 세계를 공포에 떨게 할 것을 우려한 그는 1939년 8월 미국 대통령 프랭클린 루스벨트 *Franklin D. Roosevelt*에게 서한을 보냈는데 새로운 유형의 폭탄의 위험성을 경고하고 독일보다 앞서 미국에서 핵무기를 개발할 것을 제안했다.

히로시마와 나가사키에 원자폭탄이 투하되어 수십만 명이 사망한 것을 본 아인슈타인은 나중에 이 편지에 서명한 일을 두고 '내 인생의 중대한 실수'라고 표현했다. 원자폭탄 제작에 직접 관여하지는 않았지만(FBI는 그를 신뢰할 수 없는 공산주의자로 간주했다), 그는 이 은혜로운 물리학의 타락에 간접적인 책임을 느꼈고, 1945년 이후 평화주의적 활동에 이전보다 한층 헌신하게 된 것도 이 같은 이유가 한몫했을 것이다. 그는 전 세계적으로 핵무기 폐기를 강력하게 주장했고, 유엔 총회에 미래의 전쟁을 막기 위한 세계 정부를 구성할 것을 촉구했다. 1955년 4월 11일, 아인슈타인은 사망하기 7일 전 동서 갈등을 배경으로 세계 공동체가 군축을 협상하고 국제 분쟁의 평화적 해결책을 찾는 것이 얼마나 필요한지를 역설하는 〈러셀-아인슈타인 선언문〉에 서명했다.

1950년대 미국 내의 공산주의자 박해를 비판하다 다시 한번 FBI의 눈총을 산 것을 비롯한 여러 정치적 활동 외에도, 프린스턴 대학교 교수이자 과학자로서 아인슈타인의 주요 관심사는 상대성 이론과 양자 물리학을 조화시키는 데 사용할 수 있는 '세계 공식', 즉 '통일장 이론'을 찾는 것이었다. 일반 상대성 이론은 우주의 무한함부터 0.001밀리미터의 미세한 차원에 이르기까지 엄청난 규모의 세계 현상을 놀라울 정도로 정확하게 설명할 수 있다는 것이 밝혀졌다. 하지만 이 이론은 양자 물체의 미시세계로 들어가면 더 이상 작동하지 않는 것처럼 보였다.

아인슈타인은 1905년 첫 번째 논문으로 양자 물리학의 중요한 토대를 마련했지만, 닐스 보어 Niels Bohr와 베르너 하이젠베르크 Werner Heisenberg 같은 양자 물리학자들이 도달한 결론에 동의할 수는 없었다. 입자의 특성이 관측에 의존해야 한다는 사실('불확정성 원리')과 미시세계 수준에서는 확률적 진술만 가능하다는 사실(따라서 물리학의 현실성을 어느 정도 통계로 대체할 수 있다)은 조화롭고 질서 정연한 우주에 대한 아인슈타인의 생각('신은 주사위 놀이를 하지 않는다!')과 모순되는 것이었다. 따라서 그는 양자 수준에서 관찰할 수 있는 현상에 대한 보다 심도 있는 대안을 찾기 위해 최선의 노력을 기울였다. 그러나 이 마지막 위대한 도약이라 할 수 있는 '모든 것의 이론'을 발견하는 데 이르지는 못했고 아인슈타인이 사망한 이후 갖은 노력에도 그 누구도 아직 그것에 성공하지 못했다.

아인슈타인이 온갖 역경에도 궁극적으로 위대한 비전을 끈기 있게 추구했다는 점은 한 인간으로서, 그리고 과학자로서 그의 성품을 잘 드러낸다. 사실 이 두 가지 측면은 서로 분리될 수 없는 것이었다. 아인슈타인이 사망한 지 8년 후, 심리학자이자 사회철학자인 에리히 프롬은 아인슈타인을 혁명적인 인물, 즉 권위와 다수의 의견을 맹목적으로 따르지 않고 주어진 모든 것에 비판적으로 의문을 제기하며 환상을 넘어선 진리를 찾기 위해 흔들리지 않고 자기 길을 가는 사람으로 묘사했다.[30] 이것은 아인슈타인이 거둔 위대한 성공의 비밀이기도 하다. 그는 당대 최고의 재능을 지닌 수학자나 가장 독창적인 실험가는 아니었지만, 전통적인 생각에서 벗어나 완전히 새롭고 독특한 시각으로 세상을 바라보는 용기를 가졌다는 점에서 다른 이들과 차별된다.

아인슈타인도 이를 잘 알고 있지 않았을까, 한다. 67세에 쓴 자서전 격의 짧은 회고록에서 그는 자신에게 큰 영향을 준 어린 시절의 경험을 이야기했다. 어린 시절 아인슈타인은 종교에 깊이 심취했던 때가 있었는데 이 시기는 '열두 살에 갑작스럽게 끝났다'. "나는 대중 과학 서적을 읽으면서 《성경》에 나오는 많은 이야기가 사실이 아닐 수 있다고 확신했다. 그 결과 국가가 어린아이들에게 의도적으로 거짓말을 하고 있다는 생각을 품게 되었고 이 충격으로 거의 광신적인 자유주의자가 되었다. 이 경험을 통해 나에게는 모든 종류의 권위에 대한 불신, 모든 사회를 지배하는 신념에 대한 회의적인 태도가 생겨났다. 이후 사물과 세상의 인과 관계를 통찰하면서 초기의 날카로운 태도는 점차 사라졌지만 근본적으로 이러한 태도는 나를 평생 떠나지 않았다."[31]

아인슈타인은 어린 시절부터 이미 형성된 권위에 대한 불신으로 인해 정치적이든 과학적이든 그 어떤 도그마에도 회의적이었다. 또한 남들이 어떻게 생각하든 평생 자신의 길을 가겠다는 타협하지 않는 자유로운 영혼이기도 했다. 아인슈타인이 얻은 이 초기의 깨달음이 이후 삶에서도 매우 중요하게 작용한 것은 당연히 이해할 만하지만, 그의 광적인 자유 정신이 '인과 관계에 대한 더 깊은 통찰을 통해 본래의 날카로움을 잃었다'고 말한 것은 무슨 의미일까?

  이 구절은 아인슈타인의 개인적·과학적 세계관의 또 다른 중요한 측면을 가리킨다. 아인슈타인은 '사람은 생각, 감정, 행동에서 자유롭지 못하고 천체가 우주 속에서 움직이는 것처럼 인과적으로 묶여 있다'고 확신했다.[32] 우주의 다른 모든 과정과 마찬가지로 사람의 생각과 행동도 인과적으로 결정된다는 통찰을 바탕으로 그는 인간은 주어진 조건에서 그것을 뛰어넘는 더 나은 사람이 될 수 없다는 결론을 내렸다. 이는 우리가 다른 사람에게 퍼붓는 도덕적 비난(그를 '광신적 자유주의자'라고 비난하는 목소리를 포함하여)의 날카로운 모서리를 누그러뜨리는 태도이기도 했다. 실제로 아인슈타인은 대부분 압박감을 느끼는 삶 속의 인과적 결정을 삶의 고난을 겪을 때 항상 자신에게 위안이 되는 무한한 관용의 원천으로 간주하는데, 그건 그가 특별히 유머를 하나의 도구로 남겨놓았기 때문에 가능한 것이었다.[33]

  이것은 또한 전통 종교의 교리와는 근본적으로 다른 아인슈타인의 고유한 '종교성'을 이해하는 데 중요한 측면이다. 아인슈타인의 우주적 종교성은 '교리도 없고 (…) 인간의 형상으로 잉태된 신도 없다'는 측면이 있기 때문이다.[34] 아인슈타인에 따르면, '모든 사건의 인과적 법칙을 깊이 이해하는' 사람이라면 '전 세계적 사건의 모든 과정을 관장하는 존재에 대한 사고'가 불가능하다는 것을 알게 될 것이다.35 그에 따르면 우주의 '숭고하고 경이로운 질서'를 경험하기 위해서는 '인간의 욕망과 목표의 무의미함'을 견뎌야 하고, 모든 허영심에서 벗어나 '존재의 총체를 통일되고 의미 있는 것으로 경험해야' 할 필요가 있다.36

실제로 아인슈타인 덕분에 우리는 어떤 종교의 창시자도 상상할 수 없었던 신비로운 우주에 눈을 뜨게 되었다. 이제 우리는 은하수뿐 아니라 수조 개의 별로 이루어진, 수십억 개의 은하로 구성된 우주에 살고 있으며, 138억 년 전 극히 작은 소우주에서 출현하여 그 이후로 놀라운 속도로 팽창하고 있다는 사실을 알게 되었다(빛의 속도 제한은 우주에서의 움직임에만 적용될 뿐 우주 자체에는 적용되지 않는다). 아인슈타인은 프리드리히 슐라이에르마허 Friedrich Schleiermacher가 말한 모든 진정한 종교성의 핵심인 '무한에 대한 감각과 느낌'을 다른 누구보다 제대로 간파했다고 해도 과언이 아닐 것이다. 아인슈타인의 발견을 통해 우주에서 인간의 중요성은 코페르니쿠스 혁명 당시보다 훨씬 줄어들었지만, 동시에 아인슈타인의 뛰어난 이론 덕분에 우리는 우주의 광대함을 인식하고 심지어 가늠할 수도 있게 되었으므로 그 중요성 또한 커졌다.

그렇다고 이러한 지식의 비약적 진보가 전적으로 아인슈타인 덕분인 것만은 아니다. 그는 자신의 연구가 자신보다 앞서 또는 함께 연구한 다른 사람들의 업적에 바탕을 두고 있다는 것을 끊임없이 강조했다.37 그가 성공을 거둘 수 있었던 것은 개인적인 자질 (높은 지능, 끝없는 호기심, 큰 용기, 타인의 판단을 두려워하지 않는 놀라운 독립성) 이 적절한 때에 적절한 장소에서 발현될 수 있었기 때문이다. 만약 그가 50년 더 일찍 태어났거나 더 늦게 태어났다면 '물리학의 슈퍼스타'로 역사에 남지 못했을 것이다. 아인슈타인은 세기가 바뀌면서 물리학이 맞이한 혁명적인 변화의 시기에 수혜를 입은 인물이었다 (그의 이전 시대만 하더라도 물리학에서는 얻을 수 있는 것이 별로 없다는 통념이 팽배했다).

'과학적 지진'은 무엇보다 19세기 말 방사능의 발견으로 촉발되었다. 이 이상한 방사선을 연구하는 과정에서 물질이 이전에 생각했던 것과는 전혀 다른 구조로 되어 있다는 것이 밝혀졌다. 물질의 본질을 연구하는 과학계에서 가장 뛰어난 두뇌 한가운데에 아인슈타인이 있었고, 연구의 선구자들을 만나는 특권을 누렸다. 그는 1911년 10월 30일부터 11월 3일까지 브뤼셀의 메트로폴 호텔에서 열린 국제 솔베이 회의에 처음으로 참석하여 많은 사람을 만났다.

아인슈타인은 여러 참석자 중에서도 '방사능'이라는 용어를 만들어내고, 몇 년 전 $E=mc^2$ 공식을 검증하는 데 사용했던 새로운 원소 '라듐'을 발견한 이를 금방 알아볼 수 있었다. 이 뛰어난 연구자는 23명의 연구자들 중 유일한 여성이었으므로 세계 최고의 과학자들 사이에서 단연 눈에 띄었다. 그녀는 마리 퀴리였다.

우주는 평화와 폭탄을 품고 있다

마리 퀴리와
물질의 신비

3장

마리 퀴리

Marie Curie
1867~1934

과학계의 '올림포스'는 남성이 지배한 것이 사실이지만 노벨상을 두 번이나 수상한 최초의 인물은 여성이었다. 1911년 12월 10일 두 번째 노벨상을 받은 마리 퀴리는 과학자로서 경력의 정점에 서 있었다. 하지만 같은 때에 그녀의 삶은 파탄에 이르렀다. 유부남 물리학자 폴 랑주뱅Paul Langevin과의 불륜이 세상에 알려진 이후 좌파와 우파 신문 모두 전례 없는 방식으로 그녀에 대해 맹비난을 퍼부었다. 마리 퀴리는 단란한 프랑스인 가정을 파괴하는 데 앞장선 '폴란드 창녀'라는 비난을 받아야 했다. 무시무시한 마녀사냥이었다. '걱정 많은' 시민들이 집 앞에 모여 돌을 던지며 노벨상을 두 번이나 수상한 마리 퀴리에게 프랑스를 떠날 것을 요구했다.

　　스톡홀름의 노벨상 위원회조차 비판의 뜨거운 열기에 당황하여 마리가 직접 시상식장에 나타나는 것을 막으려 했다. 하지만 건강 문제로 1903년 첫 노벨상 시상식에 참석하지 못했던 44세의 물리학자 마리는 두 번째 시상식에 참석하지 않을 이유가 없다고 판단했다. 마리는 위원회에 편지를 보냈다. "이 상은 라듐과 폴로늄을 발견한 공로로 수여된 것입니다. 내 과학적 연구 성과와 사생활은 아무런 연관이 없습니다. (…) 과학적 업적의 가치를 인정하는 것이 저의 불명예스러운 사생활의 영향을 받아야 한다는 주장은 원칙적으로 받아들일 수 없습니다. 저는 많은 사람이 이 의견에 동의한다고 확신합니다."¹

1911년 12월, 마리 퀴리는 언니 브로니아 Bronia와 14세 된 딸 이렌 Irène(이 딸도 24년 후 노벨 화학상을 수상하였다)과 스톡홀름으로 가 직접 시상대에 올랐다. 노벨상 수상 연설에서 그녀는 라듐 발견으로 인한 과학계의 혁명에 주목했다. "이 물질의 발견과 분리의 역사는 방사능이 물질의 원자적 특성이며 새로운 원소를 찾는 데 사용될 수 있다는 저의 가설을 증명해주었습니다."²

마리 퀴리는 자신의 감정을 숨기는 법을 일찍부터 배웠다. 그 결과 스톡홀름의 시상식에서도 프랑스의 스캔들이 자신에게 아무런 영향을 미치지 않은 듯 행동할 수 있었다. 하지만 노벨상 연설 며칠 후 그녀는 무너지고 만다. 깊은 우울증뿐 아니라 심각한 신장 감염으로 인한 병마가 찾아온 것이다. 1911년 12월 말, 퀴리는 파리의 한 병원에 입원했고 1912년 2월에는 신장 수술을 받아야 했다. 그녀를 고통스럽게 하는 것은 신체적 문제만이 아니었다. 심리적인 문제도 심각해서 마리 퀴리는 한동안 자살 충동에 시달렸다. 거의 먹지도 못해 체중이 55킬로그램에서 46킬로그램으로 줄었다.

노벨상을 두 번이나 수상한 마리 퀴리는 1년여 동안 대중 앞에서 자취를 감추었다. 거주지를 바꾸고 가명을 사용하기로 한 것이다. 마리가 힘을 되찾을 수 있었던 것은 1912년 여름, 바닷가 근처 방앗간으로 쓰였던 집에 머무르며 그녀의 건강 상태를 보살펴준 마리의 친구이자 영국의 수학자, 엔지니어, 여성 인권 운동가인 허사 에어턴 Hertha Ayrton 덕분이었다. 1913년 봄이 되자 마리 퀴리는 두 딸과 스위스의 산악지대로 하이킹 여행을 떠날 수 있을 만큼 기력이 회복되었다. 이 여행에는 알베르트 아인슈타인도 동행했는데 그는 퀴리의 딸들에게 이상한 질문(예: 엘리베이터가 허공에서 떨어지면 어찌 될까?)을 던지는 것으로 즐거움을 주었다. 그리고 이들은 나중에야 아인슈타인이 일반 상대성 이론에 대한 근본적인 질문을 제기하고 있다는 것을 깨달았다.³

　　스위스에서 함께 휴가를 보내고 20년이 지난 후 아인슈타인은 마리 퀴리를 다음과 같이 회상했다. "나는 20년 동안 퀴리 부인과 흔들릴 수 없는 아름다운 우정을 나누는 행운을 누렸고, 덕분에 그녀의 인간적 위대함에 감응할 수밖에 없었다. 그녀는 강한 의지와 성실함, 자신에 대한 엄격함, 객관성과 판단의 투명성 등 보기 드문 품성을 지녔다. (…) 세상에서 겪은 여러 불의와 고난의 감정이 항상 내면에서 불타오르며 그녀를 압박한 결과, 친하지 않은 사람이라면 오해하기 쉬운 외적인 엄격함이 먼저 눈에 들어올 것이다. (…) 하지만 그녀는 옳다고 인식한 길은 타협하지 않고 엄청난 끈기를 가지고 추구했다."⁴

　　1934년 7월 4일, 마리 퀴리가 사망한 후 나온 많은 부고 기사를 보면 연약해 보이는 이 물리학자가 지닌 극도의 끈기가 평생 그녀를 구별 짓는 품성으로 강조된 것을 알 수 있다. 1867년 11월 7일 바르샤바에서 태어난 마리아 살로메아 스크워도프스카 Maria Salomea Skłodowska(마리 퀴리의 본명)에게 이러한 끈기가 없었다면 근대 최고의 과학 혁명을 일으켰을 뿐 아니라 여성이라는 성이 열등하다는 가부장적 편견이 얼마나 부조리한지를 증명한, '퀴리 부인'이 될 수 없었을 것이다.

재능 있는 여성의 고된 여정

마리아 스크워도프스카는 1867년 5남매 중 막내로 태어났다. 그녀의 부모인 브로니슬라프와 블라디스와프 스크워도프스카는 폴란드의 지식인이자 교사였다. 특히 상트페테르부르크대학교에서 수학과 물리학을 전공한 아버지는 마리아의 지적 발달에 큰 영향을 미쳤다. 반면 어머니는 마리아가 태어난 직후 결핵에 걸렸다. 자녀에게 감염될 것을 두려워한 어머니는 어떤 애정 표현도 피했다. 그리하여 마리아는 어머니로부터 사랑의 키스를 받아본 적이 없는 아이로 자랐는데 이것은 그녀가 평생 사람들에게 거리를 두고 살며, 주변 사람들에게 수줍음 많은 아이로 여겨진 이유 중 하나일 것이다.

여덟 살에 언니 조피아를 잃고, 열 살에 어머니를 사별로 떠나보내야 했던 마리아는 의사에 대한 근본적인 불신이 있었다(나중에 발병한 방사선 질환을 치료받지 않은 것도 이 때문일 수 있다). 어머니가 사망한 직후 마리아는 차르 통치로 인해 러시아어만 사용할 수 있는 바르샤바의 학교로 전학했다. 처음에는 낯선 러시아어에 적응하느라 어려웠지만, 1883년 졸업할 때는 오빠 요제프 Józef와 언니 브로니슬라바 Bronistava와 마찬가지로 최우수 학생으로 금메달을 받았다.

마리아와 브로니슬라바('브로니아'로 불렸다)도 오빠 요제프처럼 고등학교를 졸업한 후 대학에서 계속 공부하고자 했지만 당시 폴란드에서는 여성의 대학 진학이 허용되지 않았다. 1878년 이후 남은 네 자녀를 홀로 키워야 했던 블라디스와프는 공부를 잘하는 딸들을 유학 보내려고 했지만 그럴 만한 경제적 여유가 없었다. 그리하여 마리아와 브로니아는 폴란드 저항군이 여성도 입학할 수 있도록 세운 비밀 교육기관인 비행 대학의 고등 교육 과정에 다니며 생계를 꾸려나갔다. 그러면서 두 사람은 계획을 세운다. 마리아가 폴란드에서 일해 두 살 위인 언니의 프랑스 유학 자금을 마련하고, 브로니아는 이후 마리아가 프랑스에서 공부할 수 있도록 돕겠다고 말이다.

브로니아가 파리에서 의학을 공부하는 동안 마리아는 폴란드에서 가정교사로 일하며 수입의 대부분을 프랑스에 있는 언니에게 보냈다. 1885년 말, 마리아는 부유한 조라브스키 Żorawski 가문에 취직했고, 1886년부터 이들과 심각하게 갈등하지만 1889년까지 그곳에서 일하며 지냈다. 마리아와 집안의 장남이자 장차 수학 교수가 된 카지미에시 조라브스키 Kazimierz Żorawski는 서로 사랑했으나 조라브스키 가문은 가정교사를 신부감으로 탐탁치 않게 여겨

두 사람의 관계를 매몰차게 반대했다. 마리아는 큰 충격을 받고 슬픔에 빠져 수많은 학술 서적을 읽으며 마음의 위안을 찾으려 했다.

마리아는 어린 시절부터 다윈의 진화론에 매료되었고, 당시의 많은 폴란드 지식인과 마찬가지로 인류를 발전시키기 위해 자신을 끊임없이 계발해야 한다는 의무감에 사로잡혔다. 40년이 지나 마리는 다음과 같이 회상했다. "당시 나는 내가 가진 생각을 통해 세상에 진정한 진보를 가져와야 한다고 생각했다. 더 나은 세상을 만들기 위해서는 개인 하나하나가 더 나아져야만 한다. 이런 의미에서 각자는 완성을 위해 노력해야 하며, 인간의 삶 전체에서 자신의 책임을 깨닫고 쓸모 있는 사람들을 도울 의무를 항상 자각하고 있어야 한다."[5]

1880년대의 마리아는 1890년에 소르본에서 의학 공부를 마친 언니 브로니아에게 '가장 쓸모 있는' 존재였다. 이듬해 11월에는 마리아도 파리 소르본대학교에서 물리학 전공으로 공부를 시작했다. 그때부터 마리아는 자신을 '마리'라고 부르기로 했다. 다시 한번 언어 문제로 어려움을 겪었지만 그녀는 처절한 노력으로 견뎌냈다. 1893년 7월, 마리는 물리학 '면허증'(프랑스 대학에서 학사 학위에 해당) 시험에 수석으로 합격하여 '알렉산드로비치 장학금'을 받고 프랑스에서 학업을 이어갈 수 있었다. 1년 후에는 수학 석사 학위 시험을 전 학년에서 두 번째로 우수한 성적으로 통과했다.

1894년 초, 마리는 여러 종류의 강철이 지닌 자기적 특성에 관한 연구를 의뢰받았다. 지도 교수였던 가브리엘 리프만*Gabriel*

Lippmann의 연구실이 매우 좁아 좀 더 나은 연구실을 찾던 중, 4월에 마리는 파리 응용물리·화학 공과대학교의 실험실장이었던 피에르 퀴리 Pierre Curie를 만나게 되었다. 피에르는 마리에게 첫눈에 반했다. 만난 지 몇 주 만에 그는 마리에게 청혼했지만 거절당했다. 아버지와 고국에 대한 애정이 너무 컸던 마리는 프랑스에 영원히 머물 생각이 없었기 때문이다.

마리는 폴란드에서 활동할 수 있는 분야를 찾아보기로 했다. 하지만 폴란드 연구 분야에서는 여성이 제대로 된 자리를 찾는 것이 거의 불가능하다는 현실만을 재차 확인할 수 있었다. 마리는 1894년 9월 프랑스로 돌아와 가브리엘 리프만의 연구실에서 연구를 이어가기로 결심했다. 피에르 퀴리는 안도의 한숨을 내쉬었다. '연구자 부부'라는 필생의 꿈이 드디어 실현될 가능성이 생긴 것이다! 마침내 1895년 7월 26일, 피에르 퀴리와 마리 스크워도프스카는 등기소에서 부부가 되었다. 종교와 거리가 멀었던 두 사람은 일부러 교회에서 결혼식을 올리지 않기로 했다. 피에르의 부모님 집에서 간소하게 치러진 결혼식에서 마리와 피에르는 반지조차 교환하지 않았다.

이후 퀴리 부부는 파리의 방 세 개짜리 아파트로 이사했고, 마리는 남편의 연구실에서 연구할 수 있는 권한도 얻었다. 1895년 교수로 임명된 피에르의 월급은 부부가 생활하기에 충분했지만, 마리는 스스로 두 발로 서는 데 익숙했으므로 나중에 여자 중등학교에서 교사로 일할 수 있도록 교직과정 시험에 응시하기로 했다. 마리는 이 시험에도 수석으로 합격했다.

얼마 후 마리는 임신했다. 기다리던 아이를 가지게 되어 기뻤지만 임신과 함께 찾아오는 문제들은 마리에겐 힘든 시간으로 다가왔다. 1897년 3월, 그녀는 친구에게 다음과 같이 편지를 썼다. "두 달이 넘도록 아침부터 밤까지 종일 어지러워서 견딜 수가 없어. 나는 몹시 쇠약해졌고 종일 피곤한 데다 겉보기에는 멀쩡하지만 일에도 집중할 수 없고 정신적으로도 힘든 상태야."[6] 1897년 9월 12일, 딸 이렌이 태어났다. 시아버지였던 의사 외젠 퀴리 Eugène Curie가 출산을 담당했는데 그는 나중에 마리아와 피에르가 과학 연구에 몰두할 때 아이들을 사랑으로 돌보아주었다.

이렌이 태어난 직후 마리는 다음 목표를 세웠는데, 바로 앙리 베크렐 Henri Becquerel이 전년도에 파리에서 발견한 특이한 우라늄 방사선에 관해 박사 논문을 쓰는 것이었다. 당시에는 몰랐지만 지금까지 설명되지 않았던 이 방사선에 대한 연구는 물리학의 기초를 영원히 바꾸어놓았다.

방사능의 발견

과학 혁명은 두 가지 우연으로 촉발되었다. 우선 1895년 빌헬름 콘라트 뢴트겐 Wilhelm Conrad Röntgen은 뷔르츠부르크대학교에서 방전관 실험을 하던 중 옆 작업대 위의 튜브에서 녹색 빛이 나오다가 전원을 끄면 그 빛이 다시 사라지는 현상을 목격했다. 뢴트겐은 이 빛의 원인을 작업대 위에 놓인 형광 결정 때문이라고 생각했다. 그런데 튜브에서 나온 이 이상한 방사선이 책이나 나무 또는 유리 등을 투과하는 것이 아닌가(뢴트겐은 이들 물질로 튜브를 감싸는데도 결정이 빛을 발하는 것을 확인할 수 있었다). 단 이 빛은 납이나 백금 또는 사람의 뼈를 투과하지는 못했고 이 현상은 나중에 매우 유용하게 응용될 수 있었다.

조사 과정에서 뢴트겐은 신비한 광선이 사진판을 검게 만든다는 사실을 발견했다. 그리고 1895년 12월 22일, 뢴트겐은 역사상 가장 유명한 사진 중 하나인 손 사진, 즉 아내 베르타의 손뼈를 찍었다. 방사선의 기원을 잘못 해석했음에도 1901년 빌헬름 콘라트 뢴트겐은 이후 뢴트겐 광선으로 이름이 바뀐 이른바 'X-선'을 발견한 공로로 최초의 노벨 물리학상을 수상하게 되었다.

뢴트겐의 발견에 대한 소문은 빠르게 퍼져나갔다. 1896년 초, 앙리 베케렐 Henri Becquerel은 다양한 형광 물질로 실험을 시작했다. 실험 방식은 매우 간단했다.[7] 베케렐은 노출되지 않은 사진판 위에 구리 십자가를 놓고 광선이 통하지 않는 종이로 감싼 후 형광 물질을 서서히 퍼트려 태양 광선에 노출시켰다(형광 물질은 빛에 자극을 받을 때만 발광하므로 중요한 실험이었다). 베케렐은 이 실험을 통해 형광 물질이 빛을 발하는 원리를 알아냈다. 베케렐의 실험이 처음부터 성공했던 건 아니다. 우라늄 염을 뿌렸을 때만 사진판에 십자가 모양의 그림자가 나타났기 때문이다. 그런데 이 일련의 실험에서 또다시 우연을 통해 중요한 결과가 도출되었다. 어느 날 날씨가 좋지 않아

(해가 짙은 구름을 뚫을 수 없었기 때문에) 베케렐은 우라늄 염과 사진 건판의 일부를 서랍에 넣어두었다. 놀랍게도 1896년 3월 1일, 그는 이 사진 건판에도 십자가 그림자가 생겼다는 사실을 발견했다.

우라늄 속에 자체 방사선이 있는 것이 틀림없었다. 베케렐은 며칠 후 과학 아카데미 회의에서 자신이 발견한 바를 발표했다. 하지만 그의 보고서는 참석자들에게 큰 인상을 남기지는 못했다. 베크렐도 자신이 얼마나 중요한 발견을 했는지 명확하게 판단하지 못한 듯하다. 그는 방사선이 우라늄 염의 화학 성분 중 하나라고 생각했기 때문에 물리학자로서 이 문제는 대부분 해결되었다고 생각했다.

하지만 마리 퀴리의 관점은 남달랐다. 그녀는 우라늄의 방사선 강도가 순수한 형태로 존재하는지 혹은 다른 물질과 혼합되어 있는지와는 상관없다는 것을 곧 알게 되었다. 이는 우라늄과 같은 원소의 활동을 나타내는 것으로 마리가 붙인 '방사능'이라는 단어가 분자와 같은 화학 결합의 특성이 아니라 원자 자체의 특성이라는 것을 시사했다. 마리 퀴리는 자연에서 흔히 볼 수 있으며 당시 페인트 생산에 사용되던 우라늄 광물인 '피치블렌드_Pechblende_(당시 광부들에게 별 가치가 없었던 이 광물은 골칫덩어리로 여겨지며 '재수 없는_Pech_'과 '광물_Blende_'의 합성어인 피치블렌드라고 불렸다. 현재 학명은 '우라니나이트_Uraninite_'이다-옮긴이)'가 우라늄 자체보다 네 배나 많은 방사선을 방출한다는 사실을 발견하고 감격했다. 따라서 피치블렌드에 우라늄보다 방사능이 훨씬 더 강한 물질이 포함되어 있을 것이라고 결론 내렸다. 이전에 알려진 모든 원소를 실험한 경험이 있었기 때문에 마리는 이 물질이 아직 알려지지 않은 새로운 원소라는 사실을 깨달았고 자신의 발견에 전율했다. 피에르 퀴리도 아내의 연구를 열렬히 지원했다. 그는 다른 연구 활동을 대부분 보류한 채 마리와 함께 새로운 원소를 탐색하기로 했다.

실제로 퀴리 부부는 피치블렌드에서 '폴로늄 polonium(당시 러시아와 프로이센, 오스트리아에 점령당하고 있던 마리의 조국인 폴란드의 이름을 따서 지은 이름이다)'과 '라듐 radium(빛나는 물질)'이라는, 이전에 알려지지 않았던 두 원소를 발견했다. 이 발견이 1898년 과학 아카데미 회의에서 발표되자 연구자들 사이에서 큰 반향을 일으켰지만, 해결해야 할 중요한 과제가 두 사람을 기다리고 있었다. 바로 새로운 원소를 분리하여 충분한 양을 생산하는 일이었다.

처음에는 100그램의 피치블렌드에서 약 1그램의 새로운 방사성 물질을 얻을 수 있다고 추정했지만 실제로는 그보다 몇 배가 더 필요했다. 결론적으로 몇 데시그램의 순수한 라듐을 얻으려면 몇 톤의 피치블렌드가 필요하다는 것이 밝혀졌다. 피에르가 분주하게 방사능 수치를 측정하는 동안 마리는 매우 복잡한 화학적 분리 과정을 맡아 극도로 힘든 육체 노동을 해야 했다. 마리는 이후 이들의 초기 몇 달 동안의 작업 방식을 다음과 같이 묘사했다. "우리는 한번에 최대 20킬로그램의 물질을 처리했다. 이를 위해서는 액체와 침전물이 담긴 거대한 용기를 창고에 설치해야 했다. 용기를 한 곳에서 다른 곳으로 옮기고 내용물을 따르는 일은 몹시 힘들었다. 덩어리들을 몇 시간 동안 끓이면서 철봉으로 계속 저어주는 일도 육체

적으로 나를 탈진시켰다."⁸

6개월 후, 퀴리 부부는 분리 과정 초기에 육체적으로 힘든 작업을 대신할 조수를 고용했고 마리는 보다 섬세한 실험실 작업에 집중할 수 있었다. 1902년 마침내 퀴리 부부는 몇 데시그램의 순수한 라듐을 얻었고, 이를 이용해 새로운 원소의 원자량을 정확하게 측정하는 데 성공했다. 그러나 이 과학적 승리에는 혹독한 대가가 따랐다. 1903년 초, 마리 퀴리와 피에르 퀴리는 방사선 질병의 초기 징후를 보였는데, 이들은 단순히 과로로 인한 문제라고만 여겼다. 건강 상태가 좋지 않았음에도 마리는 박사 학위 논문인 〈방사성 물질에 관한 연구〉를 완성했고, 이 논문은 여러 언어로 번역되어 널리 출간되었다.⁹ 1903년 6월에 열린 논문 발표 축하 행사에는 퀴리의 연구를 바탕으로 물질의 신비를 푸는 데 크게 기여한 뉴질랜드 실험 물리학자 어니스트 러더퍼드 Ernest Rutherford를 비롯한 여러 저명한 여러 연구자가 참석했다.

프랑스에서 여성 최초로 박사 학위를 받고 나서 마리는 임신을 했다. 그렇지만 연구자의 혹독한 생활 방식을 포기할 수는 없었다. 결국 8월에 마리는 유산했고 낙담했다. 11월 퀴리 부부는 방사능을 발견한 공로로 베크렐과 함께 노벨 물리학상을 수상한다는 소식을 듣게 된다. 몸이 너무 쇠약해진 마리는 시상식에 참석할 수 없었고, 피에르도 참석하지 않기로 했다. 방사능의 진정한 의미를 발견한 것이 그가 아니라 마리 퀴리였음에도 1903년 12월 앙리 베크렐은 혼자 스톡홀름으로 가서 성대한 시상식에 참가했다.

노벨상 수상 당시 후보 추천서에는 그녀의 이름이 언급조차 되지 않았다. 당시 최고의 연구자들 입장에서는 여성이 최고의 과학상을 받는다는 것이 상상을 초월하는 일이었을 것이다. 그런데 노벨상 위원회 위원들이 피에르에게 상을 수여하려 하자 그는 방사능 발견에 크게 기여한 마리가 노벨상을 수상해야 한다고 거듭 주장했고, 결국 역사상 첫 여성 노벨상 수상자의 길이 열리게 되었다.[10]

이 뉴스는 엄청난 파장을 몰고 왔다. 그전까지만 해도 노벨상 수상에 대한 대중의 관심은 거의 없었지만 '천재 부부 연구자 퀴리'의 이야기는 상황을 바꾸어놓았다. 수많은 언론이 몰려와 물리학 실험실의 낭만에 관한 유난스러운 기사들로 두 사람을 칭송하며 대중들을 즐겁게 했다. 마리와 피에르는 갑작스러운 명성에 당황했는데 특히 신비한 라듐에 대한 주변의 엄청난 반응은 히스테리에 가까울 정도였다.[11] 이후 높은 방사성 물질을 함유한 미량 원소가 차나 보디크림, 립스틱에 첨가되어 판매되었다. 라듐 입자는 시계와 옷을 어둠 속에서 환히 빛나게 했다. 사람들은 '기적의 치료제' 라듐이 암과 관절염, 탈모 및 발기 부전을 치료할 뿐 아니라 영원한 젊음과 완벽한 아름다움을 가져다주는 물질이라 믿고 열광했다. 돌이켜보면 무분별한 방사능 사용으로 인해 이 기간에 얼마나 많은 사람이 사망했는지 추정조차 불가능할 정도다.

과학의 사회적 책임

피에르도 방사능 질병 후유증이 점점 심해져 고통을 겪었다. 1905년 중반 이후 뼈 통증이 너무 심해 밤에는 잠을 거의 잘 수 없었고 낮에도 거의 걸을 수 없는 지경이었다. 마리는 남편의 '기이한 질병'에 대해 무척 걱정하며 관찰했는데, 그 원인을 이해하지는 못했다(이해하고 싶지도 않았을 것이다). 1904년 12월, 그녀는 둘째 딸 에브를 낳았다. 이 시기에 마리는 살면서 처음으로 가족을 최우선으로 생각하기로 했다. 연구실에서 시간을 보내는 대신 두 딸을 돌보며 집이나 해변에서 시간을 보냈다. 마리는 피에르도 건강을 악화시키는 연구에서 물러나 가족과 함께 더 많은 시간을 보내길 바랐지만 그 희망은 곧 부서졌다.

결혼 후 퀴리 부부의 삶은 균형추가 바뀌었다. 결혼 전에는 마리가 연구실에서 모든 시간을 보냈다면, 결혼 후에는 피에르가 몸이 나빠졌음에도 더욱 연구에 몰두했다. 두 사람 사이에서는 이로 인한 다툼이 반복되었다. 1906년 4월 19일, 마리 퀴리의 삶은 비극적으로 바뀐다. 운명의 아침에 피에르는 마리에게 연구실에 가자고 말했지만 마리는 이렌과 여행을 계획하고 있었기 때문에 거절했다. 실망한 피에르는 집을 나와 혼자 연구실로 향했다. 피에르는 심하게 저는 다리를 끌고 복잡한 파리의 교차로를 건너려다가 무거운 짐을 싣고 달리는 말에 치여 수레바퀴에 깔렸다. 왼쪽 뒷바퀴가 그의 두개골을 부쉈고, 당시 46세였던 피에르 퀴리는 사고 현장에서 사망했다.

이 사실을 알게 된 마리는 큰 충격을 받았고 자책하며 심한 우울증에 빠졌다. 1906년 11월 5일 소르본대학교에서 호평을 받으며 여성 최초로 취임 강연을 했지만 이후 그녀의 성격은 달라졌다. 피에르가 죽은 후 검은 옷만 입고 슬픈 표정을 지었으며 급격히 나이 들어 보이는 인상이 되었다. 마리가 두 딸 이렌과 에브를 홀로 돌볼 힘이 없던 상황에서 피에르의 아버지 외젠은 아이들의 가장 중요한 조력자가 되어주었다. 38세밖에 되지 않았지만 마리의 삶에는 어떤 희망도 남아 있지 않은 듯 보였다.

그러다 1910년 봄, 그녀는 피에르의 전 조수이자 뛰어난 물리학자였던 폴 랑주뱅과 사랑에 빠졌고, 상황은 달라졌다. 지인들은 마리가 변한 것을 눈치챘다. 피에르가 세상을 떠난 지 몇 년 만에 옷차림도 세련되어지고 표정도 한결 편안해진 것이다. 하지만 1년 후 두 사람의 불륜 사실이 밝혀지고 폴 랑주뱅이 대중의 압력으로 그녀와 헤어지면서 마리는 극심한 감정적 갈등을 겪게 되었다. 1913년 알베르트 아인슈타인과 함께 휴가를 보낸 후, 마리 퀴리는 과학적 논쟁에 온전히 집중할 수 있을 만큼 다시 힘을 얻었다. 10월에 그녀는 두 번째 솔베이 회의에 참석했는데, 이번에도 역시 27명의 연구자들 중 유일한 여성 연구자였다. 11월에 마리를 기려 바르샤바에 그녀의 이름을 딴 라듐 연구소가 설립되었고 언니 브로니아가 연구소를 책임지게 되었다.

파리의 라듐 연구소는 완공되지 않은 상태였다. 1914년 마리 퀴리의 지휘 아래 공식적으로 문을 열 예정이었지만 제1차 세계대전이 발발하면서 계획은 차질을 빚었다. 하지만 마리는 곧 새로운 활동 분야를 찾아냈다. 파리에서 중상을 입은 군인들이 제대로 된 치료를 받지 못하는 것을 보고 전선 근처에서 부상자들을 검사하고 치료할 수 있는 이동식 엑스레이 시설을 개발하기로 마음먹고 실행에 옮긴 것이다.

마리는 솔선수범했다. 1914년 11월 1일, 노벨상을 두 번이나 수상한 마리는 과학 기술자이자 딸인 이렌과 함께 엑스레이 장비를 실은 밴을 몰고 전선에서 불과 몇 킬로미터 떨어진 치료소로 향한 것이다. 1916년에는 혼자서 밴을 운전하기 위해 운전면허를 취득했다. 그녀의 도움으로 전쟁 기간 동안 20대의 차량에 방사선 설비가 장착되었고, 약 200개의 방사선 센터가 건설되거나 개량되어 수많은 사람의 생명을 구했고, 적어도 사지가 절단될 뻔한 사람들의 팔다리를 구할 수 있었다.

인간의 생명을 구하는 것은 마리의 새로운 열정이 되었다. 이것은 1919년에 설립되어 처음부터 기초 물리와 화학 연구뿐 아니라 방사능의 의학적 활용에 대해 탐색한 파리라듐연구소(오늘날의 '퀴리 연구소')의 지향점에서도 확인할 수 있다('퀴리 치료 Curie-Therapie'라는 용어는 오랫동안 암 방사선 치료와 동의어로 사용되었다). 1921년 국제연맹이 앞으로의 비참한 전쟁을 막기 위해 '국제지적협력위원회'를 설립하기로 결정했을 때, 마리 퀴리는 아인슈타인과 함께 12명의 위원 중 한 명으로 참여했고, 죽을 때까지 이 위원회에서 부위원장을 맡았다.

노벨상을 수상한 화학자 프리츠 하버Fritz Haber와 같은 최고의 연구자들이 살상 기계를 완성하기 위해 독가스 개발에 몰두하던 전쟁 기간에 마리는 과학의 사회적 책임에 대해 점점 더 깊게 고민했다. 마리는 피에르와 함께 방사능에 대해 연구하던 당시 평화적으로 활용하고자 뜻을 세웠다. 그리하여 인생의 마지막 3분의 1은 이를 이루기 위해 남은 힘을 다했다. 두 사람은 이 엄청난 에너지를 가진 물질이 나쁜 이들의 손에 들어가면 끔찍한 결과를 초래할 수 있다는 사실을 일찍이 깨달았다.

노벨상을 수상한 지 2년 후인 1905년, 스톡홀름에서 행한 연설에서 피에르 퀴리는 이렇게 말했다. "라듐은 범죄자의 손에 들어가면 매우 위험해질 수 있으며, 인류가 자연의 비밀을 푸는 것이 좋은 일인지, 이런 비밀을 제대로 활용할 수 있는 지혜가 있는지 혹은 이런 지식이 우리 인류에게 해를 끼치지나 않을지 묻지 않을 수 없습니다. 노벨의 발견이 그 대표적인 예입니다. 강력한 폭발력을 지닌 물질을 발견하면서 인류는 위대한 성취를 이루었습니다. 하지만 국가 간의 전쟁을 부추기는 위대한 범죄자의 손에서 그것은 끔찍한 파괴의 도구가 되기도 했습니다. 노벨과 마찬가지로 저는 인류가 새로운 발견을 통해 악보다는 선을 더 많이 얻을 수 있다 생각합니다."[12]

마리 퀴리가 1934년 7월 4일 방사선 과다 노출로 인한 병으로 66세에 사망했을 때만 해도 인류가 새로운 발견을 통해 악보다 선을 더 많이 얻을 수 있을 것인지는 확실하지 않았다. 11년이 지나서야 히로시마와 나가사키에 원자폭탄이 투하되는 '물리학의 은총으로부터의 몰락'이 일어났다. 안타깝게도 원자폭탄 건설의 토대를 마련한 것은 다른 누구도 아닌, 마리의 딸 이렌 졸리오 퀴리 Irène Joliot-Curie였다. 아이러니하게도 이렌은 어머니만큼이나 열렬한 평화주의자였다.

최첨단 기술과 최고의 어리석음

이렌이 태어난 직후 마리 퀴리가 박사 논문의 일환으로 우라늄 광선을 연구하기 시작했을 때만 하더라도, 물리의 세계는 뉴턴의 질서가 완벽하게 장악하고 있었다. 공간과 시간, 에너지와 물질이 우주의 영원한 상수로서 신뢰할 수 있는 고정된 절대량으로 여겨졌다. 하지만 방사능의 발견은 불과 몇 년 만에 이러한 확신을 무너뜨렸다.

마리의 논문 발표 축하 행사 참석자 중 한 사람인 어니스트 러더퍼드는 이 발견에 중요한 역할을 했다. 퀴리 부부의 연구와 그들이 제공한 라듐 샘플의 도움으로 영감을 얻은 러더퍼드는 알파·베타·감마선의 차이뿐 아니라 '방사능 붕괴(불안정한 원자핵이 자발적으로 이온화 입자와 방사선의 방출을 통해서 에너지를 잃는 과정-옮긴이)'를 발견하여 1908년 노벨 화학상을 수상했다. 러더퍼드는 또한 방사성 붕괴를 이용해 물질의 나이를 측정했다. 1904년 런던에서 열린 강연에서 그는 소위 '방사선 반감기(방사성 물질 샘플이 붕괴해 절반으로 줄어드는 데 걸리는 시간)'를 사용하여 우라늄 광석 조각의 나이를 약 7억 년으로 측정할 수 있었는데, 이는 지구의 나이가 훨씬 젊다고 생각한 켈빈 경의 견해와 충돌했다(켈빈의 이론은 얼마 후 아인슈타인의 공식 $E=mc^2$로 치명타를 입었다).

1911년 러더퍼드는 런던에서 원자가 작은 당구공처럼 우주를 날아다니는 고체 발사체가 아니라 작은 고체 핵과 광대한 빈 공간, 매우 가벼운 외피로 구성되어 있다는 사실을 입증하는 놀라운 강연을 했다. 음전하를 띤 전자가 중앙의 양전하를 띤 구를 중심으로 먼 거리에서 작은 달처럼 공전하는 러더퍼드의 원자 모델은 인간의 상상을 뛰어넘는 것이었다. 미국의 베스트셀러 작가 빌 브라이슨Bill Bryson은 1911년 러더퍼드가 동료들에게 밝힌 놀라운 원자의 크기와 무게 비율에 대해 다음과 같이 설명했다. "원자를 대성당 크기로 확대하면 핵은 그 속의 파리 한 마리 크기에 지나지 않지만 그 무게는 대성당보다 수천 배나 더 무겁습니다."[13]

— 러더퍼드의 발견 이후 한 세기가 지난 오늘날에도 우리가 알고 있는 고체 물질이 주로 '빈 공간'으로 구성되어 있다는 생각은 우리의 일상적인 경험과 완전히 모순되는 것처럼 보이며 무척 성가시게 들린다. 브라이슨의 설명을 더 들어보자. "우리가 의자에 앉아 있다고 해도 우리 몸의 전자와 의자의 전자가 완전히 접촉하지 않기 때문에 실제로 우리는 의자에 앉아 있는 것이 아니라 그 위에 약 1옹스트롬(1억분의 1센티미터)의 높이로 떠 있는 것과 같습니다."[14] 러더포드의 강연이 끝난 후 물리학자들이

망연자실한 것은 당연한 일이었다.

그러나 아원자 수준의 물질로부터 어떤 특징이 있는지를 관찰할 수 있었다면 이들의 놀라움은 더욱 커졌을 것이다. 시간이 지날수록 연구자들은 원자의 작은 구성 요소는 더 미세한 입자로 이루어져 있으며, '암흑 물질(중력적으로 그 존재가 드러났으나 그 이외의 다른 상호작용, 특히 전자기적 상호작용을 통해서는 그 존재가 드러나지 않은 우주의 물질 성분이다-옮긴이)'이나 '암흑 에너지'와 같은 기이한 현상은 말할 것도 없고 '정상적인' 물질 입자만큼이나 수많은 '반물질 입자'가 존재한다는 사실을 깨달았다.

마리 퀴리는 방사능에 대한 연구를 통해 물질의 내부를 엿볼 수 있게 된 이 놀라운 여정의 시작점에 서 있는 연구자였다. 새로 등장한 소우주는 대우주만큼이나 모험할 만한 요소로 가득할 것 같지만, 자세히 살펴보면 제일 작은 물질과 제일 큰 물질이 한데 모여 모든 것을 포괄하는 진화 과정이므로 그리 놀랄 것이 없었다.

마리 퀴리가 과학적 열정을 위해 큰 대가를 치러야 했던 것은 비극이었다. 그녀의 딸인 이렌 졸리오 퀴리도 1956년 방사능 피폭 사고로 58세에 사망했다. 반면에 둘째딸 에브 퀴리는 방사성 물질을 멀리한 덕을 톡톡히 봤다. 피아니스트로 이름을 알린 뒤 그녀는 작가, 언론인, 정치 활동가(1965년 남편 헨리 라부이스와 함께 유니세프 노벨 평화상을 수상했다)로 활동하다 2007년 10월에 102세의 나이로 세상을 떠났다.

방사능의 발견이 인류에게 큰 축복이 될 수 있을 거라는 퀴리 부부의 희망은 (의학적 진단과 치료에서 매우 중요한 역할을 했음에도) 실현되지 않았거나 제한적으로만 이루어졌다. 의도하지 않았지만, 파리라듐연구소는 방사능 연구의 만족스럽지 못한 결과에도 어느 정도 책임이 있다. 이렌과 그녀의 남편 프레데릭 퀴리가 안정적인 알루미늄에 방사능 알파 입자를 흡수시킴으로써 인공 방사능을 발견한 후(마리에게는 생애 마지막 큰 기쁨이었다), 이렌은 우라늄에 중성자를 쐬어 그 결과를 연구했다. 오토 한이 이끄는 베를린 연구팀은 이렌의 실험 성과를 이어받아 핵분열의 특성을 발견했고, 이 사건은 망명 중인 알베르트 아인슈타인이 나치 독일에 뒤처지지 않기 위해 미국 정부에 원자폭탄의 발명을 권유할 정도로 그를 경악케 했다.

1945년 히로시마와 나가사키에 투하된 원자폭탄 '리틀 보이Little Boy'와 '팻 맨Fat Man'에서 마리 퀴리가 발견한 폴로늄이 연쇄반응을 일으킴으로써 무수한 사망자를 발생시켰다는 사실은 헌신적인 평화주의자에게 아찔한 충격을 주었다. 마리는 또한 그녀의 폴로늄이 21세기에도 여전히 정치적 암살에 사용되고 있다는 사실을 안다면 충격받을 것이다(가령 전 러시아 비밀정보국 장교이자 푸틴의 정적이었던 알렉산더 리트비넨코는 2006년 런던에서 폴로늄 중독으로 고통스럽게 사망했다).

안타깝게도 역사는 과학적 지식이 '범죄자의 손에 들어가면 매우 위험해질 수 있는'(피에르 퀴리의 노벨상 연설을 기억하라) 힘이라는 것을 반복해서 증명해 보였다. 특히 방사능을 다루는 인간의 모습을 보면 인류세에서 일어날 수 있는 폭발과의 연관성을 간과해서는 안

된다는 것을 알 수 있다. 문명의 기술 발전 수준이 높아질수록 자멸의 가능성도 커진다는 사실 또한 기억해야 한다. 자연의 비밀을 한 꺼풀씩 벗겨낼수록 우리는 더 조심스럽게 자연을 다루어야 한다. 한 가지 분명한 사실은 '최첨단 기술과 최고의 어리석음이 만나면 그 결과는 대개 파국이라는 것이다'.[15]

과학 연구의 결과가 오용되지 않고 인류(를 비롯한 모든 생물)를 위해 사용되도록 하는 것은 우리 모두의 책임이다. 마리 퀴리는 특히 국제연합의 전신인 국제연맹에서 일하며 자신이 할 수 있는 선에서 항상 책임을 다하려고 노력했다. 마리는 과학자로서 초년에는 수많은 장애물에 막혀 있었지만 이러한 시민적 헌신을 다한 덕에 말년에는 다양한 영예를 얻었다. 1921년 처음 미국을 방문한 해만 하더라도 9개의 명예박사 학위를 받았다. 또한 평생에 걸쳐 총 130여 개의 상과 명예박사 학위, 명예 회원 자격을 얻었다. 에브 퀴리가 어머니의 전기를 집필하기 위해 정리한 수상 목록은 여섯 쪽에 달했다.[16]

마리 퀴리는 자신이 사람들에게 인정받지 못했다고 불평할 수만은 없는 삶을 살았다. 굳이 비교하자면 그녀와는 완전히 다른 방식으로 인류의 지축을 뒤흔들 과학 이론을 발표했던 알프레트 베게너보다는 훨씬 더 나은 처지였다. 비극적이게도 알프레트 베게너는 자신의 대륙이동설이 대중들에게 인정받는 성취를 생전에는 누리지 못했고, 사후 40년이 지나서야 겨우 이루어졌다.

대륙과 함께 세상이 흔들리기 시작하다

알프레트 베게너와 판구조론의 발견

4장

알프레트 베게너

Alfred Wegener
1880~1930

'심리 게임', '상상력의 산물', '환상 그 자체'. 1912년 알프레트 베게너가 두 차례의 공개 강연에서 '대륙이동설'을 처음으로 발표했을 때, 강연을 들은 지질학자들이 격렬한 반응을 보였다. 대륙이 바다의 빙하처럼 떨어져 나갈 수 있다는 베게너의 주장에 대해 다른 지질학자들은 극지방 탐험가였던 그가 그린란드의 얼음 사막에서 너무 많은 시간을 보내다 보니 망상에 사로잡힌 것이 아닌가 의심했다. 기상학자이자 물리학자인 베게너는 지질학을 전혀 알지 못하며, 비전문가 주제에 모르는 분야에 관여해서는 안 된다는 것이 이들의 의견이었다. 태곳적부터, 즉 지각이 형성된 이래 대륙은 하나의 동일한 장소에 있었다는 것은 오랫동안 과학적으로 입증되어온 진리가 아니었던가!

하지만 알프레트 베게너는 전문가들의 부정적인 반응에도 대륙이동설을 끈질기게 주장했다. 찰스 다윈이 그랬던 것처럼 그는 자신의 가설을 입증하기 위해 다양한 분야에서 증거를 수집했다. 1915년 초, 제1차 세계대전 중 두 차례나 부상을 입었던 그는 그 기간 동안 주요 저서인 《대륙과 해양의 기원》의 초판을 출간했다.¹ (그가 다윈의 《종의 기원》과 비슷한 제목을 사용한 것은 우연이 아니며, 우리 세계가 영구적인 변화 상태에 있음을 증명하기 위한 것이었다).

베게너는 1920년, 1922년, 1929년에 새로운 판본을 출간하며 자신의 주장을 확장해나갔다. 그리하여 1929년 출간된 최종 판본에서 그는 이미 대륙 이동의 원인을 설명할 수 있는 수준에 근접했지만, 저명한 지질학자들이 그의 이론 전체를 싸잡아 하는 비난을 막지는 못했다.² 베게너의 논문이 '심각한 지각 비틀림 질환과 극이동 전염병에 걸린 사람의 열정적인 망상'일 뿐이라고 주장한 오스트리아 지질학자 프리드리히 케르너 폰 마릴룬Friedrich Kerner von Marilaun의 발언을 보면 그가 얼마나 악의적인 공격을 많이 받았는지 알 수 있다.³

1926년 뉴욕에서 열린 대륙이동설에 관한 국제 회의에서 14명의 연사 중 어느 누구도 베게너의 가설을 지지하지 않았다. 다른 많은 학자와 마찬가지로 예일대학교의 지질학자 체스터 롱웰Chester Longwell도 자신의 이론을 끈질기게 주장하는 베게너의 태도를 다음과 같이 비웃었다. "아프리카와 남미 지도를 쳐다보는 것만으로도 연구자는 최면에 걸리고 맙니다." 이러한 관점에서 또 다른 참가자는 그가 '주관적인 가설을 객관적인 진실로 여기는 중독 상태'에 빠져 있다는 주장을 하기도 했다. 또 다른 회의 참가자의 발언은 베게너에 대해 이들이 보인 적대감의 본질을 의도치 않게 드러낸다. "우리가 베게너의 가설을 믿게 되면 지난 70년 동안 우리가 배운 모든 것을 지우고 처음부터 다시 시작해야 합니다."[4]

알프레트 베게너는 숱한 공격에 대해 매우 객관적인 방식으로 대응했다. 비판의 일부는 수용하면서 자신이 내세운 모델에 통합하기도 했다. 그가 가혹한 비판에 그토록 침착하게 대응할 수 있었던 것은 이들이 관점의 뿌리라고 할 수 있는 신학적 믿음에 얼마나 맹목적인지 일찍이 깨달았기 때문이었다. 이에 대해 베게너는 말했다. "사실의 토대 위에 서야 한다고 강력하게 주장하며 가설에 대해 일체의 여지도 남기지 않으려는 사람들은 항상 잘못된 가설 위에 서 있다고 볼 수 있다. (…) 이들이 학교에서 대륙이동설을 배웠다면, 지금 대륙 침몰설을 옹호하는 것과 같이 심지어 오류가 있다 할지라도 이해하지 못한 채로 무조건 그것을 옹호하려 했을 것이다."[5]

자신의 가장 큰 약점이었던 외부인이라는 이유로 지질학자들로부터 주장을 거부당할 것이라는 사실을 일찍이 깨달은 것은 베게너의 가장 큰 장점이기도 했다. 베게너는 외부인으로서 당시 지배적이던 지질학적 이론을 내면화하지 못했기 때문에, 자신의 관점을 맹목적으로 옹호할 수 있었다. 베게너는 위대한 과학적 유전자를 지닌 이론가였을 뿐 아니라 자신의 분야 외에 다른 여러 분야에도 관심을 두고 연구했기 때문에 당시의 전문가들이 볼 수 없었던 측면, 다시 말해 지배적인 지질학 이론이 물리학과 기후학, 생물학 등을 포함한 다른 과학 분야의 연구 결과와 모순된다는 것을 파악할 수 있었다.

베게너에게 우호적인 비평가 중 한 명이 말한 것처럼, 베게너가 사망한 지 수십 년이 지난 후에야 과학계는 대륙이동설이 '아름다움과 우아함에 대한 멋진 꿈, 위대한 시인의 꿈'이 아니라는 사실을 깨달았다.[6] 베게너의 이론은 단순한 '시'가 아니라, 지구의 지리학적 형상뿐 아니라 지진과 쓰나미, 화산 폭발의 형성을 이해할 수 있는 토대를 마련해주었다. 그의 이론은 지구상의 생물과 광물 자원의 분포뿐 아니라 수백만 년에 걸친 세계 기후의 변화도 설명해준다. 일찍부터 자신만의 길을 걸어온 비범한 사람의 비범한 이론이라 할 만하다.

과학계의 모험가

리하르트 베게너 Richard Wegener 목사는 막내아들이 자신의 뒤를 따르기를 바랐다. 하지만 1880년 베를린에서 태어나 고등학교를 수석으로 졸업한 알프레트는 신학이나 고전 문헌학에는 관심이 없었다. 아버지와 달리 알프레트 베게너는 우리 삶의 거대한 질문에 대한 답을 《성경》이 아닌 과학에서 찾았던 것이다.

1899년부터 1904년까지 베게너는 베를린에서 물리학, 기상학, 천문학을 공부했다(하이델베르크와 인스브루크에서 잠시 공부한 적도 있었다). 처음에 베게너는 천문학자가 되고 싶었던 것 같다. 학업을 계속하는 동안 그는 베를린의 우라니아 천문대에서 조교로 일했고 1905년에는 천문학에 관한 논문을 썼다. 그러나 그는 곧 개인적으로 자신의 성향에 훨씬 더 부합하는 기상학으로 관심을 돌렸다.

알프레트는 자신을 과학자에 한정시키지 않고 자연주의자로 바라보았다. 다시 말해 책상 뒤에 앉아 수학 공식을 뜯어보는 데 그치지 않고 남미 항해를 떠난 알렉산더 폰 훔볼트나 비글호를 탄 찰스 다윈처럼 길들여지지 않은 자연의 도전에 맞서는 사람이라 여긴 것이다. 연이나 유인·무인 풍선을 이용해 대기 상층을 연구하는 기상학이라는 신생 학문은 알프레트가 과학이라는 모험에서 기대하는 바를 정확히 실현할 수 있었던 분야이기도 했다.

알프레트는 그와 마찬가지로 기상학과 극지 연구에 헌신한 두 살 많은 형 쿠르트 베게너 Kurt Wegener의 도움으로 1905년 초 베를린에서 약 80킬로미터 떨어진 비스코우 근처의 린덴베르크 항공 천문대에서 조교로 일하게 되었다. 1905년 5월, 베게너는 기상학적·물리적 측정을 수행하기 위해 최초의 유인 풍선 비행에 참여했다. 1년이 채 지나지 않아 1906년 4월 5일, 알프레트와 그의 형 쿠르트는 세 번째 열기구 비행에 나섰는데, 이 역시 순수하게 과학적 목적(천문 위치 측정 등)을 위한 것이었지만 전혀 다른 이유로 항공 역사에 기록되었다. 기내에 충분한 식량이 없었고 추위에 대비한 보호 장비도 부족했지만 형제는 뛰어난 기상 지식 덕분에 52.5시간 동안 중간 기착 없이 열기구를 공중에서 운항하는 데 성공한 것이다. 이것으로 형제는 당시 세계 기록을 약 17시간 연장하는 데 성공했다(이들이 보유했던 세계 기록은 7년 후에야 깨졌다).

혹독하게 추웠던 열기구 비행의 경험(형제는 추위에 떨며 잠을 이루지 못했다고 한다)은 알프레트에게 그린란드의 얼음 사막에서도 살아남을 수 있다는 믿음을 심어주었다. 그리하여 노련한 덴마크 출신의 그린란드 탐험가 루트비히 밀리우스 에릭센 Ludvig Mylius Erichsen의 지휘 아래 그린란드 북동쪽 해안 최후의 미지 지역을 탐험할 기회가 오자, 즉시 제안을 수락했다.

2년여의 탐험 기간 동안 베게너는 그린란드에 기상 관측소를 설치하고 북극 기후를 탐사하기 위해 연과 풍선을 날려 전례 없이 많은 데이터를 수집했다. 생존 환경은 매우 혹독했다. 탐험대원 중 몇 명은 사지가 동상에 걸려 얼어붙기도 했다. 게다가 베게너는 첫 번째 그린란드 탐험에서 죽음을 목격한다. 탐험대장 루트비히 밀리우스 에릭센과 그의 두 동료가 탐험을 마치고 돌아오는 길에 일행과 멀어진 것이다. 마지막 남은 식량을 모두 소진한 이들은 북극의 얼음판에서 죽음을 맞이했다.

1908년 여름에 귀환한 직후, 베게너는 마르부르크대학교에서 기상학과 실용 천문학·우주 물리학 강사로서 보수는 적지만 영구적인 일자리를 찾았다. 그는 자신이 '코걸이를 한 북극곰'으로 비춰질까 봐 대중 앞에 서는 것을 꺼렸다.[7] 하지만 그의 학생들은 아무리 복잡한 주제라도 간단하고 이해하기 쉽게 설명하는 강사의 놀라운 능력에 열광했다. 알프레트 베게너는 강의 외에도 그린란드 탐험에서 수집한 데이터를 과학적으로 분석하는 데 집중했다. 이 자료의 대부분은 그의 첫 번째 주요 저서인 《대기의 열역학》(1911)에 반영되었으며, 이 책은 상층 대기층의 구조에 대한 새로운 물리적 발견을 담고 있어 신진 기상학자들을 위한 일종의 교과서로 빠르게 자리 잡았다.[8]

알프레트 베게너는 원고를 출판사에 보내기 전 당시 저명한 함부르크 기상학자 블라디미르 쾨펜Wladimir Köppen에게 원고를 비판적으로 검토해달라고 요청했다. 이때 쾨펜은 이미 기상학의 대가로 인정받고 있었다. 그는 1875년부터 1919년까지 독일 해양기상청을 설립하고 총 500여 편의 논문을 발표하는 등 왕성하게 활동하던 과학자였다. 1936년 90세의 쾨펜은 온도와 강수량, 식생을 기준으로 지구를 다섯 개의 주요 기후대, 즉 열대 기후, 건조 기후, 온대 기후, 한대 기후, 빙하 기후로 나눈, 최초로 객관적인 기후 분류체계를 발표했고, 이는 오늘날에도 사용되고 있다.[9]

쾨펜은 젊은 동료 과학자의 연구에 깊은 감명을 받았고 베게너를 함부르크에 초대하여 상층 대기층의 구조와 지구 기후의 발달에 관해 의견을 나누었다. 쾨펜의 딸 엘제는 수줍음이 많지만 잘생긴 연구자에게 반해 사랑에 빠졌다. 불과 몇 달 후, 엘제와 베게너는 약혼했다. 하지만 베게너가 그린란드 열병에 걸리는 바람에 결혼을 미루기로 했다. 1912년 7월, 그는 첫 번째 그린란드 탐험에서 친분을 쌓은 덴마크 지도 제작자이자 극지방 탐험가인 요한 피터 코흐Johan Peter Koch를 비롯해 두 명의 동료와 함께 모험을 떠났다. 이들의 목표는 내륙 얼음을 따라 그린란드 북부의 가장 넓은 지점까지 횡단하여 지금까지 알려지지 않았던 이 지역의 지형과 식생, 야생동물, 기상 조건에 대한 새로운 지식을 얻는 것이었다.

그러나 네 명의 탐험대원들은 예상치 못한 난관에 부딪힌다. 장비를 내리자마자 데리고 온 16마리의 말이 대부분 도망쳐 힘들게 다시 잡아 와야 했다(그것도 완전히 성공하지는 못했지만). 9월 말, 탐험대는 빙하가 갈라지는 바람에 거의 죽을 뻔하기도 했다. 1912년 11월 5일, 코흐는 눈 덮인 크레바스에 빠져 8미터 아래로 추락하는 바람에 다리뼈가 부러진다. 이로 인해 코흐는 병상에서 겨울을 보내야 했고, 베게너는 얼음 구멍에서 온도를 측정하는 등 혹한 속에서 기상학 연구와 빙하학 연구를 이어갔다.

1913년 4월 20일, 네 사람은 마침내 8주간의 고된 행군을 시작했다. 이들은 1,200킬로미터의 빙판길을 걸어야 했는데, 여행을 시작할 때는 말 다섯 마리와 썰매 다섯 대를 준비했다. 하지만 여정의 가장 높은 지점인 해발 3,000미터를 지났을 때 데리고 온 말이 모두 죽었다. 식량은 거의 바닥 났고 대원들은 추위와 굶주림, 피로와의 싸움에서 패배할 위기에 놓였다. 하지만 베게너는 끝까지 살아남기로 결심하고 젖 먹던 힘까지 동원해 결승선을 몇 킬로미터 앞둔 세 명의 동료에게 포기하지 말라고 독려했다. 괴로움 속에서 이들은 마지막 남은 썰매 개를 도살할 수밖에 없었다. 반쯤 구운 개고기를 삼키던 순간 베게너는 피오르드에서 작은 범선 한 척을 발견했다. 결국 이들은 구출되었고, 선원들의 도움으로 그린란드의 작은 정착촌인 프뢰벤에 도착해 기력을 되찾았다.

기후 연구의 선구자

1913년 10월 코펜하겐에 도착한 알프레트 베게너는 덴마크 왕으로부터 기사 작위를 수여받았다. 무엇보다도 그는 자신을 간절히 기다리던 약혼녀 엘제와 재회할 수 있었다. 두 사람은 1913년 11월 함부르크에서 결혼한 뒤 마르부르크로 이주했고, 알프레트는 그곳의 대학에서 강사로 일하게 되었다. 얼마 지나지 않아 엘제는 임신을 했다. 1914년에 딸 힐데 *Hilde* 가 태어났고, 1918년과 1920년에 딸 케테 *Käte* 와 롯데 *Lotte* 가 태어났다. 알프레트 베게너는 1914년 상반기에 임신한 아내와 많은 시간을 보내지만 마르부르크에서의 짧았던 목가적 삶은 제1차 세계대전 발발로 갑작스럽게 끝났다.

  베게너의 전쟁에 대한 감정은 양가적이었다. 한편으로 베게너는 민족주의자와는 거리가 멀었고 자신이 '다른 이들처럼 대중의 관심사를 민감하게 받아들이지 않는다'는 것을 깨닫지만 다른 한편으로는 전선에서 삶과 죽음에 관한 실존적 투쟁에 도취되는 경험도 했다(어쩌면 모든 과학적 동기 외에도 이것이 그를 계속해서 그린란드로 끌어들이지 않았을까). 하지만 베게너의 최전방에서의 경험은 배치된 지 4주 만에 총알이 팔뚝을 관통하는 바람에 끝났다. 이후 2주간의 귀향 휴가를 받아 생후 3일밖에 되지 않은 딸 힐데를 안아볼 기회를 얻었다. 그 후 베게너는 다시 서부 전선으로 복귀했다.

  1914년 10월 초, 베게너는 목에 총알이 박히는 두 번째 부상을 입고 돌아온다. 상처를 검사한 의사는 지난 그린란드 탐험에서의 혹독한 활동으로 인해 심장에 결함이 생겼을 것이라고 진단했다. 그 때문에 알프레트 베게너는 야전 근무에 부적합하다는 판정을 받고 육군 기상대에 배치되어 국내외의 여러 기상 관측소를 끊임없이 오가는 일을 맡았다. 그는 이 기간에 훗날 화제가 된 《대륙과 해양의 기원》의 초판을 비롯해 수많은 저서를 완성할 수 있었다.

전쟁 중 알프레트 베게너가 관심을 기울인 것은 대륙 이동이나 기상 연구 분야만은 아니었다. 1916년 4월 3일 헤세 북부에 위치한 트레이사에 운석이 떨어지자 그는 곧바로 현장으로 달려갔다. 목격자의 보고를 바탕으로 베게너는 운석의 경로를 계산했다. 예상 충돌 지점에 대한 예측은 8킬로미터 정도 벗어났지만, 철 운석의 무게와 종류, 관통 깊이는 정확하게 맞았다.

이 사건을 계기로 그는 '충돌구'를 면밀하게 연구하는 일에 돌입했다. 시멘트 가루에 모르타르 덩어리를 떨어뜨리는 체계적인 실험 끝에 베게너는 달의 분화구가 운석 충돌에 의한 것이라는 기존 학설과 모순되는 결론에 도달했다. 그는 지구도 운석에 자주 부딪혔고 그에 상응하는 충돌 분화구를 아직도 발견할 수 있다는 내용의 논문을 써 시대를 앞서 나갔다(실제로 그는 10년 후 에스토니아 사레마 섬의 카알리 운석 분화구를 예로 들어 이를 증명했다).

전쟁이 끝난 후 베게너는 장인인 블라디미르 쾨펜의 뒤를 이어 함부르크의 독일 해양기상청에서 근무하게 된다. 두 가족이 한 집에 살게 되면서 두 사람의 협업은 보다 활발해졌다. 뛰어난 두 과학자는 기후 연구의 선구자가 될 연구 프로젝트에 5년을 투자했고, 1924년에 출간된 《지질 시대의 기후》[10]는 지구의 자연적(인간이 유발한 것이 아닌) 기후변화 연구의 이정표가 된 최초의 고기후학 교과서라고 할 수 있다. 베게너와 쾨펜은 다양한 과학 분야의 연구 결과를 종합하여 지난 3억 6,000만 년 동안의 기후 역사를 놀라울 정도로 정확하게 재구성하는 데 성공했는데, 오늘날의 연구자들도 이들의 탁월한 연구 결과 앞에서는 말문이 막힐 정도이다.[11]

블라디미르 쾨펜과 알프레트 베게너가 시대를 뛰어넘는 연구 성과를 거둘 수 있었던 것은 그들의 광범위한 학제 간 접근 방식뿐 아니라 (학계에는 훨씬 이후에 받아들여지긴 했지만) 그들이 기후 모델에 통합한 다음 두 개의 비정통 이론 덕분이었다고도 할 수 있다.

1. 대륙이동설: 1911년, 블라디미르 쾨펜은 여전히 젊은 동료 베게너가 대륙 이동에 대한 관점을 공개하는 것에 반대했다. 하지만 수년에 걸쳐 베게너가 제시하는 수많은 증거 앞에서는 '기상학의 거장'도 논란의 여지가 있는 이론을 더욱 확신하게 되었다. 그렇지 않다면 오늘날과 상당히 다른 기후 조건에서 형성되었을 화석과 퇴적물이 세계 여러 지역에서 발견되는 이유를 설명할 수 없지 않은가. 열대 식물의 잔해가 방주와 사막 지역 모두에서 발견된다는 사실로는 한 가지 설명만 가능하다. 과거에는 이 지역이 지구의 다른 기후 지역에 있었으며, 대륙 이동 과정에서 점점 더 멀리 이동했다는 사실 말이다.
2. 밀란코비치 이론: 베게너와 쾨펜은 얼마 전 태양 복사의 강도와 지구 빙하 사이의 연관성을 확립한 세르비아의 수학자이자 지구과학자인 밀루틴 밀란코비치 *Milutin Milanković*에게 연

락했다. 태양 광선의 입사각은 태양 주위를 도는 지구 궤도의 특성(지축 기울기 포함)상 일정하지 않고 변화하며, 밀란코비치는 이것을 자신의 이름을 딴 주기로 계산했기 때문이었다. 특히 북반구 태양광선의 복사는 빙상의 증가나 감소에 큰 영향을 미치기 때문에 중요할 수밖에 없다. 이는 다시 빙하기의 시작과 끝을 결정한다. 지구에 얼음이 많을수록 기후는 더 차가워지고, 빙하가 얇아질수록 지구는 더 따뜻해진다. 이 현상의 배경에는 이른바 '알베도 효과'라는 것이 있다. 물과 토양은 태양 에너지의 약 90퍼센트를 흡수하여 열을 발생시키는 반면, 얼음과 눈은 대부분의 태양빛을 다시 반사하는 피드백 효과가 있으며, 이는 현재 지구 온난화의 관점에서도 중요한 역할을 하고 있다.

밀란코비치의 도움으로 베게너와 쾨펜은 계산된 태양 복사 주기와 지난 250만 년 동안(즉, 우리가 살고 있는 '제4기 빙하기' 동안) 발생한 추운 시기가 서로 일치한다는 것을 증명할 수 있었다. 밀란코비치는 베게너와 쾨펜의 저서에 태양 복사 주기를 포함시킴으로써 전문가 집단에서 유명해졌지만, 베게너와 마찬가지로 그의 이론은 살아생전 대중에게 널리 인정받지는 못했다. 1970년대가 되어서야 국제 연구계는 지구 기후의 주기적 변화가 밀란코비치가 1920년대에 이미 밝힌 태양 복사 주기와 얼마나 밀접하게 일치하는지 깨닫게 되었다.

이전에는 간빙기와 빙하기의 변화를 설명하는 데 화산 폭발과 같은 지질학적 요인이 주로 제시되었다면, 이제는 밀란코비치 주기가 지구의 현격한 기후 변동을 설명한다. 하지만 이것은 오해를 불러일으키기도 했다. 예를 들어, 처음에는 기후 연구자들도 기후 온난화가 아닌 기후 저온화를 현존하는 지구의 위협으로 받아들였다. 실제로 현재 우리가 처한 제4기 빙하기의 따뜻한 시기인 '홀로세 Holozän'는 이미 1만 1,700년 동안 존재해왔고 평균적으로 따뜻한 시기인 간빙기는 1만 5,000년에 불과하기 때문에, 인류에게 치명적인 결과를 초래할 수 있는 새로운 빙하시대로의 점진적인 전환이 예상된다(1만 5,000년 전처럼 다시 함부르크와 베를린까지 북유럽 전체가 얼음으로 덮히거나 20만 년 전처럼 뒤셀도르프까지 뒤덮힌다면 어떤 일이 벌어질지 상상해보라). 실제로 지구의 기온은 약 5,000년 전의 소위 홀로세 기후 최적기 이후 1,000년당 섭씨 0.12도 정도 낮아졌지만, 지금은 인공 온실효과로 인해 이 변화를 상쇄하고도 남는다. 거대한 화산 폭발이 일어나지 않는 한(이에 대해서는 나중에 자세히 설명하겠다), 우리는 현재 인간의 자연에 대한 개입으로 인해 다음 혹한기가 적어도 10만 년 동안은 일어나지 않을 것이라고 확신할 수 있으며, 기후 수준이 완전히 바뀌지만 않는다면 이는 실제로 (다른 포유류뿐 아니라 우리에게도) 좋은 소식이라고 할 수 있겠다. 오늘날보다 기온이 더 따뜻했던 마지막 시기는 약 12만 년 전 이른바 '에미안 온난기'였다. 과학자들의 계산에 따르면 당시 해수면은 오늘날보다 6~9미터 정도 높았는데, 이는 전 세계의 여러 해안 지역을 비롯해 북독일 평원 지역에 사는 사람들에게는 그다지 유쾌한 상상이 아닐 것이다.

베게너와 쾨펜이 1924년《지질 시대의 기후》를 출간했을 때만 해도 이러한 연관성은 알려지지 않았다. 이후 연구 과정에서 책의 일부 내용이 수정되었지만, 이 책의 중심 명제는 여전히 유효하다. 어쨌든 두 과학자는 자신들의 고기후학 연구서를 통해 당시에는 거의 관심을 받지 못했지만 한 세기가 지난 오늘날 전 세계 대중의 관심을 집중시키고 있는 연구 분야의 토대를 마련했다. 결국 인류가 인류세에서 책임을 다할 수 있을지 여부는 베게너와 쾨펜, 밀란코비치의 뒤를 이어 기후 연구자들이 얻은 통찰에 얼마나 귀를 기울일지에 달려 있다고 할 수 있다.

방랑하는 대륙

1924년 베게너가 그라츠대학교의 기상학·지구물리학 교수로 임명되었을 때는 고기후학 책 집필 작업이 막 끝난 상태였다. 함부르크대학교에서 병행해야 했던 행정 업무로 연구 시간이 충분하지 않았던 베게너는 그라츠대학교의 제안을 기꺼이 수락했다. 블라디미르와 마리 쾨펜도 크게 고민하지 않고 딸, 사위, 세 손녀와 함께 오스트리아 대도시로 이주했고, 쾨펜과 베게너의 활발한 학문적 교류는 그라츠대학교에서도 계속되었다.

베게너는 이후 연구에 더 많은 시간을 할애할 수 있었다. 그는 두 번의 그린란드 탐험에서 얻은 데이터를 평가하고 허리케인 연구에 전념하며 대륙 이동에 관한 책을 근본적으로 수정하기 시작했다. 수많은 새로운 연구 결과를 통합한 네 번째이자 마지막 판본인《대륙과 해양의 기원》은 베게너의 말처럼 이전 판본과는 다른 성격을 띤다. 그는 다음과 같이 기술했다. "이전 판본은 본질적으로 이론을 제시하고 그것의 정당성을 뒷받침하는 개별적 사실을 담는 데 치중했다면, 현재 판본은 이러한 새로운 연구 분야에 대한 집단 보고서로서의 과도기적 형태를 띠고 있다."[12]

231쪽에 달하는 이 책은 이전보다 훨씬 더 포괄적인 내용을 담고 있다(1915년 초판은 94쪽, 2판은 135쪽, 3판은 144쪽으로 구성되었다). 그야말로 20여 년에 걸친 연구의 결실이라 할 수 있었다. 베게너는 이미 학생 시절, 세계 지도를 보면서 아프리카 서해안과 남아메리카 동해안이 퍼즐 조각처럼 맞물려 있다는 사실을 알아차렸다. 그가 이 이상한 일치점을 처음 발견한 건 아니지만, 해안선을 설명할 수 있는 포괄적인 이론뿐 아니라 그 이상의 것들을 최초로 제기한 사람임은 틀림없다.

— 베게너는 다음과 같이 적고 있다. "남아메리카는 아프리카 옆에 위치하여 하나의 대륙붕을 형성하고 있었는데, 백악기에 두 부분으로 갈라진 후 수백만 년에 걸쳐 물속에서 부서진 빙원 조각처럼 점점 더 멀어졌을 것이다. 두 빙원의 가장자리는 오늘날에도 놀라울 정도로 일치한다."[13]

또한 베게너는 북미 대륙이 유럽 옆에 있었고 남극 대륙, 호주, 인도는 남아프리카와 남아메리카 근처에 있었다고 설명한다. 따라서 후기 탄소기(3억 2500만 년 전)부터 쥐라기(1억 5000만 년 전)까지는 한 덩어리의 초거대 대륙이 존재했으며, 베게너는 이를 '판게아Pangäa(고대 그리스어의 판pan은 '전체, 전부'라는 의미이며, 가이아gaia는 '땅, 대지'라는 의미이다)'라고 불렀다. 판게아('Pangaea' 혹은 'Pangea'라고도 표기한다)는 지구 역사상 가장 젊은 초대륙이었지만, 최초나 최후의 초대륙은 아니다. 약 3억 년 후 또 다른 초대륙이 형성될 가능성도 상당히 높다. 물론 그때에도 인류가 여전히 존재할지는 의문이다. 하지만 그때까지 인류가 살아남는다면 현재와 같은 어처구니없는 영토분쟁은 극복했기를 바란다.

베게너는 대륙 이동에 엄청난 지질학적 에너지가 필요하다는 것을 알고 있었다. 무엇보다 지구의 거대한 산맥 형성은 이 사실을 잘 보여준다. 베게너는 오늘날 근동에 속하는 지역이 아시아 쪽으로 서서히 접근함으로써 지구가 품고 있는 가장 거대한 산맥인 히말라야와 고아시아 지역의 수많은 여러 산맥이 생겨날 정도로 그 지역이 겹겹이 접혔다고 설명하기도 했다.[14]

베게너는 자신의 이론을 입증하기 위해 지질학과 지구물리학, 고생물학, 생물학 그리고 기후학의 다양한 논거를 활용했다. 과학계의 역풍을 감수하고 '떠돌이 대륙'이라는 가설이 진실임을 그가 확신했던 이유는 거기에 있었다. 대륙이동설이야말로 오늘날 서로 멀리 떨어져 있는 해안선의 퇴적물과 동식물이 어째서 그토록 비슷한지를 가장 잘 설명할 수 있는 이론이기 때문이다. 북극의 추운 노르웨이 스피츠베르겐 섬에서 열대 식물 화석이 발견되는 이유와 현재 지구상에서 가장 큰 건조 사막인 사하라 사막이 한때 빙하로 덮여 있었던 이유를 설명할 수 있는 것은 대륙이동설밖에 없다.

베게너 이론의 가장 큰 단점은 대륙 이동의 원동력을 파악하는 데까지 이르지 못했다는 데 있다. 책의 최종 판본에서 그는 이 점을 한탄했다. "뉴턴은 아직 대륙이동설에 대해 관심을 기울이지 않았다. 당시만 해도 이 이론은 시기상조인 데다 많은 이가 의심의 눈초리로 보았으므로 그가 관심을 두지 않는다고 뭐라 할 필요가 없었다. 또한 정확성에 대한 합의가 없는 법칙을 설명하는 데 시간과 노력을 충분히 기울이지 않는다고 그를 비난할 수도 없는 노릇이었다."15

그런데 이즈음 베게너는 이미 대륙 이동의 원동력에 대한 설명의 핵심을 바로 근처에서 발견했다. 그의 대학 동료였던 그라츠의 지질학자 로베르트 슈비너 Robert Schwinner는 지구 고체 맨틀의 느린 움직임(소위 '대류')으로 인해 대륙판이 매년 몇 센티미터씩 이동하는 현상에 대해 설명했던 것이다. 베게너는 이 설명 모델을 저서의 마지막 판본에 포함시켰지만, 얼마나 신빙성 있는지는 확신할 수 없었다. "이러한 가설은 이론적 근거가 명확하지 않지만, 그 정확성이 입증된다면 지구 표면 형성에 기여했다고 볼 수 있다."16

하지만 베게너는 또 한 가지를 확신했다. "대륙을 움직이는 힘은 거대한 산맥을 만드는 힘과 동일하다. 대륙 이동과 대륙 분열과 붕괴, 지진, 화산, 지각 변동, 극의 이동은 의심할 여지 없이 서로 연결되어 있다. 지구 역사의 특정 기간에 이러한 현상들이 공통적으로 증가하는 것으로도 이를 확인할 수 있다. 그러나 무엇이 원인이고 무엇이 결과인지는 미래에나 밝혀질 것이다."[17]

하지만 베게너는 이 미래가 실현되는 것을 보지 못했다. 책이 출간된 지 1년 만에 그린란드에서 사망했기 때문이다. 마지막 탐험(1913)에서 목숨을 걸고 탈출한 지 얼마 되지 않은 쉰 살에 다시 그린란드 탐험을 떠난 이유에 대해서는 의견이 분분하다. 그라츠대학교의 교수로서 평온한 생활에 지루함을 느꼈기 때문이었을까? 그린란드의 혹한 속에서 삶과 죽음에 대한 실존적 투쟁을 다시 한번 경험하고 싶었던 것일까? 아니면 그 모든 기술 혁신에도 불구하고 1930년 북극에 여전히 도사리고 있던 위험을 과소평가했던 것일까? (적어도 그의 가족들에게는 탐험의 위험성을 제대로 알리지 않았음이 틀림없다).

그린란드 탐험을 통해 베게너는 그라츠대학교에서의 안락한 삶을 떨치고 싶었을 수도 있다. 하지만 무엇보다 결정적인 요인은 중요한 과학적 발견을 성취하는 일이었다. 20명 이상의 기술자와 과학자가 참여한 이 대규모 탐험대는 그린란드 빙상의 동쪽과 서쪽, 중앙에 세 개의 평행 측정소를 설치하여 북극의 기후 조건뿐 아니라 빙상의 두께를 이전보다 훨씬 더 정확하게 파악하려는 목표를 세웠다.

— 베게너의 탐험대가 수집한 데이터는 실로 인상적이었다. 예를

들자면 그린란드에는 최소 300만 입방킬로미터의 얼음덩어리가 있는 것으로 밝혀졌다. 탐험에 참여한 지구물리학자 중 한 명인 쿠르트 뵐켄Kurt Wölcken이 1932년에 언급한 것처럼, 이는 대략 '울퉁불퉁한 산맥이 있는 유럽 본토 전체의 질량'에 해당한다. 뵐켄이 보고서를 마무리하면서 쓴 말은 90년이 지나 지구 온난화를 걱정하는 우리에게 놀라울 정도로 시사하는 바가 크다. "그린란드에는 북해와 발트해를 합친 것보다 40배나 많은 물이 있다. 여기에 저장된 얼음이 녹으면 전 세계의 바다는 8미터 이상 상승하고 전 세계의 광활한 저지대가 물에 잠길 것이다."[18]

알프레트 베게너의 마지막 탐험은 그와 젊은 그린란드 동료 연구자 라스무스 빌룸센Rasmus Willumsen에게는 비극적으로 끝났지만 과학적인 관점에서만 보자면 성공적인 탐험이기도 했다. 그 이유는 탐험 초기 상황 때문이었다. 기상 악화로 인해 탐험대가 목표 지역에 너무 늦게 도착했고, 프로펠러로 구동되는 현대식 썰매가 베게너가 기대했던 만큼의 성능을 발휘하지 못한 것이다. 또한 평균 영하 10도의 쾌적하고 '온화한' 북극의 여름철 기후 탓에 중간 얼음기지에 필요한 자재를 적절히 공급할 수 없었다.

1930년 9월, 베게너는 중간 기지에서 버티고 있는 대원들이 겨울을 보낼 수 있도록 추가 식량 수송을 위해 출발했다. 그러나 비정상적으로 일찍 시작된 눈보라로 계획은 중단되어야 했다. 하지만 베게너는 중간 기지에서 기다리는 사람들을 저버리지 않으려고 빌룸센과 기상학자 프리츠 로베*Fritz Loewe*라는 두 명의 동료와 함께 그곳에 도달하기 위한 모험을 시작했다. 1930년 10월 30일, 세 사람은 결국 중간 기지에 도착했지만 로베의 발가락이 영하 50도에서 얼어붙는 바람에 마취 없이 현장에서 절단해야 했다.

이들이 중간 기지에 보급한 자원으로는 다섯 명이 겨울을 보내기에 충분하지 않았기 때문에 베게너와 빌룸센은 서부 보급 기지까지 힘든 귀환을 감행하기로 결정했다. 1930년 11월 1일, 알프레트 베게너의 50번째 생일날, 두 사람은 기지를 향해 출발했지만 두 번 다시 이들의 살아 있는 모습을 볼 수 없었다. 북극의 긴 겨울이 지나고 나서야 그 비극적인 11월에 무슨 일이 있어났는지가 밝혀졌다. 베게너와 빌룸센은 곧 기상 악화로 인해 두 대의 썰매 중 한 대를 포기할 수밖에 없었을 것이다.

그 후 베게너는 빌룸센의 썰매에 스키를 매달고 따라갔으리라 추정되는데 기상 조건을 고려할 때, 이조차도 엄청나게 혹독한 시련이었을 것이다. 그 결과 베게너는 11월 15일경 텐트에서 심부전으로 사망한 것으로 추정된다. 이 모든 것은 라스무스 빌룸센이 혼자 길을 떠나기 전 정성을 다해 얼음 속에 만들어놓았던 베게너의 무덤을 확인한 결과로 짐작되는 사연이다. 당시 22세의 젊은 그린란드 연구자 빌룸센은 이후 탐험 팀에게 건네주려는 목적으로 베게너의 일기를 챙겨갔을 것이다. 하지만 빌룸센은 서부 기지에 끝내 도착하지 못했다. 1931년 탐험대는 그를 찾기 위해 약 3,000킬로미터 반경을 샅샅이 뒤졌지만 시신은 찾지 못했다. 라스무스 빌룸센은 지금까지도 얼음 속에서 길을 잃은 채로 남아 있으며, 그와 함께 지구에 대한 우리의 생각을 영원히 바꾼 한 남자의 마지막 기록도 사라졌다.

그래도 움직인다

초기에 알프레트 베게너는 극한의 얼음 밭에서 동료들을 위해 자신을 희생하여 영웅적인 죽음을 맞이한 '과학의 순교자'로 기억되었다. 이것은 논란으로 가득 찬 '방랑하는 대륙' 이론보다 나치의 '피와 흙' 이데올로기가 지배하던 1930년 말의 시대 정신(혹은 비정신)에 걸맞은 이야기이기도 했다.

베게너가 사망하고 8년 후, 나치 정권은 그의 딸 로테 베게너 Lotte Wegener가 극한의 산악탐험가 하인리히 하러 Heinrich Harrer와 결혼하자 '두려움 없는 극지방 탐험가'의 신화를 다시 한번 강조하면서 이들의 결합을 선전용으로 부각시켰다. 특히 나치 친위대 총통이었던 하인리히 힘러 Heinrich Himmler는 로테와 '아이거 북벽 최초의 등반가'로 유명한 하러의 결혼을 개인적으로 지지했는데, 두 사람의 결혼은 그들이 내세운 '우월한 인종' 이념에 완벽하게 부합되는 것처럼 보였으나 몇 년밖에 지속되지 못했다.

— 아들 피터가 태어나기도 전에 해러는 8,000미터 높이의 낭가파

르바트를 등반하기 위해 집을 나섰고, 곧바로 영국군에 포로로 잡혔다가 50개가 넘는 험준한 산고개를 타 넘고 탈출에 성공하여 티베트에 도착하였고, 젊은 달라이 라마의 가정교사이자 친구가 되었다. 베게너의 사위가 쓴 (비록 많이 각색되기는 했으나) 자전적 이야기인《티베트에서의 7년》은 장 자크 아노 감독이 브래드 피트를 주연으로 내세워 만든 영화로 인해 세계적인 명성을 얻었다.[19]

알프레트 베게너가 사후에도 잊히지 않은 것은 그의 미망인 덕분이었다. 1932년 엘제 베게너는 (유대인이라는 이유로 얼마 후 독일을 떠나야 했던) 프리츠 로베와 함께 알프레트 베게너의《마지막 그린란드 항해》라는 선집을 출간했다. 이어서 1960년에는 남편의 전기를 출간했는데, 이 전기를 통해 베게너의 편지와 일기장이 처음으로 공개되었다. 엘제 베게너는 남편이 사망한 지 60여 년이 지난 1992년 8월, 100세의 나이로 세상을 떠났다. 따라서 남편이 사후에 명예를 얻는 것을 충분히 지켜볼 수 있었다.

한때 세상의 조롱을 받았던 대륙이동설의 주창자는 사후 수십 년이 지나서야 그 위대함을 인정받았다. 베게너 탄생 100주년이자 사망 50주기가 되는 1980년에 브레머하펜에 극지방 연구만을 위한 알프레트 베게너 연구소AWI가 설립되었다. 또한 12개의 지질학회가 힘을 합쳐 '알프레트 베게너 지구과학 발전 재단AWS'을 설립하여 100개가 넘는 개별 지질학 분야의 학제 간 협력 촉진을 목표로 삼았는데, 이는 그 누구보다 알프레트 베게너가 두 손 들고 환영했을 만한 일이다. 실제로 1920년대 초에 그는 '알려진 사실의 총체를 가장 적절한 순서대로 보여줌으로써 가장 그럴싸한 그림을 찾기 위해서는 지구과학의 모든 요소를 종합'할 것을 주장했다.[20]

베게너는 1960년대에 다시 부활했는데 그 이전까지 완고하게 옹호되었던 '대륙고정설(대륙이 제자리에 단단히 고정되어 있다는 전통적인 생각)'이 더는 불가능하다는 주장이 점차 퍼지기 시작한 것이다. 이 고정관념에 따르면 한때 아프리카와 남아메리카를 연결했어야 했던 '가라앉은 육지 다리'가 있어야 하지만 어디서도 찾을 수 없다는 것이 문제였다. 오히려 연구자들은 대서양 깊은 곳에서 알프레트 베게너가 진즉에 감지했던 북쪽에서 남쪽으로 이어지는 화산 활동 산맥을 발견하고 그 축에서 새로운 지각이 끊임없이 형성되어 해양으로 퍼지면서 대륙판이 떨어져 나간다는 사실을 발견했다.

1968년 말 미국의 연구선이었던 글로마 챌린저호가 최초의 심해 시추를 수행한 결과, 대서양의 중부 능선이 매년 몇 센티미터씩 벌어져 남미판과 아프리카판이 지속적으로 떨어져 나가고 있다는 사실이 밝혀졌다. 이것은 대륙이동설에 대한 최초의 직접적인 증거라고 볼 수 있다. 기존의 수많은 연구자가 이 발견에 충격을 받았지만, 새로운 세대의 지질학자들은 반세기 전에 전임자들이 실패한 작업을 이어나갔다. 이들은 수십 년 동안 배웠던 지질학적 지식을 잊고 처음부터 다시 시작했고, 베게너의 '열정적 환상'은 과학 역사상 근본적이고 중대한 발견 중 하나로 밝혀졌다.

— 오늘날 우리는 GPS 측정이나 천문학적 측정을 통해 대륙의 이동 경로를 매우 정밀하게 추적할 수 있다. 그러나 그 역학은 베게너가 생각했던 것보다 훨씬 더 복잡하다. 베게너의 대륙이동설에서 나온 현재의 판구조론 모델은 7개의 큰 지각판(북미·유라시아·남미·아프리카·남극·인도-호주 및 태평양 판)과 일련의 작은 판(필리핀·아라비아·아나톨리아 및 카리브 판 등)과 맞물려 복잡하게 놓여있다는 것에 기반하고 있다.

이 판들은 서로 멀어지기도 하고(대서양 중부 능선의 남미판과 아프리카판처럼), 서로를 향해 움직이며 한 판이 다른 판 아래로 잠기기도 한다(베게너의 가정처럼 인도-호주판과 유라시아판이 충돌하여 히말라야산맥을 만든 경우처럼.)

어떤 경우에는 판이 서로 변형되어 합쳐지거나 미끄러져 지나가기도 하는데(캘리포니아의 샌안드레아스 단층이나 터키의 북아나톨리아와 동아나톨리아 단층과 같은 경우), 지질학적 용어인 '미끄러짐'은 실제로 지구 표면에서 우리가 경험하는 현상을 설명하기에는 부족하다.

찰스 다윈이 생물 종의 예로, 알베르트 아인슈타인이 팽창하는 우주로, 마리 퀴리가 방사성 원소로 증명한 것을 알프레트 베게너는 지구의 지리와 기후로써 증명했는데 그것은 '변화만큼 영원한 것은 없다'는 명제였다. 수 세대에 걸쳐 과거의 지질학자들이 인정하고 싶지 않았던 사실이라 할지라도 말이다. 지구는 움직이고 있으며, 그 움직임은 갈릴레오 갈릴레이도 상상할 수 없을 정도로 훨씬 더 광범위한 것이다.

동굴을 벗어나 불과 몇천 년 뒤에, 즉 지질학적으로 너무나 짧은 기간 동안 한 생물 종이 이처럼 심오한 통찰에 도달할 수 있다는 것은 놀라운 일이다. 하지만 이러한 끊임없는 변화의 과정은 육상 생물(일부 단세포 생물 제외)에게는 벗어날 수 없는 끊임없는 재앙을 의미한다는 사실도 기억해야 한다. 자연에 대한 인간의 낭만적인 관념은 사실 어처구니없다. 대자연은 인간에 대해 전혀 신경 쓰지 않기 때문이다. 인간이 여전히 이 행성에 존재할 수 있다는 사실은 일련의 행운과 우연일 것이다.

예를 들어, 지구는 태곳적부터 지금까지 '살인 소행성'을 피해왔다(6,600만 년 전 공룡이 멸종한 것에서 알 수 있듯 상황은 다르게 흘러갔을 수도 있다). 또한 인류의 모든 선진 문명이 출현했던, 우리가 속한 홀로세의 '간빙기'는 1만 1,000년에서 1만 5,000년 전에 있었던 이전 온난기('에미안 간빙기')보다 지난 1만 1,700년 동안 더 안정적인 상태였던 것으로 입증되었다. 하지만 홀로세의 온화한 조건 아래에서도 지구는 평화롭지만은 않았다. 지난 100년 동안 지진으로 인해 약 200만 명이 사망했다. 2004년 크리스마스 다음 날에는 인도양을 강타한 대지진으로만 20만 명 이상의 남성과 여성, 어린이들이 사망했다. 인도-호주판이 유라시아판 아래로 매년 약 3센티미터씩 이동하면서 인도양에 엄청난 압력이 쌓이는데, 2004년 12월 26일에는 약 475메가톤의 TNT 에너지가 방출되어 최대 30미터 높이의 쓰나미를 일으켰다.

— 특히 수백만 명의 인구가 거주하는 몇몇 도시들은 이 지진대에 위치해 있기 때문에(대부분 이런 지역은 비옥하고 토양이 풍부하다) 앞으로 이와 비슷하거나 더 파괴적인 재난이 발생할 가능성도 예상해야 한다. 예를 들어 세계 최대 대도시인 도쿄 주변 수도권은 세 개의 지각판(태평양판, 필리핀판, 유라시아판)이 만나는 지역에 위치해 있다. 수십 년 전 마지막으로 강진이 발생했기 때문에 그 사이 지각의 긴장이 상당히 높아져 도쿄도 조만간(향후 30년 이내) 강진으로 흔들릴 가능성이 높은 것이다.

1906년에 마지막 대지진이 강타했던 샌프란시스코도 마찬가지다. 태평양판과 북미판이 지나가는 샌안드레아스 단층에는 엄청난 긴장이 쌓여 있으며 가까운 미래에 에너지가 방출될 것으로 예상된다. 북아나톨리아 단층(유라시아판과 아나톨리아판이 서로 엇갈리는 곳)의 위협을 받고 있는 이스탄불도 마찬가지다. 2,700년의 역사를 가지고 있으며 인구가 1500만 명에 달하는 이 거대도시는 앞으로 몇 년 안에 심각한 지진을 맞이하게 될 것이다. 여기서 남은 문제는 지진의 강도와 현재 구축된 안전 시스템(내진 건물, 교량 및 가스관 폐쇄를 위한 자동화 프로그램 등)이 다가올 심각한 재앙을 막을 수 있느냐는 것이다.

알프레트 베게너가 짐작한 대로 대륙 이동은 지진과 쓰나미

뿐 아니라 화산 형성의 원인이기도 하다. 가령 유럽 본토의 유일한 활화산인 베수비오 화산은 아프리카와 유라시아 판 사이의 화산 활동 지대에서 에너지가 유입된다. 79년 베수비오 화산이 폭발했을 때 인근의 고대 도시 폼페이는 완전히 파괴되었을 뿐 아니라 12킬로미터 떨어진 스타비아조차도 치명적인 화산재에 완전히 파묻혔다.

베수비오 화산 폭발은 그 영향이 비교적 크지 않았다. 이에 비해 1815년 탐보라 화산 폭발은 인도네시아 숨바와 섬의 주민 5만 명의 목숨을 앗아갔을 뿐 아니라 전 세계에 영향을 미쳤다. 방출된 이산화황이 전 세계로 퍼지면서 1816년 유럽에서는 '태양이 없는 해'가 발생했고, 이로 인해 흉작과 기근, 민중 봉기가 연이어 일어났다.[21] 7만 5,000년 전에 발생한 화산 폭발의 결과는 이보다 더 심각했다. 당시 인도네시아의 슈퍼 화산인 토바 화산이 대기 중으로 분출한 엄청난 양의 화산재와 이산화황으로 인해 이미 추웠던 지구 기후(현재 빙하기에서 마지막으로 추웠던 시기)가 몇 도씩 냉각되는 '화산성 겨울'이 발생했다.

이 재앙과 같은 사건은 우리 조상들에게도 상당한 충격을 주었다. 당시에 '멸종 위기종' 목록이 있었다면, 이미 아종이 출현하고 있었던 '인간종'이 단연 최상위 목록에 올랐을 것이다. 토바 화산 폭발로 촉발된 극한의 추위는 인류에겐 오랫동안 생존을 위협했던 엄청나게 큰 재앙이었다. 지각판의 지속적인 이동으로 인해 초화산은 앞으로도 계속 분화할 것이다(통계적으로 7만 5,000년에 한 번씩 발생한다고 하니 어떻게 보면 이미 지나간 일일 수도 있다. 현재 가장 유력한 후보로는 볼리비아의 초화산인 우투룬쿠, 나폴리 인근의 플레그레이 들판, 미국의 옐로스톤 지역 등이 있다).

알프레트 베게너(앞서 살펴본 것처럼)도 언급한 적이 있는 인류 문명에 대한 또 다른 근본적인 위협은 판구조론과는 관련 없는 요소들이다. 운석이나 소행성, 혜성 등 대형 천체가 미치는 영향이 그것이다. 그런데 당시 대부분의 지질학자는 베게너의 대륙이동설은 물론 행성 충돌설도 무시했다. 지구와 달이 외계 물체의 공격을 받고 있다는 생각은 그들에겐 과학적 사실이라기보다는 공상과학 소설의 내용처럼 들렸을 것이다. 따라서 이들은 지구와 달의 분화구 형성 원인을 밝히는 데 더 많은 공을 들였다(달의 경우 15억 년 동안 화산 활동이 없었기 때문에 이는 사실 이상한 지점이다).

1960년대 말 미국과 소련의 우주 탐사 과정에서 최초로 우주에서 본 지구의 이미지가 공개되면서 지구의 역사도 외계의 힘에 의해 결정되었다는 인식이 생겨났다. 특히 아폴로 우주비행사들이 달에서 '떠오르는 지구'를 촬영한 유명한 사진은 큰 영향을 미쳤다.

이러한 우주 사진이 가능한 배경에는 수년 동안 미 항공우주 NASA에 자문을 제공한 천체 물리학자가 있다. 알프레트 베게너에 비해 결코 뒤지지 않는 폭넓은 관심과 재능을 가진 이 사람은 지구와 우주의 새로운 이미지 형성에 결정적인 영향을 미쳤다. 그의 이름은 칼 세이건이다.

우리는 우주의 티끌 한 점이다

별 세이의 정과
지구 내모들의 모양

5장

칼 세이건

Charl Sagan
1934-1996

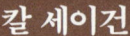

1990년 2월 14일, 보이저 1호는 탐사선의 카메라가 영원히 꺼지기 전에 태양계의 마지막 사진을 찍었다. 먼 거리에서 행성의 세부 정보를 얻을 수 있을 것이라는 기대를 하기엔 무리였으므로 이 정교한 작업은 과학적으로 논란의 여지가 있다. 하지만 칼 세이건은 NASA가 자신의 제안을 받아들이도록 설득했다. 보이저 1호는 공식 임무가 끝날 무렵 180도 회전했다. 그리하여 60억 킬로미터 거리에서 본 아주 작고 옅은 파란색 점 모양의 지구 사진이 촬영되었다.

칼 세이건에게 이 이미지는 커다란 상징적 힘이 있었다. 그는 말년에 쓴 책에서 이에 대해 다음과 같이 썼다. "저 점을 다시 보라. 이곳은 우리의 고향이며, 우리가 알고 사랑하는 모든 사람이 함께 살아가는 곳이다. 이곳에서 우리는 온갖 기쁨과 슬픔을 겪어왔다. 갖가지 종교와 이념, 경제 시스템이 이곳에 모여 있고, 인류의 역사를 통해 등장했던 수렵인과 채집인, 창조자와 파괴자, 왕과 소작인, 부모와 자식, 발명가와 탐험가, 성자와 죄인을 비롯한 온갖 군상이 저 햇살에 춤추는 티끌 한 점 위에 모여 살아왔다."[1]

또한 세이건은 다음과 같이 말한다. "인간의 어리석은 관념을 아득히 먼 거리에서 찍은 이 조그만 지구의 사진보다 잘 보여주는 더 좋은 증거는 없다." 그는 '장군들과 군사 지도자들이 이 점의 극히 일부분을 지배하기 위해 찰나에 흘린 피의 강'을 떠올려보라고 우리에게 말한다. 이 지구가 '우주의 거대한 어둠 속을 떠도는 고독한 알갱이'에 불과하다는 사실을 깨닫는다면 우리가 상상하는 자신의 중요성은 터무니없는 것이라는 것을 알게 될 것이다. 우리는 자신이 얼마나 중요한 존재인지 착각하고 사는 대신 우주의 현실을 직시하고 올바른 결론을 내려야 한다. 우리는 외부에서 오는 누군가가 우리 자신으로부터 우리를 지켜주기를 기대하기보다는 서로를 보다 친절하게 대하며 우리 모두의 유일한 고향인 작고 창백한 파란 점을 소중히 지켜야만 하는 것이다.[2]

칼 세이건이 이 같은 글을 썼을 당시 그는 세계에서 가장 유명한 과학자 중 한 사람이었다. 그의 저서는 세계적인 베스트셀러가 되었고, 그가 참여한 TV 시리즈 〈코스모스〉는 5억 명의 시청자를 불러 모았다. 칼 세이건은 뛰어난 과학 커뮤니케이터였을 뿐 아니라 놀라운 연구 성과로 이름을 떨친 학자였다. 무엇보다 그는 금성이 왜 그렇게 뜨거운지, 이것이 지구의 기후에 어떤 의미가 있는지(온실효과) 설명하고, 우리 행성에서 생명체가 어떻게 기원했는지, 다른 행성에는 어떤 생명체가 있는지(외생물학)를 연구하고, 외계 문명을 탐색했으며SETI, 아마도 우리 인류 종의 존재보다 오래 지속될 메시지를 우주로 보냈다.

    세이건은 공상과학 소설 작가로도 성공을 거두었다. SETI 연구소의 연구를 바탕으로 한 그의 소설 《콘택트》는 조디 포스터 주연의 영화로 제작되어 여러 영화상을 수상했고 1억 7000만 달러 이상의 수익을 올렸다. 세이건의 폭넓은 업적은 많은 이의 부러움을 샀지만 동시에 감탄을 자아내기도 했다. 《아이, 로봇》, '파운데이션' 시리즈, 《로봇공학의 아시모프 법칙》 등으로 유명한 공상과학 소설 작가 아이작 아시모프 Isaac Asimov는 평생 자신보다 똑똑하다고 생각하는 사람을 단 두 명 만났다고 고백했는데, 그중 한 사람이 칼 세이건[3]이었다.

    아시모프가 1970년대에 세이건에게 보낸 편지에서 그는 윙크 표시와 함께 다음과 같은 문장을 썼다. "나는 방금 《코스믹 커넥션》[4]을 읽었는데 모든 내용이 마음에 들었습니다. (…) 이 책에서 한 가지가 저를 긴장하게 만들었는데, 바로 당신이 나보다 더 똑똑하다는 점이었죠. 그게 너무 분명해서 견딜 수 없더군요."[5]

우주로 나아간 어린 신동

    칼의 뛰어난 지성은 일찍부터 주목받았다. 그는 학교에서 배우는 것만으로는 성에 차지 않았던 학생이었다. 교사들은 부모에게 영재들을 위한 사립학교에 보내라고 조언했지만 새뮤얼과 레이첼 세이건 Rachel Sagan 부부는 넉넉지 않은 형편이라 그럴 여유가 없었다. 하지만 부부는 아들의 지식에 대한 갈증을 해소하기 위해 나름대로 최선을 다했다.

1939년, 부부는 네 살배기 아들을 데리고 알베르트 아인슈타인이 개장한 뉴욕 만국박람회에 갔다. 또한 칼이 다섯 살이 되던 해에 첫 도서관 카드를 발급해주었다. 얼마 지나지 않아 그는 처음으로 혼자 도서관에 가서 별에 대한 지식을 쌓기 시작했다. 다섯 살짜리 아이가 책에서 발견한 대답은 수십 년이 지나서도 또렷이 남아 있을 만큼 큰 인상을 남겼다. "별은 태양이었지만 너무 멀리 있기 때문에 작은 빛의 점에 불과했다. (…) 광대한 우주가 불현듯 내 앞에 열려 있었다. 그것은 일종의 종교적 경험이었다. 웅장하고 숭고한 그 무엇, 그때부터 그것은 한 번도 나를 떠난 적이 없다."[6]

칼은 일찍부터 천문학자가 되고 싶었다. 1951년 여름 고등학교를 졸업할 무렵, 친구들은 칼이 유명한 학자가 될 것이라는 데 한 치의 의심도 품지 않았다. 시카고대학교에서 공부를 시작했을 무렵, 그는 겨우 열여섯 살이었다. 그처럼 뛰어난 학생들에게는 물리학, 화학, 생물학뿐 아니라 문학, 역사, 심리학, 정치학, 민족학, 미술사 등 교양 분야의 다양한 과목을 모두 배울 수 있는 특권이 주어졌다. 칼 세이건이 훗날 다양한 과학 분야에서 뛰어난 지식으로 많은 이에게 깊은 인상을 줄 수 있었던 것은, 학생들의 능력을 한계치까지 밀어붙이고 심지어 일부 학생을 자살로 내몰기까지 했던 이 야심 찬 교육 프로그램 덕분이기도 했다.[7]

물론 칼에게도 여러 가지 어려움이 있었다. 그는 하부 식도

괄약근이 제대로 열리지 않는 희귀 신경 장애인 식도무이완증으로 인해 평생 단단한 음식을 먹는 데 어려움을 겪었다. 하지만 그는 좌절하지 않았다. 다행히도 그는 곧 자신의 길을 응원해주는 저명한 지지자를 찾았다. 17세의 나이에 유명한 유전학자 허먼 조지프 멀러 Hermann Joseph Muller와 친구가 된 것이다. 당시 61세였던 노벨상 수상자인 멀러는 X-선이 유전 물질을 변화시킨다는 사실을 증명해 1946년에 노벨 의학상을 받았는데, 10대 소년인 칼을 자신과 동등하게 대했다. 두 사람은 지구 생명체의 기원과 다른 행성에 생명체가 존재할 가능성에 대해 몇 시간 동안 이야기를 나누곤 했다.

멀러는 세이건의 첫 번째 멘토가 되었고, 1967년 멀러가 사망할 때까지 두 사람의 우정은 지속되었다. 첫 만남 직후 멀러는 칼을 시카고대학교 동료 교수였던 해럴드 클레이튼 유리 Harold Clayton Urey에게 소개해주었다. 1934년 '중수소 Deuteriums'를 발견해 노벨 화학상을 받은 유리는 자유분방한 멀러만큼 세이건에게 우호적이지는 않았지만, 칼이 큰 관심을 갖던 주제인 지구 태초의 대기에 대한 연구 분야의 전문가였다. 유리를 통해 세이건은 과학 역사상 가장 유명한 실험 중 하나를 수행하려던 동료 학생 스탠리 밀러 Stanley Miller를 만나게 된다.

칼 세이건은 18세에 시카고대학교 실험실에서 이후 평생 우정을 나누게 될 23세의 친구 스탠리가 거둔 성공적인 실험 결과를 목격했다. 물과 수소, 메탄, 암모니아로 이루어진 초기 지구의 열악한 조건에서 생명의 유기적 구성 요소(아미노산)가 생성될 수 있음을 보여준 실험이었다. 세이건은 이 발견의 중요성을 즉시 깨닫고 이후 몇 년 동안 생명체가 발생할 수 있는 조건을 연구하는 데 집중했다.

세이건이 발표한 총 600여 종의 과학 출판물 중 첫 번째 출판물은 이 분야에서 출간되었다. 1957년 세이건은 과학 잡지 〈진화〉에 〈방사선과 유전자의 기원〉이라는 제목의 논문을 발표했다.[8] 3년 후, 세이건과 밀러는 목성 대기 중 유기 분자의 형성 가능성에 관한 논문을 발표했는데,[9] 이는 화성과 금성, 목성의 물리적 조건을 연구했던 칼이 박사 학위 논문에서도 관심을 보였던 주제였다.[10]

생명체가 생겨날 수 있는 조건에 대한 세이건의 연구에 또 다른 노벨상 수상자가 관심을 보였다. 1958년 노벨 의학상을 받은 조슈아 레더버그 *Joshua Lederberg*는 겨우 33세에 노벨상을 받은 학자였다. 박테리아가 서로 짝짓기를 하고 유전자를 교환할 수 있다는 사실을 발견했는데, 이를 통해 박테리아가 항생제에 빠르게 내성을 갖는 이유를 정확하게 밝힌 과학자였다. 스톡홀름에서 열린 시상식 직전에 레더버그는 아홉 살 어린 칼 세이건을 만났고, 두 사람은 호감을 느꼈다. 두 사람은 유대인 가정 출신에다 과학 신동으로 꼽히는 공통점이 있었고 무엇보다 외계 생명체에 대한 연구에 열정이 있었다. 이후 레더버그와 세이건은 우주 생명체의 기원과 분포, 진화를 연구하는 새로운 학문 분야인 우주생물학의 창시자가 되었으니 그날 두 사람의 만남은 의미가 무척 컸다.

레더버그와 세이건의 아이디어는 알맞은 때와 장소를 만나 확실하게 실현될 수 있었다. 1957년 소련의 인공위성 스푸트니크

1호의 발사로 촉발된 '스푸트니크 충격'에 대응하기 위해 미국은 자체 우주 기관인 NASA를 설립하기로 했다. 우주에서 패권을 차지하기 위한 미국과 소련의 경쟁은 우주비행사나 우주인이 우주에서 해로운 유기체를 가져올 수 있다는 우려와 연관이 있었다. 따라서 NASA는 우주비행사를 위한 검역 프로그램을 시행하기로 결정하고, 이를 위해 별도의 우주 생물학 위원회를 구성하여 레더버그의 중재하에 칼 세이건이 외부 자문위원으로 참여하게 되었다.

세이건의 박사 과정 지도교수였던 해럴드 클레이튼 유리와 이른바 '카이퍼 벨트(해왕성 궤도 너머 수만 개의 천체로 이루어진 고리)'라는 이름에 영감을 준 과학자 제라드 피터 카이퍼 Gerard Peter Kuiper 또한 NASA 우주 프로그램에서 중요한 관리 역할을 맡기로 했다. 유리가 달을 향한 유인 탐사를 추진한 반면, 카이퍼는 화성, 금성, 토성, 목성에 대한 무인 탐사를 주장했다. 그 결과 칼 세이건은 1960년대와 1970년대에 NASA의 거의 모든 주요 프로젝트에 중요한 임무를 맡아 참여하게 되었다. 달로 날아간 아폴로 우주비행사를 지도하고, 태양계 행성을 향해 무인 우주 탐사선을 보내는 프로젝트도 성공적으로 이끌었다.

그러나 NASA 외부 자문위원으로서의 수입만으로는 생활을 꾸려가기 어려웠다. 그런 세이건에게 저명한 멘토들이 등장했다. 1960년, 세이건은 (최초 수혜자의 한 명으로) 아돌프 및 메리 밀러 기초과학 연구소의 장학금을 받고 캘리포니아 버클리대학교에서 2년간 일할 수 있게 되었다. 그가 교수로 지원하는 것을 두 명의 노벨상 수

상자가 지지했다. 조슈아 레더버그는 칼 세이건의 지명을 지지하는 이유로 자신이 이 젊은 연구자를 간절히 원하기 때문이라고 밝혔고 허먼 조지프 멀러는 세이건이 자신이 만난 모든 학생 중 단연 돋보인다고 보탰다.[11]

개인적으로도 이 시기는 칼 세이건에게 만사가 순조롭게 진행되는 것처럼 보였지만, 그렇다고 그 모든 것이 당연하게 주어진 것은 아니었다. 고등학교 시절, 그는 사람들과 일상적인 대화를 이어가지 못하는 일종의 '슈퍼 괴짜'로 여겨졌다. 그는 대화 상대방의 성별과 무관하게 관심 있는 추상적인 주제에 대해서만 이야기하곤 했다. 이 때문에 젊은 여성들은 대체로 그를 기피했지만 1955년 세이건을 처음 만난 린 알렉산더는 달랐다. 당시 린은 16세에 불과했지만 과학에 관심이 많았고 지구 생명체의 기원에 대한 칼의 생각에 매료되었다. 1957년, 칼과 린은 결혼했다.

그들은 완벽한 부부처럼 보였지만, 두 아들(유명한 과학 작가인 도리온과 성공한 소프트웨어 개발자인 제레미)을 낳고는 1964년에 결혼 생활을 끝냈다. 린에게 칼은 남편으로서 썩 훌륭한 선택은 아니었을지언정, 과학적 영감의 원천으로 평생 그를 존경하고 소중하게 생각했다. 지구 생명체의 진화에 대한 린의 관심을 처음 불러일으킨 사람이 칼이었으며, 이는 이후에 원대한 결과를 불러왔다. 두 번째 결혼 후 남편이었던 결정학자(결정의 원자 배열과 기하학적 구조를 연구하는 과학자를 말한다-옮긴이) 토마스 마굴리스 *Thomas Margulis*의 성을 따르기로 한 린은 현대의 '종합 진화 이론'의 설계자 중 한 명인 진화생물학자 에른스트 메이어Ernst Mayr가 말한 것처럼 아마도 '생명 역사에서 가장 중요하고 극적인 사건'인 세포내공생(서로 다른 원핵생물들이 다른 세포의 원형질 안에 살면서 공생관계를 유지하는 것을 일컫는다-옮긴이)의 발견자로 과학사에 기록될 것이다.[12]

— 세포내공생이 왜 그렇게 중요한가? 진화의 역사 대부분 동안 지구에는 단세포 생물, 즉 박테리아와 이전에 '원시 박테리아'라고 불렸던 고세균만이 존재했다. 22억~18억 년 전에 유세포(핵과 세포 소기관을 가진 세포)가 출현하지 않았다면 이 상태는 지속되었을 것이다. 린 마굴리스는 작은 박테리아가 큰 숙주 세포와 공생하는 과정을 통해 처음에는 상호 이익을 위해 숙주 세포에 통합되었다가 나중에는 독립된 박테리아에서 세포 자체의 미토콘드리아(모든 다세포 생물의 발전소)로 발전했다는 사실을 발견했다. 린 마굴리스는 공생의 근본적인 중요성을 이해한 최초의 과학자였다. 그녀는 세상의 모든 복잡한 생명체가 알고 보면 '박테리아의 자식'이라는 것을 보여주었다. 물론 인간도 이 생명체에 포함된다. 인체는 이전 박테리아의 청사진을 기반으로 한 약 100조 개의 세포로 구성되어 있으며, 소화관과 같은 기관의 지원 없이는 생존할 수 없는 약 100조 개의 외부 박테리아도 서식하고 있다. 기본적으로 우리 모두는 무수히 많은 미생물의 집합체이며, 이 모든 것이 서로에게 유익하기 때문에 함께 공생하는 것이다.[13]

훗날 세간에서는 칼 세이건의 과학계에 대한 가장 큰 공헌은 다름 아닌 '린 마굴리스의 발견'이라고 조롱 섞인 주장을 하기도 했다. 그러나 이는 과장된 표현일 것이다. 하지만 린과 칼은 마리 퀴리와 피에르 퀴리에 버금가는 '과학 드림팀'이 될 수도 있었다. 그렇게 되지 못한 것은 칼의 야망 탓이 컸다. 칼 세이건은 일에 몰두한 나머지 아내와 아들을 거의 잊고 살았다. 린은 자신의 과학적 야망을 접고 아이들과 가정을 혼자 돌봐야 했다. 나중에 그녀는 최고의 연구자이자 어머니이자 아내로 동시에 사는 것은 불가능하다고 말했다. 어느 시점에서는 세 가지 역할 중 하나 이상을 포기해야 하는데, 린은 그것이 무엇인지 정확히 이해했다. 1980년 두 번째 남편인 토마스 마굴리스와도 헤어진 린은 더 이상 결혼할 생각을 하지 않았다.

밖에 아무도 없어요?

결혼 생활의 실패로 칼은 큰 충격을 받는다. 그리고 일에 더욱 몰두함으로써 괴로움을 떨쳐내려 애썼다. 1962년 말 NASA 탐사선 마리너 2호가 금성이 400도 이상 뜨겁다는 사실을 밝혀낸 이후 그의 과학적 명성은 다시 높아졌는데, 이는 1년 전 세이건이 〈사이언스〉지에 발표했던 예측과 정확히 일치했다. 세이건은 금성에 더 복잡한 생명체가 존재했다 하더라도, 그곳의 온실효과로 인해 이미 오래전 종말을 고한 뒤였을 것이라 추측했다. 1960년대에 세이건은 우주에 인류와 접촉할 수 있는 다른 문명이 존재할 수 있는가,

라는 질문에 관한 관심을 확대해갔다. 세이건은 외계 지적 생명체 탐사SETI가 지구상의 민족주의, 특히 냉전 시기 동서 간의 긴장을 극복할 수 있는 좋은 기회가 될 것이라 생각했다. 그는 소련의 천문학자 요시프 시클로프스키Yossif Shklovsky와 공동으로 이 주제에 관해 영어로 쓴 첫 번째 저서인《우주의 지적 생명체》를 통해 대중들에게 SETI 프로젝트에 대해 처음으로 알렸고, 세이건은 이후에도 수십 년 동안 이 주제에 대해 연구했다.

    1966년에는 미국에서 인기 과학 서적《행성들》이 출간되었고 세이건은 독자들과 태양계를 여행하는 모험을 떠났다. NASA 자문위원으로서 최초의 달 착륙을 앞둔 상황에서 세이건이 독자들과 체험하는 달 착륙 모험은 뛰어난 전략이기도 했다. 출판사와 저자는 아폴로 미션이 우주 탐험에 대한 대중적 관심을 불러일으킬 것이라 예상했고, 그 예상은 적중했다. 이 책은 세계적으로 세이건의 첫 번째 베스트셀러가 되었다.

    1968년 칼은 미국 예술가 린다 살츠먼과 결혼했고 그녀는 아들 닉 세이건(그는 이후 공상과학 소설 작가가 되어 '스타트렉'시리즈 중〈엔터프라이즈 호의 마지막 항해〉의 각본을 집필하는 등 다양한 작품 활동을 했다)을 낳았다. 린다는 칼의 NASA 프로젝트에도 참여하는데, 1972년에는 칼과 SETI의 거장 프랭크 드레이크Frank Drake와 함께 성간 우주 탐사선 파이오니어 10호와 11호에 부착한 황금 명판을 디자인하기도 했다. 이는 먼 미래에 메시지 내용을 해독할 수 있는 다른 지적 생명체가 있을지도 모른다는 막연한 희망을 담아 인류가 우주로 보낸 최초의 물리적 메시지였다.

파이오니아호에 부착한 명판에는 우주에서 가장 풍부한 원소인 수소 원자의 구조, 태양의 상대적 위치, 태양계의 구조에 대한 정보를 담은 그림이 새겨져 있다. 이 중 가장 눈에 띄는 것은 고대의 예술품과 레오나르도 다빈치의 디자인에서 영감을 받은 린다 세이건의 남자와 여자 그림이다. 그러나 이 그림은 금세 비난의 대상이 되었다. 이에 대해 칼 세이건은 그림 속 남녀가 옷을 벗고 있다는 사실에 미국 대중이 특히 불쾌감을 느끼는 것 아니냐고 조롱 섞인 답변을 했다. 하지만 묘사된 그림 속 남녀가 유럽 인종처럼 보이므로 인류 전체를 대표하기에는 무리가 있다는 또 다른 비판은 보다 진지하게 받아들였다.

세이건은 다음에는 더욱 신중하게 접근해야겠다고 마음먹었다. 그 기회는 불과 5년 후 성간 우주 탐사선 보이저 1호와 2호 발사와 함께 찾아왔다. 세이건은 이번에는 단순한 명판에 만족하지 않고 NASA를 대신해 지구의 여러 사진과 오디오 정보를 담은 30센티미터 크기의 금도금 명판인 유명한 '보이저 골든 레코드 Voyager Golden Record'를 개발했다. 이 LP 디스크 음반을 디자인하며 세이건은 여러 분야의 과학자뿐 아니라 당시 가장 유명한 세 명의 공상과학 소설 작가였던 아이작 아시모프《아이, 로봇》와 아서 C. 클라크 Arthur C. Clarke《우주 오디세이》, 로버트 A. 하인라인 Robert A. Heinlein《스타쉽 트루퍼스와 이상한 곳의 낯선 자들》)에게도 도움을 요청했다.

골든 레코드에는 55개 언어로 된 인사말, 동물 소리, 자연 현상 및 도구, 다양한 시대와 문화의 음악(나바호 인디언의 〈밤의 노래〉부터 바흐의 〈브란덴부르크 협주곡〉과 척 베리의 〈조니 B. 굿〉을 비롯하여 과학 공식 및 분석(예: DNA의 이중 나선 구조 표현), 풍경과 동물, 사람과 건물의 이미지가 포함되어 있었다. 칼 세이건의 일곱 살짜리 아들 닉이 인삿말("안녕하세요, 지구의 아이들로부터!")을 전하는 데 이어 당시 미국 대통령 지미 카터도 외계인들에게 유쾌하고 겸손한 인사말을 건넸다. "이것은 작고도 머나먼 세계에서 온 우리가 주는 선물이며, 우리의 소리와 과학, 이미지와 음악, 생각, 감정을 담은 음반입니다. 우리는 이 시대에 살아남아 여러분의 시대까지 도달할 수 있도록 노력하겠습니다."

― 카터 대통령의 겸손한 인사말에는 타당한 이유가 있었다. 골든 레코드는 약 5억 년 후에도 누군가 들을 수 있겠지만, 그때에도 인류가 존재할 가능성은 거의 없다. 두 개의 보이저 탐사선은 1977년 발사된 이후 성간 우주에 도달했고, 태양계 행성을 성공적으로 탐사한 후 인간의 기준으로 보자면 엄청난 거리를 탐사하고 있다. 이 글을 쓰는 순간에도 보이저 1호는 지구에서 약 240억 킬로미터 떨어진 우주 속을 항해하고 있다. 하지만 우주적 관점에서 보면 이는 매우 가까운 거리에 불과하다. 탐사선이 연간 약 5억 4,000만 킬로미터를 비행한다 해도 글리제 445번 별(기린자리)을 지나려면 4만 년이 더 걸린다. 보이저 2호는 밤하늘에서 가장 밝은 별인 시리우스를 약 29만 6,000년 후에 지나

갈 예정이다. 따라서 두 개의 보이저 탐사선이 광활한 우주에서 어떠한 저항도 만나지 않는다고 가정한다면(온갖 별과 행성, 달, 소행성, 혜성에도 불구하고 우주는 거의 텅 빈 공간이므로 이는 가능한 일이다) 약 2억 2,500만 년 만에 은하수 중심을 한 바퀴 돌게 될 것이다. 물론 이 탐사선들이 긴 여정에서 실제로 외계인을 만날 수 있을지는 알 수 없다. 하지만 설령 만났다 하더라도 그 사실을 알기는 더더욱 어려운 일이다. 외계 문명이 실제로 골든 레코드를 발견하여 "척 베리(미국의 로큰롤 뮤지션이자 기타리스트이며, 작곡과 작사도 했다-옮긴이) 음반을 더 보내주세요!"와 같은 요청을 한다 하더라도 우리는 그 소원을 들어줄 수 없을 것이다. 그때쯤이면 인류는 멸종했을 테니까 말이다. 따라서 칼 세이건이 작성하여 파이오니어와 보이저 탐사선에 실은 메시지야말로 우리가 누구인지, 무엇을 했는지에 대한 다른 모든 기억이 사라진 후에도 우주에 남을 마지막 유산이 될 수도 있다.

1950~1960년대, 어린 시절부터 공상과학 소설을 즐겨 읽었던 세이건은 인류가 곧 외계 생명체의 첫 징후를 발견할 것이며, 심지어 자신이 살아 있는 동안 외계 문명과 접촉하는 것을 볼 수 있으리라 확신했다. 그러나 1970년대 들어 현재 뉴욕 코넬대학교의 천문학 및 우주과학 교수가 된 후 그의 확신은 점점 힘을 잃었다. 그는 생의 마지막까지 외계 지성체를 찾는 일에 전념했지만, 외계 문명과의 접촉이 이루어질 수 있을지에 대해서는 점점 더 회의적이 되었

다. 그 이유는 칼의 친구인 천문학자 프랭크 드레이크가 1961년 첫 번째 SETI 회의에서 설명한 이른바 드레이크 방정식의 매개변수 때문이었다.

천문학자들은 이 방정식을 사용하여 은하계에 인류 외에 외계 기술 문명이 얼마나 존재하는지를 밝히려 했다.[14] 세이건은 이 방정식에 의해 은하계에는 생명체가 발달했거나 언젠가 발달할 수 있는 행성이 약 1,000억 개 있다고 추정했다. 이 중 1퍼센트의 행성에서 무선 신호를 송수신할 수 있는 기술 문명을 만들어낼 수 있다면 은하계 역사상 10억 개의 문명이 존재할 수 있다는 놀라운 결론이 도출된다. 하지만 이러한 낙관적인 평가에도 세이건은 궁극적으로 은하계에는 최대 10개의 기술 문명만이 인류와 동시에 존재할 수 있을 것이라 결론지었다.[15]

왜 그럴까? 기술 문명의 평균 수명은 여러 가지 이유로 제한적이기 때문이다. 우선 한 행성에서 기술 문명이 발전하는 데는 오랜 시간이 걸린다(지구의 경우 46억 년이 걸렸다). 하지만 기술 문명이 출현하는 데 오랜 시간이 걸렸다고 해서 그 문명이 오래 지속된다는 의미는 아니다. 실제로 기술 문명은 여러 외부적·내부적 요인에 매우 취약하다. 외부 요인에는 '킬러 혜성'의 영향과 같은 파괴적인 자연 재앙이 포함되는데, 이러한 환경에서는 복잡한 유기체보다 단순한 유기체가 생존할 가능성이 더 높다. 또한 각 별의 수명 주기로 인한 근본적인 변화도 중요한 역할을 한다(예를 들어, 우리의 태양은 붉은 거인으로 팽창하여 지구의 모든 물을 증발시킬 것이다. 굳이 인간이 개입하지 않더라도 지구는 이미 가장 비옥했던 시기를 벗어나고 있는 것이다).

또한 방사능 사용과 관련된, 이미 언급한 내부 요인도 있다. 앞서 말했듯 자멸 가능성은 기술 문명이 발전할수록 커진다. 적절한 시기에 책임감 있게 기술력을 사용하는 법을 배우지 못한다면 인류 종은 파멸하고 말 것이다. 여기서도 지구는 놀라운 생명력을 보여준다. 이 푸른 행성에서 무선 신호를 송수신할 수 있는 기술 문명은 20세기 초반부터 발생했다. 그러나 그 이후로 우리는 여러 차례 전 지구적 멸망 위기를 맞아야 했다. 동서 강대국이 핵무기로 서로를 전멸시킬 뻔했던 쿠바 미사일 위기(1962)나 전 세계적 재앙을 마지막 순간에야 겨우 피할 수 있었던 체르노빌 원자력 발전소 사고(1986) 등을 떠올려보라.

드레이크 방정식의 마지막 변수인 제한적 기술 문명의 수명은 이후 세이건의 머릿속을 떠나지 않았다. 그전에는 주로 우주로 시선을 돌렸다면, 이후 세이건은 우주학적 관점을 통해 지구의 상황을 더 정확하게 파악하여 더 긍정적이고 생명 친화적인 방향으로 이끌기 위한 최선의 노력을 했다.

지구에 대한 책임

세이건의 이 같은 인본주의적 전환은 찰스 다윈의 발자취를 따라 인간 지능의 진화를 조명했던 저서 《에덴의 용》(1977)에서도 확인할 수 있다.[16] 이 새로운 관점은 1980년 9~12월 미국 텔레비

전에서 방송되어 전 세계 60개국에서 약 5억 명이 시청한 매우 성공적인 TV 시리즈 〈코스모스〉에서 더욱 확연하게 드러난다.

역사상 가장 많이 팔린 과학 서적 중 하나가 된 《코스모스》는 세이건의 핵심 메시지를 명확하게 표현하는 문장으로 끝난다. "우주 한구석의 미물에 불과했던 우리는 이제 스스로 의식을 가진 존재로 깨어났고 우리의 기원에 대해 성찰하기 시작했다. 별가루로서 별에 대해 성찰하고 100억 개의 원자로 만들어진 유기체로서 원자의 진화를 성찰하며, 지구상에서 생명이 출현하여 걸어온 기나긴 길을 추적하려 한다. 그러므로 우리는 인류 종에 그리고 지구에 충성을 다해야 한다. 우리는 지구인이다. 따라서 우리 자신을 위해서뿐 아니라 우리가 출현한 광활하고 오래된 우주를 위해서도 살아남을 의무가 있다."[17]

〈코스모스〉의 성공으로 세이건은 눈 깜짝할 새에 세계에서 가장 유명한 살아 있는 과학자 중 한 사람이 되었다. 스티븐 호킹 Stephen Hawking조차도 저서 《시간의 역사》 초판의 서문을 써달라고 요청할 정도로 그의 인기는 대단했다. 물론 호킹의 책도 성공을 거두었다. 《시간의 역사》는 복잡하고 추상적인 주제로 인해 대중에게 인기를 끌기 어려운 요소가 많았음에도 전 세계적으로 2500만 부가 판매되었다.

세이건은 1980년대 들어 자신의 인기를 바탕으로 인류 문명의 수명에 부정적인 영향을 미칠 수 있는 문제에 관심을 쏟았다. 그의 이 같은 새로운 정치적 헌신은 새로운 동반자 앤 드리앤 *Ann Druy-*

*an*의 영향이 적지 않았을 것이다. 칼 세이건은 1977년 보이저호에 실을 골든 레코드 작업을 하던 중 15세 연하의 작가이자 TV 프로듀서인 앤을 만났는데, 앤은 척 베리의 〈조니 B. 굿〉을 베토벤, 바흐와 함께 음악 목록에 넣어야 한다고 주장했다. 〈코스모스〉의 공동 제작자였던 앤은 1980년에 칼과 많은 시간을 보냈는데, 평소 내성적인 칼 세이건답지 않게 열정적으로 앤과 사랑에 빠지고 말았다.

린다 살츠먼과 이혼한 직후, 앤과 칼은 1981년 6월에 결혼했다. 두 사람 사이에서 두 자녀(알렉산드라, 사무엘)가 태어났다. 칼은 자유분방하고 폭넓은 교육을 받은 앤을 만나면서 완벽한 인생의 동반자를 찾은 행복을 누렸다. 앤 드리앤은 칼 세이건의 다음 작품에도 깊이 참여했으며, 1996년 그가 사망한 후 남편의 유산을 보존하기 위해 최선을 다했다(그중에는 수백만 명이 시청한 〈코스모스〉의 후속 시즌 제작도 있다).

1980년대 초, 《코스모스》에 적은 "지구는 소중히 여기고 보살펴야 할 작고 연약한 세계이다"[18]라는 말을 행동으로 옮기도록 독려한 것은 앤이었다. 그리하여 1983년 로널드 레이건 Ronald Reagan 미국 대통령이 군사 방어 우산인 전략방위구상 SDI을 발표했을 때 세이건은 우주공간의 군사화에 대해 최초로 경고를 보낸 전문가 중 한 사람이었다. 얼마 후 칼 세이건은 전 세계에 '핵겨울'의 위험성을 경고하면서 국제면 기사의 헤드라인을 장식했다. 핵전쟁이 일어나면 수많은 희생자가 발생할 뿐 아니라 지구 대기 또한 오랫동안 극단적인 냉각 상태에 머물 수 있다는 사실은 이전에는 생각해

보지 못한 문제였다.[19]

　　　세이건은 점점 더 확고한 태도로 핵무기 감축 운동에 전념했으며 이는 놀랍게도 모스크바의 지지를 얻기도 했다. 1985년 이후 소련의 새로운 강자였던 미하일 고르바초프 Michail Gorbatschow는 히로시마와 나가사키 원자폭탄 투하 40년을 맞아 핵무기 실험을 일방적으로 포기한다고 발표했지만 레이건 행정부는 이를 소련의 선전 전략으로 잘못 해석했다. 칼 세이건과 앤 드리앤은 이것을 '백악관이 극단주의자들의 손에 넘어갔다'라는 신호로 받아들이고, 130명의 다른 시위자와 함께 네바다의 핵무기 실험장에 들어가 체포되는 시민 불복종 운동을 벌이기로 결심했다. 레이건의 협상가들은 이후 군축 회담에서 고르바초프가 칼 세이건을 개입시키자 이에 대해 격앙된 반응을 보이기도 했다. 그럼에도 1987년 미국과 소련 간의 중거리핵전력조약 INF이 체결되어 양측의 핵무기가 광범위하게 폐기되었고 잠정적으로나마 냉전이 종식되었다.

　　　한편, 세이건은 인류의 미래를 위협하는 또 다른 문제인 지구 기후변화에 주목했다. 그는 이미 수십 년 전에 금성을 예로 들어 온실효과가 심각해질 때 발생할 수 있는 위험을 경고했다. 대기 중에 이산화탄소가 너무 많이 유입되면 지구의 평균 기온도 급격히 상승할 수 있다. 《코스모스》에서 세이건은 다음과 같이 말한다. "우리는 나무와 석유, 석탄과 가스를 태우면서 지구 대기의 이산화탄소 함량을 급격히 증가시키는 배기가스를 배출하고 있다. 온실효과가 통제 불능 상태가 될 가능성에 대해 우리는 경각심을 가져야 한다. 기온이 1~2도만 상승해도 치명적인 결과를 초래할 수 있기 때문이다."[20]

온난기와 빙하기가 반복되는 지구의 역사를 염두에 두고, 이웃 행성인 화성과 금성(하나는 온실효과가 너무 낮고 다른 하나는 너무 높음)의 운명을 거울로 삼아, 세이건은 1980년부터 인류에게 닥칠 치명적인 위험을 막기 위해 기후 연구를 활발히 추진해야 한다고 주장했다. "우리가 지옥 같은 금성의 운명을 향해 갈지, 빙하기에 처한 화성의 운명을 향해 갈지 아직 누구도 예언할 수 없습니다. 지구의 기후 조건과 다른 세계와의 비교에 관한 연구는 아직 초기 단계에 있기 때문입니다. 이 분야의 연구에는 예산도 빈약하고 그 마저도 마지못해 지원되는 형편입니다. 그런데도 우리는 끊임없이 대기를 오염시키고 다른 한편으로는 계속해서 점점 더 많은 숲을 베어내고 있습니다. 그 행동이 불러올 장기적인 결과가 우리의 인식 범위를 넘어서는 것에도 개의치 않고 말이지요."[21]

1985년 12월 미국 의회의 공식 청문회에서 이 문제가 처음 언급되었을 때, 세이건은 전문가로서 지금과 같은 속도로 화석 연료가 연소된다면 '다음 세기(즉 21세기) 중후반에 걸쳐 지구의 기온이 섭씨 몇 도 상승하고 빙하가 녹아 각 지역의 기후가 변화하고 지구 해수면이 상승하는 등 다양한 결과가 초래될 것'이라고 증언했다. 좀 더 길게 보자면 서남극 빙상의 붕괴로 인해 해수면이 전반적으로 수 미터 상승할 가능성도 우려된다.[22]

기후변화는 인류가 국가적·정치적·문화적 한계에서 벗어나 새로운 지구시민 의식을 가져야만 해결할 수 있는 문제라고 세이건은 말한다. "지구의 문제를 해결하기 위해서 우리는 세대와 정치 집단에 대한 배타적 동일시를 넘어 지구시민으로서의 관점을 가져야만 합니다. 다시 말해 지구 행성과 미래를 포괄하는 관점이 필요합니다. 우리는 이 온실 안에 함께 살고 있기 때문입니다."[23]

세이건은 그가 간절하게 염원해왔던 지구시민 의식을 고취시키는 데 생의 마지막 시간을 바쳤다. 보이저 1호선을 180도 돌려 지구와 태양계의 마지막 이미지를 촬영하는 데 그토록 정성을 쏟은 것도 그 때문이었다(이 장의 도입부 참조). 앞서 말했듯, 세이건은 이 '창백한 푸른 점' 사진이야말로 인간 세상의 종교나 정치 이데올로기의 어리석음을 보여주는 가장 명료한 증거라고 생각했다. 저서 《창백한 푸른 점》에서 그는 썼다. "이 푸른 점을 응시하라. 그런 다음 푸른 점에서 살고 있는 천만여 종의 생물 중 하나에 불과한 우리를 위해 하나님이 온 우주를 창조했다고 상상해보라. 이제 한 걸음 더 나아가 상상해보라. 이 모든 것이 하나의 특정 종, 하나의 성별이나 민족, 혹은 종교 공동체를 위해서 창조되었다고 상상해보라."[24]

(여전히 널리 퍼져 있는) 이 생각이 얼마나 그럴듯하게 들리는가? 세이건은 우아하게 우리의 어리석음을 일깨운다. "지금까지 우리를 내려다보며 와글와글 떠들어대는 소리를 듣고 있는 외계인 관찰자를 상상해보라." 우주는 우리를 위해 창조되었어! 우리가 중심이라고! 만물이 우리 발아래 있단 말이다! "우리의 터무니없이 오만한 짐작과 한심하고 충동적인 모습을 내려다보며 외계인들은 지구를

바보로 가득 찬 세상이라 여길 것이다."[25] 세이건의 관점에서 보자면 인류 역사를 결정해온 거의 모든 종교와 정치 체제는 충격적일 만큼 지엽적이다. "오지에 사는 사람들은 다른 세계에 대해 거의 알지 못한다. 이들은 자신이 살고 있는 세계가 얼마나 하찮은지, 세상이 얼마나 크고 다양한지 이해하지 못한다. 두 번 생각할 필요도 없이 이들은 자신만의 기준을 다른 세계에 적용한다."[26]

이러한 제한된 사고에서 벗어나 터무니없는 과신을 극복하는 유일한 방법은 과학적 접근이라고 세이건은 확신했다. 세이건의 말처럼 '과학은 그 무엇보다 우리에게 겸손을 가르쳐주는 미지의 세계로의 여행'이기 때문이다.[27] 무한히 광활한 우주 속 작고 푸른 행성을 찍은 사진을 통해 그는 지구인들에게 겸손의 교훈을 보여주려 했다. 세이건의 말대로 이 사진들은 필요한 시점에 우리에게 도달했다. "우리의 기술이 지구를 사람이 살 수 없는 곳으로 만들기 직전, 때마침 우리는 이 사진을 보았다. (…) 치열한 경쟁으로 시작된 여정이었지만 이 사진은 인류의 생존을 위해 전 지구적 협력이 필요하다는 것을 깨닫게 해주었다. (…) 궤도에서 살짝 벗어나 지구를 보기만 해도, 열렬히 불타오르던 민족주의는 그 빛을 잃기 시작할 것이다."[28]

인류 생존을 위한 과학적 사고

세이건에 따르면 민족주의나 자민족 중심주의, 반계몽주의,

근본주의는 스스로를 인식하게 되었지만 우주에서 자신의 위치를 정확하게 인식하지 못하는 인류 종의 고질적인 문제라고 할 수 있다. 과학 커뮤니케이터로서 세이건은 자신의 중요한 역할이 여기에 있다고 보았다. 그의 모든 저술 활동과 강연, TV 프로그램 등은 인류가 권위적인 사고에서 벗어나 더 큰 맥락에서 세상을 보도록 하려는 시도였다.

칼 세이건은 수십억 개의 은하와 수십억 개의 별로 이루어진 이 우주가 작은 행성 지구에 사는 원숭이와 닮은 인간을 위해 창조되었다는 종교적 관념의 부조리함을 증명하려는, 그 누구보다 용감한 시도를 했다. 세이건은 공간적 차원뿐 아니라 시간적 차원에서도 사유의 탈지방화를 외쳤다. 《에덴의 용》에서 그는 우주의 역사를 하나의 '우주 연대기'로 나누고, 인간은 우주의 멸망 직전에만 등장한다는 '우주 달력' 모델을 소개했다[29] (이 모델은 우리가 상상할 수 없는 시간적 차원을 시각화한 훌륭한 방법으로 이후 다양한 '코스모스' 시리즈에서 언급되었다).

— 우주 달력에서 1개월은 11억 5,200만 년, 1주일은 2억 6,500만 년, 하루는 3,784만 년, 1시간은 157만 년, 1분은 2만 6,276년, 1초는 약 438년에 해당한다.[30] 예를 들어 1월 1일 자정에 빅뱅이 일어났다고 가정하자. 태양과 지구가 생겨나려면 9월 초까지 기다려야 한다. 그러다 9월 중순, 작고 푸른 행성에서 최초의 원시 생명체가 탄생한다. 최초의 물고기가 바다에서

헤엄치기 시작한 것은 12월 중순부터다. 그러다 12월 20일경에는 육상 척추동물이 등장한다. 12월 28~30일은 공룡이 세상을 지배한 시간이다. 그리고 12월 31일, 자정 몇 분 전이 되어서야 호모 사피엔스의 첫 번째 대표자가 등장한다.

우주 달력의 차원에서 보자면 인류의 문화 역사는 새해 전야의 마지막 몇 초에 불과하다.[31] 인류가 라디오, TV, 컴퓨터, 인터넷을 발명하고 우리 행성이 은하계가 팽창하는 우주의 수십억, 수백억 개 은하 중 하나에 불과하다는 사실을 발견하는 등 드레이크 방정식의 관점에서 기술 문명을 발전시킨 기간은 자정 전의 마지막 몇 밀리초에 불과하다.

그렇다면 가장 중요한 질문을 해보자. 새해가 지나면 인류가 얼마나 오래 살아남을 수 있을까? 1초(438년), 1분(2만 6,276년), 아니면 1시간(157만 년)은 가능할까? 우리가 두 번째 우주 연도의 1월 2일(그러니까 거의 3,800만 년)까지 살아남을 가능성이 있다면 그거야말로 대단한 성공일 것이다. 하지만 이 극단적으로 낙관적인 가정하에서도 인류는 우주의 연대기에서 보면 고작 '우주 하루살이'에 지나지 않는다.

세이건이 지적한 것처럼 인류의 생존은 늘어난 기술적 가능성을 책임감 있게 다루는 성숙한 태도를 적절한 시기에 갖출 수 있느냐에 따라 판가름 날 것이다. 이는 인류가 과거의 낡은 정치적·종교적 이념에서 벗어나 지난 150년 동안 다윈과 아인슈타인, 퀴리, 베게너 등의 과학자들을 통해 얻은 통찰을 진지하게 받아들이는 것을 전제로 한다.《코스모스》서문에서 세이건은 다음과 같이 말한다. "현재 우리 문명이, 어쩌면 우리 종 전체가 기로에 서 있다. 그러나 우리가 어떤 방향으로 나아가든 우리의 운명은 과학과 불가분의 관계에 있다. 생존을 위해 우리는 과학적으로 사고할 수 있어야 한다."[32]

따라서 세이건에게 과학은 '어둠 속의 촛불'이며, 이는 그의 생전에 출판된 마지막 책《악령이 출몰하는 세상》의 부제이기도 하다.[33] 이 책은 우리가 비판적이고 합리적이며 증거에 기반한 사고를 할 것을 호소하며, 모든 형태의 미신과 비합리주의 및 사이비 과학에 관한 반대의 목소리를 높인다. 이 책은 국제 회의주의 운동의 고전으로 여겨지는데, 특히 세이건이 1995년에 출간된《허튼소리 감지 키트》를 통해 최근 다시 번성하고 있는 음모 이데올로기를 폭로하는 데 사용할 수 있는 핵심 수단을 이미 제시했기 때문이다. 도널드 트럼프 대통령 치하의 백악관 지원까지 받았던 '큐어넌QAnon(인터넷 커뮤니티 4chan의 /pol/ 게시판에서 유래한 미국의 극우 음모론의 일종이다-옮긴이)' 운동의 모호하기 짝이 없는 음모론을 떠올리면 이해가 될 것이다.[34]

세이건은 비합리주의의 르네상스를 예견하기도 했다. 그는 《악령이 출몰하는 세상》에서 '자식이나 손주 세대의 미국이 누구도 눈치채지 못하는 사이에 미신과 어둠 속으로 미끄러져 들어갈 것 같은' 예감에 대해 이야기한다. 이는 '막대한 기술력이 소수의 손에 있고 대중의 이익을 대변하는 그 누구도 이러한 상황을 이해할 수 없을 때, 우리의 비판 능력이 쇠퇴하고 무엇이 선이고 무엇이 진실인지 더 이상 구별할 수 없을 때' 필연적으로 발생할 수 있다.[35]

막대한 영향력을 가진 언론에서 의미 있는 콘텐츠가 서서히 줄어들고 30초짜리 음성 광고(이후 10초 이하로 줄어들었다)와 무지를 미화하는 것에 지나지 않는 사이비 과학과 미신이 활개치는 상황을 보면 세이건이 말한 '미국의 우매화(세이건은 미국이 세계적인 추세를 따르고 있을 뿐이라고 지적한다)'를 체감할 수 있다.[36] 과학과 기술에 크게 의존하는 이 세계의 문명은 과학과 기술을 이해하는 사람이 거의 없는 상황을 감당할 수 없기에 이러한 무지야말로 진정한 '재앙의 레시피'라고 할 수 있다. "당분간은 버틸 수 있겠지만 조만간 이 무지와 권력의 폭발적인 혼합물이 우리 눈앞에서 폭발하고 말 것이기 때문이다."[37]

세이건에 따르면 유일한 해독제는 우리 사회에 과학이 폭넓게 뿌리내려 학계 엘리트뿐 아니라 지구상의 모든 사람이 과학에 접근할 수 있도록 하는 것이다. 그에게 과학은 사실과 이론의 학문적 경전을 넘어서는 것, 즉 사유의 한 방식이다.[38] 이러한 사고방식은 '편견과 부합하지 않더라도 사실을 받아들이고, 어떤 것이 가장 사실에 부합하는지 탐구하기 위해 대안적인 가설을 염두에 두는 태도'를 요구한다.[39] 과학이 우리 사회에서 성공을 거둔 이유 중 하나는 그 중심에 오류를 바로잡을 수 있는 기능이 있기 때문이다. 따라서 과학적 진보는 여러 가설의 자유로운 경쟁을 통해서만 탄생할 수 있으며, 이것은 과학의 중심 계명 중 하나가 '권위자의 주장을 믿지 말라'인 이유이기도 하다.⁴⁰ 세이건은 모든 과학자가 이 계명을 준수하는 것은 아니며, 그들도 '영장류에 불과하기 때문에 지배 계층을 지향하는 경향이 있다'는 사실을 굳이 숨기지 않는다.⁴¹ 그러나 과학은 '자체의 오류 수정 메커니즘' 덕분에 놀라울 정도로 잘 작동되는 편이다. 종교와 달리 과학에는 '금지된 질문, 연구하기에는 너무 민감하거나 섬세한 주제, 신성한 진리'가 따로 없기 때문이다. '새로운 발상에 대한 개방성과 모든 발상에 대한 극도로 엄격하고 회의적인 검토 작업'을 통해 알곡과 쭉정이를 구분할 수 있다. 이 때문에 과학에서는 '얼마나 영리하고, 고상하고, 인기가 있느냐'가 아니라 '단호하고 전문적인 비판에 맞서 자신을 지킬 수 있느냐'가 훨씬 더 중요한 것이다.⁴²

세이건에 따르면 이러한 '과학의 독립성, 기존의 통념을 꺼리는 태도'는 '확실성을 주장하는' 종교적 교리에 위협이 되며,⁴³ 그것을 가장 잘 보여주는 예가 지오다노 브루노와 갈릴레오 갈릴레이의 운명이라고 할 수 있다. 그런데 과학 연구의 혁신적인 힘에 대한 저항은 과거의 유물만은 아니다. 세이건은 소설 《컨택트》에서 엘리너 애로웨이라는 주인공을 통해 브루노와 갈릴레오의 망령을 그럴듯하게 불러들였다. 여성이자 과학자, 무신론자(엘리너는 자연의 법칙에 개입할 수 있는 인격적인 신을 믿지 않는다)인 이 소설의 주인공은 외계 문명으로부터 최초의 성간 메시지를 수신하고 해독한 후 편협한 정치계와 종교계에 맞서 세 가지 방식으로 자신의 뜻을 관철시켜야 했다.⁴⁴

현실에서는 이 같은 외계와의 접촉이 이루어지지 않았는데 이는 처음에 세이건에게 큰 실망감을 안겨주었다. 그러나 나중에 그는 은하계에 동시에 존재하는 몇 안 되는 문명이 복잡하지 않은 방식으로 서로 마주치기에는 너무 멀리 떨어져 있는 것이 오히려 우주의 행운일 수도 있다고 생각하게 되었다. 행성 문명이 먼 태양계로 여행하는 데 필요한 수단을 갖추기 전에, '청소년기'를 살아남아 자신의 힘을 책임감 있게 사용하는 것부터 배워야 한다는 것이다. 《창백한 푸른 점》에서 세이건은 이렇게 말했다. "별들 사이의 거리가 멀다는 것은 우리에겐 다행인 일이다. 다시 말하자면 생명체와 세계는 격리된 채로 존재하고 있다. 그리고 이 거리는 별과 별 사이를 안전하게 여행할 수 있을 정도로 자기 지식과 지혜를 가진 사람만이 극복할 수 있다."[45]

생의 마지막 몇 달 동안, 칼 세이건은 그의 유작이자 매우 개인적인 내용을 다룬 《에필로그》(원제: 수십억과 수십억, 이 제목은 세이건의 숫자에 대한 집착과 특유의 고상한 발음을 풍자하는 여러 패러디에서 유래한 것이다) 저술 작업에 매달렸다.[46] 하지만 그는 이 책이 출판되는 것도 〈포레스트 검프〉와 〈백 투 더 퓨처〉 등을 연출한 로버트 저메키스 감독이 자신의 소설을 영화화한 〈컨택트〉가 개봉되는 것도 보지 못했다. 칼 세이건은 1996년 12월 20일, 심각한 골수 질환으로 2년간 투병한 끝에 폐렴으로 세상을 떠났다.

62세의 나이로 일찍 세상을 떠난 세이건은 특히 과학 커뮤니케이션 분야에 큰 공백을 남겼다. 다양한 분야에 대한 지식이 풍부할 뿐 아니라 자신의 지식을 간결하고 매력적으로 전달하는 방법을 세이건처럼 잘 터득한 지식인은 거의 없을 것이다. 전 세계 수많은 사람에게 과학에 대한 영감을 주고 과학적 사고를 하도록 이끈 학자 중 그를 능가하는 사람은 없을 것이다. 진화생물학자이자 과학 저술가인 리처드 도킨스 Richard Dawkins 가 《악령이 출몰하는 세상》이 출간된 후 자신도 그런 책을 쓰고 싶었다고 고백할 정도로 세이건은 누구도 따라올 수 없는 독보적인 발자취를 남겼다.

칼 세이건은 다양한 분야의 과학자들이 이루어낸 다양한 지식의 모자이크 조각을 모아 새롭고 짜임새 있는 세계상을 그려내는 경이로운 능력이 있었다. 그는 끊임없이 쏟아지는 출판물의 홍수 속에서도 전체를 보는 시각을 유지했고, 나무가 빽빽한 가운데서도 숲을 볼 수 있었으며 대중이 이해할 수 있는 방식으로 핵심적인 연결고리를 제시하는 극히 드문 과학자였다.

이러한 반엘리트주의적 접근 방식은 다수의 과학자, 특히 (적어도 일부 학계에서는) 전혀 이해할 수 없는 생각만을 진정으로 심오한 생각으로 간주하는 독일에서는 의심의 대상이었고, 그러한 의혹의 시선은 여전히 이어지고 있다. 과학적 발견을 누구나 이해할 수 있는 방식으로 제시하려는 세이건의 노력을 얕은 지성의 증거로 해석하는 이도 그만큼 많을 것이다. 하지만 이는 사실이 아니며, 오히려 그 반대일 가능성이 훨씬 더 높다. 이 책의 뒷부분에서 더 자세히 논의하겠지만 철학자이자 과학 이론가인 칼 포퍼가 지적했듯, 어떤 주제를 충분히 철저하게, 즉 가장 깊은 차원에서 이해한 사람만이 다른 사람이 이해하기 쉽도록 그것을 풀어낼 수 있다. 자신이 이론화하고 있는 내용을 스스로 이해하지 못하는 사람은 다른 사람을 이해시키는 일도 어려울 수밖에 없다. 불명확한 언어는 불명확한 사고의 징후에 지나지 않는다.

반면에 칼 세이건은 많은 것을 뼛속까지 치밀하게 사고했던 명료한 사유의 대가였다. 그는 고유한 방식으로 신이나 영혼, 기적과 같은 형이상학적 장치에 기대지 않고 '과학적 영성'의 한 형태인 아인슈타인의 '우주적 종교성'에 접근하는 길을 찾았고, 그 속에서 '실재의 마법'을 밝히려 헌신했다. 이런 의미에서 세이건은 무한히 펼쳐진 우주의 광활함에 대비되는 대다수 지구인의 제한된 사고의 지평에 맞서 무한에 대한 감각과 취향을 키우는 데 다른 어떤 연구자보다 성공했다고 볼 수 있다.

이러한 방식은 오만함으로 쉽게 해석될 수 있었지만, 세이건은 자신이 전달하고자 하는 우주의 구조에 대한 새롭고 깊은 통찰이 그 혼자 창조해낸 것이 아니라는 점을 분명히 함으로써 이러한 의혹에 반박했다. 그는 현대 과학의 놀라운 발견으로 이어진 중요한 과학적 발전 과정을 대중에게 설명하기 위해 큰 노력을 기울였고, 이것은 그의 작품이 '문화적 치매' 현상에 대응하는 이상적인 수단이라고 각광받는 이유다.

세이건은 자신을 다윈이나 아인슈타인, 퀴리, 베게너의 후계자뿐 아니라 훨씬 오래된 사상적 전통, 즉 '자연주의' 전통의 맥락에 두고 보았다. 이것은 무엇을 의미할까? 자연주의는 우리가 활용할 수 있는 경험적 증거에 근거하여 세상 모든 것이 기본적으로 '맞다'고 가정하는 철학적 이론이다. 이 견해에 따르면 자연법칙에 개입하는 초자연적 존재(신, 천사, 악마, 영혼)란 없으며 자연의 인과적 구조를 무시하는 초자연적 사건(기적)도 존재하지 않는다. 자연주의란 자연과학만으로 세상을 설명할 수 있다는 사상은 아니다(복잡한 문화 현상에는 당연히 복잡한 사회과학과 인문학적인 분석이 필요하다). 다만 자연주의는 (지구를 포함하여) 우주에서 일어나는 모든 일이 자연법칙을 따른다는 것을 의미한다. 우리는 지금까지 이 법칙을 매우 불완전하게 이해했을 뿐이고 완전히 이해하는 것은 영원히 불가능할지도 모르지만 말이다.[47]

과학의 연구 과정에서 엄청난 결실을 거둔 자연주의의 시작은 고대로 거슬러 올라간다. 칼 세이건이 자신의 저서에서 여러 번 이야기한 것처럼, 2,000여 년 전에도 현대 세계관의 핵심을 놀라운 방식으로 예측한 학자들이 있었다. 세이건은 이들 중에서도 그리스 철학자 데모크리토스Democritus와 에피쿠로스를 특별히 언급했는데, 이들은 '당시에는 들어보지 못했던 다양한 세계에 대한 사유'를 펼쳤으며 우리와 같은 원자로 구성된 '여러 외계 생명체 형태'를 가정했고 '공간과 시간의 무한성'을 주장했다.[48]

당연히 이 같은 '이단적인' 이론은 이후 수 세기 동안 탄압받았다. 특히 에피쿠로스는 오랫동안 미움의 대상이었다. '에피쿠로스 철학 추종자'라는 용어는 심지어 기독교계에서 모욕적인 의미로 널리 사용했다. 단테의 《신곡》에서 그가 '영원히 불타는 관'으로 추

방탕했다는 것만 보더라도 이들 철학자에 대한 혐오가 얼마나 널리 퍼져 있었는지를 잘 알 수 있다.[49]

그런데 이들이 사후에 그토록 지독한 고통을 겪어야 했던 이유는 무엇일까? 답은 분명하다. 에피쿠로스는 시대를 너무 앞서 나갔다는 죄를 저질렀다. 실제로 그의 사상 중 일부는 그가 죽은 지 2,000년이 지난 후에야 사회적으로 인정받을 수 있었다.

오직 지금의 삶만이 존재한다

에픽쿠로스와 의미 찾기

6장

에피쿠로스

Epicouros
기원전 341~270년

시간 여행이 실존한다면, 에피쿠로스는 기술의 오류로 인해 과거에 발이 묶인 사람의 가장 적합한 예라 할 만하다. 에피쿠로스는 인류 역사에서 어떤 철학자보다 미래형인 동시대인이었다.[1] 그의 철학에서 우리는 세계의 원자 구조(원자론)와 종의 흥망성쇠(진화), 무한한 우주에서 생동하는 수많은 존재에 대한 이야기를 찾을 수 있다. 에피쿠로스는 쾌락은 감각에서 비롯되며(쾌락주의), 죽음은 절대적인 무감각을 의미하므로 누구도 죽음을 두려워해서는 안 된다(영혼의 필멸론)고 확신했다. 또한 사람들 사이에서 더불어 사는 삶의 가치가 논의되어야 하며(사회계약론), 개인의 행복 추구가 모든 인간 윤리의 중심이 되어야 한다(미국 독립 선언을 예견)고 주장했다.

그렇다면 이미 2,000여 년 전 현대 세계에서의 핵심 요소를 파악했던 에피쿠로스는 누구일까? 그는 어떻게 이러한 발상을 하게 되었을까? 안타깝게도 우리는 에피쿠로스에 대해 아는 것이 거의 없다. 그의 주요 저서인 《자연에 관하여 Periphyseos》만 해도 37권으로 구성된 것으로 알려졌지만 현재까지 전해지는 글은 극히 일부다.

79년 베수비오 화산 폭발로 폼페이와 함께 파괴된 고대 도시 헤르쿨라네움에서 매우 방대한 에피쿠로스 도서관이 발견되었지만 문서 상태가 너무 나빠 식별할 수 있는 것은 몇 장 되지 않았다.

따라서 에피쿠로스의 가르침과 삶을 재구성할 때는 다른 저자의 기록에 의존할 수밖에 없다. 그런데 로마의 정치가이자 철학자인 마르쿠스 툴리우스 키케로Marcus Tullius Cicero와 같은 이들은 에피쿠로스학파의 강경한 반대자였다. 에피쿠로스 철학의 가장 중요한 자료는 의심할 여지 없이 로마의 철학자이자 시인인 티투스 루크레티우스 카루스Titus Lucretius Caru가 쓴 《사물의 본성에 대하여》로, 열렬한 추종자의 관점에서 에피쿠로스학파의 핵심적인 철학적 특징을 모두 담고 있다.

에피쿠로스의 철학을 담은 저작이 거의 보존되지 않은 이유는 기독교의 부상과 관련이 있다. 그리스 철학의 4대 학파(에피쿠로스, 플라톤, 아리스토텔레스, 스토아) 중 에피쿠로스 철학은 새로운 구원 교리와 화해하기 가장 어려웠다. 에피쿠로스 철학은 세속의 사건에 신이 개입한다는 믿음, 죽음 이후의 삶이나 자연법칙을 무시하는 기적을 믿지 않았고, 지구가 우주에서 중요한 역할을 한다는 사실조차 믿지 않는 등 기독교와 거의 모든 면에서 대비되었다. 더욱이 에피쿠로스의 세속적이고 쾌락주의적인 철학의 중심에는 쾌락을 극대화하고 고통을 피할 것을 설파하는 내용이 있는데, 이는 (그리스도의 계승으로) 지상에서의 고통을 사실상 미화했던 기독교의 '십자가 신학'과 정반대되는 것이었다. 기독교에서는 천국의 영원한 행복을 접하려면 지상의 '눈물의 골짜기'를 겸허하게 견뎌야 한다고 믿었기 때문이었다.

기독교 교리의 관점에서 볼 때 에피쿠로스의 철학은 '이교도 철학'의 전형이었다. 그래서 그의 저술은 기독교의 세계관에 맞지 않는 다른 작가들의 작품과 같이 파괴되거나 썩어 없어질 때까지 방치되는 운명이었다. 나중에 7장에서 소개할 인물인 프리드리히 니체는 교양 문화의 소멸을 다음과 같은 간결한 말로 한탄했다. "고대 세계의 모든 노력이 헛수고였구나. 이토록 훌륭한 것에 대한 나의 느낌을 표현할 언어를 찾을 길이 없다. (…) 엄청난 절제와 현실에 대한 명확한 시각, 신중함과 인내 그리고 사소한 것에 대한 진지함과 지식에 대한 정직함을 통해 우리가 오늘날 새롭게 얻어낸 것들, 그 모든 것은 이미 존재하고 있었던 것이다! 2,000년도 더 된 과거에 말이다! (…) 그 모든 것이 헛수고라니! 하룻밤 사이의 추억이라니! (…) 허나, 이 모든 것은 단지 자연 현상에 의해 하룻밤 사이에 매몰된 것이 아니다! 튜턴족과 같은 덩치 큰 종족들에 의해 짓밟힌 것도 아니다. 이 모든 것은 교활하고 은밀하며 눈에 보이지 않는, 피에 굶주린 뱀파이어에 의해 망가진 것이다! (…) 비참하고, 스스로 끊임없이 고통받으며, 불행한 감정에 사로잡힌 온갖 것, 영혼의 게토 세계가 한꺼번에 정상에 서면서 벌어진 일이다!"[2]

물론 에피쿠로스는 기독교의 승리를 예상할 수 없었지만 자신의 철학이 이론뿐 아니라 실제로도 당시의 지배적인 생각과 얼마나 모순되는지 잘 알고 있었다. 당시의 관습과 달리 에피쿠로스는 자유인(즉 아테네 시민)뿐 아니라 여성과 노예도 자신의 학교에 출입할 수 있도록 허용했는데, 이는 역사적으로 볼 때 놀라울 정도로 개방적이었던 아테네 사회에서도 놀라운 화젯거리였다.

하지만 어떻게 당시의 지배적인 사상과 그토록 극명하게 반대되는 학파가 설립될 수 있었을까? 에피쿠로스가 태어나기 수십 년 전에 '젊음의 유혹자'로 낙인찍혀 사형 선고를 받은 소크라테스의 슬픈 운명을 에피쿠로스는 어째서 겪지 않았을까? 소크라테스보다 훨씬 더 비정통적인 이론을 설파했던 에피쿠로스가 말년까지 생존할 수 있었던 비결은 무엇일까? 그 이유는 에피쿠로스가 다른 철학자들과 달리 대중의 관심에서 벗어난 삶을 살았기 때문일 것이다. 그는 자신의 추종자들에게 '은둔하는 삶을 살라'고 조언했다.[3] 행복의 길을 찾고자 한다면 정치와 권력자, 일반 대중으로부터 멀리 떨어져 있어야 한다고 말했다.

이러한 이유로 에피쿠로스는 종종 현실 도피적이며 정치적인 책임이 결여됐다는 비난을 받아왔다. 그러나 자세히 들여다보면 이들의 사회적 은둔은 정치적으로 현명한 결정이었다. 노예 사회라는 사회경제적 조건에서는 에피쿠로스학파가 득세할 가능성이 없었기 때문이다. 반대로 에피쿠로스가 정치적으로 활동했다면 금방 제거되고 말았을 것이다. 하지만 에피쿠로스학파는 다른 어떤 철학 전통에도 존재하지 않았던 연속성으로 반만 년 동안 살아남았다.

정치 세계의 무대로부터 먼 곳에서 이루어진 에피쿠로스의 가르침은 호라티우스*Horaz*와 같은 유명한 시인에게 영감을 주어 당시 사회에 은연중 영향을 미쳤다. 에피쿠로스의 교훈 시《사물의 본성에 대하여》의 라틴어 판본 5권뿐 아니라 영어, 이탈리아어, 프랑스어 번역본을 소장했던 토머스 제퍼슨Thomas Jefferson을 통해 에피쿠로스의 가르침은 인류 역사상 가장 중요한 정치 문헌 중 하나라고 할 수 있는 1776년의 〈미국 독립 선언서〉에까지 반영되었다. 완전히 '비정치적' 철학이라고 하기에는 너무나 놀라운 성공을 거둔 셈이다.

그렇다면 대중의 시선과 거리가 멀었으며 수 세기가 지나서야 그 원대한 세계관을 비로소 꽃 피운 이 사람은 누구일까? 이제 에피쿠로스의 삶과 업적에 대해 우리가 알고 있는 몇 가지를 종합하여 전체 그림을 그려보자.

숨겨진 삶

에피쿠로스는 기원전 341년경 그리스 사모스 섬에서 태어났다. 18세가 되던 해에는 아테네로 와서 아테네 시민이 되기 위한 필수 군사 훈련을 2년간 이수했다. 이 무렵 아테네는 마케도니아와의 전쟁에서 크게 패배했고, 에피쿠로스의 아버지는 사모스에 있던 얼마 되지 않는 재산을 포기하고 가족과 함께 에페수스 근처 콜로폰으로 피신한다. 에피쿠로스는 그곳에서 어린 시절을 보냈다.

에피쿠로스는 인근 도시 테오스에서 회의주의 철학자 나우시파네스Nausiphanes의 제자가 되었는데, 그는 에피쿠로스에게 데

모크리토스의 '원자론'을 알려주었다. 그 후 에피쿠로스는 처음에는 레스보스 섬에서, 나중에는 그리스 항구 도시인 람사쿠스에서 철학 교사로 학생들을 가르쳤다. 또한 그곳에서 32세에 철학 학교를 설립하고 306년경 아테네로 이주한다.

그는 이 무렵 이미 수많은 지지자를 확보했던 것 같다. 약 200명에 이르는 자신의 추종자와 함께 살기 위해 아테네 성벽 밖에 80미나(약 3.5킬로그램의 은에 해당하는 화폐)를 주고 넓은 정원을 구입했는데, 이는 개인 소유를 위한 것이 아니었다. 이후 명성이 자자했던 '에피쿠로스의 정원'은 어떤 의미에서 '키부츠(이스라엘의 집단 농업 공동체-옮긴이)'의 고대 모델이라고도 할 수 있겠다. 이 공동체의 일원이 되기 위해 멀리서 찾아오는 사람도 적지 않았다고 한다. 그 이유는 무엇일까? 무엇이 그들을 마법처럼 끌어당겼던 것일까? 에피쿠로스는 20세기에 삶의 의미를 찾는 방랑자들을 인도의 도시 푸네로 불러들인 바그완 쉬리 라즈니쉬 Bhagwan Shree Rajneesh에 비견되는 일종의 '컬트 숭배의 지도자' 혹은 '구루'인 것일까?

사실 에피쿠로스의 철학은 일종의 '구원의 교리'라고도 할 수 있었다. 그러나 이 구원의 교리는 기적에 대한 어떤 형태의 믿음과도 상관없이 작동한다. 에피쿠로스에 따르면 마음의 평화는 미지의 세계에 대한 두려움을 극복하고 (기원전 3세기라는 배경하에서) 자연과의 진정한 관계를 최대한 이해하는 데서 비롯된다. 에피쿠로스 자연 철학의 중심에는 에피쿠로스가 데모크리토스로부터 받아들여 더욱 발전시킨 원자론이 있다. 물론 이 고대 원자론은 20세기의 과학적 개념과 동일하지 않지만 놀라울 정도로 유사하다. 데모크리토스와 에피쿠로스는 세계의 대부분이 빈 공간과 눈에 보이지 않는 작은 원자로 구성되어 있고, 상상할 수 있는 모든 형태의 물질은 이들의 결합에서 발생하며, 원자의 움직임이 우주에서 물질이 끊임없이 생겨나고 소멸하는 원인이 된다고 가르쳤다.

데모크리토스와 마찬가지로 에피쿠로스도 우주의 모든 사건은 인과성을 가지고 결정된다고 확신했다('어떤 것도 무에서 비롯되지 않는다' 또는 루크레티우스가 말한 것처럼 '그 어느 것도 무에서 생겨날 수 없다.')[4] 그러나 데모크리토스와 달리 에피쿠로스는 원자의 경로에는 항상 약간의 편차가 있기 마련이므로 우주에서 일어나는 일은 인과적으로 미리 결정된 것이 아니라 우연과 필연이 상호작용한 결과라고 믿었다. 이 같은 사유를 바탕으로 에피쿠로스는 모든 인간의 자유를 훼손하는 (모든 것이 이미 결정되어 있는) 운명론적 사상을 거부할 수 있었을 뿐 아니라 우주에 출현하는 질적으로 새로운 형태의 존재를 설명할 수 있었다.

《사물의 본성에 대하여》에는 이런 구절이 있다. "항상 같은 것은 어디에도 없고 모든 것은 달라지며 변화한다."[5] 에피쿠로스에 따르면 이는 지구상의 모든 생명체에도 적용된다. 한때 지구에는 '기이한 형상과 팔다리를 가진 수많은 경이로운 생물'이 살았다고 한다. 하지만 이들은 '열정적으로 짝짓기는커녕 스스로 먹이를 구할 수 있는 능력도 없었으므로' 자연은 이들에게 자손을 허용하지 않았다. '힘과 영리함, 속도를 갖추고 스스로를 보호할 수 있는 종'

만이 살아남았다. 반대로 이러한 '자연이 주는 선물을 전혀 받지 못한 동물들은 (…) 다른 동물의 포식 대상이 되어 (…) 자연이 약한 성을 멸종으로 이끄는 대로 무력하게 끌려갈 수밖에 없었다'.[6]

이렇듯 에피쿠로스는 이미 2,300년 전에 다윈의 자연 선택 원리를 예견했다. 한 걸음 더 나아가 그는 훨씬 후대의 칼 세이건이 주장한 것처럼 지구에만 이러한 법칙이 적용되는 것이 아니라 우주 전체에도 해당되므로 이 우주에는 외계 생명체뿐 아니라 외계 문명도 만들어내는 무한한 수의 세계가 존재한다고 추정했다.

에피쿠로스의 생각에 따르면 무수히 많은 세계는 우주의 무한한 크기에서 비롯되는 것이며[7], 우주는 영원히 존재할 것이다. 하지만 이는 무한한 공간에 포함된 세계에는 적용되지 않는다. 원자로 구성된 모든 물체와 마찬가지로 행성이나 태양, 달도 생성과 소멸의 법칙을 따르기 때문이다. 따라서 에피쿠로스적 관점에 따르면 지구도 영원히 지속되는 것이 아니라 지구에 사는 사람들과 마찬가지로 끝을 향해 가고 있다.

자연의 모든 과정은 자연 자체로 설명할 수 있기 때문에 이것은 신의 의지와는 관련이 없다고 에피쿠로스는 말한다. 행성의 생성과 소멸은 신이 아니라 자연법칙이 결정한다. 따라서 에피쿠로스는 이 세상이 인류의 이익을 위해 창조되었다는 믿음은 그 자체가 망상에 불과하다고 보았다. 그의 견해에 따르면 명백한 '세계의 불완전성'만으로도 그러한 가정이 얼마나 잘못되었는지를 잘 알 수 있다. 그는 《사물의 본성에 대하여》에서 '이 세상의 본질은 신이 우리를 위해 창조한 것이 아니며, 너무도 결함이 많다'라고 말한다. 그런 까닭에 여기엔 불볕더위가, 저기엔 끊임없는 폭설이 쏟아지며 전염병이 창궐하여 사람들이 혹독한 겨울을 겪어야 하고, 수많은 사람이 죽음을 맞이해야 하는 것이다. 아기가 태어나자마자 '불쌍한 목소리로 칭얼대는 것'은 이런 상황을 감안하자면 너무나 자연스러운 반응이다. "미래의 삶에는 너무나 많은 괴로움이 기다리고 있기 때문이다."[8]

에피쿠로스 철학은 지구상의 삶에 대해 매우 현실적인 그림을 보여준다. 지구와 그 속의 모든 생명체가 파괴될 수 있다는 예측도 놓치지 않는다. 그럼에도 에피쿠로스의 가르침은 '행복의 철학' 또는 '쾌락주의 철학'으로 간주된다. 어떻게 이 두 가지가 조화를 이룰 수 있을까? 우선 에피쿠로스는 현실에서 도피하는 대신 현실을 직시해야만 마음의 평화를 얻을 수 있다고 믿었다. 그의 접근 방식은 오늘날의 불안 장애 치료를 위한 '노출 요법'과 유사하다. 공포를 유발하는 자극(예: 거미와 마주치는 것)을 피할수록 불안이 증가하는 경우가 많으므로 치료사는 환자에게 이러한 자극을 직접 마주하게 하는데, 이것은 실제로 공포를 극복하는 길로 이어지는 경우가 많다.

에피쿠로스도 비슷한 접근 방식을 취했다. 그는 합리적인 방식으로 공포에 대처하는 순간 세상은 그다지 끔찍하지 않다는 것을 보여주었다. 에피쿠로스는 사람들을 괴롭히는 두려움 중 많은 것이 근거가 없다고 이야기한다. 그는 추종자들에게 두려움에 맞서 싸울 때 쓸 수 있는 '치유의 문장' 네 가지를 가르쳐주었다. 이는 모든 에피쿠로스 철학의 추종자가 잠들기 전 암송하던 문장이며 다음과 같다. "우리는 신을 두려워할 필요가 없다. 죽음은 무감각을 의미한다. 선은 쉽게 얻을 수 있다. 악은 견디기 쉽다."[9]

네 개의 단순한 문장에는 에피쿠로스의 고대 심리 치료법이 함축되어 있다. 우리는 이 장에서 그 문장 뒤에 숨겨진 의미와 사람들을 매료시켰던 지점을 살펴보려 한다. 그런데 에피쿠로스가 우리에게 영감을 주는 지점은 그의 이론뿐 아니라 삶의 방식과도 많이 연결되어 있다. 하인리히 하이네 *Heinrich Heine*가 기독교 성직자들을 비난하며 쓴 시(나는 곡조도 알고, 가사도 알고/ 저자도 알고/ 그들이 몰래 포도주를 마시고/ 사람들 앞에서는 물이라 가르친 것도 안다[10])는 이 그리스 철학자에게는 해당되지 않는 내용일 듯하다. 우리가 아는 한 에피쿠로스는 그의 가르침과 일치하는 삶을 살았다.

이것은 에피쿠로스가 아테네의 정원에서 '히피 공동체'를 35년 동안 일구며 살았음에도 특별히 회자되는 사건이 없었던 이유를 설명해줄 것이다. 에피쿠로스가 죽은 후에도 에피쿠로스 공동체는 보기 드물게 조화를 이루며 영위했다. 거의 500년 동안 날카로운 논쟁이나 분열, 파벌 싸움 없이 학파가 유지되었는데, 철학 역사상 참으로 독특한 현상이라 할 수 있다.

에피쿠로스는 자신의 가르침에 따라 살았을 뿐 아니라 그에 걸맞은 죽음을 선택했다. 70세가 되자 에피쿠로스는 신장 결석으로 인해 견딜 수 없는 고통에 시달린다. 죽음을 맞이한 날 그는 자신의 제자 이도메네우스 *Idomeneus*에게 편지를 썼다. "내 인생의 막바지인 그지없이 행복한 나날에 소변을 눌 때마다 느끼는 고통은 더 이상 참을 수 없는 수준에 이르렀다네."[11] 그는 덧붙였다. "이 모든 고통조차도 우리가 나눈 대화들로 채워지던 마음의 기쁨을 능가할 수는 없다네."[12] 에피쿠로스는 이도메네우스에게 7년 전에 죽은 제자 메트로도로스의 아이들을 돌봐달라고 부탁한다. 그런 다음 물을 섞지 않은 진한 포도주 한 주전자를 가져다 달라고 한 뒤 따뜻한 물이 담긴 욕조에 몸을 담그고 손목을 그었다. 이는 역사상 최초로 기록된 '자살'일 것이다.[13] 에피쿠로스의 동료 철학자였던 소크라테스와 세네카가 다락방에서, 또 네로 황제의 강요에 의해서 비자발적인 자살을 선택한 것과 그의 방식은 구별되어야 한다.

아테네의 위대한 철학 유파는 자살에 대한 관점이 다르다. 후대의 기독교와 마찬가지로 플라톤파와 아리스토텔레스파는 자살을 도덕적으로 비난하는 반면 에피쿠로스학파와 스토아학파는 이유는 달랐지만 자살을 긍정적으로 보았다. 에피쿠로스학파는 자살을 견딜 수 없는 상황(예: 극심한 불치의 고통)에서 벗어나고자 하는 개인의 권리라고 본 반면 스토아학파는 자살을 권리로만 해석하지 않았고, 계속 살아서 사회에 해로운 결과를 초래하는 경우에는 도덕적 의무로까지 여겼다.[14]

에피쿠로스는 매우 개인주의적인 관점을 취했다. "지혜로운 사람은 산더미처럼 쌓인 음식보다는 가장 맛있는 음식을 선호하듯이, 가장 긴 삶이 아니라 가장 즐거운 삶을 누리고자 한다."[15] "자유로운 사람들은 '억지로 살아가지 않으며'[16], 모든 사람은 '자신과 충분히 대화를 나눈 후'[17] 삶을 스스로 떠날 자유를 가지고 있다."
반면 스토아학파의 가장 중요한 철학자 중 하나인 세네카는 이렇게
말했다. "따라서 지혜로운 사람은 가능한 한 오래 사는 것이 아니라,
의무가 요구하는 만큼 살아야 한다. (…) 죽는 시간이 빠르든 늦든 그
것은 중요하지 않다. 중요한 것은 명예롭게 죽느냐, 불명예스럽게
죽느냐이다. 명예롭게 죽는다는 것은 나쁜 삶을 사는 위험에서 벗어
나는 것을 의미한다."[18]

에피쿠로스학파와 스토아학파 사이에는 유사점이 있지만,
에피쿠로스는 스토아학파의 이론을 지지하지 않았을 것이다. 스토
아학파와 달리 그리스의 자유사상가였던 에피쿠로스는 사회가 개
인에 가하는 어떠한 강요도 거부했으며, 이것이 그가 민주적 입헌
국가의 가장 중요한 선구자 중 한 명으로 변신한 이유이기도 하다.

개인의 발견

에피쿠로스에게 개인은 신의 노예도 아니고 자신이 태어난
사회의 노예도 아니었다. 어떤 의미에서 그는 원자가 결합하여 하나
의 몸을 이루는 것처럼 개인이 결합하여 사회를 형성한다는 원자론
을 사회적 조건과 결합시켰다. 에피쿠로스에게 철학의 중심은 사회
나 국민, 국가, 종교가 아닌 개인이었다. 기원전 3세기에는 혁명적
인 발상이었다. 실제로 에피쿠로스는 근대성의 핵심 요소를 예견했
던 철학자였다. 18세기와 20세기의 기본권과 인권도 집단이 아닌

개인의 관점을 중심에 두고 잉태되었다.

따라서 모든 근대 헌정 국가의 기초가 되는 '사회계약' 개념의 첫 번째 토대를 에피쿠로스 철학에서 찾을 수 있다는 것은 그리 놀랍지 않다. 에피쿠로스에 따르면 공존을 위한 규범은 객관적으로 제시되는 것이 아니라 각자의 이해관계를 고려하여 개인이 협상해야 하는 것이다. 그는 '정의란 서로에게 해를 끼치지도 해를 입지 않는 것, 즉 상호 간의 이익을 염두에 둔 합의'라고 말했다.[19] 정의는 그 자체로 존재하는 것이 아니라 특정한 역사적 조건하에서 체결된 합의이므로 새로운 조건하에 더 이상 이익을 가져다주지 않는다면 변경되어야 한다.[20]

에피쿠로스가 당대의 관습을 여러 가지 방식으로 깨뜨릴 수 있었던 것은 이러한 깨달음 때문이었을 것이다. 그는 용기나 미덕, 명예, 명성, 부, 권력이 아닌 개인의 쾌락과 기쁨, 행복 추구를 인생의 자연스러운 목표로 여겼다. 에피쿠로스 철학의 이러한 비도덕적 지향은 쾌락이 어떻게 애국심의 미덕이나 경건함의 미덕보다 높은 자리에 놓일 수 있는지 이해할 수 없는 반대자들 사이에서 큰 분노를 불러일으켰다. 그들은 에피쿠로스가 무절제한 이기심과 맹목적인 쾌락주의를 전파한다고 비난했지만, 이는 에피쿠로스 철학과 모순되는 주장이다.

에피쿠로스는 인간을 사회적 존재로 이해했기 때문에 '정의로운 사람은 마음의 평화를 누리고, 불의한 사람은 불만으로 가득 차 있다'라고 믿었다.[21] 우정이라는 이상은 에피쿠로스에게 너무나 소중했다. "우리 삶을 통틀어 행복한 삶에 도움이 되는 지혜 중에서 우정을 쌓으라는 충고가 가장 위대하다."[22] 하지만 진정한 우정에는 연민이 필요하다. "지혜로운 사람은 자신이 고문당하는 것보다 친구가 고문당하는 것을 볼 때 더 큰 고통을 느낀다."[23]

에피쿠로스적 쾌락주의는 급진적 자기중심주의로 이해되어서는 안 되며, 맹목적인 쾌락주의라고도 볼 수 없다. 에피쿠로스는 만사를 제치고 쾌락을 추구하라고 가르친 것이 아니라 욕망이 충족될 때 어떤 결과가 나오는지를 합리적으로 고려해보라고 가르친다. "어떤 쾌락도 그 자체로는 나쁘지 않다. 다만 어떤 경우에는 쾌락을 얻기 위해 훨씬 강력한 악을 동원하기도 한다."[24] 따라서 우리는 항상 자신의 욕망에 대해 자문해보아야 한다. "내가 원하는 것이 이루어질 때 어떤 결과가 생기고, 이루어지지 않는다면 어떻게 될까?"[25]

쾌락주의적 생활 방식이 사치라는 편견과는 달리, 에피쿠로스는 자족의 미덕을 철학적 지혜가 담긴 가르침의 중심에 놓았다. 자급자족은 사람이 소유할 수 있는 가장 커다란 재산이다.[26] "마음의 평화가 없이 황금으로 된 안락한 침대에 누워 풍성하게 차려진 식탁에서 마음껏 먹고 마시는 것보다는 왕겨 위에 맘 편히 누워 쉬는 것이 낫다."[27] 다시 말해 에피쿠로스는 평범하고 값싼 음식을 먹는 것에 관심을 둔 것이 아니라 혼돈의 상황에서도 가진 것에 만족할 수 있는 상태를 중요하게 여긴 것이다.[28]

여기서 우리는 에피쿠로스의 네 가지 문장 중 하나인 '선은 쉽게 얻을 수 있다'의 진정한 의미를 알 수 있다. 에피쿠로스는 자연스럽고 필요한 기본 욕구를 충족시키는 데는 많은 돈이 들지 않는다고 설파했다. 배고픔과 갈증을 해소하는 데는 빵과 물로도 족하다. 다만 권력과 명예를 추구하는 것과 같이 자연적이지도 필요하지도 않은 욕구의 충족에는 비용이 많이 든다. 에피쿠로스는 추종자들에게 그러한 공허한 망상에서 벗어나라고 조언했다. 명성과 권력을 좇는 대신 단순한 것에서 삶의 즐거움을 찾을 수 있어야 한다.[29] 단순한 것에 감사하지 않으면 넘치는 것도 즐길 수 없기 때문이다. 이런 의미에서 에피쿠로스 철학은 '마음 챙김의 철학'이라 할 수 있다. 에피쿠로스는 우리에게 일어나는 좋은 일에 대해 항상 감사하고 그것을 당연하게 여기지 말라고 이야기한다. "자신에게 일어난 좋은 일들을 더 이상 기억하지 못하는 사람은 그날로 노인이 된 것이나 다름없다."[30]

오늘을 살아라!

지금까지 네 가지 에피쿠로스의 문장 중 하나를 살펴보았다. 그렇다면 나머지 세 가지 문장은 어떤가? 그 중 첫 번째 문장인 '우리는 신을 두려워할 필요가 없다'는 원자론적 세계관에서 보면 자명한 이치다. 우주의 모든 과정(지구에서와 마찬가지로)은 자연적 원인에 의해 결정되고 신이 세상사에 개입할 수 있는 여지는 없으므로 그들을 두려워할 필요도, 그들에게서 무엇을 기대할 수도 없다.

최종적으로 분석해본다면 신은 원자론적 세계 모델에서 불필요한 존재지만 에피쿠로스는 신의 존재에 대해 이의를 제기하지 않았다. 그 이유는 무엇일까? 소크라테스가 '신이 없다'라고 주장한 혐의로 사형 선고를 받았기 때문에 현실적인 동기도 작용했을 것이다. 다만 에피쿠로스가 신의 존재를 옹호한다는 입장의 논거도 현저히 취약하다. 그는 신에 대한 널리 퍼진 믿음이 신의 존재를 대변한다고 주장했다. 그러나 켄타우로스(인간과 말의 중간 형태인 신화 속 생물) 같은 경우에는 같은 주장을 받아들이지 않았다. 켄타우로스에 대한 믿음은 그리스 문화에 널리 퍼져 있지만 에피쿠로스는 이를 근거 없는 미신으로 치부했다(점성술에서 말하는 별자리는 단순한 우연에 근거하며 인간에게 영향을 미치지 않기 때문에 그는 별의 힘 역시 불신했다).

— 에피쿠로스는 신에 대한 믿음을 직접적으로 공격하지는 않았지만, 고대에 종교를 가장 날카롭게 비판한 철학자 중 한 명으로 꼽힌다. 왜 그럴까? 인간으로 인해 불쾌함도, 기쁨도 느끼지 않는 신은 어떤 종교에서도 그 권능을 발휘할 수 없으므로, 결국 신에게 감동을 주거나 그들의 호의를 얻으려는 시도는 처음부터 실패할 수밖에 없기 때문이다. 루크레우스는 또한 자신의 우상 에피쿠로스를 미신의 정복자라 칭송하면서 종교와 사제들의 위협에 맞서 신들에 관한 우화나 하늘의 번개와 천둥에도 굴하지 않고 탐구하는 마음으로 무한한 우주를 관통한 철학자라고 평했다. 또한 그 때문에 종교적 미신이 완전히 패배한 것이라고 단언했다[31](이 평가는 얼마 지나지 않아 틀린 것으로 판명되었지

만, 이는 에피쿠로스 철학이 로마제국에 광범위하게 전파되었던 기원전 1세기의 지적 분위기를 반영한다).

우주에서 일어나는 일을 결정하는 것은 신이 아니라 자연법칙이라는 에피쿠로스적 통찰의 결론 중 하나는 영원한 악이란 존재하지 않는다는 것인데, 이는 다음과 같은 에피쿠로스의 문장으로 이어진다. '악은 견디기 쉽다.' 우주의 모든 현상과 마찬가지로 악은 일시적이기 때문이다. 이 모든 고통조차 덧없다는 것을 알면 견디기가 더 쉬워질 것이다. 반대로 영원한 고통에 대한 두려움은 더한 고통을 불러온다. 그렇기 때문에 에피쿠로스는 고통이란 모두 유한하다는 것을 항상 인식해야 한다고 말했다. 그 누구도 무한히 고통을 견뎌야 할 이유는 없다. '죽음은 우리에게 다가오는 가장 놀라운 마지막 구원자'라고 2,300년 전 에피쿠로스는 공언했다.

죽음은 어째서 무감각을 의미할까? 그에 따르면 영혼은 원자로 구성된 신체의 일부에 지나지 않으므로 신체의 생물학적 종말은 모든 생각과 감각의 끝을 필연적으로 의미한다. 그런데 죽음이 무감각을 의미한다면, 죽음은 우리가 고통받아야 할 악의 근원이 아니다. 이처럼 에피쿠로스의 주장은 설득력이 있고 쉽게 이해할 만하다. 고통받는 한 당신은 살아 있는 것이고, 죽는 순간 당신은 더 이상 고통받지 않는다. 따라서 가장 무서운 악으로 여겨지는 죽음은 에피쿠로스의 말처럼 실제로는 '우리에게 아무것도 아니다. 왜냐하면 우리가 존재하는 한 죽음은 우리와 함께 있지 않으며, 죽음이 오

면 우리는 존재하지 않기 때문이다.'³²

　　죽음 이후에 일어나는 일에 대해 무수한 세대의 사람들이 얼마나 두려워했는지 생각해보면, 에피쿠로스의 주장은 이로부터 매우 자유롭다는 것을 인정할 수밖에 없다. 무엇보다 그는 우리가 태어나기 전에는 존재하지 않았다는 사실을 걱정할 필요가 없는 것처럼 죽은 후에는 더 이상 존재하지 않을 것이라는 사실을 두려워해서는 안 된다는 것을 깨달은 역사상 최초의 철학자일 것이다. 우리는 어리석은 두려움에 사로잡힌 인생을 사는 대신 주어진 짧은 시간을 의미 있게 쓰는 데 온 힘을 다해야 한다. 에피쿠로스는 인터넷 유행어인 '욜로 You only live once'를 미리 내다본 것과 같은 말을 남기기도 했다. "우리는 단 한 번 태어나는 것이고 두 번 다시 태어날 수 없으며, 영원히 다시 태어나지 않을 것이다. 그런데 내일 일도 모르면서 오늘의 기쁨을 미루려 하는가?"³³

　　에피쿠로스가 죽고 200년 후, 로마의 시인 호라티우스는 이러한 태도를 에피쿠로스의 모토로 유명하기도 한 '카르페 디엠 Carpe diem(오늘을 살아라!)'으로 요약해서 표현했다. 오늘날 우리는 수많은 생활 용품과 웰빙 센터, 신비주의 책자 등에서 카르페 디엠을 접하지만, 그 뜻은 원래의 의미와는 완전히 다르다. 급진적인 세속성을 담고 있는 카르페 디엠의 철학은 어떤 형식적 신비주의도 배제하므로 다음과 같이 네 가지의 핵심 모토를 도출할 수 있다.

- 모토 1: 인생은 유한하기 때문에 무한히 소중하다. 내세를 거

부하므로 우리가 살아가는 현생의 가치는 더욱 높아진다. 반대로, 종교에 기반한 사후 내세에 더 많은 비중을 둘수록 지상에서의 삶은 가치가 낮아진다. 우리가 영원히 살 수 있다고 가정한다면 지구에서 보내는 80년은 특별히 중요하게 여겨지지 않을 것이다(그러므로 종교적 근본주의자들은 자신과 타인을 폭발시키는 것이 그리 어려운 일은 아니라고 생각한다).

- 모토 2: 의미 없는 우주에서도 의미 있는 삶은 가능하다. 우리는 우주의 차원 높은 계획을 따라가는 존재가 아니라 우연과 필연이라는 맹목적인 규칙에 기반한다는 사실에 좌절할 필요가 없다. 우리가 삶에서 찾는 의미는 존재에 의미를 부여하는 더 큰 존재가 있다는 것을 전제하지 않는다. 따라서 에피쿠로스인들은 신은 우리가 기쁨을 느끼건 괴로움을 느끼건 상관하지 않으며 그것은 오롯이 자신에게만 상관있는 일이라고 말한다.

- 모토 3: 의미는 감각에서 발생한다. 쾌락과 고통에 대한 감각적 인식이 없다면 의미는 존재하지 않을 것이다.[34] 우리에게 세상을 감각적으로 해석하는 능력이 없다면 자신의 존재는 무의미하고 공허할 것이며, 미래에 대한 궁금증은 냉장고나 진공청소기, 체스 컴퓨터가 여전히 작동하는지 혹은 곧 폐기될 것인지에 대한 궁금증이나 크게 다를 바 없을 것이다.

- 모토 4: (죽음으로 인한) 감각의 종말은 의미의 종말을 동반한다. 그러나 삶이 덧없다고 해서 무가치한 것이 아닌 것처럼

유한한 삶의 의미는 그 자체로 평가절하될 수 없다('모토 1' 참고). 언젠가 자신이 누구였는지, 무엇을 했는지에 대한 모든 기억이 사라지더라도 지금 이 순간 내가 누구이며, 무엇을 하는지는 무의미하지 않다. 삶의 의미에는 모두 때가 있다.

때늦은 승리

프리드리히 니체가 말한 것처럼 '에피쿠로스는 항상 살아 있었고 지금도 살아 있다'.[35] '망치를 든 철학자'였던 니체가 고대의 선배 철학자를 가장 존경하는 이유는 기독교가 득세하기 전 벌써 죄의 개념, 형벌과 불멸의 관념에 반대하며 싸웠다는 점이다. "불멸을 부정하는 것이야말로 그 당시의 진정한 구원이었다. 그리고 에피쿠로스가 승기를 잡고 있었고 로마제국의 모든 자유로운 영혼은 대부분 에피쿠로스인이 되어가고 있었다. 그러다 바울이 나타났다."[36]

실제로 기독교의 부상은 에피쿠로스학파의 몰락을 의미했다. '에피쿠로스'라는 용어는 한동안 '방탕한 낭비가'를 조롱하는 표현으로 세간에 통용되었다(앞서 살펴본 것처럼 이는 에피쿠로스 철학과는 전혀 달랐다). 세계의 원자 구조와 무한한 우주, 사회계약과 영혼의 필멸을 설파했던 에피쿠로스의 가르침은 1,000년 넘게 잊혀졌다. 1417년 바티칸 사절단이 독일의 한 수도원에서 루크레티우스가 남긴 에피쿠로스의 교훈 시 《사물의 본성에 대하여》를 우연히 발견하지 않았다면 그는 그대로 잊혔을지 모른다.

아름다운 고전 라틴어로 쓰인 시는 르네상스 학자들에게 영감을 주었지만, 루크레티우스가 전한 에피쿠로스 철학의 근본적으로 다른 세계관은 이들을 경악케 했다. 이 세상은 작은 원자로 이루어져 있고, 창조주가 없으며, 영혼은 육체와 마찬가지로 반드시 사멸하고, 죽음은 절대적인 무감각을 의미하며, 종교는 조직적인 사기라는 개념, 인생의 목표는 고통을 최소화하고 쾌락을 극대화하는 것이라는 생각은 15세기에는 상상도 할 수 없던 것이었다. 교회 지도자들이 에피쿠로스적 관념을 가능한 한 속히 세상에서 추방하려 했던 것도 이해할 만했다.

그러나 이들의 검열 조치는 이미 늦었다. 인쇄술의 발명 덕분에 루크레티우스의 교훈 시가 수많은 대중을 매료시킨 뒤였다. 수많은 학자가 에피쿠로스의 사상을 계속해서 전파했다. 예를 들어 지오다노 브루노는 원자로 이루어진 우주와 무한한 우주 속 무한한 존재, 종교를 조직화된 사기로 묘사하는 《사물의 본성에 대하여》의 핵심 내용을 차용하여 지구가 우주의 중심이 아니라는 것을 증명한 코페르니쿠스의 새로운 발견과 결합시켰다. 에피쿠로스의 사상을 자신의 저작에서 매우 활발하게 언급했던 브루노는 한편으로 에피쿠로스의 핵심적인 조언을 따르지 않았다. 은둔을 권유한 에피쿠로스와 달리 지오다노 브루노는 자신을 숨기지 않고 자신의 견해를 공개적으로, 매우 활발하게 주장했다. 이로 인해 브루노는 도망자의 삶을 살아야 하는 말년을 맞아야 했다. 도시에서 도시로, 나라에서 나라로 옮겨 다녔지만 끈질긴 박해자들의 추적을 피할 수는 없었다. 1600년 2월 17일, 7년간의 암울한 감옥 생활 끝에 지오다노 브루노는 '참된 신앙에 반하는 이단자'라는 죄목으로 화형당했다.

논란에 시달리면서도 이 자연 철학자는 로마 종교 재판소의 판결을 놀라울 정도로 침착하게 받아들였다. "내가 판결을 받아들이는 것보다 더 큰 두려움을 가지고 판결해도 좋습니다." 브루노는 자신의 주장이 시간이 지나면 설득력을 얻을 것이라고 확신했지만 바티칸의 선택은 동시대 사람들에게 두려움을 불러일으켰다. 에피쿠로스 교훈 시에서 영감을 받은 갈릴레오 갈릴레이도 브루노와 같은 운명을 피하기 위해 마지막 순간에 굴복했다.

하지만 길게 보았을 때, 로마 종교 재판소의 판결조차 과학의 발전을 막을 수는 없었다. 1647년 프랑스의 과학자이자 신학자인 피에르 가센디 Pierre Gassendi는 에피쿠로스의 전기를 출판함으로써 그의 원자론이 다시 세간의 주목을 받도록 하는 데 큰 영향을 미쳤다. 이를 바탕으로 영국의 과학자 존 달튼 John Dalton은 세상에는 화학 원소의 수만큼이나 다양한 원자가 존재하며, 각각의 질량이 다르다는 사실을 입증함으로써 현대 화학의 기초를 다졌다. 그런데 원자론이 진정한 승리의 행진을 시작한 것은 20세기 초 마리 퀴리가 방사능의 신비한 현상을 발견하면서부터였다.

한편 에피쿠로스의 사회계약 개념은 모든 합리적인 정책의 중심에는 개인의 행복과 불행이 반영되어야 한다는 신념과 더불어 훨씬 더 일찍 수용되었다. 〈미국 독립 선언문〉에는 에피쿠로스 사상을 반영한 토머스 제퍼슨 외에도 18세기 프랑스의 유물론자인 쥘리앵 오프루아 드 라메트리 *Julien Offray de La Mettrie*, 드니 디드로 *Denis Diderot*, 폴 티리 돌바크 *Paul Thiry d'Holbach* 등의 사유에 그의 개념이 반영되었다. 특히 무신론자로서 프레데릭 대왕의 궁정으로 피신했다가 미심쩍은 죽음을 맞이한 '웃는 철학자' 라메트리는 쾌락주의적 교리를 놀랍도록 솔직한 방식으로 서술했다(그는 심지어 여성의 오르가슴에 관한 논문을 쓰기도 했다). 또한 그는 에피쿠로스가 언급한 것처럼 모든 인간의 생각과 감정은 신체적 과정과 연결되어 있음을 주장함으로써 현대 생리학의 선구자로 인정받았다.[37]

프리드리히 니체는 19세기 후반 에피쿠로스의 때늦은 승리에 매우 흡족해하며 다음과 같이 말했다. "계몽 과학이 에피쿠로스의 철학과 점진적으로 결합하면서, 기독교를 서서히 거부하게 되었다."[38] 그리스 철학자 에피쿠로스가 당대에는 표현할 수 없었던 주장을 날카로운 문장으로 압축한 것도 니체였다.

이 세계는 모래 위에 세워진 성이다

플라드리의 니체와
도덕관의 작별

7장

프리드리히 니체

Friedrich Nietzsche
1844-1900

— 신은 죽었다! 신은 죽어 있다! 우리가 그를 죽였다! (…) 세상에서 가장 신성하고 가장 강력한 것이 우리의 칼에 피를 흘리며 죽었다. (…) 이보다 더 위대한 행위는 지금까지 단연코 없었으며, 우리 이후에 태어나는 이는 누구든 이 행위로 인해 지금까지의 모든 역사보다 더 높은 역사에 속하게 될 것이다! [1]

프리드리히 니체는 37세가 되던 해에 저서 《즐거운 학문》에서 위와 같은 놀라운 표현을 남겼다. 하지만 수없이 많은 이에 의해 인용된 이 구절을 오해하지는 말아야 한다. 실제로 철학자 니체가 주목한 것은 전능한 창조주 신에 대한 믿음을 극복한 영웅적 행위 자체가 아니었다. 그는 '드높은 존재'를 거부함으로써 수반되는 실존적 불확실성에 훨씬 더 큰 관심이 있었다. "우리는 어디로 가는 것일까? 모든 태양으로부터 멀어지고 있는가? 우리는 끊임없이 추락하고 있지 않은가? 뒤로, 옆으로, 앞으로, 모든 방향으로? 위와 아래의 구분이 있는가? 우리는 끝없는 허공을 헤매고 있지 않은가? 빈 공간의 흐름을 느끼지도 못하고 있지 않은가? 점점 더 추워지고 있지 않은가?"[2]

니체가 여기서 언급한 '미치광이'는 교회에 침입해 신을 위한 진혼곡을 읊조린다. 비난을 받자 그는 이렇게 대답한다. "이 교회들이 신의 무덤이나 묘비가 아니라면 대관절 무엇이겠는가?"[3] 하지만 시대를 앞서간 이 광인은 다른 사람은 자신의 메시지를 아직 이해할 수 없다는 것을 곧 깨닫는다. "나는 너무 일찍 왔고, (…) 아직 나의 때는 오지 않았다. 이 엄청난 사건은 여전히 진행 중이며 방황하는 중이다. 그리고 아직 사람들의 귀에 도달하지 않았다."[4] 니체 역시 스스로를 너무 일찍 세상에 온 사람으로 여겼다. 그래서 1887년, 저서 《즐거운 학문》의 두 번째 판본에 '이해받지 못하는 우리'라는 제목의 마지막 장을 추가했다. "우리가 언제 오해와 오판, 혼동과 비방, 심문과 무시에 대해 불평한 적이 있는가? 이것은 앞으로도 오랫동안 이어질 우리의 운명이다. 겸허하게 말하자면 적어도 1901년까지는. (…)"[5]

실제로 니체에 대한 대중의 열광은 세기가 바뀌고 나서야 시작되었다. 예를 들어 1896년 11월, 니체의 동명 저서를 바탕으로 한 교향시 〈차라투스트라는 이렇게 말했다〉가 초연되었는데, 리하르트 슈트라우스Richard Strauss가 작곡한 이 곡의 전주는 스탠리 큐브릭의 영화 〈2001: 스페이스 오디세이〉에 사용된 이후 가장 유명한 음악 모티브 중 하나로 떠올랐다. 그러나 1889년 초 정신착란 상태에 빠진 니체는 정작 자신의 명성이 높아지는 것을 인지하지 못했다. 어쩌면 '니체 숭배'가 점진적으로 진행되면서 자신의 작품과 말이 점점 더 왜곡되고 있는 상황이 니체에게는 어떤 도움도 되지 않았을 수 있다.

한 세기가 넘는 세월이 흐른 지금에야 비로소 니체의 철학을 올바르게 이해할 수 있게 된 것일지도 모른다. 어떤 의미에서 니체는 에피쿠로스에 비견할 수 있는 '내일의 철학자'였다. 니체도 그렇게 생각했는데, 이는 후기 저작인 《적 그리스도》에서 잘 드러난다. "이는 극소수만을 위한 책이다. 그들 중 살아 있는 사람은 없을지도 모른다. (…) 오로지 내일 이후만이 나의 시간이다. 어떤 이들은 사후에 태어날 것이다."[6]

벼랑 위의 삶

"엘체 Elche에 대한 가장 날카로운 비평가는 엘체 자신이었다"라고 풍자 잡지 〈타이타닉〉의 창간자 중 한 명인 독일의 풍자 작가 F. W. 베른슈타인 Bernstein은 말했다. 이런 점에서 기독교에 관해 가장 날카로운 비판을 던진 철학자가 개신교 목사 집안에서 태어난 것은 놀라운 일이 아니다. 니체의 부모인 카를 루트비히 Carl Ludwig 와 프란치스카 Franziska는 모두 목사 집안 출신으로, 칼의 아버지는 프로이센-색슨족의 도시 아일렌부르크에서 교육감까지 지냈다.[7]

1842년 프로이센 국왕 프레드릭 윌리엄 4세의 지령에 따라 카를 루트비히는 색슨족 마을인 뢰켄의 교구를 배정받았고, 이후

1844년 10월 15일 프란치스카는 첫아들을 낳았다. 아들의 생일이 국왕의 생일과 같았기에 군주를 기리기 위해 부부는 아이의 이름을 프리드리히 빌헬름 니체라고 짓고 세례를 받았다. 이들의 양육방식은 유별나게 엄격하고 청교도적이었다. 카를 루트비히는 프리드리히를 훈육하기 위해 종종 체벌하였다. 한편으로는 피아노 즉흥연주를 훌륭하게 할 정도로 음악에 깊은 관심이 있었던 그는 종종 아들과 음악을 함께 만들곤 했다. 이는 니체가 평생 음악에 열정을 가지도록 하는 데 지대한 영향을 미쳤다. "음악이 없다면 우리 삶은 잘못된 것이다."[8]

아버지 카를 루트비히가 35세에 사망했을 때 프리드리히는 다섯 살도 되지 않았다. 세상을 뜨기 전 몇 달 동안 그의 아버지는 침대에서 누워만 지냈다. 의사들은 그에게 '뇌연화증'이라는 진단을 내렸는데 당시만 하더라도 '치매'나 '알츠하이머'와 같은 용어는 없었다. 아버지의 질병은 프리드리히 니체에게 유전성 질환을 물려받을지도 모른다는 두려움을 심어주었는데, 이후 상황을 보면 걱정이 사실이었을 수도 있다. 아버지가 돌아가신 후 가족은 현재 '니체 하우스'가 있는 나움부르크로 이사했다. 프리드리히는 이후 어머니인 프란치스카와 1846년에 태어난 동생 엘리자베스, 위압적인 성격의 할머니 에르드무테와 미혼 이모 두 명과 하인 한 명 이렇게 모두 여성으로만 이루어진 가정에서 성장했다.

예술과 언어적 재능이 뛰어났던 프리드리히는 1854년부터 나움부르크의 돔김나지움에 다녔는데 이후 장학금을 받고 1858년

포르타학교에 입학했다. 그곳에서 그는 고전문학을 열심히 공부했고, 불경스러운 스타일로 인해 세간에서 배척당하던 시인 에른스트 오르틀레프Ernst Ortlepp를 만났다.[9] 수학 성적은 좋지 않았지만 고등학교를 졸업한 후 프리드리히 니체는 1864년 본대학교에서 고전문헌학과 개신교 신학을 공부했다. 하지만 한 학기 만에 신학 공부를 그만두었다.

이는 니체가 다비드 프리드리히 스트라우스David Friedrich Strauß의 《예수의 생애》와 루트비히 포이어바흐Ludwig Feuerbach의 《기독교의 본질》 등 당시 유행하던 종교 비판 서적을 읽고 영향을 받은 탓이 컸다. 프리드리히가 목사가 되기를 바랐던 그의 어머니는 실망스러운 반응을 보였지만 고전 문헌학자가 되겠다는 니체의 결심을 꺾을 수는 없었다. 스승 프리드리히 리츨Friedrich Ritschl을 따라 라이프치히대학교로 편입한 니체는 리츨의 추천으로 1869년에 바젤대학교의 고전 문헌학 부교수로 임명되었다.

그로부터 1년 전 니체는 라이프치히대학교에서 리하르트 바그너Richard Wagner와 바그너의 아내가 될 코지마Cosima를 만났다. 이를 계기로 두 사람의 우정은 돈독해졌다. 그는 루체른 외곽에 있는 바그너의 저택에 손님으로 스무 번 이상 머물렀다. 아르투어 쇼펜하우어의 철학에 대한 열정을 바그너와 공유했던 니체는 그가 당대의 음악적 천재일 뿐 아니라 신에 가까운 존재라고 느꼈다. 그러므로 바그너와 쇼펜하우어는 니체의 초기 저작인 《비극의 탄생》과 《때아닌 명상》 등의 정신적 대부라고 볼 수 있다.

하지만 1876년 제1회 바이로이트 축제에 참석한 후 바그너에 대한 니체의 존경심은 눈에 띄게 식었다. 니체는 바그너가 작곡한 오페라 〈파르지팔〉을 일종의 기독교 봉헌 축제 의식으로 해석하였고 바그너에 대한 그의 존경심은 오래지 않아 경멸에 가까워졌다. 이 시기에 니체는 그동안 자신의 롤모델이었던 쇼펜하우어의 영향력에서 벗어나기도 했다. 그는 더 이상 형이상학적 관념에 속지 않고 경험적 과학에 의존하며, 그 결과를 자신의 철학적 세계관과 통합하려 했다. 이 자유로운 사고의 과학적 단계에서 철학자로서 니체의 명성을 확고하게 만들어준 작품인《인간적인 너무나 인간적인》과《아침놀: 도덕적 편견에 대한 생각들》,《즐거운 학문》,《차라투스트라는 이렇게 말했다》등의 저작이 탄생했다. 이 시기의 니체는 작가로서 왕성한 창작활동을 했지만 건강은 좋지 않았다. 심한 편두통 발작과 위장 문제, 신경통으로 많은 타격을 입었고, 심한 근시는 점점 더 악화되어 사실상 실명에 이르렀다. 1879년 초, 더 이상 바젤 대학교에서 교수직을 수행할 수 없게 되자 니체는 35세에 조기 은퇴를 한다. 1882년 니체는 자유주의 작가이자 훗날 프로이트의 제자가 된 루 폰 살로메*Lou von Salomé*와 사랑에 빠지지만 청혼을 거절당하고 깊은 상심에 빠졌다(수십 년 후 시인 라이너 마리아 릴케에게도 같은 운명이 닥친다). 또한 루와 두 사람의 친구였던 철학자 폴 레*Paul Rée*와 함께 '3자 동거'를 바라던 니체의 꿈은 부도덕한 관계를 혐오했던 니체의 동생 엘리자베스의 계획적인 개입으로 인해 산산조각이 났다. 그 후 프리드리히는 자살 충동에 시달리다 열흘 만에《차라투스트라는 이렇게 말했다》의 첫 부분을 종이에 옮겨 적으며 조금씩 이를 극복해갔다.

니체는 건강과 심리적인 문제 외에도 재정적인 곤경에 시달렸다. 그의 책은 거의 팔리지 않았다. 나중에 수백만 명이 읽게 될 작품에 관심을 보이는 사람은 거의 없었다. 그러다 보니 《차라투스트라는 이렇게 말했다》의 네 번째 부분은 1885년에 고작 40부만 출판되었다. 니체는 자신이 (생전에) 대중의 이해를 받지 못하는 철학자라는 사실을 받아들일 수밖에 없었다. 《선악의 저편》과 《미래 철학의 서곡》 그리고 《도덕의 계보》를 모두 자비로 세상에 내놓아야만 했다.

암울한 몇 년을 보내고 1888년 여름부터 니체의 상황은 예기치 않게 좋아졌고, 그때부터 그의 창작 에너지가 폭발했다. 그는 《바그너의 몰락》, 《니체 대 바그너》, 《우상의 황혼》, 《적 그리스도》, 자서전 《이 사람을 보라》를 연이어 집필했다. 그러나 점점 심해지는 과대망상증을 동반한 조증기의 짧은 막간은 오래 가지 못했다. 1889년 1월 3일, 니체는 토리노 시내에서 심각한 신경 발작을 겪었고, 이후 회복하지 못했다. 44세의 니체는 처음에는 바젤의 프리드마트 정신병원에, 나중에는 예나대학교 정신병원에 입원했다. 1890년부터는 나움부르크의 어머니가, 이후에는 바이마르에 사는 동생이 그를 돌보았다.

— 니체가 무너진 원인에 대해서는 수많은 추측이 있다. 오랫동안

니체는 (당시에는 치료가 거의 불가능했던) 매독을 앓고 있었을 가능성이 높다고 여겨졌다. 이 질병은 말기(신경 매독)에 이르면 뇌나 척수의 신경 조직이 서서히 파괴되면서 전신마비와 인격 변화가 동반되며 치매로 이어질 수도 있다. 그러나 최근에는 니체가 유년기에 겪은 공포증이 이후 질환의 바탕이 되었을 수도 있다는 의혹이 커지고 있다. 그는 아버지가 그랬던 것처럼 치명적인 유전병의 희생양이었을 수도 있다. 니체의 병을 설명할 수 있는 질환이기도 한 19번 염색체의 돌연변이로 인해 발생하는 희귀 유전병 카다실(작곡가 펠릭스 멘델스존 바르톨디와 그의 누나 파니의 조기 사망의 원인이기도 한)은 니체가 평생 앓았던 심한 편두통과 비슷한 증상을 발현시키기도 한다.

토리노에서 발병한 후 그의 일생을 끈질기게 따라다닌 이 병은 니체가 저술에서 전파한 모든 것과 모순된다. 《차라투스트라는 이렇게 말했다》의 '자유로운 죽음에 관하여'라는 장에 등장하는 '자유 죽음'이라는 용어는 이후 독일어에서 '자살' 또는 '자비 살인'이라는 뜻으로 정착되었다. 그는 이렇게 적었다. "많은 사람이 너무 늦게 죽고, 어떤 사람은 너무 일찍 죽는다. (…) 적절한 시기에 죽음을 택할 것을 차라투스트라는 가르쳤다."[10] 니체는 적절한 시기에 죽기 위해서는 '내가 원하는 대로 자유롭게 죽음에 다가설 것'을 주장했다.[11] "인간은 더 이상 예라고 말할 수 없을 때는 아니오, 라고 말할 수 있어야 한다."[12]

그러나 이는 말처럼 쉬운 일이 아니다. 니체도 그러한 결정의 주체가 되는 데는 실패했다. 그는 인생의 마지막 11년을 정신적 혼란 속에서 보내야 했다. 몇 차례의 뇌졸중과 폐렴으로 마비되어 말도 할 수 없고 제대로 서 있을 수조차 없게 된 채로 생의 마지막 시간을 보낸 것이다. 프리드리히 니체는 1900년 8월 25일, 의식을 잃고 타인의 통제를 받는, 자신이 혐오해 마지않던 방식으로 죽음을 맞이했다. 다시 살펴보겠지만, 탁월하고 영민한 이 사상가의 삶과 작품은 여러 모순으로 가득 차 있었고, 어떤 면에서는 실패한 사상가라고도 볼 수 있다.

망치를 든 철학자

니체가 공부한 고전 문헌학은 고대 그리스어와 라틴어 텍스트에 관한 것으로 혁명적으로 세상을 뒤바꿀 만한 학문으로 보기에는 무리가 있다. 하지만 니체는 고전문학 연구를 통해 '모든 가치를 재평가하는 연구자'가 되었다. 그 이유는 무엇일까? 니체가 보기에 기독교는 인류에게서 고대 문화의 수확을 앗아갔을 뿐 아니라,[13] 참되고 아름다우며 선한 모든 것을 반대되는 것으로 바꾸어놓았기 때문이다. 교회는 '모든 가치를 무가치한 것으로, 모든 진리를 거짓으로, 모든 의로움을 불명예로' 바꾸었다.[14] 그는 기독교 저 너머에 있는 것은 모든 현실을 부정하려는 의지에 지나지 않는다고 생각했다. 기독교의 십자가는 '건강함과 아름다움, 편안함과 용기, 정신, 영

혼의 친절함, 생명 자체에 대항하는, 지금껏 존재해온 것 중 가장 음흉한 음모의 상징이다'.[15]

'망치를 든 철학자'가 '인류가 창조한 지워지지 않은 흠결'[16]이라고 평한 기독교에 대한 가혹한 비난을 이해하려면, 니체가 말한 '모든 현실을 부정하려는 의지'가 무엇을 의미하는지부터 파악해야 한다. 니체는 '지금까지의 모든 가치와 이상은 물리학에 대한 무지에 기초하거나 물리학에 모순되는 것이었다'라고 설명했다.[17] 이 같은 현실 부정 다음에 니체는 경험적 과학과 과학의 냉철한 통찰을 바탕으로 새로운 세계관을 구축할 용기를 지닌 '자유로운 영혼'을 찬양하는 것으로 삶에 희망을 제시했다. "드높은 물리학이여! 그보다 더 높은 우리의 정직함이여!"[18]

니체에 따르면 종교의 창시자와 추종자는 정직함과 거리가 멀다. 이들은 자신에게 다음과 같은 물음을 던지지 않는다. "나는 실제로 무엇을 경험했는가? 그때 나와 주변에서는 무슨 일이 일어났는가? 내 이성은 충분히 밝았는가? 나의 의지는 감각의 온갖 속임수에 대항하고 환상에 맞서 용감하게 자신을 지킬 수 있었는가?"[19] 근엄한 종교인은 이성에 반하는 것에 대한 갈증으로 끓어오르는 자들이며, 그렇기 때문에 기적과 재생을 경험하고 천사의 목소리를 듣곤 한다. 니체는 이들의 반대편에 이성에 목마른 자를 내세우는데 이들은 자기 비판적이고 합리적이며 증거에 기반한 인식을 한다. "과학실험처럼 매시간, 매일매일 '자신이 경험한 것들'을 똑바로 바라보며 살아간다. 스스로의 삶을 실험의 장으로 삼으며 자기 자신이 실험 동물이 되기를 원하는 것이다."[20]

이러한 맥락에서 니체는 '냉정한 지적 양심'이라고도 해석할 수 있는 광범위한 정직함을 주장했다. 인간은 자연으로 재번역되어야 하고 미래에는 과학의 규율로 단련된 다른 자연 앞에 이미 서 있는 것처럼 자신 앞에 서야 한다. 그러기 위해 인간은 스스로의 노래에 취한 '해묵은 형이상학적 새잡이들의 유혹'에 귀를 닫아야만 한다. "그대는 그보다 더 크고 그보다 더 높은 사람이다! 그대는 근본이 다른 것이다!" 영원한 자연적 인간의 기본 바탕에 적혀 있는 황홀한 해석을 모욕하는 것은 니체가 말한 것처럼 '이상하고 미친 작업이지만, 누가 그것을 부정할 수 있겠는가'.[21]

19세기의 다른 철학자 중 니체처럼 자신에게 부여된 과제를 그토록 진지하게, 잔인할 정도로 정직하게 수행한 사람은 거의 없었다. 무엇보다 다윈의 진화론이 인간의 자기애에 던진 '나르시시즘에 대한 모욕'이라는 핵심을 니체가 간파한 것을 보면 이를 잘 알 수 있다. "이전에는 인간이 신의 후손이라고 자청함으로써 인간됨의 고귀함을 느끼고자 했다면 이제 그것은 금지된 길이 되었다. 그 길의 입구에 원숭이가 서 있기 때문이다."[22] 진화론적 관점에서 인간은 다행히도 적당한 때를 만난 작고 특이한 종으로 여겨진다. 게다가 지구상의 모든 생명체는 지구의 전체적인 성격과 상관없는 한 순간의 한 사건, 결과 없는 예외에 불과하며, 지구도 알고 보면 모든 별과 마찬가지로, 두 개의 실체가 없는 것의 틈새에 불과하며, 계획도 이성도 의지도 자기 인식도 없는 사건이자 최악의 필연성, 어리

석은 필연성일 뿐이다.²³

니체는 우리 안에 사물을 바라보는 냉정한 방식에 반기를 드는 그 무언가(뱀의 허영심)가 있다는 것을 알지만 그것에 눈이 멀어서는 안 된다고 말한다. 그에게는 기분 좋은 느낌보다는 지적 정직성이 더 중요하다. 그래서 그는 인류의 역사를 다음과 같은 몇 문장으로 요약했다.

— 무수히 많은 태양계가 존재하는 우주의 어느 외딴 구석에 영리한 한 무리의 동물이 지식을 발명한 별이 하나 반짝이고 있었다. 역사상 가장 오만하고 허위에 가득 찬 순간이었지만 그조차 1분에 불과했다. 대자연의 숨길이 몇 번 스쳐간 후 별은 얼어붙었고 영리한 동물들은 끝내 멸망했다. 누군가가 이런 우화를 써서 들려준다 해도 대자연 속에 인간의 지성이란 얼마나 비참하고, 얼마나 덧없는지, 얼마나 허무하고 자의적인지를 설명하기에는 충분치 못할 것이다. 영원이 없던 때에 영원이 있었고, 영원이 다시 사라지면 아무 일도 일어나지 않을 것이다.²⁴

위의 표현은 우리를 심연으로 데려가는데, 이것은 니체 철학의 목표라고 할 수 있다. 그의 신조에 따르면 '자유로운 영혼'은 심연 앞에 눈감지 말고 자신의 존재가 뿌리 없는 것임을 자각하고, 추락의 위험에도 용기를 내어 '심연의 가장자리에서 춤을 추는'²⁵ 존재가 되어야 한다.

니체는 이 대담한 도전에 대해 어떤 반박도 하지 않으려 한다. 스스로가 경험한 것을 통해 뼈저리게 느끼고 있었던 것이다. "괴물과 싸우는 사람은 그렇게 함으로써 자신이 괴물이 되지 않도록 해야 한다. 오랫동안 심연을 응시하다 보면 심연도 그대를 응시할 것이다."[26]

그러나 심연에 대한 두려움, 우리 안에 있는 괴물에 대한 두려움이 우리의 비뚤어진 현실을 정당화할 수 있을까? 니체는 이에 대해 단호하게 아니라고 외친다. "현실을 외면할 이유가 있는 사람은 누구인가? 현실로 인해 고통받는 사람이다. 그러나 현실 때문에 고통받는다는 것은 불행한 현실을 맞이한다는 의미이다. (…)"[27] 또 다른 책에서 그는 다음과 같이 썼다. "이상이라는 거짓말은 지금까지 현실의 저주였다. 그것을 통해 인류의 가장 낮은 본능까지도 거짓되고 거짓된 것이 되었다."[28]

진리가 우리를 불편하게 하거나 도덕적으로 불쾌하게 만든다고 해서 진리를 부정해서는 안 된다. 니체는 '인간과 사물에 대한 대부분의 현대적 판단에는 점액질이 덮여 있는데, (…) 이 수치스러울 정도로 도덕화된 말하기 방식'[29]에서 기독교 문화에서의 악의 근원을 볼 수 있다고 일갈했다. 니체가 보기에 도덕주의는 필연적으로 기만적인 요소를 품고 있다. "오늘날 '선한 사람'으로 여겨지는 이들은 순수하고, 믿을 수 있고, 순진하고, 고결한 것을 제외한 온갖 부정직하고 악독한 것을 빼면 그 어느 것도 견디지 못한다. 선한 사람들은 철저히 도덕화되었고 정직성의 측면에서는 영원히 파멸하고 타락했다. 이들 중 인간에 대한 진실을 견딜 수 있는 사람이 과연 있을까?"[30]

위와 같은 구절은 니체의 철학이 이 시대에도 얼마나 유용한지를 보여준다. '인간과 사물에 대한 모든 현대적 판단에 점액질처럼 뒤덮인 도덕화된 말하기 방식'이야말로 오늘날 우리가 일상적으로 마주하는 것이기 때문이다. 이는 우리 시대에 진정한 유행이 되었다. 가령 과학적 연구 결과가 (아마도) 틀렸기 때문이 아니라 자신의 가치와 신념에 어긋난다는 이유로 과학자를 공격하는 행태만 봐도 그러하다.[31] 점점 더 정치화되고 도덕화되는 지형에서, 과학에 대한 논쟁은 그것만이 우리를 어떤 식으로든 기쁘게 할 수 있는 진실인 것처럼 이루어진다.

그러나 이 책의 이전 장에서 이미 살펴본 바와 같이 자연은 우리의 요구에 따라 움직이는 프로그램이 아니다. 니체는 우주가 '완벽하지도, 아름답지도, 고귀하지도 않으며, 이 중 어느 것이 되기를 원하지도 않고, 인간을 모방하려는 노력도 하지 않는다. 그렇기 때문에 우리의 미적·도덕적 판단의 영향을 받지 않는다'라고 말했다.[32] 하지만 (비도덕적인) 자연에 도덕적 판단을 가하는 사람은 범주적 오류를 범할 뿐 아니라 인식의 왜곡에 빠지기 쉽다. 왜 그럴까? 도덕주의자에게는 있을 수 없는 것은 있을 수 없기 때문이다. 이러한 이유로 그들은 종종 자신의 기본적인 도덕적 가정과 모순되는 현실을 차단하고 자신의 세계관을 강화하는 현실에만 시선을 집중시킨다. 즉 도덕적 세계관이 오히려 현실에 대한 자유로운 시각을 차단하는 것이다. 따라서 경험적(과학)인 것과 규범적(윤리, 도덕, 정치)인 것의 엄격한 구분은 매우 중요하다. 우리에게 '도덕적으로 선'으로 보이는 것이 반드시 '참'은 아니며, 우리에게 '참'으로 보이는 것이 반드시 '선'은 아닌 것이다.[33]

그렇다면 이러한 도덕주의적 의식의 희뿌연 구름에서 벗어나려면 어떻게 해야 할까? 니체는 우리를 상처입히는 것들, 우리를 어지럽게 만드는 심연을 들여다볼 때 현실을 그대로 받아들일 것을 일관되게 권장한다.[34] 그러나 현실을 긍정하기 위해서는 힘과 자제력뿐 아니라 특별한 형태의 철학적 금욕주의, 즉 치유와 위로를 주는 환상의 세계에 기대지 않는 능력이 필요한데,[35] 이는 특히 자신이 '도덕적으로 올바른 진영'에 있다고 믿고 싶어 하는 오늘날과 같은 '분노의 시대'[36]에 우리가 힘들지만 새롭게 학습해야 하는 기본적인 지적 기술이기도 하다.

선과 악을 넘어서

니체는 자신을 어떤 이상을 대변하고 인류를 개선하고자 하는 '도덕적 괴물'과는 정반대되는 '비도덕주의자'로 여겼다.[37] 그가 도덕으로부터 벗어나고자 한 것은 높은 이상이 현실을 보는 눈을 흐리게 하는 탓도 있지만, 인류를 개선하려는 모든 시도는 해악을 불러오고 인간의 힘을 약화시킨다고 보았기 때문이다. 또한 기독교 교리를 비판하는 이유는 그것이 과학적 지식과 화해할 수 없기 때문만이 아니라(물리학 대 형이상학), 무엇보다도 기독교의 도덕성을 삶에 대한 중대한 범죄로 여겼기 때문이다.[38]

기독교의 영향을 받은 윤리의식과 '죄'라는 개념을 니체는 중독, 명예 훼손, 생명의 부정 그리고 신체에 대한 경멸이며, 인간의 타락과 자기 학대의 증표라고 보았다.[39] "생명에 대한 분노로 (…) 성性을 불순한 것으로 만든 것은 기독교뿐이었다. 그것은 우리 삶의 전제 조건이자 시작점에 똥물을 퍼부었다. (…)"[40] 한마디로, '원죄 없는 잉태'라는 개념으로 잉태를 더럽힌 것이다.[41] 니체는 순결을 설파하는 것은 대중에게 부자연스러움을 선동하는 것이라고 이어서 주장했다. 성에 대한 온갖 경멸과 '불결'이라는 개념을 내세워 성을 오욕하는 것은 생명 자체에 대한 범죄이자, 생명의 거룩한 정신에 대한 죄이다. 니체의 기독교와 그 위에 세워진 이상주의에 대한 비판은 이런 의미에서 칸트의 '순수 이성' 개념에 대한 복부의 비판, 즉 머리에 대항하는 복부의 비판이라고 볼 수 있다.[42]

쇼펜하우어의 비관주의를 극복한 후 니체는 삶에 대한 무조건적 긍정, 즉 '아무리 낯설고 괴로운 고난에 처하더라도 삶 자체를 무조건 긍정하라'고 주장하기에 이른다.[43] 수천 년 동안 인류는 니체의 가르침 대신 그와 정반대인 미덕과 자아 상실, 연민을 비롯한 나약한 모든 것, 한마디로 탈진한 자의 가치, '데카당스'만을 가르쳤다.[44] 데카당스 Décadence(프랑스어로 '쇠락', '쇠퇴', '퇴폐'를 의미하며 문화적 힘이 약화되고 둔화되어 허무주의에 빠지게 된다는 니체의 개념이다-옮긴이)는 니체의 후기 작품에서 핵심적인 개념 중 하나이다. 니체는 문화의 쇠퇴 현상에 대해 새로운 설명과 진단을 찾는 데 매우 열성적이었다. '빈곤한 삶, 종말에 대한 의지, 거대한 피로'[45], '해로운 것들에 유혹됨'[46], '쾌락의 감정보다 불쾌한 감정의 우세'[47], '과민성'[48].

— '과민성'에 관해 이야기하자면, 니체가 우리 시대의 미시적 공격과 사전 고지에 어떻게 반응했을지를 상상하기는 그리 어렵지 않다! 일부 서적이 독자들의 감정을 상하게 할 수 있으므로 도서관에 사전 경고문을 붙여달라는 학생들의 요청을 접했다면 니체는 미치고 말았을 것이다. 망치를 든 철학자는 상처를 주는 자가 아니던가! 니체는 심지어 모든 위대한 생각은 상처를 유발해야만 하며, 위대한 사유란 상처로부터 비롯된다고 믿었다.

물론 문화적 민감성을 지니는 것은 부끄러운 일이 아니며 식민주의와 제국주의의 여파로 침묵해왔던 목소리를 문화 논쟁에서 인정하는 것은 합리적이고 공정한 일이다. 하지만 감수성과 과민성에는 차이가 있다. 인간에 대한 문화적 길들이기인 데카당스가 증가함에 따라 눈물샘도 점차 증가하여 결국에는 사소한 긁힘조차 상처로 받아들이게 된다는 니체의 생각은 억지스러운 것일까? 연약한 피부를 가진 사람들이 누가 가장 큰 상처를 입었는지 다투기 바쁜 오늘날의 지배적인 '희생 문화'를 새로운 '존엄성 문화'로 대체하는 것이 더 낫지 않을까? 그리하여 각자가 어릴 때부터 상처로부터 자신을 방어하고, 상처를 견디며, 자기 삶을 결정할 수 있는 권한을 갖게 된다면 우리 사회는 한결 낫지 않을까?

니체라면 종교 근본주의자들의 유머 감각을 기대하며 자유 사회에서는 모욕당하지 않을 권리보다 모욕할 권리가 훨씬 더 중요하다고 지적한 코미디언 로완 앳킨슨 Rowan Atkinson(시트콤 〈미스터 빈〉의 주인공)의 말에 동의했을 것이다.[49] 이는 민주주의의 관점에서도 지지받아야 할 주장이다. 모욕이 없는 사회는 관용이 없는 사회가 될 것이기 때문이다. 왜 그럴까? 모욕은 관용의 대가이기 때문이다. 열린 사회에서 모두는 타인의 사상이나 가치가 자신이 선호하는 것과 달라서 불쾌하거나 심지어 상처를 받을 수 있다 하더라도 이를 용인할 수 있어야 한다. 어떤 의미에서 이러한 다양성은 사회 발전의 원동력이기도 하다. "우리는 서로 다르기 때문에 서로에게서 배울 수 있다. 우리가 모든 것에 항상 동의했다면 서로에게 할 말이 많지 않을 것이다. 서로를 바로잡아줄 상대가 없을 뿐 아니라 서로의 편견만 강화하여 그 사회는 발전을 멈추게 될 것이다."[50]

프리드리히 니체는 '위대한 반철학자', 다른 사람들이 그 앞에 세워둔 온갖 우상을 자신이 가진 말의 힘으로 부수고 싶어하는 '공격적인 추방자', 수천 년의 관습에 맞서 오로지 자신이 창조한 작품으로 자신을 방어해야 한다고 믿는 '일탈적인 사상가'라고 할 수 있다.[51] 따라서 니체는 '무리 본능'과 '무리가 만든 조직', '무리 지은 사람들', 개인의 고유성을 파괴하고 자기 결정의 힘을 억제하며 '무리'의 표준화된 지침에서 1밀리미터라도 벗어나는 순간 나쁜 양심이라는 독을 주입하는 도덕이라는 파괴적 평등주의에 대해 격렬하게 저항하는 글을 평생 썼다.

니체에 따르면 도덕은 '약화시키고 무력화하며 손상시키는 방법으로 인간을 개선시키려는 목표를 달성'하려 한다.[52] 도덕이라는 명예로운 가면 뒤에는 짐승 같은 인간 길들이기나 인간을 특정한 종으로 사육하려는 욕망이 숨겨져 있다.[53] 둘 다 인간의 자유를 무시하고 거짓말할 권리와 같은 부적절한 방법으로 목표를 달성하려 하기 때문에 니체는 '인류를 도덕화하기 위한 모든 수단은 처음부터 비도덕적이었다'는 역설적인 선언을 하기에 이른다.[54]

니체에 따르면 국가마다 다른 도덕성은 각 사회 집단이 지닌 유용성의 기준이 다르기 때문이라고 설명할 수 있다. 이러한 맥락에서 지배층과 권력층, 귀족계급의 이익을 위해 봉사하는 '주인 도덕'과 지배계급과 권력층, 귀족계급에 대한 약자들의 은밀한 원한에서 비롯되는 '노예 도덕'을 구분했다. 기독교가 권력을 장악하면서 노예 도덕은 역설적으로 지배적이게 되었는데, 이는 유럽 문화에서 아름답고 강력하며 생명력 있고 자연스러운 모든 것에 대한 뿌리 깊은 혐오로 이어졌다.

기독교에서 영감을 받은 분노가 지배하는 세상을 보며 니체는 주로 노예 도덕을 비판하지만, 동시에 동전의 반대 면이라 할 수 있는 주인 도덕 역시도 거부했다. 그는 모든 도덕과 이상, 심지어 실현 가능한 이상에 대한 믿음까지도 거부했다. 그의 철학은 환상 없이 현실을 직시할 수 있어야 하며 선과 악을 넘어서는 이상주의적 속임수로부터 자유로워질 것을 주장했다.

니체는 도덕에 대한 무도덕적 분석을 통해 인류가 역사 속에서 쌓아 올린 모든 고귀한 이상은 모래 위에 세워진 성채일 뿐, 어디에도 견고한 토대는 없다는 결론에 도달했다. 가장 정교한 도덕 체계조차 도덕적 사실이 아니라 실제로 존재하지 않는 단순한 상상에 기반을 두고 있을 뿐인 것이다.[55] 이러한 상상에는 '죄의식'이나 '죄', '단죄'와 같은 기독교적 개념에 바탕을 둔 '자유의지'도 예외 없이 포함되었다. 니체에게 '자유의지란 본능을 혼란스럽게 하고 본능에 대한 불신을 인간 본성으로 삼기 위해 발명된 고문 도구'에 지나지 않는다.[56]

그보다 윗세대인 철학자 스피노자 Baruch de Spinoza와 아르투어 쇼펜하우어, 알베르트 아인슈타인과 마찬가지로 니체도 자유의지를 '비개념'으로 간주하고 모순된 용어로 보았다. 니체에게 자유의지란 '지금까지 인류가 생각한 것 중 최고의 자기모순'적인 개념이었다. 인간의 '허영에 가득 찬 교만이 이 말도 안 되는 개념을 끔찍하게 깊숙이 끌어들여 자기 행동에 대한 궁극적인 책임을 스스로 질 수 있다고 믿게 하고 신이나 세상, 조상과 우연 그리고 사회를 그 책임으로부터 해방시키려 했다'.[57] 하지만 현실에는 강하고 약한 의지만 존재할 뿐, 자연적 인과 관계로부터 해방될 수 있거나 해방되어야 하는 의지는 말할 것도 없고, 그것과 독립적으로 존재하는 자유의지는 존재하지 않는다.

니체가 자유의지라는 거짓말이 품고 있는 무지렁이의 단순성을 날카롭게 비판하는 것은 인간을 자연으로 재번역하려는 그의 생각과 연관되어 있다. 인간과 동물 사이의 장벽은 자유의지라는 허구적인 원인의 도움으로 세워진 것이다. 인간은 자연에는 존재하지 않는 능력을 지녔다는 착각에 빠져 있다. 따라서 '이유 없이 행위하는 신'의 축소판으로서 인간은 '움직이지 않는 운동자'가 되기를 원했고, 그것이 인간이라는 상을 세웠다. 하지만 니체의 말에 따라 본질적으로 모순되는 자유의지라는 개념을 버리면 우리와 자연 사이의 장벽은 무너지고 만다. 자유의지라는 허구가 사라지면 우리는 더 이상 자연 *위에* 군림하는 존재가 아니라 자연의 *한 부분*일 뿐이다.

니체의 도덕에 대한 비판은 무시하기 어려운 설득력이 있다. 그렇다면 그가 대안으로 제시한 것은 무엇일까? 그런데 여기서 문제가 생긴다. 니체는 '수천 년 동안의 일탈과 혼란 끝에 (…) 예와 아니오로 이어지는 길을 다시 찾는 행운을 누렸다'라고 믿어 의심치 않았다. "나는 우리를 나약하게 하고 지치게 하는 모든 것에 대해 '아니오'라고 할 것을 가르친다. 나는 우리를 강하게 만들고, 힘을 모으는 모든 것, 힘찬 느낌을 정당화하는 모든 것에 대해 '예'라고 할 것을 가르친다."[58] '권력에 대한 의지'라는 그의 유명한 개념도 이런 맥락에서 나온 표현이다. 이것은 노예 도덕의 맞은편에 놓이는 대항 이상이 아니라 '자기 보존과 자기 확장의 본능'이라는, 널리 퍼진 자연의 원리를 가리킨다.[59]

"삶 자체가 권력에 대한 의지이다."⁶⁰ 니체가 이 주장에서 한 걸음 더 나아가지 않았다면, 위의 문장에는 아무런 모순이 없을 것이다(니체의 설명은 오늘날 진화생물학자들이 '자기 이익의 원리'라고 부르는 것과 거의 일치한다). 니체는 '연민'이 진화의 법칙, 즉 찰스 다윈이 설명한 선택의 법칙을 거스르는 것이라 보았다. 그러므로 미덕으로 여겨지는 동정심이나 연민은 실제로는 악덕인 것이다. 그것은 파괴되어야 하는 것을 보존하고, 혜택받지 못하고 단죄받는 사람들을 위해 생명의 가치를 보존하고 향상시키는 것을 막을 뿐 아니라 불행을 증식시키고 보존하는 역할을 하기 때문이다.⁶¹

또 다른 저서에서 니체는 이 생각을 훨씬 더 과감하고 잔인하고 무자비하게 펼쳤다. "운명을 존중해야 한다. 약한 자는 멸망하라고 외치는 운명!"⁶² 이는 도덕적 분노의 물결을 일으키기에 더할 나위 없이 가혹한 문장이다. 하지만 분노하는 것만으로는 논쟁이 되지 못한다. 그렇다면 도덕으로부터 자유로운 철학적 관점에서 니체의 입장은 무엇일까? 답은 간단하다. 니체는 '자연주의적 오류'에 빠져 있는 것이 분명하다. 그게 무슨 뜻일까? 니체는 존재를 설명하는 진술과 특정 존재를 규정하는 진술을 혼동하고 있다. 여기서 반드시 하나가 다른 하나를 따라야 하는 것은 아니다. 다시 말해 자연에서 강자의 권리가 우세하다는 것이 옳다 하더라도(그러나 이는 진리의 일부일 뿐이다), 인간 사회에서도 강자의 권리가 우세해야 한다는 결론을 추론할 수는 없는 것이다. 존재한다고 해서 반드시 그리되어야 하는 것은 아니다.

니체가 '약자'와 '병자', '실패자'에 대해 쓴 글의 많은 부분이 극도로 위험하고, 잔인하고, 불안하며, 심지어 비인간적이라는 것은 의심할 여지가 없다(니체는 이 비난에 강력히 반박했지만). 그렇다고 이것이 니체를 '신성한 사상의 전당'에서 추방할 이유가 될까? 그가 저지른 몇 가지 무지막지한 실수를 그의 놀라울 정도로 옳은 다른 생각을 무시하기 위한 핑계로 삼는 것이 맞을까? 어쩌면 그의 실수로 인해 후대의 우리는 많은 것을 배울 수 있지 않을까? 나는 니체가 실패한 바로 그 지점을 오늘날 우리의 출발선으로 삼는 것에 큰 의미가 있다고 생각한다. 즉 '선과 악' 게임의 파괴적인 도덕주의를 버리고, 우리의 존재가 출현한 바탕이자 앞으로도 존재할 자연과 인간이 조화를 이루는, 긍정적이고 생명 중심적이고 인간적인 철학의 토대 위에서 다시 시작해야 하는 것이다.

그렇다면 니체에게 남은 것은 무엇일까? 무엇보다 그가 남긴 열린 질문은 다른 어떤 것과도 비교할 수 없을 정도로 극단적이었다. 니체는 우리가 지향점으로 삼을 만한 새로운 체계적 철학을 창조하지 않았고, 심지어 '체계에 대한 의지는 정직성의 결여에서 비롯된다'는 말을 남기기도 했다.[63] 따라서 그의 철학적 업적은 건설적이라기보다는 파괴적인 측면이 더 강하다. 프리드리히 니체는 낡은 가치를 부수고 새로운 가치로 나아가는 길을 만든 철학계의 위대한 레킹 볼(철거할 건물을 부수기 위해 크레인에 매달고 휘두르는 쇳덩이다-옮긴이)과도 같다. 미래의 새로운 전망이 어떤 것일지는 그도 명확하게 알지 못했다. 그가 《선악의 저편》의 부제를 '미래 철학의 전주곡'

이라고 붙인 것도 그럴 만한 이유가 있었다. '미래의 철학'을 예견하고 싶지 않아서가 아니라 예견할 수가 없었던 것이다. 니체가 원한 것은 위대한 삶의 긍정성을 전파하는 것이었으나 결과적으로 그는 동시대 사람들에게 격렬하게 '아니오!'를 투척하는 데 그의 삶을 오롯이 바쳤다.

  이는 니체의 작품과 삶에서 볼 수 있는 수많은 모순점 중 하나에 불과하다. 고대 그리스인들의 신중한 손길과 인내심, 작은 일에 바치는 진지함을 찬양했지만 니체의 글에는 종종 고통스러울 만큼 그 같은 요소가 결핍되어 있었다. 그는 명료한 독서를 찬양했지만 종종 2차 문헌을 통해 알게 된 작품에 대한 글을 쓰곤 했다. 실제로는 거의 실명 상태였지만 '독수리의 눈'으로 심연을 볼 수 있다고 주장하기도 했다. 그는 힘과 건강, 자기 결정에 엄격한 철학을 전파했으나 대부분의 생을 병마에 시달리면서 다른 사람의 도움에 의존하는 삶을 살았다.

  니체도 이러한 모순을 잘 알고 있었다. 그는 건강한 삶에 대한 집착이 끊임없이 고통받는 삶에 대한 주관적 경험에서 비롯된 것임을 인정할 만큼 스스로를 성찰할 수 있었다. 그러나 자신이 설파하는 에너지 넘치는 철학의 도움으로 스스로를 치유했다고 굳게 믿었으며 이를 마지막 책인《이 사람을 보라》에서 자랑스럽게 고백하기도 했다. 하지만 이 자서전의 잉크가 마르기도 전에 토리노에서 치명적인 발광을 일으킨 '빠른 죽음의 전도사'는 이후 11년 동안 느리고 기나긴 죽음의 여정을 지속했다.

니체의 철학을 받아들이는 데 있어서의 모순성이 니체의 삶과 작품의 모순을 능가하지 않는다면 이 장은 여기서 마무리해도 되었을 것이다. 니체의 지지자와 비평가 모두는 니체의 글에서 거의 모든 것, 심지어 모든 것의 반대까지 읽어낼 수 있다고 생각했다. 유신론자와 무신론자, 이상주의자와 유물론자, 좌파와 우파 할 것 없이 모든 사람이 니체의 사상을 채석장의 광물인 양 마음대로 가져다 사용했다. 심지어 니체의 원래 진술과 완전히 모순되는 경우에도 니체의 철학이 적지 않게 인용되었다. 이로 인해 철학자이자 철학사학자인 헤르만 요제프 슈미트 Josef Schmidt가 적절하게 이름 지은 것처럼, 니체의 생전에 시작되었으며 파국적인 결과를 초래한 '니체의 탈니체화'[64]라는 현상이 초래되기도 했다.

길과 함정

　　그렇다면 니체는 반유대주의자이자 민족주의자, 인종주의자 더 나아가 '금발의 야수(고귀한 종족의 기저에는 금발의 야수가 있어 먹잇감과 승리를 찾는 본성이 때로 방출되어야 한다. 니체의 저서 《도덕의 계보》에 나오는 구절이다. 이를 인종주의적 발언이라 해석하기도 한다-옮긴이)'의 선전가였을까? 그의 텍스트를 문맥에서 벗어나 해석한다면 그런 인상을 받을 수 있으며 불행히도 초기에는 그렇게 받아들여지는 경우가 허다했다. 여기에는 니체의 동생 엘리자베스의 책임이 크다. 1893년부터 그녀는 정신병에 걸린 오빠를 돌보았을 뿐 아니라 그의 작품에도 관여했다.

　　엘리자베스 푀르스터-니체 Elisabeth Förster-Nietzsche 는 1885년 독일 민족주의 성향의 김나지움 교사이자 열렬한 반유대주의자였던 베른하르트 푀르스터 Bernhard Förster 와 결혼한 후 1886년 그를 따라 파라과이의 독일인 정착촌 누에바 게르마니아(새로운 독일)로 건너갔다. 약혼 기간에도 프리드리히 니체는 동생으로부터 반유대주의적인 편지로 괴롭힘을 당했는데, 이로 인해 한때 친밀했던 남매 관계는 파국으로 치달았다고 니체는 불만을 토로하기도 했다. 여동생과 바그너 주변의 인사뿐 아니라 니체를 둘러싼 이들 사이에 만연하던 광적인 유대인 혐오를 니체는 그 무엇보다 혐오했다.

　　1884년 4월 2일, 니체는 충성스러운 친구이자 교회사가인 프란츠 오버베크 Franz Overbeck 에게 다음과 같이 고백했다. "이 빌어먹을 반유대주의는 나의 금전적 독립뿐 아니라 학생들과 새로운 친구들과의 관계를 비롯한 모든 계획을 망치고, R. 바그너와 나를 적으로 만들었으며, 나와 동생 사이가 급격하게 틀어지게 된 원인이 되었다네."[65] 얼마 후 니체는 자신의 오랜 지지자였던 페미니스트 작가 말비다 폰 메이젠부르크 Malwida von Meysenbug 에게 보낸 편지에 이렇게 썼다. "그 사이 상황은 내가 동생과 인연을 끊을 정도로 나빠졌다오. 부탁이니 앞으로 제발 복수심에 불타는 저 반유대주의 거위와 나를 중재하거나 화해시킬 생각은 꿈도 꾸지 마시오."[66]

　　1893년 남편이 자살한 후 엘리자베스가 독일로 돌아오고 나서는 스스로를 방어할 능력을 상실한 프리드리히 니체를 서서히 자신의 마음대로 조정하기 시작했다. 다만 니체의 작품에 대한 신뢰할 수 있는 관리자로 자리매김하기 위해서는 남매를 파국에 이르게 한 원인이었던 심각한 이념적·정치적 차이를 숨길 필요가 있었다. 그 때문에 엘리자베스는 오빠의 편지를 위조하기에 이르렀고 이 사실은 그녀의 사후에야 밝혀졌다. 설상가상으로 엘리자베스는 오빠의 체계적인 주요 저작이라는 미명하에 마음대로 《권력에의 의지》라는 제목의 저서를 출판하기까지 했다. 하지만 그것은 니체가 출판을 허락하지 않았을 미발표 글을 모아 편집한 책에 불과했다.[67]

비극적이게도 20세기 전반기에 니체의 이미지를 형성했을 뿐 아니라 민족주의 우파와 국수주의자, 인종주의자, 파시스트 사이에서 인기를 얻은 것은 이 비니체적인 책이었다. 표면적으로만 보면 이후에 국가 사회주의 세계관의 핵심이 된 모든 이론을 니체의 저서에서 예언한 듯했기 때문이다. 병든 정신과 대비되는 건강한 정신과 나약하지 않고 강한 정신, 노예 도덕(유대인)과 대비되는 주인 도덕(아리아인), '인간 사육'과 '인간 길들이기'의 대비뿐 아니라 '초인'과 '금발의 야수'에 이르는 개념까지 말이다.

니체가 말한 이 개념들에 대한 정의가 나치 정권의 독재자가 이해한 것과 달랐다는 것을 간파한 사람은 소수에 불과했다. 니체의 글을 자세히 살펴본 일부 나치 작가들은 반유대주의나 민족주의, 인종주의, 그리고 모든 형태의 독일 민족의 우월주의에 대한 그의 맹렬한 비판에 반발했지만, 위대한 철학자를 자기편으로 끌어들이고 싶은 유혹은 이를 넘어섰다. 따라서 나치 정권이 니체를 이용하려

했던 것은 그리 놀랍지 않으며, 이념적·정치적 문제와 관련해 오빠와 완전히 생각이 달랐던 엘리자베스가 이러한 제안을 기꺼이 받아들인 것도 놀라운 일은 아니다. 엘리자베스는 1932~1934년 바이마르에 있는 니체 기록 보관소에서 총통을 맞이하는 영광의 기쁨을 숨기지 않았다. 그녀는 존경의 표시로 오빠의 지팡이까지 선물했고, 히틀러는 이에 대한 보답으로 니체 기념관 건립을 위해 개인 재산에서 5만 마르크를 기부하기까지 했다.

아마도 망치를 든 철학자가 이를 알았다면 당황과 경악을 금치 못했을 것이다. 무엇보다도 니체가 가장 좋아했던 시인 하인리히 하이네의 작품을 진흙탕으로 끌어들였던 히틀러와 그 측근들의 횡포는[68] 니체의 인간에 대한 혐오감을 더욱 심화시키고 그가 자주 그랬던 것처럼 신선한 공기를 갈망하게 만들었을 것이다. 니체는 자신의 글에서 '마치 자가 격리를 하듯이 한 국가가 다른 나라로부터 스스로를 봉쇄하는 상황에서 민족주의와 인종적 증오를 옹호하고, 심장과 피를 갉아먹는 국가주의라는 기생충에 기꺼이 온몸을 내줄 만큼 자신은 충분한 독일인이 아니라고 분명히 밝히지 않았던가?[69] 오히려 국가적 특수주의를 극복하고 선한 유럽인, 수천 년 이어져온 유럽 정신의 상속자가 되어야 한다고 주장하지 않았던가?[70] 니체는 게르만 속물주의의 무미건조함과 편협함, 위선 및 허영심에 대해 결연하게 경고하지 않았던가? "독일, 무엇보다도 독일, 그것이 독일 철학의 종말이 아닐까 두렵다. (…)"[71]

다행히도 니체를 읽은 모든 사람이 민족주의 선전 선동에 넘어간 것은 아니었다. 니체의 작품에 관해 보다 진보적이고 자유주의적이며 삶을 긍정하는 관점도 일찍부터 발전했다. 특히 토머스 만Thomas Mann이나 헤르만 헤세 같은 작가나 에드바르 뭉크Edvard Munch, 막스 에른스트Max Ernst를 비롯한 표현주의 또는 초현실주의 화가들은 니체로부터 많은 영감을 받았다. 예술가들은 니체가 말한 이성적 형태와 질서를 중시하는 '아폴론적' 원리와 대비되는 '디오니소스적' 원리가 무엇을 의미하는지 누구보다도 잘 이해하는 이들일 것이다.

니체는 특히 후기 작품에서 이 디오니소스적 쾌락의 개념을 설명하며, 아무리 고통스럽다 하더라도 열정을 기꺼이 받아들이는 태도를 취했다. 더 나아가 그는 괴로움의 가능성을 두려워한 나머지 아름답고 대담하며 중독성 있는 모든 열정의 싹을 잘라버리려는, 온건하고 길들여지고 마취된 에피쿠로스학파의 쾌락 개념에 반대했다. 디오니소스와 자신을 점점 더 동일시한 니체는 극단적인 기준을 세울 수 있다고 확신했고, 《차라투스트라는 이렇게 말했다》에서 이를 놀라울 정도로 시적인 언어로 표현했다. "춤추는 별을 잉태하려면 내면의 혼돈을 지니고 있어야 한다."[72]

니체에게서 영감을 받은 이들은 예술가뿐이 아니었다. 막스 베버Max Weber와 같은 사회학자나 지그문트 프로이트와 같은 심리학자도 마찬가지였다. 막스 호르크하이머Max Horkheimer와 테오도르 아도르노Theodor W. Adorno와 같은 좌파 비판 이론의 대표주자도 니체의 저서에서 영감을 얻었다. 그런데 그의 철학이 가장 큰 메아리를 울린 곳은 프랑스였다. 처음에는 프랑스 실존주의자인 장 폴 사르트르 Jean Paul Sartre와 알베르 카뮈 Albert Camus가, 나중에는 후기 구조주의자인 미셸 푸코 Michel Foucault와 질 들뢰즈 Gilles Deleuze, 자크 데리다 Jacques Derrida 역시 그의 철학에 큰 영향을 받았다.

그중에서도 알베르 카뮈에 주목할 필요가 있다. 그는 니체의 철학이 끝나는 지점, 즉 '신의 죽음'과 모든 우상의 탈이상화 이후 우리 존재의 긍정적 의미를 절대적으로 부정하는 허무주의가 어떻게 극복될 수 있는지에 대한 질문을 던진 철학자였다. 카뮈의 '부조리 철학'은 이 장의 서론에서 니체를 이야기하면서 접한 '미치광이'와 관련된 질문에 답을 제시한다. "여전히 위와 아래가 있는 것일까? 우리가 무한한 무를 통과하는 것과 같은 오류를 범하는 것은 아닐까? 빈 공간이 우리에게 숨을 내뿜고 있지는 않은가?" 흥미롭게도 '부조리'라는 개념은 비슷한 맥락으로 니체의 글에서 등장한다. "모든 인간 이상의 뒷면에서 무無를 발견하므로 철학자는 허무주의자가 되고 말 것이다. 그조차도, 그냥 무가 아니라 단지 무가치하고 부조리하며 병들고 비겁한 무일 뿐이다."[73]

카뮈는 니체의 근본적인 주제를 철학적 상아탑에서 실존적 문제로 전환시킴으로써 해방시켰다. 그는 삶에서 의미를 필요로 하고 의미를 찾는 존재인 우리가 무의미한 우주와 마주한다는 것이 무엇을 의미하는지에 대한 질문에 깊이 천착했다. 이 모순에서 비롯되는 부조리한 경험을 우리는 어떻게 다루어야 할까? 다른 무엇보다 이 같은 경험 후에도 우리가 여전히 살아야 하는 이유는 무엇일까? 1942년에 그가 쓴 《시시포스 신화》의 유명한 첫 구절은 다음과 같다. "진정으로 심각한 철학적 문제는 단 하나, 바로 자살이다. 삶이 살 가치가 있는지 없는지를 판단하는 것은 철학의 근본적인 질문에 답하는 것이다. 다른 모든 것, 즉 세상이 3차원인지, 정신이 9가지 범주로 혹은 12가지 범주로 나뉘는지는 나중 문제이다."[74]

물론 우리는 '왜'나 '무엇 때문에'와 같은 밑도 끝도 없는 질문을 내일로 미루거나 억누를 수도 있다. 그러나 언젠가는 내일이 더 이상 존재하지 않는 날을 맞이하게 될 것이다. 우리는 태어날 때부터 마지막 날을 향해 끊임없이 나아가고 있다. 카뮈는 다음과 같이 써 내려갔다. "이 파멸의 치명적인 빛 아래서 무의미가 드러난다. 우리를 지배하는 피비린내 나는 수학 앞에서는 어떤 도덕도, 어떤 노력도 선험적으로 정당화될 수 없다."[75]

— 우리는 모두 죽을 운명이고, 그것을 잘 알고 있다. 따라서 우리는 우리가 사랑하는 것 중 어느 것도 영원하지 않다는 사실을 안고 살아가야 한다. 죽고 나면 곧 당신이 누구였는지, 무엇을 바라고, 어떤 일을 했는지 아무도 기억하지 못할 것이다. 당신이 애초에 존재하지 않았던 것처럼 말이다! 모차르트와 베토벤, 다빈치, 피카소 같은 불멸의 예술가도 결국 잊히고 말 것이다. 우리가 아무리 애쓰더라도 결국은 헛된 것이라는 근본적인 깨달음은 삶의 의미를 필요 없게 만들고 부조리한 경험의 바탕을 창조해낸다. 결국에는 모든 것이 부질없는데 살면서 온갖 역경

을 굳이 감수할 필요가 있을까?[76]

카뮈는 사유하는 사람이라면 언젠가는 부조리한 상황에 직면하는 것을 피할 수 없다고 말한다. 그렇다면 우리는 존재의 부조리함에 어떻게 대처해야 할까? 카뮈는 여기서 세 가지 선택지를 제시한다. 첫째, 자신의 목숨을 끊음으로써 존재로부터 도피할 수 있다. 단, 이것은 삶이 허무하다고 믿는 허무주의를 극복하게 하기는커녕 그것을 확인시켜준다. 둘째, 실존적 안전에 대한 환상을 약속하는 신앙을 가짐으로써 형이상학적인 도약을 통해 현실에서 도피할 수 있다. 하지만 이는 거짓을 유지함으로써 자유롭고 명확한 사고를 포기하는 '철학적 자살'과 같다. 셋째, 자신의 존재가 무의미해서가 아니라 삶 자체에 의미를 부여함으로써 부조리함을 인정하고 받아들이는 것이다. 죽음으로 인해 사라지므로 삶의 의미는 한시적이지만, 우리가 존재의 무의미함과 싸우는 매일매일은 부조리에 대한 작은 승리라고 할 수 있다.

— 카뮈는 책 제목이 된 《시시포스 신화》도 이런 의미로 해석한다. 그는 산 위로 돌을 굴려 올라가라는 신의 저주를 받은 전설적인 왕의 아들 시시포스가 정상에 도달하기 직전 매번 다시 계곡으로 굴러 떨어지는 모습(시시포스의 노동)에서 인간의 상징을 보았다. 우리는 모두 시시포스처럼 실패할 수밖에 없는 운명을 타고났지만, 매일매일 부조리한 현실에 반항하는 것으로 삶의 의미

와 힘, 기쁨과 행복을 얻을 수 있다. "시시포스의 조용한 기쁨은 모두 그 안에 담겨 있다. 그의 운명은 그의 것이다. 그의 바위는 그의 것이다. (…) 이제 창조자를 알지 못하는 이 우주는 그에게 불모지도, 무의미한 공간도 아닌 것처럼 보인다. (…) 정상에 대한 투쟁은 인간의 마음을 채울 수 있다. 시시포스야말로 행복한 사람이라 상상해볼 수 있지 않겠는가."[77]

《시시포스 신화》가 삶의 부조리함에 대한 개인의 투쟁을 다루고 있다면, 후속작《반항하는 인간》은 부조리함에 대한 집단적 투쟁을 다루고 있다. 이 책에서도 카뮈는 존재의 무의미함을 파괴적인 방식으로 대응하려 한다. 다만 여기서는 질문이 스스로 죽음을 택할 것인가, 가 아니라 다른 사람들을 죽여도 될 것인가, 에 관한 것이다. 이 같은 맥락에서 카뮈는 무엇보다도 파시스트 체제나 사회주의-공산주의 체제나 가릴 것 없이 만연한 살인 의지를 광범위하게 분석했다. 이것은 정치적 좌파였던 작가 카뮈가 던진 진솔한 질문이었지만(니체와 마찬가지로 그는 지적 위선을 싫어했다), 자신이 속한 환경에서는 쉽게 받아들여지지 않았다(가령 장 폴 사르트르는 카뮈를 배신자라고 비난했다).

카뮈에 따르면 전체주의 체제의 문제는 자신들이 궁극적으로 부조리한 것을 물리칠 수 있다고 믿어 의심치 않으면서 온갖 잔인하고 끔찍한 불의, 파괴적인 테러 행위를 위대하고 절대적인 이상이라는 이름으로 정당화한다는 점이었다. 이는 종교에 비판적이었고 니체주의자였던 작가 카를 하인츠 데슈너 Karlheinz Deschner가 쓴 글을 떠올리게 한다. "피가 묻었다고 해서 그것을 '위대한 진리'라고 부를 수는 없다."[78] 카뮈는 역사적으로 부조리에 대항하는 집단적 반항으로 인한 폭력의 과잉을 피하려면, 중용과 비현실적으로 부풀려진 이상을 무장 해제하는 새로운 길을 찾아야 한다고 주장했다. 인간은 집단 행동을 통해 부조리를 온전히 극복할 수 없으며 기껏해야 그 결과를 단계적으로 완화시킬 수 있을 뿐이라는 사실을 받아들여야 한다. "인간이 제아무리 애를 쓴다 할지라도 세상의 고통은 완전히 사라지지 않는다. 고통과 불의는 여전히 남아 있을 것이며, 아무리 제한적일지라도 충격적인 사건으로만 끝나지는 않을 것이다."[79]

이러한 맥락을 바탕으로 카뮈는 네 가지 측면에서 니체와 거리를 두었다. 다시 말해 지나침보다는 중용을 강조했고, (니체가 정의에 대한 요구를 노예 도덕의 증상이라며 무시한 반면) 불의를 수치스러운 것으로 보았다. 또 연민을 '도덕적 악덕'이 아닌 사회적 미덕으로 간주했고, 니체가 '무리'와 관련된 어떤 전유도 거부한 반면 그는 공동체의 가치를 강조했다.

카뮈는 진지하게 다음과 같이 썼다. "나는 타인을 필요로 하고, 타인은 나를 필요로 한다."[80] 니체가 사람들을 만나지 않고 다시 신선한 공기를 마시기 위해 산속의 고독으로 은둔하는 동안, 카뮈는 당대의 사회적 혼란과 정치적 투쟁에 열정적으로 몸을 던졌다. 1930년대에는 프랑스에서 억압받던 알제리인들의 권리를 위해 싸웠고, 1940년대에는 나치 독일에 대항하는 저항 운동에 참여했으며, 종전 직후에는 독일과 프랑스의 화해를 위해 힘쓰기도 했다. 마지막으로 카뮈는 1948년 파리에서 열린 유엔 총회를 점거하여 유엔 대표들이 '세계 인권 선언'을 논의하는 데 그치지 않고 실제로 채택하도록 영향을 미친 세계시민 운동가 중 한 명이기도 하다.

니체와 카뮈는 비슷한 전제에서 출발했지만 두 사람의 결말은 이보다 더 다를 수 없었다. 이는 두 사람이 성격도 삶의 경험도 매우 달랐기 때문만은 아니었을 것이다. 카뮈는 니체의 철학을 19세기의 또 다른 유명 철학자의 견해와 독창적인 방식으로 결합한 사상가이기도 하다. 니체와 마찬가지로 전투적이고 논쟁적인 이 사상가는 종종 니체와는 위대한 대척점에 선 위대한 반대편으로 언급되기도 한다. 하지만 자세히 살펴보면 그는 니체와 공통점이 유난히 많다. 바로 카를 마르크스에 대한 이야기이다.

우리에게는 사슬을 끊는 힘이 있다

카를 마르크스와
사회의 발견

8장

카를 마르크스

Karl Marx
1818~1883

"만국의 프롤레타리아여, 나를 용서하시오!" 《공산당 선언》의 마지막 문장인 '만국의 프롤레타리아여, 단결하라!'¹를 풍자한 이 문장은 베를린 장벽이 무너진 1989년, 유행어가 되었다. '카를 머르크스 Karl Murks('Murks'는 독일어로 실패작, 졸작이라는 뜻이다-옮긴이)'라는 조롱을 받기도 했던 카를 마르크스는 현실에 만연한 혹은 현존하는 사회주의의 비참한 상황으로 인해 비난을 한 몸에 받았다. 이러한 비난은 충격적인 사실에 근거한다. 마르크스의 저작을 인용한 무리에 의해 수백만 명이 억압받고, 쫓겨나고, 고문당하고, 살해당했으며, 고문이나 살인, 반인간적 투쟁을 공공연하게 정당화하는 무리에 의해 교리의 희생양이 되었다.

    그런데도 얼마 지나지 않아 마르크스는 독일 방송국 ZDF의 〈가장 위대한 독일인〉이라는 프로그램에서 위대한 인물 3위로 선정되었으며, 전 세계에서 많이 인용되는 작가 중 한 명이기도 하다. 이러한 두 관점을 어떻게 조화시킬 수 있을까? 마르크스의 삶과 작품의 모순, 그리고 그가 영향을 미친 역사의 모순은 7장에서 이야기했던 프리드리히 니체의 예에서 볼 수 있었던 모습을 연상시킨다. '망치를 든 철학자'가 아무리 이념적 기반을 날카롭게 공격했다 하더라도 '갈색 테러(나치 파시스트의 테러 공격을 가리킨다-옮긴이)'의 책임을 면할 수 없는 것처럼, '사회주의의 아버지'인 마르크스는 국가가 '추상적 자본가'가 되어 모든 권력을 장악하는 '설익은 공산주의'의 위험을 다급하게 경고했지만, 여전히 '적색 테러(혁명 세력과 반정부 세력, 공산주의 정부가 일으키는 테러를 가리킨다-옮긴이)'를 사주한 인물로 비난받고 있다.

마르크스의 비판을 들어보자. "어디에나 군사, 관료, 교회, 사법 기관을 갖춘 중앙집권적 국가 기계가 보아뱀처럼 부르주아 사회 내부를 감싸고 있다"[2](현대의 어떤 경제 자유주의자도 이보다 더 현실을 잘 표현할 수 없다). 이러한 맥락에서 마르크스가 이전 혁명에 대한 국가의 집착을 비판할 때, 그의 말은 실제 존재하는 사회주의가 나중에 몰고 올 격변에 대한 불길한 예언처럼 들리기도 한다. "모든 혁명은 (…) 이 살인적인 악몽을 없애는 대신 국가라는 기계만을 완성했다. (…) 국가 활동의 중심에는 거대한 상비군과 국가에 기생하는 수많은 기생충 및 막대한 국가 부채의 생성이 있다."[3]

이와 같은 구절은 후대의 저자들이 당대의 '마르크스주의'를 비판하기 위해 마르크스를 언급하는 데 사용되기도 한다. 마르크스의 저작은 다양한 해석이 가능했고 지금도 열린 해석이 가능하다. 스탈린과 같은 독재자들도, 스탈린이 살해한 반체제 인사들도 그를 언급할 수 있었던 배경은 무엇일까? 이는 니체와 비슷했다. 마르크스의 저작 역시 미완성으로 남았고 일관된 세계관이라기보다는 거대한 하나의 몸통과 같았다. 니체와 마찬가지로 마르크스도 기존 질서를 매우 신랄하게 비판하지만, 긍정적으로 더 나은 대안을 제시하는 경우는 드물다. 그리고 그 빈자리는 매우 다양한 방식으로 채워져왔다.

니체와 마찬가지로 마르크스도 미래를 예측하고자 하지 않았는데, 이는 그의 철학적 맥락을 보면 매우 일관성이 있다. 마르크스는 인간을 '사회적 조건의 총체'[4]로 보았기 때문에 자신조차도 시대의 아이에 지나지 않는다고 이해했다. 그의 견해에 따르면 우리가 생각하고 느끼는 것, 행위하거나 행위를 자제하는 것은 우리가 살고 있는 사회의 생산과 지배의 조건에 의해 형성된다. 이는 마르크스가 철학과 사회학, 사회심리학에 도입한 위대하고 일관된 사유의 연장선이라고 볼 수 있다. "인간의 존재를 결정하는 것은 의식이 아니라 그 반대다. 즉 사회적 존재가 인간의 의식을 결정하는 것이다."[5]

따라서 어떤 사상이 역사 속에서 우세할 때는 그것이 특별히 합리적이거나 도덕적이기 때문이 아니라 역사적으로 지배적인 관심사에 부합하기 때문이다. 여기서도 우리는 니체의 철학과의 흥미로운 유사점을 발견할 수 있다. 니체는 (수십 년 후에) 주인·노예 도덕의 다양한 형태를 역사적 환경에서 각 사회 집단의 유용성을 설명하기 위해 묘사했다. 또한 마르크스에게 한 시대의 지배적인 사상은 지배계급의 사상에 불과했다.[6] 아무리 위대한 혁명가라 할지라도 이러한 역사적 조건에서 자유로울 수는 없다.

이를 잘 보여주는 일화가 있다.[7] 1867년 마르크스는 저명하고 부유한 의사 루트비히 쿠겔만Ludwig Kugelmann의 초대를 받아 하노버에서 4주를 보냈다. 이때 마르크스는 《자본론》첫 권의 인쇄본을 수정하며, 다른 사람들과 문학과 예술, 음악에 관한 대화를 나누는 데 대부분의 시간을 보냈다. 자신의 정치적·경제적 세계관에 대한 질문은 대부분 회피하려 했지만, 어느 날은 꼬치꼬치 물어오는 질문을 피할 수 없었다. 한 손님이 사회주의 체제에서는 누가 부츠를 닦느냐고 묻자 마르크스는 격앙된 목소리로 외쳤다. "당신이 스스로 해야지요!" 손님이 떠난 후, 그 집의 매력적인 부인 거트루드 쿠겔만Gertrud Kugelmann이 말했다. "친애하는 마르크스 씨, 이렇게 귀족적인 성향과 습관을 가진 분이 평등한 사회에서 어떻게 살아가실지 상상하기 어렵네요." 그가 대답했다. "저도 그렇게 생각합니다." 그리고 덧붙였다. "그런 시대는 오겠지만 그때쯤이면 우리는 벌써 이 세상에 없겠지요."

마르크스의 신조는 이상적인 조건하에 '새로운 인간'의 출현이었고, 자신은 기껏해야 이 새로운 인간 종의 선구자가 될 뿐이라는 것이었다. 마르크스의 영향을 받은 가장 중요한 시인이기도 한 베르톨트 브레히트Bertolt Brecht는 많은 좌파 사상가의 특징인 이러한 양가적인 감정을 유명한 시 〈후손들에게〉에서 표현했다.

— (…) 비루함에 대한 증오조차 얼굴을 일그러뜨리고

불의에 대한 분노조차 우리의 목소리를 쉬게 한다. 아, 우리들
우애의 터전을 마련하고 싶었던 우리들
우리들 스스로 우애롭지 못했지만
마침내, 때가 오면
사람이 사람을 돕는 때가 오면
그때는 너그러운 마음으로 우리를 기억해다오.[8]

우리보다 앞서 살다 간 사람들에 대한 관대함은 마르크스 철학의 필연적인 결과이다. 과거 사람들이 당대의 지배적인 조건의 압력으로 인해 달리 생각하거나 행동하는 것이 불가능했다면, 그들이 비윤리적인 생각이나 행동을 했더라도 어떻게 도덕적으로 비난할 수 있겠는가? 마르크스는 니체만큼이나 일관된 비도덕주의자였다.

그도 니체와 마찬가지로 도덕적 진실의 존재를 부정했다. 마르크스는 도덕적 신념이 탄생하는 역사적 상황에 초점을 맞추었다. 인간은 '세상 밖에 있는 추상적 존재가 아니라'[9], 그가 속하고 성장한 환경에 의해 결정되는 존재라고 생각했기 때문이었다. 그렇다면 이제 마르크스의 사고와 행동이 발전한 역사적 조건을 살펴보기로 하자.

존재와 의식

카를 마르크스는 1818년 5월 5일 트리어에서 태어났다. 그

의 어머니 헨리에트 프레스부르크Henriette Presburg와 본명이 헤셀 레비Heschel Levi였으나 이후 개명한 아버지 하인리히 마르크스Heinrich Marx는 둘 다 저명한 유대인 랍비 가문 출신이었다. 이는 훗날 마르크스의 철학이 유대인 전복 정신의 표현에 지나지 않는다는 음모론의 근거가 되기도 했다. 1820년 초, 아버지 하인리히는 개신교로 개종하여 변호사 활동을 이어갔다(1831년에 그는 법률 고문관이라는 칭호를 받았다). 그 결과 카를은 1824년에 개신교 세례를 받았고, 그의 형제인 소피아Sophia, 헤르만Hermann, 앙리에트Henriette, 루이스Louise, 에밀리Emilie, 캐롤라인Caroline 역시 트리어에 있는 루터교 교회에서 세례를 받았다.

하지만 마르크스 가족에게 유대교든 개신교든 종교적 신념은 중요하지 않았다. 이는 1837년 18세의 카를이 60세 생일을 맞은 아버지에게 직접 써서 선물한 시 모음집에서도 잘 나타난다. 시 모음집에는 젊은 카를이 하인리히 하이네의 스타일로 내세에 대한 기독교의 믿음을 조롱하는 〈최후의 날〉이라는 제목의 시가 있다.

— (…) 천국은 하나밖에 없을 텐데
그 천국은 점령당하고
세월의 이빨이 돋아난
늙은 여자들과 함께 살아야 한다 (…)
하지만 나는 감히 축제를 방해하고
찬양하고 찬미하며 울부짖는다

그러면 주님은 울부짖는 소리를 듣겠지
그의 머리가 뜨거워져서
눈앞에 보이는 천사를 부르고
대천사 가브리엘에게 손을 흔들어
시끄러운 악동을 잡아
재빨리 추방하라 이르실 것이다
보아라! 오늘 내가 꿈꾸는 이 모든 것은
최후의 황궁에 관한 것이다
그러니 선량한 이들이여, 화내지 말라
꿈꾸는 자는 죄를 짓지 않는다[10]

마르크스는 대주교가 오랫동안 세속적 통치자 노릇을 했던 엄격한 가톨릭 도시인 트리어에서 무신론자이자 유대인 개신교도로 자랐다. 12세기 말부터 19세기 초까지 트리어의 주교들은 독일 신성로마제국의 황제를 뽑는 7명(나중에는 9명)의 선거인단 중 한 명으로 뽑혔다. 그러나 선거인단이라는 입지는 번영했던 과거의 희미한 그림자에 불과했다. 트리어는 이미 4세기에 황제가 선출되는 도시이자 서로마제국의 수도로서 전성기를 누렸다. 당시 알프스 북쪽에서 가장 큰 도시였던 이곳에서 콘스탄틴 황제 Constantine는 로마제국을 통일하고 경쟁자들을 제거하기 위해 기독교가 국교로 부상할 수 있는 여건을 조성하려 노력했다.

카를이 트리어에서 성장했던 시절 '제2의 로마'라는 영광은 사라진 지 오래였다. 하지만 그의 부모님 집에서는 창밖으로 2세기 로마의 거대한 성문인 '포르타 니그라 Porta Nigra'를 내다볼 수 있었다. 1830년부터 카를 마르크스는 이 지역의 김나지움에 다녔다. 매일 등하교 길에 그는 로마 노예 사회의 잔재와 봉건주의의 휘장, 신흥 (자본주의) 부르주아의 신분을 상징하는 성문을 보며 지난 역사의 흔적을 목격했고, 이는 그가 역사에 대한 사유를 형성하는 데 결정적인 역할을 했다. 여기서 받은 인상으로 그의 세계관이 형성되었다는 것은 18세에 쓴 두 번째 시를 통해서 확인할 수 있는데, 이 시에서 그는 역사와 사회의 흥망성쇠뿐 아니라 끊임없는 역사의 흐름에서 길을 잃지 않고자 하는 열망을 표현했다.

— (…) 성벽과 복도/ 모든 것이 갑작스럽게 무너져 내리고/ 순식간에 무로 돌아간다/ 새로운 제국이 등장하고/ 숱한 세월 속에서 흔들거린다/ 무에서 유로/ 요람에서 무덤으로/ 영원한 상승, 영원한 몰락으로/ (…) 그러니 우리는 모든 것에 덤벼야 한다/ 쉬지 말고, 쉬지 말고/ 무뎌지지 말고, 아무 말도 하지 말고/ 원하는 것 없이, 모든 것을 해야 한다/ 낮은 멍에를 메고/ 두려워하지 말고/ 결국 그리움과 욕망/ 그리고 행위만이 우리 곁에 남을 것이기 때문에 11

예민한 심성을 지녔던 학생 마르크스는 고향이 처한 어려운 상황을 지나칠 수 없었다. 카를이 태어나기 직전 트리어는 프랑스 통치하에 있었는데, 지역 경제가 번영하고 사람들이 의식적으로 프랑스 혁명 사상에 큰 영향을 받던 시기였다. 하지만 빈 회의(1814년부터 1815년까지 오스트리아 제국의 수도 빈에서 나폴레옹 전쟁의 승전국이 유럽 지도를 재구성하기 위해 열린 회의-옮긴이) 이후 도시는 프로이센에 함락되었고, 한편으로는 시장 부족으로, 또 한편으로는 프로이센이 라인강 좌안 지역에 부과한 높은 세금으로 인해 경제적·정치적 상황이 악화되고 있었다. 공장과 여러 작업장이 문을 닫아야 했고, 이 지역에서 경제적으로 매우 중요했던 모젤 와인의 가격은 폭락했으며, 가난과 비참함이 도시 전역을 지배했다.

그 결과 트리어 시민들 사이에서 급진적 민주주의와 공화주의, 유토피아적 사회주의 사상이 점점 더 인기를 얻게 되었다.[12] 마르크스가 1830년부터 1835년까지 다녔던 트리어 김나지움 역시 프로이센 당국의 불만을 샀을 정도로 계몽적이고 공화주의적인 분위기가 가득했다.

이는 카를이 학교 졸업 시험으로 제출한 에세이 〈직업 선택을 앞둔 한 젊은이의 고찰〉에도 잘 반영되어 있다. 17세 소년의 에세이에는 마르크스 후기 철학의 본질인 두 가지 핵심 사상이 담겨 있다. 우선 이 글에는 보편적 인본주의, 종에 대한 사랑이라는 개념이 담겨 있는데, 이는 무엇보다 인간을 완전히 발달된 '참된 인간'으로 만들기 위한 것이었다. 카를 마르크스는 졸업 에세이에 다음과 같이 썼다. "(…) 인간의 본성은 완벽을 추구함으로써 또 동료 인간을 위해 노력함으로써 완벽에 다다를 수 있다. (…) 역사는 공동선을 위해 일함으로써 스스로를 고귀하게 만든 이들을 위대한 사람으로 칭하며 절대다수를 행복하게 만든 사람을 가장 행복한 사람이라 칭송한다. (…) 우리가 인류를 위해 최고의 일을 할 수 있는 자리를 선택할 수 있다면 그 부담에 짓눌리는 일도 없을 것이다. 그것은 모두를 위한 희생이기 때문이다. (…) 우리가 누리는 기쁨은 초라하고 제한적이며 이기적인 기쁨이 아니라 수백만이 공유하는 행복이 될 것이다. (…)"[13]

한편으로 마르크스의 이 막연한 이상은 또 다른 냉정한 깨달음과 대비된다. 개인의 가능성은 지배적인 사회적 조건에 의해 결정되며, 사회가 바람직하지 못한 방향으로 나아간다면 선의의 인문주의적 호소가 원하는 목표에 도달하지 못할 것이라는 냉정한 깨달음 말이다. "우리는 소명을 받았다고 믿는 자리를 반드시 얻지는 못한다. 사회에서 우리의 상황은 그것을 규정할 위치에 이르기 전에 어느 정도 확립되어 있기 때문이다."[14] 마르크스가 이후에 쓴《그룬트리세》(《정치경제학 비판 요강 *Grundrisse der Kritik der politischen Ökonomie*》을 가리키며 카를 마르크스의 저작으로 《자본론》의 초고에 해당한다-옮긴이)의 핵심을 우리는 1835년 그가 졸업 시험에 제출한 에세이에 서술된 인본주의와 역사적 결정론 사이의 화해할 수 없는 모순 속에서 감지할 수 있다(이후에 더 살펴보겠다).

카를은 지적 영역에서뿐 아니라 사랑의 영역에서도 조숙했다. 사춘기 시절 카를은 동급생 에드가 폰 베스트팔렌 *Edgar von Westphalen*의 네 살 많은 누나를 보고 깊이 사랑하게 되었다. 하지만 트리어에서 가장 아름다운 여성으로 명성이 높았던 예니 폰 베스트팔렌 Jenny von Westphalen에게는 수많은 구애자가 따랐고, 그녀 또한 남동생 친구의 구애를 크게 염두에 두지 않았다. 부유하지도, 자랑할 만한 귀족 작위도 없었던 카를은 자신이 예니의 호감을 사기에는 불리하다는 것을 알면서도 포기하지 않았다. 아름답고 총명했던 예니는 카를의 초기 스승이었던 아버지 루트비히 폰 베스트팔렌 Ludwig von Westphalen과 마찬가지로 어린 구애자인 카를의 뛰어난 지적 재능을 알아보았다. 그녀는 특히 그의 뼈 있는 유머 감각을 높이 평가했는데, 이는 평생에 걸친 두 사람의 관계에서 핵심적인 요소로 작용했다.

카를은 예니에게 무려 네 권의 시집을 헌정하기도 했다. 마침내 '사랑해 마지않는 예니'는 카를의 끊임없는 구애에 굴복한다. 1836년 여름, 카를이 본대학교에서 멀리 떨어진 베를린의 프리드리히 빌헬름대학교(지금의 훔볼트대학교)로 편입하기 직전, 두 사람은 비밀리에 약혼했다. 고귀한 무도회의 여왕과 무일푼인 가난한 학생의 결혼을 처음에는 그 누구도 쉽게 받아들이지 못했다. 7년 후인 1843년 여름이 되어서야 카를과 예니는 공식적으로 부부가 되었다.

카를은 아버지의 뒤를 이어 베를린에서 법학을 공부할 예정이었지만 철학과 역사 문제에 더 관심이 있었다. 그는 곧 소위 '젊은 헤겔주의자 또는 좌파 헤겔주의자', 즉 게오르크 빌헬름 프리드리히 헤겔 Georg Wilhelm Friedrich Hegel이 발전시킨 '변증법적' 개념에 따라 역사는 모순(정, 반, 반의 반(합이라고도 부른다)-옮긴이)을 통해 발전한다는 독일 지식인 집단에 합류했다. 하지만 '세계정신'이 프로이센 국가와 개신교 국가 교회로 완성되었다는 헤겔의 생각은 강력하게 거부하기도 했다.

젊은 헤겔주의자 중에는 다비드 프리드리히 스트라우스 David Friedrich Strauß와 루드비히 포이어바흐가 있었는데, 이들은 각각 《예수의 생애》와 《기독교의 본질》을 썼고, 이들의 책은 수십 년 후 니체가 신학 공부를 포기하는 데 지대한 역할을 했다. 두 저자 중 더 중요한 인물은 의심할 여지 없이 포이어바흐다. 그는 역사는 비물질적 관념에 의해 결정된다는 독일 철학의 보편적 관념인 이상주의를 뛰어넘어 실제적이고 감각적인 인간과 자연 그리고 사회의 관계에 초점을 맞춘 새로운 유물론적 세계관의 토대를 마련했고, 이로써 당대에 발전하는 자연과학 및 사회과학과 철학이 양립할 수 있도록 했다.

마르크스와 니체는 모두 포이어바흐를 통과해 갔다. 두 사람 모두 포이어바흐의 유물론의 영향을 받았다는 것은 분명하다. 다만 니체는 포이어바흐가 인간의 진정한 본성 다시 말해, 진화의 단계에서 형성된 이기주의를 인식하지 못한다는 점에서, 또 마르크스는 포이어바흐가 지배적인 사회적·경제적 조건의 중요성을 고려하지 않은 까닭에 인간의 비역사적 이미지를 드러낸다고 믿었기에 이후 그에 대해 비판의 입장을 취했다.

마르크스가 유물론적 사고의 전환을 이루기 시작한 것은 박사 학위 논문에서 에피쿠로스의 원자에 대한 교리와 그의 전임자인 데모크리토스의 교리를 비교함으로써 예고되어 있었다. 논문에서 그는 에피쿠로스의 이론을 우선시했을 뿐 아니라 에피쿠로스가 '그리스 최고의 계몽가'라는 결론에 도달하는데[15], 이는 수십 년 후 마르크스와 대척점에 있었으나 영원한 에피쿠로스가 지금까지 살았던 가장 위대한 사람 중 하나라고 주장했던 니체의 관점과도 유사한 면이 있다.[16] 하지만 두 철학자가 에피쿠로스를 숭배하는 데에는 큰 차이가 있었다. 어떤 의미에서 마르크스와 니체는 에피쿠로스 철학에서 볼 수 있는 서로 다른 극단을 구현한다. 마르크스가 '개인의 자유로운 발전이 모두의 자유로운 발전의 조건'[17]인 에피쿠로스 공동체의 유토피아에 초점을 맞추었다면, 니체는 무리에 편입되지 않고 대중으로부터 떨어져 은둔하여 살아가는 자율적인 개인에 보다 관심을 두었다.

논문을 완성한 후 1841년 본으로 이주한 마르크스는 새로 배출된 철학박사로서 교수직에 임명되기를 기대했다. 그러나 프로이센 정부는 포이어바흐와 같은 반체제 사상가들과 마찬가지로 마르크스의 교수직도 거부했다. 어쩔 수 없이 마르크스는 23세에 언론계에서 경력을 쌓기 시작했고, 쾰른에서 새로 창간된 〈라인의 정치, 무역, 상업 신문〉(《라인 신문》)에서 언론의 자유에 관한 호평을 받은 일련의 기사를 발표했다. 그러나 이는 프로이센 정부의 탄압을 불러왔다. 1842년 10월 마르크스가 편집장으로 취임한 후 〈라인 신문〉은 독일 민주화 운동의 가장 중요한 대변자 중 하나로 활약했다.

프로이센 정부는 쾰른에 특별 검열관을 파견하는 것으로 대응했다. 이마저도 원하는 결과를 얻지 못하자 〈라인 신문〉에 대한 이중 검열이 시작되었고, 마르크스는 이를 거듭하여 교묘하게 피해 갔다.

카를이 오랫동안 알고 지냈던 모젤 포도 재배자들이 처한 곤경에 관해 여러 편의 기사를 쓴 후, 1843년 4월 1일 신문은 출간이 금지되었다. 공식적인 금지 조치 직전인 1843년 3월 17일, 마르크스는 '현재의 검열 상황으로 인해' 〈라인 신문〉의 편집위원회에서 사임했다. 독일의 상황이 점점 더 어려워지고 있음을 깨달은 마르크스는 작가 아르놀트 루게 Arnold Ruge의 제안을 받아들여 파리에서 〈독일-프랑스 연감〉을 출간했다. 바트 크로이츠나흐에 들러 사랑하는 예니와의 결혼을 허락받고 신혼여행을 다녀온 후 1843년 10월 두 사람은 파리로 이주했다.

1843년 12월, 카를과 예니는 그곳에서 훗날 니체의 극찬을 받기도 했던 시인 하인리히 하이네를 만났다. 이들은 거의 매일 만나 친밀한 우정을 쌓았다. (그 사실을 둘 다 몰랐지만) 증조부가 같았으므로 먼 친척 관계이기도 했던 두 사람은 서로의 이론을 다듬는 데 도움을 주고받았다. 마르크스가 하이네에게 미친 영향은 그의 시 〈슐레지엔의 직조공〉에서 가장 잘 드러난다.

— (…) 첫 번째 저주는 신에게
  추위와 굶주림 속에서 우리는 기도했건만
  (…) 두 번째 저주는 왕에게 부자들의 왕에게

우리들의 비참을 덜어주지 않는 이들에게

(…) 세 번째 저주는 그릇된 조국에게

오욕과 치욕만이 번창하고

(…) 낡은 독일이여 우리는 짠다 너의 수의를

세 겹의 저주를 거기에 짜 넣는다

우리는 짠다 우리는 짠다! 18

마르크스주의 사상은 하이네의 유명한 시집인《독일 겨울 동화》에서도 찾아볼 수 있다.

(…) 새로운 노래, 더 좋은 노래/ 오 친구들이여, 그대들을 위해 노래하리/ 우리는 이 땅에 천국을 건설하고자 하니 (…) 이곳에는 모든 이들의 아이들을 위한 빵이 넉넉하게 넘쳐나고/ 장미와 은매화도 아름다움과 즐거움도/ 그리고 완두콩도, 그렇다/ 모든 이들을 위한 깍지 완두콩까지/ 콩깍지가 터지는 순간/ 우리는 천사와 참새들이 있는/ 천국으로 떠나리 19

그러나 하이네가 마르크스에게 미친 영향도 그에 못지않게 컸다. 마르크스가 파리에서만큼 시적인 산문을 많이 쓴 적은 이전에도, 이후에도 없을 것이다. 특히 이는 〈헤겔 법철학 비판〉이라는 까다로운 제목의 에세이에서 분명하게 드러난다. 이는 1844년 최초이자 유일하게 발행된 〈독일-프랑스 연감〉 판에 하이네의 시와 함께 실린 글이었다. 마르크스 철학 전반에서 가장 핵심인 내용의 일부를 이 책에서 찾을 수 있는데, 당시 26세였던 마르크스가 쓴 구절은 좀 더 길게 인용할 가치가 충분하다.

— 인간은 종교를 창조하지만 종교는 인간을 창조하지 않았다. 그리고 종교는 아직 자신을 얻지 못했거나 이미 자신을 다시 잃어버린 인간의 자기 인식과 자의식이다. (…) 종교는 억압받는 피조물의 한숨이며, 무정한 세계의 감정이고, 또 정신없는 세계의 정신이다. 종교는 민중의 아편이다. 인민의 환상적인 행복인 종교를 버리라는 것은 인민의 진정한 행복을 위한 요구가 아닐 수 없다. 자신이 처한 현실에서 환상을 포기하라는 요구는 환상을 필요로 하는 조건을 포기하라는 요구이기도 하다. 따라서 종교에 대한 비판은 종교를 후광으로 삼은 눈물의 골짜기에 대한 비판이다. 비판은 사슬에 붙어 있는 가상의 꽃들을 잡아 뜯었는데, 이는 인간이 환상도 위안도 없는 사슬을 걸치기 위해서가 아니라 그 사슬을 벗어 던지고 살아 있는 꽃을 꺾어 가지기 위해서다. 종교의 비판은 인간을 미몽에서 깨워 일으키는데, 이는 인간이 각성된, 분별 있는 존재로서 사고하고 행동하고 자신의 현실을 형성하도록 하기 위해서이고, 인간이 자신을 중심으로 그리고 그의 현실적 태양을 중심으로 움직이도록 하기 위해서이다. 인간이 자신을 중심으로 움직이지 않는 한, 종교는 인간을 중심으로 움직이는 환상적 태양일 뿐이다.[20]

마르크스의 말은 다음과 같이 이어진다. "진리의 저편이 사라진 지금, 이 세상의 진리를 확립하는 것은 역사의 과제이다." 따라서 '하늘에 대한 비판은 땅에 대한 비판으로, 종교에 대한 비판은 법에 대한 비판으로, 신학에 대한 비판은 정치에 대한 비판으로' 변모한다.[21] 그러나 이러한 비판은 특히 독일에서는 급진적이어야만 고착화된 상황을 바꿀 수 있다는 것이 그의 견해였다. 마르크스에게 '급진적이라는 것(이 용어는 뿌리라는 뜻의 라틴어 '라딕스 $radix$'에서 파생되었으므로 어원적으로는 맞는 의미다)'은 '문제를 뿌리에서 파악하는 것'을 의미하는데, 여기서 '인간의 뿌리는 (…) 인간 자신이다'. 따라서 마르크스의 종교 비판은 '인간이 인간에게 가장 높은 존재라는 교리, 따라서 인간이 타락하고 노예화되고 버려지고 경멸받는 존재인 모든 조건을 전복해야 한다는 절대적 명령으로 (…)' 끝이 난다.[22]

〈독일-프랑스 연감〉이 실패한 후, 마르크스는 이 정언 명령을 주간지 〈전진 $Vorwärts!$〉을 통해 구현하려고 했다. 그 영향으로 독일, 특히 프로이센 왕조의 절대주의 통치 체제에 대한 공격이 강화되었다. 특히 1844년 7월에는 마르크스가 편찬한 하이네의 풍자시 〈슐레지엔의 직조공〉이 출판되어 큰 파장을 일으켰다. 이 시는 별도의 전단지로 제작되어 당시(1844년 6월) 직조공들의 반란이 유혈 진압된 지역에서만 5만 부나 배포되기도 했다.

파리에서 발간된 〈전진!〉의 위험성은 멀리 떨어진 베를린에서도 감지되었다. 이에 프로이센은 프랑스 당국에 압력을 넣어 마르크스와 하이네, 그리고 〈전진!〉지를 발행하는 데 관여한 여러 인사에 대한 출국 명령을 받아냈다. 하이네는 출생 당시 고향 뒤셀도르프가 여전히 프랑스 영토였기 때문에 별다른 괴롭힘을 당하지 않은 반면, 마르크스는 그가 태어나기 3년 전에 트리어가 프로이센으로 합병되는 바람에 너무 늦게 태어난 불명예를 겪어야 했다. 1845년 1월 25일, 카를은 프랑스에서 추방된다는 통지를 받고 1845년 2월 1일, 브뤼셀로 망명해야 했다. 예니는 파리에서 태어난 지 몇 개월밖에 안 된 딸과 함께 남편을 따라 벨기에로 망명하기 위해 파리에서의 생활을 급히 정리해야 했다. 길고 고난에 찬 '오디세이' 여정의 시작이었다.

공산주의의 유령

1845년 4월, 예니는 브뤼셀에서 한 남자를 만난다. 남편과도 그 남자에 관한 관심을 나눠야 했지만, 이 충성스럽고 자기희생적인 친구가 없었다면 이들 가족에게 닥칠 혹독한 고난은 훨씬 더 치명적이었을 것이므로 두 사람은 평생 그에게 깊이 감사했다. 그의 이름은 프리드리히 엥겔스 Friedrich Engels 였다.

카를은 1842년 〈라인 신문〉의 편집실에서 부유한 섬유 제조업체의 아들을 만난 적이 있었지만, 첫 만남에 큰 의미를 부여하지는 않았다. 그러나 마르크스와 엥겔스의 관계는 파리 시절 바뀐다. 마르크스는 엥겔스가 〈독일-프랑스 연감〉과 〈전진!〉에 기고한 글들을 열광적으로 읽었다. 공장주의 아들이었던 엥겔스의 아버지는 맨체스터에서 대규모 면화 공장을 운영했고, 그는 철학자 마르크스가 갖지 못한 중요한 것을 가지고 있었다. 즉 이윤 극대화를 위해 노동자 계급의 비참함을 깡그리 무시했던 초기 자본주의의 야만적인 변종인 악명 높은 '맨체스터 자본주의'에 대한 현실적이고 실증적인 경험 말이다.

1844년 여름, 예니와 첫째 딸이 트리어에서 가족과 함께 머물 때 엥겔스는 파리에 있는 마르크스를 방문했다. 두 사람은 즉시 호감을 느끼고 밤새도록 토론했다. 두 사람의 공동 작업의 첫 번째 결과물은 1845년 초에 출간된 젊은 헤겔 철학에 대한 총체적인 비평서인 《신성 가족, 또는 '비판적 비판주의'에 대한 비판》이었다. 이후 두 사람의 이름은 거의 (존) 레논과 (폴) 매카트니와 비교될 정도로 동일선상에서 언급되었다. 두 사람의 저술은 44권의 《마르크스-엥겔스 저작집MEW》과 역사적으로 중요한 데다 114권으로 구성될 것으로 예상했던 《마르크스-엥겔스 전집MEGA》을 함께 출판할 정도로 밀접했으며, 양적인 면만 놓고 보더라도 가히 전집의 위용을 자랑한다.

철학사에서도 두 사람의 긴밀한 우정과 학문적 협력은 그 유사한 예를 찾아보기가 어려울 정도다. 일반적으로 마르크스가 먼저 언급되지만 누가 누구에게 더 많은 영향을 미쳤는지는 확실하지 않다. 어쨌든 마르크스가 프롤레타리아트의 비참함에 눈뜨고 '공산주의 운동(당시에는 1917년 10월 혁명 이후와는 전혀 다른 의미의 용어였다)'에 참여한 것은 엥겔스 덕분이었다. 〈헤겔 법철학 비판〉에서 마르크스는 프롤레타리아트만이 '타락하고 노예화되고 버림받고 경멸받는 존재가 처한 모든 조건을 전복'하는 데 관심을 가질 수 있다고 예언했지만, 그의 분석에 실체를 부여한 것은 프리드리히 엥겔스가 제시한 경험적 증거였다.

1845년 3월, 엥겔스의 중요한 사회 연구서인 《영국 노동계급의 상황》이 출간되었고, 이 책은 '야만적 자본주의'의 폐해를 철저하게 가감 없이 파헤침으로써 사회에 큰 파장을 불러일으켰다. 당시 24세에 불과했던 엥겔스는 9세부터 하루에 6시간 30분씩 공장에서 일해야 했던 아이들을 비롯한 노동자들의 비참한 삶을 놀라울 정도로 명료한 언어로 묘사했다. 이들의 노동 및 생활환경은 매우 열악하여 대부분 40세가 되기도 전에 심신이 황폐해졌다.[23] 한편으로 엥겔스는 공장 노동으로 인한 노동자들의 심각한 건강 문제를 다루는 동시에 산업화가 불러온 생태학적 결과에 대해서도 자세히 설명했다. 이것은 오늘날 그의 연구가 실증적 사회 연구의 선구적 작품일 뿐 아니라 생태학적 분석의 걸작으로 여겨지는 이유이기도 하다.

책이 출간된 직후 프리드리히 엥겔스는 마르크스와 더 긴밀히 협력하기 위해 브뤼셀에 정착해 있던 마르크스 가족의 옆집으로 이사했다. 8월에는 엥겔스에게 노동계급 연구를 위한 정보를 제공했던 아일랜드 출신의 전직 면 방직공이었던 메리 번스*Mary Burns*가 그를 따라 이사했다. 예니는 엥겔스의 혼외 관계에 감응하지 못했고 메리에게 강한 혐오감을 느꼈다. 프롤레타리아트의 대의를 열정적으로 옹호하고 남편의 곁에서 싸우기 위해 더 나은 삶을 포기한 것을 후회하지는 않았지만 평생 '귀족티'를 완전히 벗지 못한 것이 분명했다. 실제로 그녀의 이복형제였던 페르디난트 폰 베스트팔렌Ferdinand von Westphalen은 프로이센의 내무부 장관이자 왕의 측근이 되기도 했다.

1845~1846년 마르크스와 엥겔스는 《독일 이데올로기》라는 제목으로 공동 원고를 집필했는데, 이는 두 사람의 사망 후 수십 년이 지나서야 겨우 출판되었다. 여기서 두 사람은 젊은 헤겔주의자들의 이상주의 철학을 날카롭게 비판했고, 포이어바흐의 '비역사적 유물론' 또한 비판했다. 포이어바흐와는 대조적으로, 두 사람은 모든 철학과 신학, 모든 법적·도덕적 개념 그리고 과거와 현재의 온갖 유행과 미의 이상은 당대의 지배적인 사회적·정치적·경제적 조건의 반영이라는 것을 분명히 전달하고자 했는데, 이러한 사유는 이후에 '역사적 유물론'이라 불렸다. 이를 바탕으로 마르크스와 엥겔스는 이러한 상부구조를 생산한 물질적 토대(지배와 생산의 실제 조건)가 아닌 이상주의적 상부구조(철학, 종교 등)를 주요한 문제로 다루는 것은 무의미하다고 생각했다. 이 같은 개념의 핵심적인 내용은 이들이 공동 저작을 하기 몇 달 전인 1845년 4~6월 마르크스가 그의 유명한 《포이어바흐 테제》에서 언급했는데, 엥겔스는 카를의 사후에야 이를 발견하여 출판했다. "철학자들은 세계를 여러 가지 방식으로 해석해왔을 뿐이다. 중요한 것은 세계를 변화시키는 것이다."[24]

마르크스와 엥겔스는 세상을 바꾸기 위해 1846년 초 혁명 세력을 국제적으로 단결시키려는 목적으로 '공산주의 통신위원회'를 설립했다. 1847년 11월, 마르크스와 엥겔스는 이 협회를 위한 선언문을 작성해달라는 의뢰를 받았다. 마르크스는 엥겔스가 준비한 원고를 바탕으로 선언문을 작성하는 임무를 맡았다. 하지만 마르크스의 《공산당 선언》은 내용뿐 아니라 문체 면에서도 엥겔스가 작성한 공산주의의 원칙과 큰 차이가 있었다. 엥겔스가 차분한 문답식 텍스트를 구성한 반면, 마르크스는 젊은 나이에 사망한 뛰어난 작가이자 의사이자 과학자였던 게오르크 뷔히너 Georg Büchner의 혁명 팸플릿인 〈헤센의 전령〉의 감성으로 가득 찬 '오두막에는 평화를, 궁전에는 전쟁을!'과 같은 문장을 떠올리게 하는 격정적인 산문 텍스트를 썼다.

    5억 부나 판매되어 역사상 가장 널리 인쇄된 책 중 하나가 된 이 선언문의 첫 줄은 모두에게 익숙한 명언이 되었다. "유령 하나가 유럽을 떠돌고 있다. 바로 공산주의의 유령이다."[25] 마르크스에 따르면 '지금까지 존재하는 모든 사회의 역사는 (…) 계급투쟁의 역사였으므로' '낡은 유럽의 모든 세력이 (…) 이 유령에 대한 성스러운 사냥에 동참하는' 것은 자명했다.[26] 그렇게 함으로써 그는 역사에서 자본주의의 지배계급인 부르주아(원래 중산층이란 의미였으나 마르크스주의 이후 현대에는 자본가 계급을 뜻한다-옮긴이)에게 주어진 '혁명적 역할'을 상세하게 강조한다. 따라서 부르주아 계급은 '모든 봉건적·가부장적·목가적 조건을 파괴'하고 '경건한 열정과 기사도적 열정, 부르주아적 감상의 신성한 떨림을 차갑고 이기적인 계산의 얼음물

에 빠뜨려버렸다'.²⁷

마르크스가 설명했듯이, 이러한 발전은 종교적·정치적 이데올로기로부터 인간을 쉽게 계몽시켰다. "견고한 모든 것이 공기로 녹아내리고, 거룩한 것은 모두 모독당하며, 인간은 마침내 자신의 실제 삶의 조건과 동족과의 관계를 냉정한 감각으로 직시하지 않을 수 없게 되었다."²⁸ 이 같은 맥락에서 그는 오늘날 우리가 '세계화'라고 부르는 과정에 대해서도 날카롭게 예언했다. '부르주아는 자신의 생산물을 팔 수 있는 시장을 끊임없이 확장시켜야 한다는 필요성으로 인해 지구상의 모든 구석구석을 누비며' '모든 나라의 생산과 소비에 범세계적인 성격을 부여한다'. 이는 각 나라의 지적 생산품에도 적용되는데, 국제주의자였던 마르크스도 환영할 만한 발전이었다. "국가의 일방주의와 편협한 통치는 점점 더 불가능해질 것이며, 다양한 국가와 지역 문학으로부터 세계 문학이 발전할 것이다."²⁹

마르크스는 100년에 불과한 계급 통치 기간에 과거의 모든 세대를 합친 것보다 더 거대하고 엄청난 생산력을 창출해낸 자본주의의 부르주아 계급에 대해 《공산당 선언》에서 찬사에 가까운 감탄을 보냈다.³⁰ 그러나 동시에 부르주아 계급은 스스로 몰락할 수밖에 없는 토대를 마련하기도 했다. 이런 점에서 '엄청난 생산과 소통 수단을 만들어낸 현대 부르주아 사회는 (…) 자신이 만들어낸 지하 세력을 더 이상 통제할 수 없는 마법사와 닮았다'³¹고 할 수 있다. 왜 그럴까? 자본주의가 전 세계에 퍼지면서 프롤레타리아트, 즉 '일

거리가 있어야만 살아갈 수 있으며, 그들의 노동이 자본을 증식시키는 한에서만 일거리를 찾을 수 있는 근대의 노동자 계급'도 발전하기 때문이다.[32] 부르주아 계급이 소수의 손아귀에 재산을 집중시키면 시킬수록 한 끼를 위해 자신을 팔아야 하는 빈곤층의 수도 증가한다. 따라서 이 시스템은 이전의 모든 지배 시스템과 마찬가지로 한계에 도달할 것이다. 부르주아가 봉건제를 극복해야 했던 것처럼, 이제 프롤레타리아트는 부르주아 계급의 지배를 극복해야 하는 과제를 안게 된다.

그러나 프롤레타리아트의 운동은 이전의 모든 계급투쟁과 한 가지 핵심적인 부분에서 근본적으로 다르다. 마르크스에 따르면 모든 역사적 운동은 '소수의 운동이거나 소수의 이익을 위한 운동'이었다. 이와는 대조적으로 '프롤레타리아 운동은 절대다수에 의한 절대다수를 위한 운동'이다.[33] 따라서 공산주의의 목표는 부르주아 계급의 지배를 프롤레타리아트의 지배로 대체하는 것이 아니라 모든 적대적 계급 대립을 해소하는 것이다. 그 결과 계급과 계급 대립으로 얼룩진 낡은 부르주아 사회 대신 각자 자유로운 발전이 전체의 자유로운 발전의 조건이 되는 연합체가 나타나게 될 것이다.[34]

마르크스는 마지막 장을 '독일은 부르주아 혁명의 전야에 있다'[35]라는 주장으로 채운 《공산당 선언》의 원고를 1848년 2월 초 런던에서 탈고했다. 실제로 얼마 지나지 않아 3월 혁명이 일어나 독일의 전 지역을 뒤흔들었다. 마르크스를 봉기의 위험한 주동자로 여긴 벨기에 당국은 즉각 대응에 나섰다. 1848년 3월 4일 새벽 2시에 카를이 체포되고, 한 시간 뒤 예니도 체포되었다. 이들은 예니가 이후에 회상하듯 '컴컴한 감옥에 던져졌다'. 그곳은 노숙인과 거지, 부랑자 들과 불행하고 길을 잃은 여자들이 수용된 곳이었다. 예니는 그후 18시간이 지나서야 불쌍한 세 아이들에게 돌아갈 수 있었다.[36]

카를과 마찬가지로 예니도 벨기에에서 추방당했다. 프랑스 봉기 이후 새로 출범한 프랑스 과도 정부의 초청으로 가족은 파리로 다시 이주할 수 있었다. 하지만 그곳은 이들 부부에게 잠시 머무는 곳이었을 뿐이었다. 3월 혁명으로 독일의 언론 검열이 해제되자 마르크스는 4월 초 쾰른으로 이주했다. 그곳에서 그는 새로운 〈라인 신문〉을 창간했다. 1843년 그가 책임자로 있던 당시 출간이 금지되었던 〈라인 신문〉의 후신인 〈민주주의 기관 NRhZ〉을 창간한 것이다. 〈NRhZ〉의 창간호는 1848년 6월 1일에 나왔는데, 이는 5월 18일 프랑크푸르트의 파울 교회에서 국민의회가 개원한 직후였다.

다시 한번 마르크스는 자신의 신문을 독일 내 진보적이고 반군주주의적인 세력의 중요한 대변자로 만드는 데 성공했다. 그는 프로이센 당국의 완화된 언론법을 교묘하게 이용했다. 1849년 5월 라인란트의 마지막 봉기가 진압된 후, 〈NRhZ〉는 발행을 중단할 수밖에 없었다. 마르크스는 〈NRhZ〉가 독자들에게 작별을 고하는 마지막 301호를 일부러 빨간색으로 인쇄했다. 그 또한 다시 한번 추방될 위기에 처해 파리로 피신하려 했다. 하지만 파리에서도 마르크스는 요주의 인물이었다. 31세에 자신의 재산 대부분을 〈NRhZ〉에

투자했던 카를 마르크스는 빈털터리가 되어 결국 가족과 함께 런던으로 망명할 수밖에 없었다. 그때만 하더라도 자신의 남은 생애, 즉 34년 동안이나 그곳에 머물게 될 줄은 꿈에도 알지 못했을 것이다.

자본론

1845년부터 가정부로 함께 지냈던 헬레나 데무스 Helena Demuth를 포함한 마르크스의 가족이 1849년 8월 런던에 도착했을 때, 이들은 제대로 된 집을 구할 수가 없었다. 이후 몇 년 동안 이들은 극심한 재정적 어려움에서 벗어날 길이 없었다. 이들 가족에게 언제나 지원을 아끼지 않았던 엥겔스도 1849년 5월에 있었던 '엘버펠트 봉기'에 적극적으로 참여한 이후 그의 부친으로부터 더는 지원을 받지 못했기 때문에 별다른 도움을 줄 수 없었다. 1856년까지 마르크스 가족은 극도로 열악한 환경에서 살아야 했다. 위생 상태는 비참했고 항상 전염병의 위험이 도사리고 있었다. 카를과 예니 부부는 비싼 약값을 감당할 능력이 없었는데 부부의 일곱 자녀 중 예니 Jenny, 로라 Laura, 투시 Tussy라고 불리었던 엘레노어 Eleanor 셋만이 성인이 될 때까지 살아남은 것도 그런 이유일 것이다.[37]

마르크스는 유아기까지 살아남았던 아들 에드거 Edgar의 죽음으로 특히 깊은 고통을 겪었다. 1855년 여덟 살이던 아들이 병에 걸렸을 때 카를은 일을 그만두고 밤낮으로 아이 곁을 지켰다. 1855년 4월 6일 새벽, 아들이 그의 품에서 숨을 거두자 아버지의 세계는 무너지고 말았다. 그후 몇 주, 몇 달 동안 그는 다른 일에 거의 집중할 수 없었다. 7월 말, 마르크스는 독일 사회민주주의의 창시자 중 한 명인 페르디난트 라살Ferdinand Lassalle에게 자신의 내적 고통을 이렇게 털어놓았다. "바코Baco는 진정 위대한 사람들은 자연과 세계, 그리고 수많은 대상에 관심을 두기 때문에 어떤 상실이든 쉽게 극복할 수 있다고 했지. 나는 그런 위대한 사람은 될 수 없다네. 아이의 죽음은 내 마음과 정신을 뒤흔들어놓았고, 나는 지금도 아이가 죽은 첫날인 양 상실감에 괴롭기만 하다네."[38]

에드거가 사망한 지 1년 후, 어머니가 돌아가신 뒤 예니가 유산을 받게 되면서 가족은 런던의 녹지대에 작은 집을 빌릴 수 있게 되었다. 1864년에는 카를도 유산을 받아 가족은 넓은 타운하우스로 이사했다. 하지만 마르크스는 1860년대에도 엥겔스에게 끊임없이 돈 걱정을 하며 불평했다. 두 부부 모두 상당한 액수의 기부와 유산을 받았고 마르크스 또한 뉴욕 신문 〈트리뷴〉에서 최고의 대우를 받는 언론인으로 적지 않은 수입을 얻었기 때문에 후대의 역사가들은 카를과 예니가 엥겔스로부터 지원받은 돈이 모두 어디로 사라졌는지 궁금해했다.[39]

이를 보면 자본의 본질을 누구보다 잘 이해했던 그도 정작 돈을 합리적으로 다루는 방법은 이해하지 못했던 것 같다. 카를과 예니는 돈이 생기면 자신뿐 아니라 어려운 처지에 놓인 동지들에게도 아낌없이 썼다. 돈이 바닥나면 마르크스는 가족의 유품을 전당포에 가져가거나 엥겔스에게 지원을 구걸하는 편지를 썼다. 마르크스는 자신이 처한 역설적인 상황을 충분히 인식하고 있었다. 1859년 그가 '불운한 원고'라고 부른 《정치경제학 비판》을 완성하고 나서 맨체스터에 있는 친구 엥겔스에게 다음과 같은 편지를 썼다(1850년부터 엥겔스는 자신과 마르크스 가족의 생계를 위해 아버지의 공장에서 일하고 있었다). "나처럼 돈이 없는 처지에 '돈'에 대해 글을 쓰는 사람은 아무도 없을 걸세. 이 주제를 다룬 대부분의 저자는 연구 주제와 매우 평안한 관계를 누리고 있다고 봐야 한다네."[40]

마르크스는 런던에 도착한 후 광적인 꼼꼼함으로 경제학 연구에 전념했다. 거의 매일 대영박물관 도서관을 방문하여 정치경제학 저작을 연구했을 뿐 아니라 새로운 기술 발명에 관한 수천, 수만 건의 발췌문을 작성했다. 1858년에는 약 900쪽 분량의 초고를 완성했지만, 당시 인쇄를 할 수 없었기 때문에 《정치경제학 비판의 기초》는 1902년 사민당 정치인 칼 카우츠키 Karl Kautsky가 출판할 때까지 세상의 빛을 보지 못했다. 대신 그는 1859년에 단편 에세이 〈정치경제학 비판〉을 발표했다. 이 글은 일련의 출판물의 서곡으로 쓰였지만 의도대로 되지는 않았다. 마르크스는 다시 연구에 몰두했고, 그 결과 엥겔스뿐 아니라 수많은 독자는 8년을 더 기다린 뒤 1867년 마침내 자본주의 생산 과정을 전체적으로 분석하는 책 《자본론》이 출간되는 것을 볼 수 있었다.

그렇다면 카를의 경제학 연구는 이것으로 끝났을까? 아니다. 마르크스는 이 유명한 책의 서문에서 이 책이 가까운 장래에 출간될 네 권 중 첫 번째 책에 불과하다고 선언했다.[41] 하지만 그는 종종 자신이 실행할 수 있는 것보다 과한 약속을 하곤 했다. 실제로 2~3권은 카를이 사망한 후인 1885년과 1894년에 친구보다 12년이나 더 오래 살았던 프리드리히 엥겔스가 편집을 맡아 출판했다.

《자본론》전집은 마르크스의 자본주의 비판뿐 아니라 자본주의의 강점과 약점, 역사적 한계와 지속적인 가치에 대한 것이었다. 마르크스의 이론을 요약하면 다음과 같다. 사유재산을 소유하지 않은 사람들(프롤레타리아)은 자신이 소유한 유일한 상품, 즉 '노동력'을 생산수단의 소유자(자본가)에게 팔아야 하며, 그 '상품'의 가격은 다른 상품의 가격과 비슷한 변동을 겪는다. 생산 과정에서 프롤레타리아는 '잉여가치'를 창출하고, 자본가들은 이를 빨아들인다.[42] 자본가들이 경쟁을 위해 어쩔 수 없이 생산수단(예: 더욱 발전된 기계를 갖춘 공장)에 잉여가치를 재투자함으로써 자본이 축적된다. 그 결과 시간이 지날수록 점점 더 많은 재산이 소수의 손에 집중되는 결과가 나타난다. 그러나 이 과정은 선형적인 것이 아니며, 무엇보다도 자본주의의 '주기적 위기'로 인해 상당한 변화를 거듭한다.

경제의 기복과 상관없이 자본주의는 마르크스가 'G-W-G'(화폐는 더 많은 돈을 창출하기 위한 상품의 생산에 사용된다. 여기서 G는 화폐 Geld, W는 상품 Ware의 머리글자이다-옮긴이)'라는 공식으로 환원시킨 철칙이 지배하는 구조이다. 따라서 화폐는 처음의 목적대로 상품 교환(W-G-W) 과정에서 중간 역할을 하는 데 그치지 않고 알파와 오메가를 더한 일을 한다. 즉 전체 경제 과정의 출발점이자 궁극적인 목표가 되는 것이다. 여기서 우리는 마르크스의 분석을 바탕으로 생겨난 '자본주의'라는 용어의 핵심을 꿰뚫어 볼 수 있다. 자본주의는 자본을 더 많은 자본으로 바꾸는 것을 의미하는데 마르크스에 따르면 다른 모든 것은 치장에 불과하다. 따라서 이 시스템에서는 궁극적으로 제품의 효용 가치(인간이 실제로 필요로 하는 것을 충족시킬 수 있는가?)는 교환 가치(시장에서 수익을 창출할 수 있는가?)에 비해 그 중요성이 덜하게 된다. 이 장의 마지막에서 보다 자세히 다루겠지만 후대의 프로이트-마르크스주의자인 에리히 프롬 Erich Fromm의 말을 빌리자면 자본주의의 중심에는 '존재'가 아니라 '소유'가 있다. 다른 자본가와의 경쟁에서 살아남기 위해서는 그 어떤 자본가도 이윤을 극대화해야 한다는 강박에서 벗어날 수 없다. 그러므로 자본가는 노동자를 착취할 수밖에 없게 된다. 따라서 마르크스가 《자본론》 1권 서문에서 강조한 것처럼 이들에게 도덕적 비난을 퍼붓는 것은 적절하지 않은 처사이다. "경제와 사회의 형성과 발전을 자연적·역사적 과정으로 보는 나의 관점에서는 개인이 아무리 주관적으로 그 구조 위로 상승한다 하더라도, 그가 사회의 피조물인 이상 개인에 대한 책임을 물을 수 없다고 본다."[43]

마르크스가 경제에 대해 깊이 분석하고 파고들수록 모든 것은 더더욱 유령처럼 느껴진다. 사람들이 스스로 만들어낸 신에게 복종하는 것처럼 경제도 스스로 만들어낸 경제의 법칙에 복종하는데, 이는 종교와 다를 바 없다. 자본주의하에서는 '동정녀'의 출산도 자본의 축적도 옳거나 적절한 것이 될 수 없다. 마르크스는 나중에 가서야 상품 생산이란 우회적 수단 없이도 자본 축적의 목표를 실현할 수 있다는 사실을 깨닫는다. 이자와 복리, 불투명한 대출, 금융 투기, 금융 사기와 같은 수단으로 'G-W-G′'라는 처음 공식에서 'W'를 생략할 수 있기 때문에 결국 'G-G′', 즉 '더 많은 돈을 만들어내는 돈'이 가능해지는 것이다. 이는 마르크스가 보기에 자본이 취할 수 있는 가장 신비스럽고 '물신적인 형태'⁴⁴이다.

'자본 물신' 단계에서 화폐는 더 이상 상품 거래의 목적이 아닌 재화 그 자체가 된다. '상인 자본'과 달리 '화폐 자본'은 현실 세계에서 일어나는 일과는 별개로 제멋대로 증식할 수 있다. 이 과정은 이제 막 시작되었지만, 마르크스는 같은 자본이나 채무구조라도 다른 손에서는 다른 형태로 나타나기 때문에 '대부분의 화폐 자본은 (…) 허구에 불과하다'고 지적했다.⁴⁵ 이러한 맥락에서 2007~2008년 글로벌 금융 위기를 촉발한 '리먼 Lehman 주식 사태'를 비롯한 여러 '창조적 금융 상품'을 자연스럽게 떠올리지 않을 수 없다. 실제로 마르크스는 '화폐 자본'이 '새로운 금융 귀족'으로 떠오르고 있으며 '프로젝트 창시자, 설립자, 명목상의 이사로 가장한 새로운 유형의 기생충이 재단과 주식 발행, 주식 거래와 관련된 사기와 부정이 넘치는 생태계를 만들고 있다'고 확신했다.⁴⁶

이 같은 통찰로 인해 2007년 이후 보수적인 경제학자들조차 마르크스에게 관심을 갖게 되었다. 또한 그의 분석은 생태학 등 다른 분야에서도 놀라울 정도로 선견지명이 있음이 입증되었다. 《자본론》 1권에서 마르크스는 다음과 같이 기술했다. "(…) 자본주의 농업이 발전한 것은 노동자를 착취하는 기술이 발전한 결과일 뿐 아니라 토양을 착취하는 기술이 발전한 결과이기도 하며, 정해진 기간에 생산성을 높이는 모든 발전은 생산성의 원천을 영원히 파괴하는 발전이기도 하다."47 《자본론》세 번째 책에서 마르크스는 재화와 관련하여 미래 세대의 이익을 포함하는 대안적 패러다임으로 이러한 미래를 망치는 맹목적인 파괴 논리에 대응하고자 한다. "한 사회나 국가는, 혹은 그 모든 사회와 국가를 다 합친 하나의 전체가 있다 해도 이들은 지구의 주인이 아니다. 이들은 지구의 세입자이자 사용자일 뿐이며, 더 나은 상태로 미래 세대에게 물려줄 '훌륭한 가장'의 책무를 지녔을 뿐이다."48

오늘날의 언어로 번역하자면, 우리는 '부정적인 생태 발자국'을 없애는 것뿐 아니라 '긍정적인 생태 발자국'을 늘리는 데에도 관심을 가져야 한다. 그렇지 않으면 어떻게 지구를 더 나은 상태로 미래 세대에게 물려줄 수 있겠는가? 어떻게 보면 마르크스는 자신이 죽은 지 100여 년이 지난 후 독일의 화학자 미하엘 브라운가르트Michael Braungart와 미국의 건축가 윌리엄 맥도너William McDonough가 개발한 '요람에서 요람까지Cradle to Cradle(순환 개념의 소비와 생산을 중심으로 한 자연의 재생산 과정이다-옮긴이)'와 같은 개념을 예측했던 것 같기도 하다(이는 책의 마지막 장에서 더 자세히 논의할 것이다). '요람에서 요람까지' 개념의 목표는 말 그대로 '인간의 대사 과정을 자연'의 이치에 맞춤으로써 더 이상 '원자재 착취의 요람'에서 생산된 것을 '유해 폐기물 매립의 무덤'으로 끌고 가지 않고 폐기물 자체가 발생하지 않는 진정한 순환 경제를 구축하는 것이다. 놀랍게도 마르크스는 벌써 150년 전에 이 문제를 염두에 두고 있었다. 그는 소위 '폐기물'이라 불리는 생산의 배설물을 새로운 생산 요소로 재전환하는 것[49]뿐 아니라 인간의 자연 배설물과 같은 '소비 배설물'을 활용하는 방법에 대해서도 언급했다. 마르크스는 놀라움이 가득 담긴 어조로 다음과 같이 썼다. "자본주의의 합리적 논리와 모순되게도 자본주의 경제에서는 놀라울 정도로 엄청난 낭비가 발생한다. 예를 들어 런던에서는 450만 명의 인구가 생산하는 비료를 막대한 비용을 들여 템즈강을 오염시키는 데 사용하고 있다."[50]

생산의 기계화와 자동화에 대해 마르크스가 기술한 내용은 생태 문제에 대한 언급만큼이나 미래를 내다본 것이었다. 1844년 초에 쓴 《1844년 경제학·철학 수고》에서는 다음과 같은 글을 남겼다. "노동자는 기계의 수준으로 전락했으며 앞으로는 기계가 노동자와 경쟁하게 될 것이다."[51] 4년 후, 《공산당 선언》에서 마르크스는 프롤레타리아의 노동이 '기계의 확장과 노동 분업으로 인해 모든 독립적 성격과 고유의 매력을 상실했다'고 말했다. 노동자는 점점 더 가장 단순하고 단조로우며 가장 쉽게 배울 수 있는 기능만 필요한, 기계의 단순한 부속품이 되어가고 있다.[52]

1840년대에 마르크스는 기계의 발달이 소외의 과정을 더욱 심화시킬 것이라고 생각했다.[53] 그러나 10년 후, 그는 한 걸음 더 나아가 '기계의 자동 시스템'이 인간의 '직접 노동'을 대신하고 인간이 생산 과정의 주체가 아닌 뒷자리를 차지하게 되면 어떤 결과가 초래될지 의문을 품었다. 마르크스에 따르면 이 경우 '자연에 대한 이해와 숙달이 (…) 생산과 부의 빼놓을 수 없는 초석이 될 것이기 때문에' 이제 모든 이가 누릴 수 있게 된 시간이 각 개인이 예술적·과학적으로 교육받는 데 사용될 것이므로 사회에 필요한 노동은 최소한으로 감소하게 될 것이라 보았다.[54]

그런데 세계의 경제가 이 발전 단계에 이르면 일반적인 사회적 지식이 즉각적인 생산력이 되고 기계가 노동자가 하던 일을 똑같이 할 수 있게 되면' 자본주의를 특징짓는 자본과 임금노동의 적대관계가 무너진다. 즉 자본주의는 폭력적인 혁명이나 프롤레타리아트의 독재 없이, 생산력의 발전만을 계속 추구하려는 체제 내의 자체적 강박에 의해 내부에서부터 붕괴되는 것이다.

마르크스 이론이 대중의 빈곤과 그로 인한 프롤레타리아트의 폭력적인 권력 장악을 전제로 한다고 믿는 사람들에게는 이러한 그의 전망이 놀랍게 들릴 수 있다. 하지만 실제로 우리는 마르크스에게서 자본주의에서 다른 체제로의 전환을 위한 혁명적 모델과 진화적 모델을 모두 발견할 수 있는데, 그는 《자본론》 3권에서 이를 '자유의 왕국'이라고 불렀다.[55] 마르크스가 1872년에 이른바 제1인터내셔널 대회라고 불리기도 하는 국제노동자협회 대회에서 '미국과 같이 (…) 노동자들이 평화적 수단으로 목표를 달성할 수 있는 국가가 있다'라고 밝힌 것도 이런 이유에서라고 할 수 있다.[56]

마르크스는 폭력이 정치적으로 필수 불가결할 때, 즉 전복을 위한 사회적 조건이 무르익었을 때에만 폭력을 정당화했다. 이것은 그의 전 동료이자 이후 그의 사상적 적수가 된 미하일 바쿠닌 *Mikhail*

*Bakunin*과 핵심적으로 구별되는 지점이다. 1849년 마르크스는 쾰른 노동자들에게 쿠데타를 시도하는 대신 평화적으로 귀환할 것을 요청했지만, 바쿠닌은 혁명적 행동이 필수라고 여겼다. 수십 년 후, 마르크스와 바쿠닌의 갈등은 적대적인 러시아 마르크스주의자들의 피비린내 나는 싸움으로 이어지게 되었다. 멘셰비키(순수한 마르크스주의자)는 차르 타도 후 부르주아 사회를 건설하고자 하는 반면, 볼셰비키(실제로는 레닌주의자로 위장한 바쿠닌주의자)는 자본주의 단계를 건너뛰고 봉건주의에서 사회주의로 이행하려는 '프롤레타리아 대혁명'을 주장했다.

이 논쟁에서 마르크스가 살아 있었다면 멘셰비키의 편을 들었을 것이라는 데는 의심의 여지가 없다. 그가 《자본론》 1권 서문에 쓴 것처럼, 한 사회는 '설사 자신의 운동에 대한 자연법칙을 발견했다 하더라도 자연적인 발전 단계들을 생략하고 건너뛸 수는 없다'.[57] 마르크스라면 자신의 후계자라 자청하는 블라디미르 일리치 레닌*Wladimir Iljitsch Lenin*과 조셉 스탈린이 스스로를 '마르크스주의자'라고 부를 권리를 거부하고, 오히려 그들을 가장 원시적인 공산주의보다 더 권위적인 정치 이념을 옹호했다는 이유로 바쿠닌 추종자로 분류했을 가능성이 매우 높다.[58]

실제로 마르크스는 다음과 같이 말했다. "사회의 틀은 준비된 모든 생산 발전 단계를 거치기 전에는 붕괴되지 않으며, 낡은 사회 자체의 자궁에서 이를 위한 물질적 조건이 잉태되기 전에는 새롭고 더 높은 생산 관계가 기존의 자리를 차지하지 않는다." 이로써 그는 자신의 후계자들이 품었던 혁명적 열정을 경제 분석이라는 차가운 얼음물에 빠뜨린다.[59] 즉 때가 무르익지 않으면, 어떤 도덕적 호소나 혁명적 요구도 체제를 더 높은 수준으로 끌어올릴 수 없다는 것이다. 마르크스는 이를 현대 사회의 경제적 운동 법칙을 밝히려는 시도라고 밝히는데, 자신의 그러한 노력도 새로운 사회의 탄생으로 이어지지는 못할 것이고 기껏해야 탄생의 진통을 단축시키거나 완화할 수 있을 뿐이라 예언했다.[60]

그렇다면 자본주의는 어느 시점에서 '새롭고 더 높은 생산관계'가 그 자리를 대신할 수 있을 정도로 생산력을 발전시키는 것일까? 아이러니하게도 마르크스의 저서에는 이 중요한 질문에 대한 만족스러운 해답이 없다. 마르크스조차 1848년 3월 혁명이나 1857년 세계 경제 위기가 전환의 계기가 될 수 있다고 잠깐 생각했을 뿐이다. 따라서 마르크스의 후기 경제학 연구는 이 시기에 왜 혁명이 일어나지 않았는지를 이해하는 데 그 목적이 있기도 했다. 그는 연구에 몰두할수록 자본주의가 가톨릭 교회만큼이나 강력한 힘을 지녔다는 사실을 깨닫는다. 또한 자본주의 체제가 예상했던 것보다 훨씬 더 많은 것을 흡수할 수 있다는 것을 알게 되었다. 이는 사회구조를 정확하게 설명하려면 훨씬 더 복잡한 이론이 필요하다는 것을 의미했다.

1850년대 초만 해도 마르크스는 몇 달 안에 경제학 연구를 끝낼 수 있으리라 믿었다. 하지만 이 주제는 그의 남은 생애를 붙잡아놓았으며, 자신이 정한 목표에도 도달하지 못했다. 마르크스가 엥겔스에게 보낸 편지에서 표현한 것처럼 '이 모든 경제학 똥덩어리들'이 그를 육체적으로 병들게 했다. 30년이 넘는 세월 동안 그는 끊임없이 질병에 시달리면서 경제적으로도 어려움을 겪었고 갈수록 잡다한 대소사에 휘말리게 되었다. 마르크스에게 다시는 돌파구가 나타나지 않았다. 그는 진즉 이를 감지했지만 겉으로는 의연한 척했다. 1883년 3월 14일, 64세의 마르크스는 런던에서 사망했다. 그의 사후에 발견된 방대한 논문은 논리적으로 엄격하고 독립적인 저작이라기보다 논쟁거리로 가득 찬 채석장처럼 보였다.

위르겐 네페가 2017년에 출간한 《마르크스, 미완성의 철학자》의 제목처럼, 마르크스는 참으로 미완성의 철학자였다.[61] 그는 수많은 작업을 시작했지만, 끝맺은 것은 거의 없었다. 마르크스의 작품은 작곡가가 3악장에서 모든 힘을 쏟고 난 뒤 피날레는 쓰지 못한 위대한 교향곡의 서곡과 같았다. 따라서 마르크스의 어수선한 악보를 완성하려는 시도가 그의 사망 직후부터 이루어진 것은 당연한 수순이었다. 그러나 '마르크스'라는 제목으로 세계 무대에서 공연된 작품들은 대개 원작과 거리가 멀어, 이 늙은 거장이 그의 아류작들에게 마음을 한 조각이라도 주었을지는 의심스러울 정도이다.

마르크스와 마르크스주의

"내가 아는 것은 내가 마르크스주의자가 아니라는 것뿐이다." 카를 마르크스는 동시대 프랑스의 마르크스주의자들의 견해를 들었을 때 이렇게 말했다고 한다.[62] 그가 이 말을 했던 것은 자신의 이름이 어떤 사조를 정의하는 데 사용되는 것에 대해 원칙적으로 반대하려는 의도는 아니었을 것이다(마르크스는 다윈의 작업에서 자신의 이론을 위한 과학적 기반을 발견했으므로, 마르크스주의가 다윈주의와 같은 맥락에서 언급되는 것에 대해 기쁘게 생각했을지도 모른다[63]).

마르크스는 이렇게 말하고 싶었을 것이다. "이것이 마르크스주의라면, 나는 마르크스주의자가 아니다!" 마르크스가 몇십 년 더 살았다면, 이 문장은 이후 등장한 대부분의 마르크스주의가 그에겐 매력적이지 않았을 것이므로 습관적인 농담으로 쓰였을 것이다. 이미 설명했듯, 특히 소련식 공산주의는 그가 살아 있었다면 기피했을 이념이다. 그러면 그것을 경멸했을 뿐 아니라 '마르크스-레닌주의'라는 개념을 용어적 모순이라며 거부했을 가능성이 크다. 실제로 레닌은 10월 혁명을 결정할 때 마르크스의 이론에 반기를 들지 않았던가! 마르크스라면 분명 이후에 이어진 공포 통치를 역사적 시대를 자의적으로 건너뛸 수 없다는 증거로 보았을 것이며(이 경우엔 러시아 농노제 후에 부르주아 자본주의가 따랐어야 했다), 이는 특히 레닌과 스탈린 시대에 마르크스의 저작에 익숙한 지식인들이 주로 제기한 비판이다. 따라서 스탈린에게 처형당한 수천 명의 마르크스주의자 중 하나가《마르크스-엥겔스 전집》의 첫 편집자인 다비드 리야자노프David Ryasanov였다는 것은 놀랍지 않다.

마르크스주의와 싸웠던 히틀러 치하에서보다 스스로를 마르크스주의자라고 칭한 스탈린 치하에서 더 많은 마르크스주의자가 살해된 것은 역사적 역설이기도 하다. 스탈린이 검증된 마르크스 전문가에게 보인 혐오감은 더욱 잔인했지만, 그렇다고 아주 드문 일은 아니었다. 사실 마르크스주의자들과의 투쟁은 실제로 존재하는 사회주의의 역사에서 일관되게 나타났던 현상이었다. 동구권 국가에서는 마르크스의 말을 그대로 받아들인 사람들이 압박과 박해를 받고 체포되거나 국외로 추방되었다. 동독에서는 에른스트 블로흐*Ernst Bloch*, 로베르트 하베만*Robert Harvey*, 루돌프 바흐로*Rudolf Bahro*, 볼프 비어만*Wolf Biermann* 등이 그 대표적인 사례였다. 체코슬로바키아에서는 알렉산더 두브체크*Alexander Dubček*와 같은 '프라하의 봄'의 주역들이 있었고, 유고슬라비아에서는 가요 페트로비치*Gajo Petrović*를 중심으로 한 '프락시스*Praxis*' 그룹의 구성원들이 있었다. 이들은 한때 마르크스주의 반체제 인사들이 도달한 기본 합의를 다음과 같이 요약했다.

— 마르크스가 구상한 사회주의는 관료적 독재가 아니라 해방된 사람들의 인간적인 공동체이다. 따라서 이것은 사회생활의 국가적 통제나 억압적인 조치에 의해 이루어질 수 없으며, 민주주의의 발전과 국가의 쇠퇴, 그리고 생산에서의 노동자 자율 관리의 도입에 의해서만 실현될 수 있다. (…) 마르크스주의는 자유를 바탕으로 한 인본주의 철학이고, 스탈린주의는 노예제에 대한 사이비 철학적 정당화이다.[64]

실제로 '인간적인 모든 것은 나와 무관하지 않다'와 '모든 것은 의심할 수 있다'를 삶의 격언으로 삼았던 마르크스와, 그의 이름을 붙인 근본주의적 정치 종교는 기묘하게 불일치한다. 종교화된 정치 이념은 이를 의심하는 이들을 처벌하는 데 있어 '비인간적인 어떤 것도 그들과 무관하게 내버려두지 않았다(즉 온갖 비인간적인 일을 저질렀다는 뜻이다-옮긴이)'. 마르크스가 이러한 정치 종교의 출현을 원하지 않았다는 것은 확실하지만, 그렇다고 해서 그가 나중에 그의 이름으로 행해진 일들에 대한 책임으로부터 완전하게 자유로울 수 있을까? 그건 아닐 것이다! 마르크스의 저작은 의도하지 않았을지언정 사회주의적 만행의 정당화에 어느 정도 기여한 것이 사실이기 때문이다.

그 이유는 앞서 언급한 마르크스 사상의 윤곽들에 있다. 이는 그의 고등학교 졸업 논문에서 이미 초기 형태로 발표되었다. 그 이유는 이렇다. 그의 사상에는 한편으로는 인본주의와 다른 한편으로는 역사적 결정론의 긴장 관계가 존재했다. 그런데 후자에 대해 마르크스는 일부 사람들이 생각하는 것처럼 그리 엄격하지 않았다.[65] 역사적 결정론자 마르크스는 인본주의자 마르크스가 한탄했던 인간의 고통(기아 재앙, 전쟁, 전염병, 사회적 불의와 빈곤 등)을 더 나은 사회를 위한 역사적 필수 단계로 여기고 환영했다. 더욱 심각한 것은 마르크스가 이 '변증법적 긴장'을 극복하기 위해 인본주의의 완성을 역사적 과정의 필연적 결과로 여겼다는 것이다. 따라서 역사 속의 무의미한 고통은 자유의 왕국이라는 약속의 낙원으로 인류가 진입하기 위한 필수 전제로서, 더 높은 의미를 얻기 위한 수단이었다는 것이다.

이러한 맥락에서 마르크스주의는 확실히 '세속적인 구원 종교'로 이해될 수 있으며, 쉽게 전체주의적 통치 체제로 변모할 수 있다. 이는 알베르 카뮈가 비판한 사실이기도 하다. 이러한 시스템의 근본적인 윤리적 문제는 절대적 이상이라는 이름으로 어떠한 잔혹 행위도 정당화할 수 있다는 점이다. 이러한 이유로 카뮈는 고상한 이상을 무장 해제하고, 불의를 점진적으로 제거하는 것도 바람직하다는 생각을 피력했다.

정치적으로 이는 사회민주주의에 대한 지지를 의미한다. 고상한 이상을 무장 해제할 것을 앞서 외친 자들이 있다면, 바로 사회민주주의자들이기 때문이다. 이것은 의도한 것보다 더 불경스러운 소리처럼 들릴 수 있다. 독일 사회민주당SPD은 마르크스의 이전 제자들과 동지들에 의해 창당되었으며, 소규모의 점진적 정책을 채택하는 일에 많은 성과를 보였다. 1890~1930년 독일 의회 선거에서 가장 많은 표를 얻은 사회민주당은 대다수 국민에게 혁명가로 여겨진 맹목적인 행동주의자들보다 훨씬 더 많은 성과를 거두었다. 마르크스가 '늙은 이모'로 불리는 사회민주당의 역사 속 기복을 인정하지 않았을 것이라는 점은 대체로 동의하는 사실이다. 그러나 우리는 마르크스가 독일 사회주의통일당SED의 관료계급 수장들보다, 한 세기 후 사회민주당 간의 국제 교류를 촉진하기 위해 1951년에 설립된 '사회주의 인터내셔널SI'을 이끌며 더 많은 민주주의를 대담하게 요구했던 빌리 브란트를 더 좋아했을 것이라 짐작할 수 있다. 1953년 6월 17일 동독에서 발생한 노동자 봉기 진압에 대해 마르크스의 스타일로 신랄하게 풍자한 '자칭 마르크스주의자' 베르톨트 브레히트의 반응 또한 마르크스라면 동의했을 것이다. 브레히트는 말했다. "이쯤이면 정부가 국민을 해산하고 다른 국민들을 선출하는 것이 더 쉽지 않겠는가?"[66]

브레히트에 대해 말하자면, 그 어떤 작가도 마르크스의 저작을 이처럼 집중적으로 연구하고 자신의 작품에 광범위하게 끌어오지 않았을 것이다. 실제로 마르크스가 문화 영역에 미친 영향은 정치에 미친 영향보다 더 미래 지향적이라 할 만하다. 이는 특히 유럽뿐 아니라 아시아, 아프리카, 라틴아메리카에서 마르크스의 영향을 받아 설립된 정권들이 종종 그가 생각했던 것과 정반대의 정책을 시행한 결과와 관련이 있다.[67] 마르크스에게 영향을 받은 예술가들은 프리다 칼로 Frida Kahlo와 파블로 피카소 Pablo Picasso와 같은 화가들부터, 커트 바일 Kurt Weill과 한스 아이슬러 Hanns Eisler와 같은 작곡가들, 그리고 찰리 채플린 Charlie Chaplin과 같은 영화 제작자들에 이르기까지 다양하다. 찰리 채플린은 이제 고전이 된 그의 영화 〈모던 타임즈〉에서 마르크스의 '소외 이론'을 다루었고, 이로 인해 1940년대에 '공산주의자'라는 혐의로 비미국활동위원회에 소환되었는데, 그와 함께 수많은 유명 감독과 시나리오 작가도 소환되었다.[68]

과학 분야에서 마르크스의 영향력은 예술 분야보다 훨씬 강력했다. 그의 저작들은 경제학, 사회학, 역사학, 철학, 심리학의 발전과 진보를 위한 중요한 토대를 제공했다. 마르크스의 접근 방식이 과학자와 예술가 모두에게 매우 유익했던 이유는 그가 인간을 역사적 투쟁에 의해 결정되는 사회적 존재로 묘사했으며 인간의 사고와 감정, 행동은 이러한 역사적 맥락에서만 이해될 수 있다고 기술했기 때문이다. 마르크스는 이를 다음과 같이 표현했다. "인간은 자신의 역사를 만들지만, 자신이 원하는 대로 만들지는 않는다. 스스로 선택한 상황에서가 아니라, 즉각적으로 발견되고 주어지고 계승된 상황 속에서 만드는 것이다. 모든 죽은 세대의 전통은 살아 있는 자들의 뇌를 괴롭히는 악몽처럼 누르고 있다." [69]

여기에는 산 자의 마음을 짓누르는 '꿈의 유령'을 인식함으로써, 사람들을 지배하는 타자의 힘에서 어느 정도 해방되고, 더 나아가 자신의 운명을 스스로 결정할 수 있다는 해방적 관념이 내포되어 있다. 이러한 관점은 마르크스 생전에는 존재하지 않았던 사회심리학이라는 학문적 하위 분야에 특히 유익한 영향을 미쳤다.

인본주의 작가이자 사회학자, 정신분석가인 에리히 프롬은 사회심리학의 발전에 중요한 기여를 했다. 그는 빌헬름 라이히 Wilhelm Reich와 오토 페니첼 Otto Fenichel과 함께 이른바 '프로이트-마르크스주의'의 창시자 중 한 명이었다. 이 학파는 마르크스의 사회 이론과 프로이트의 정신분석학적 접근을 결합한 관점을 지닌 채 1920년대 초반에 등장했고, 40년 후 국제 학생 시위의 물결을 타고 그 영향력을 널리 확산시켰다. 1970년대에 이르러 프롬의 저서들,

특히 《사랑의 기술》과 《소유냐 존재냐》는 세계적인 베스트셀러가 되었고, 이를 통해 마르크스의 소외 이론을 더 발전시켜 많은 대중이 다가가기 쉽게 만들었다.

프롬은 또한 알렉산더 서덜랜드 닐 Alexander Sutherland Neill의 유명한 저서 《반권위주의 교육의 이론과 실제, 서머힐 실험》의 서문을 집필하기도 했다. 이 책은 출판 이후 12개월 동안 독일에서 60만 부가 판매되었고, 아이들을 더 자유롭고 민주적으로 대하는 환경을 만드는 데 크게 기여했다. 신체적 처벌과 종속으로 귀결되는 권위적인 규율과 질서 교육에서 서서히 벗어나게 된 것은 1968년 혁명이 몰고 온 커다란 문화적 성취 중 하나임에 틀림없다(이 점에서 루디 두치케 Rudi Dutschke와 그의 동료들도 마르크스를 참조할 수 있었을 것이다). 19세기에 어린이를 자유롭고 반권위적으로 대함으로써 마르크스는 당대의 사람들에게 불쾌감을 안겨주기도 했다. 런던에 있던 그의 가족을 방문한 기자 베티 루카스 Betty Lucas는 다음과 같이 보도했다. "마르크스의 아이들은 모든 면에서 자유롭게 성장했다. (…) 어떤 발언들은 나의 기독교도적인 마음에 상처를 입히기도 했다."[70]

— 에리히 프롬은 1968년 혁명이 일어나기 40년 전부터 권위에 대한 깊이 있는 연구를 진행해왔다. 1929년, 그는 사회학자 힐다 바이스 Hilda Weiss와 함께 당시로서는 이례적으로 실증적 연구를 기획하여 3,300장의 설문지를 노동자와 직원 들에게 보냈다. 프롬은 그 결과를 막스 호르크하이머 Max Horkheimer와 허버

트 마르쿠제 Herbert Marcuse와 공동 편집한 선집 《권위와 가족에 관한 연구》에서 처음 발표했다. 이 연구의 중요한 발견 중 하나는 권위적인 성격 구조가 정치적으로 좌파 성향인 노동자와 직원 들 사이에서도 만연해 있다는 것이었는데, 이는 프롬이 보기에 많은 사람이 히틀러의 권력 장악 이후 망치와 낫을 나치의 스와스티카 문양으로 바꾸는 것에 큰 어려움을 느끼지 않았던 이유를 설명해준다.

1929년의 세계 경제 위기가 사회주의 혁명이 아닌 파시즘의 대두로 이어진 이유는 프롬이 1930~1940년대에 집중적으로 다룬 핵심 주제였다. 프롬의 사유는 대다수가 현대 민주 사회에서 살아갈 심리적 도구를 갖추지 못하고 있다는 결론으로 이어졌다. 프롬에 따르면, 무언가로부터의 자유(예: 프로이센 군주제의 보복으로부터의 자유)는 무언가를 위한 자유(예: '위'의 지시 없이 자율적으로 결정을 내릴 수 있는 능력)와는 다르다.

프롬은 현대 사회의 자유가 이러한 자유를 생산적으로 활용할 준비가 되어 있지 않은 사람들에게 깊은 불안감을 초래한다고 주장하며, 이를 '자유에 대한 진정한 두려움'이라고 표현했다. 바로 이 두려움이 그들을 권위주의적 구조로 도피하게 만들고, 그곳에서 실존적 안전의 회복을 기대하게 한다. 이는 야성의 바이마르 공화국이 질서에 집착하는 파시즘으로 변화하는 과정을 이해할 수 있게 해줄 뿐 아니라, 현재의 종교적·정치적 전체주의의 매력을 설명하는 심리적 메커니즘이기도 하다. 이 점은 이 책의 마지막 장에서 다시 다룰 것이다.

1941년, 프롬은 미국에서 그의 획기적인 연구 결과를 《자유로부터의 도피》라는 제목으로 발표했다. 1년 후, 이 책은 영국에서 약간 수정된 제목인 《자유에 대한 두려움》으로 출간되었고, 독일에서는 1952년부터 이 제목으로 출간되었다. 매우 시의적절한 내용을 담은 이 책은 1940년대 초반 사회에 큰 반향을 일으켰는데, 이는 프롬이 당시 자유세계와 전쟁을 벌이고 있던 히틀러의 권위적 성격 구조에 대해 광범위하게 다루었기 때문이었다.

이 책은 동시대적 관련성을 제외하더라도 탁월한 점이 많다. 프롬의 연구는 파시즘에 대한 심리학적 이해와 관련해 오늘날에 보기에도 혁신적인 면이 담겨 있을 뿐 아니라, 그의 '분석적 사회심리학'을 가장 간결하게 설명한 내용을 담고 있기도 하다. 이를 통해 에리히 프롬은 마르크스의 개념에서 여전히 부족했던 중요한 이론적 다리 역할을 한다. 즉 사회적 존재가 개인적 의식으로 전환되는 심리적 메커니즘을 설명한 것이다.[71]

프롬과 비슷한 시기에, 그로부터 1만 5,000킬로미터나 떨어진 곳에서 또 다른 사상가가 독일과 소련에서 전체주의 정권이 등장한 이유를 연구하고 있었다. 그는 완전히 다른 전제에서 출발했지만, 역시 전체주의에서 '자유로부터의 도피'라는 핵심적 속성을 파악할 수 있었다. 4년간의 원고 작업 끝에 《자유로부터의 도피》라는 제목이 이미 프롬이 쓴 베스트셀러의 제목으로 사용되었다는 사실을 알고 그는 매우 낙심했다.

그래서 그는 책 제목을 다르게 정했지만, 그 역시 마음에 들지 않아 급하게 제목을 바꾸었다. 그러나 책 제목을 《거짓 선지자》라고 짓고 출판사에 알렸을 때는 이미 그의 책 제목이 정해진 후였고, 이는 후에 그에게 큰 행운을 안겨준다. 《열린사회와 그 적들》이라는 제목은 금세 유명한 문구가 되었고, 그 덕분에 무명에 가까웠던 저자는 20세기 가장 영향력 있는 사상가 중 한 명으로 떠올랐다. 그의 이름은 칼 포퍼이다.

우리는 오류를 통해 위로 올라간다

걸 초파와
열린사회의 가능성

9장

칼 포퍼

Karl Popper
1902-1994

놀랍게도 어떤 사람들은 이후 삶에서의 화두를 지나치게 일찍 발전시키기도 한다. 앞서 살펴본 것처럼, 카를 마르크스가 자기 철학의 윤곽을 구상했던 때의 나이는 겨우 17세였다. 칼 포퍼도 불과 17세에 앞으로 《열린사회와 그 적들》과 《탐구의 논리》에서 정교하게 발전시킬 근본적인 통찰에 이미 도달했다. 1919년, 고등학교도 마치지 않았던 17세의 포퍼는 중요한 두 가지를 깨달았다. 첫째, 마르크스와 같은 '예언적 철학자'들이 역사의 흐름을 예측하려 할 때 파괴적인 결과가 초래된다는 것, 둘째, 과학은 긍정적인 의미의 진리를 밝힐 수 없으며, 오류를 반박함으로써 발전한다는 것이었다.

어린 포퍼가 도달한 심오한 결론은 그의 사유에 깊은 인상을 남긴 두 가지 사건에 의해 촉발되었다. 첫 번째 사건은 정치적 경험으로 포퍼는 17세가 되기 몇 주 전, 빈에서 벌어진 폭력적인 충돌을 목격했다. 빈 경찰은 대부분 젊은 사회주의자와 공산주의자였던 무장하지 않은 시위자들을 향해 총을 쏴 십수 명이 죽었고, 70명은 중상을 입었다. 당시 자신을 마르크스주의자로 여겼던 포퍼는 경찰의 행동뿐 아니라 자신의 순진함에도 충격을 받았다.

수많은 사망자와 부상자를 보면서, 포퍼는 마르크스주의자로서 이 비극에 원칙적으로나마 어느 정도 책임이 있다는 것을 깨달았다.[1] 그 이유는 다음과 같았다. "마르크스주의 이론은 사회주의의 도래를 앞당기기 위해 계급투쟁을 끊임없이 강화시킬 것을 요구했다. 마르크스주의자는 사회 혁명이 엄청난 희생을 요구할 것임을 잘 알고 있다. 반면 자본주의가 사회 혁명 전체보다 폭력적인 희생자를 매일 더 많이 요구한다는 것을 확신하고 있기도 하다. (…) 나는 이제 그런 주장이 과학적으로 입증될 수 있는지 알고 싶어졌다. 이와 같은 질문과 경험으로 인해 마르크스주의에서 서서히 멀어지게 되었다."[2]

포퍼는 마르크스의 약점을 아주 일찍 깨달았다. 즉 약속한 '자유의 왕국'이 역사 끝에 도래할 것이라는 주장은 합리적인 논증으로 뒷받침할 수 없다고 보았다. 빈에서의 학살 이후, 포퍼는 자신이 비판 없이 받아들인 교리 때문에, 다시 말해 실현되지 않을지도 모르는 꿈 때문에 다른 사람의 생명을 위험에 빠뜨렸다고 자책했다. 회고록에서 그는 다음과 같이 썼다. "대의를 위해 자신의 목숨을 걸 수는 있지만 다른 사람의 목숨을 걸 수는 없다. 특히 책을 읽고 성찰할 줄 아는 지식인으로서 이데올로기 때문에 그렇게 하는 것은 무책임하다. 그런 함정에 빠져들었던 것은 매우 우울하고 괴로운 일이었다."[3]

1919년의 두 번째 중요한 경험은 과학과 관련이 있는데, 포퍼의 사유에 첫 번째 경험만큼이나 깊은 인상을 남겼다. 1919년 11월, 같은 해 5월 29일에 일어난 일식 기간에 아인슈타인의 일반 상대성 이론을 실험적으로 검증한 결과가 발표되었다. 당시만 해도 뉴턴의 열렬한 지지자였으며, 아인슈타인의 이론을 설익은 추측이라고 여겼던 칼 포퍼는 이 연구 결과에 충격과 감동을 동시에 느꼈다. 그는 지구상의 수많은 현상을 설명할 수 있고 뉴턴의 중력 이론만큼이나 경험적으로 자주 확인된 이론이 현실과 일치하지 않는 게 어떻게 가능한지 질문했다. 과거에 아무리 많은 확증을 받았다 하더라도 그 이론이 진리로서의 가치가 크지는 않을 수도 있겠다는 의심이 들기 시작한 것이다.

칼 포퍼는 과학자 아인슈타인의 원칙적인 접근 방식에 깊은 인상을 받았다. 아인슈타인이 상식을 거스르는 대담한 이론을 먼저 개발한 다음, 자신의 이론적 기반을 완전히 무너뜨릴 수 있는 실증적 실험을 설계한 것은 본보기로 삼을 만한 일이 아니겠는가. 이것은 과학 전체가 나아가야 할 방향이 아닐까? 과학 연구에는 항상 시행착오가 따르지 않는가? 포퍼는 진정성 있는 과학자라면 자신이 알고 있는 것이 얼마나 적은지를 깨달아야 하며, 이것이 바로 과학적 겸손과 사이비 과학적 독단주의의 결정적인 차이점이라고 믿었다.

훗날 비판적 합리주의의 기초가 되는 이러한 생각은 1920년대 초 포퍼의 머릿속에 이미 있었다. 그는 빈에서 발생한 시위 진압에서 얻은 사유와 상대성 이론의 경험적 증거를 당연한 것으로 받아들이고, 발표할 생각조차 하지 않았다. 아무리 눈을 게슴츠레 뜨고 살더라도, 동시대를 살아가는 사람이라면 누구나 같은 결론에 도달할 것이라고 믿었다. 하지만 그것은 포퍼의 착각이었다. 그가 1919년에 인식한 것을 동시대 사람들이 깨닫는 데에는 특별한 지능과 특수한 가정환경뿐 아니라, 20세기 초반의 특별한 문화적 환경이 필요했던 것이다. 그 당시 빈은 그런 인식이 가능한 유일한 세계의 문화 수도였을 것이다. 과학 이론과 정치적 사유의 후기 혁명가였던 칼 포퍼는 그처럼 적절한 시기에 적합한 장소에 부합되는 인물이었다.

불확실한 미래

칼 레이먼드 포퍼 Karl Raimund Popper는 1902년 7월 28일 빈에서 태어났다. 당시 구스타프 말러 Gustav Mahler는 빈 오페라 하우스의 관장이었고, 지그문트 프로이트는 베르크가세에서 정신분석을 하고 있었으며, 구스타프 클림트 Gustav Klimt는 빈 아르 누보를 이끌고 있었고, 카를 크라우스 Karl Kraus는 풍자 잡지 〈디 파켈 Die Fackel〉을 발행하고 있었으며, 아르투르 슈니츨러 Arthur Schnitzler는 진보적인 화제로 상류 사회를 공격하고 있었고, 세계적인 과학자와 철학자, 예술가 들이 매일 빈의 커피하우스에서 만났다(여기서 남성만을 지칭한 이유는, 빈 모더니스트 중에서 여성은 드물었기 때문이다. 1912년이 되어야 비로소 프리드리히 니체의 짝사랑 상대였던 루 안드레아스-살로메가 여성으로는 처음으로 지그문트 프로이트를 중심으로 한 가까운 인물들의 모임에 포함되었다).

칼의 부모는 주변 환경이 주는 풍부한 자극을 열렬히 받아들였다. 그의 아버지인 시몬 포퍼 Simon Siegmund Popper는 성공한 변호사로, 카를 마르크스의 아버지처럼 유대교에서 개신교로 개종한 인물이었다. 방대한 도서관을 소유하고 있었으며, 아들은 어릴 적부터 이 도서관의 책들을 탐독했다. 그의 자유로운 사고방식은 특히 노숙인과 고아를 위해 많은 활동을 펼친 빈의 불법 프리메이슨 단체 '후마니타스'의 주요 회원이라는 사실에서도 알 수 있다. 또한, 시몬 포퍼는 오스트리아-헝가리 제국의 교회 보수주의를 비판하는 《탁월한 정치 풍자》를 익명으로 발표했으며, 그의 책은 출판 직후 압수되어 1918년까지 금서 목록에 오르기도 했다.[4]

칼의 어머니 예니 포퍼 Jenny Popper(본명은 쉬프 Schiff)는 유명한 지휘자 브루노 발터 Bruno Walter를 비롯해 수많은 훌륭한 과학자와 의사, 음악가를 배출한 슐레지아-헝가리 가문 출신이었다. 피아노를 유난히 잘 연주했던 그의 어머니는 아들이 어릴 때부터 음악에 관심을 가질 수 있도록 영감을 주었다. 한동안 음악가가 되고 싶다는 꿈을 품었던 칼은 1920년 아널드 쇤베르크 Arnold Schönberg가 이끄는 개인 음악 공연 협회에 합류했다. 1921년에는 바흐 스타일의 푸가로 유명한 빈음악원의 입학시험에 합격한 후 잠시 음악을 공부하기도 했다. 하지만 칼은 곧 음악가로서의 꿈을 접었다. 무엇보다 자신에게 충분한 재능이 있다고 생각하지 않았기 때문이고, 두 번째는 쇤베르크나 알반 베르크 Alban Berg, 안톤 베베른 Anton Webern 등이 이끄는 새로운 음악에 반감이 들었기 때문이었다.

예니 포퍼는 또한 아들에게 훌륭한 문학에 대한 사랑을 심어준 인물이기도 하다. 칼이 다섯 살 때, 예니는 그와 그의 누나인 도라와 아니에게 스웨덴의 시인 셀마 라게를뢰프Selma Lagerlöf가 쓴 《닐스의 신기한 여행》을 읽어주었다. 라게를뢰프는 1909년 여성으로는 처음으로 노벨 문학상을 수상한 작가였다. 칼 포퍼는 이 책이 자신의 성격에 결정적인 영향을 미쳤다고 고백했다. 자유를 갈망하는 발칙한 어린 소년이 야생 거위들의 등에 올라타고 떠나는 여행 이야기는 어린 포퍼에게 큰 감명을 주었고, 그는 이후에도 평생 동안 이 책을 1년에 한 번씩은 읽었으며, 라게를뢰프가 쓴 모든 글을 흡수하듯 읽었다.[5]

닐스 홀거슨처럼, 어린 포퍼도 책에 몰두하지 않을 때는 야외에서 시간을 보내기를 좋아했다. 그는 당시 유행하던 '카우보이와 인디언' 놀이를 매우 즐겼고, 이 놀이에서 내성적인 성격의 포퍼는 종종 나무 기둥에 묶인 창백한 얼굴의 백인 역할을 맡았다. 그리고 그를 자주 먹잇감으로 생포하는 위대하고 용감한 인디언 추장 역할은 미래의 동물학자이자 노벨상 수상자인 콘라트 로렌츠Konrad Lorenz가 맡았는데, 그는 역사적으로 '회색 거위의 아버지'로 불린 인물이다. 수십 년 후, 어린 시절 친구였던 포퍼와 로렌츠는 다시 만나 '진화론적 인식론'에 중요한 공헌을 하게 된다(이 부분은 후에 다룰 예정이다).

칼은 또한 진화생물학자 에른스트 헤켈Ernst Haeckel과 노벨 화학상 수상자 빌헬름 오스트발트Wilhelm Ostwald의 사유에 영향을 받아 과학 지식을 바탕으로 세계와 인간에 대한 통일된(일원론적) 관점을 전파하는 단체인 '빈 숲으로의 소풍'을 좋아했다. 일원론자들의 소풍에서는 종종 다윈주의와 마르크스주의에 대한 열띤 토론이 열렸는데, 당시 열한 살이었던 칼은 이 토론을 완벽히 이해할 수는 없었지만, 지루하기만 한 학교 수업과는 다르게 지적으로 엄청난 자극을 받았다. 이들과의 소풍을 마치고 온 어느 날 칼은 오스트리아의 왕위 계승자인 프란츠 페르디난트Franz Ferdinand 대공과 그의 아내 소피 폰 호헨베르크Sophie von Hohenberg가 사라예보에서 암살당했다는 소식을 듣게 되는데, 이 사건은 결과적으로 제1차 세계대전(물론 당시에는 아직 그렇게 부르지 않았다)을 촉발하는 계기가 되었다. 칼의 12번째 생일인 1914년 7월 28일, 오스트리아-헝가리는 세르비아에 선전포고를 했다. 평온했던 어린 시절이 막을 내리는 순간이었다.[6]

칼은 그가 처한 사회적 환경 덕분에 오스트리아-헝가리 제국의 부글부글 끓는 애국주의로부터 안온하게 보호받을 수 있었다. 그는 전사자들을 맞이해야 하는 이들의 심리적 고통뿐 아니라, 전쟁으로 인해 악화된 경제적 어려움도 잘 알고 있었다. 포퍼는 자서전《출발점》에서 수십 년이 지나도록 그에게 남아 있는 사회적 불의의 흔적에 대해 이렇게 회상했다. "오늘날 서방 민주주의 국가에 살고 있는 사람 중 이 세기의 초반에 경험한 가난의 의미를 제대로 아는 사람이 있을까? 남자와 여자, 아이, 모두가 굶주리고 추위에 떨며, 집도 없이 절망 속에 살고 있었다. 그러나 우리는 아이들이었기에 어떤 도움도 줄 수 없었다. 가난한 이들에게 몇 푼이나마 주려고 어른들에게 애원하는 것 외에 할 수 있는 일이 없었다."[7]

제1차 세계대전이 끝나고 다뉴브 제국이 몰락한 후, 세계 문화의 수도였던 빈은 '적색 빈'으로 변했다. 사회주의 청년 운동에 참여했던 포퍼는 1918년 11월 16세의 나이로 공산당에 입당해 당 본부에서 활동했다. 1919년 6월 좌익 시위대에 대한 총격 사건 이후 마르크스의 역사적 결정론과는 거리를 두었지만, 1930년대까지는 자신을 사회주의자로 여겼다. "개인의 자유와 결합된 사회주의가 존재한다면 나는 지금도 사회주의자로 살고 있을 것이다"라고 그는 수십 년 후 회고록에서 고백했다. "평등주의 사회의 겸손하고 단순하며 자유로운 삶보다 더 좋은 것은 생각할 수 없기 때문이다."[8]

포퍼는 부지런히 일할 뿐 아니라 사회적·정치적으로도 활발하게 활동하며 적은 비용으로 광범위한 교육과 문화 프로그램을 구축해온 빈의 노동자들을 존경했다. 또한 개인 심리학의 창시자인 알프레트 아들러 Alfred Adler가 사회민주주의 시 정부를 대신하여 빈의 노동계급 지역에 설립한 교육 상담 센터에서 자원봉사를 하기도 했다. 1911년 초에는 지그문트 프로이트와 사제지간으로 지냈고, 이후 '열등감 콤플렉스'의 발견자로 국제적 명성을 얻은 아들러는 20세기의 선구적인 심리학자 중 한 사람이 되었다. 하지만 프로이트와 마찬가지로 그도 인간의 모든 것을 자신의 이론으로 설명하고 서로 모순되는 경험을 단순화하려는 경향이 있었다.

젊은 포퍼는 아들러에게 개인 심리학 이론에 들어맞지 않는 듯한 한 아이와의 경험에 대해 이야기하면서 그것을 알게 되었다. 심리학자 아들러는 아이를 한번도 만나지 못했음에도 아이의 이야기를 자신의 이론에 끼워 맞추려 했다. 포퍼가 어떻게 그렇게 정확하게 알고 있는지 묻자 아들러는 대답했다. "수천 번의 경험을 통해서지요." 이에 포퍼는 당차게 대답했다. "이제 이 이야기를 하나 더 해서 당신의 경험은 수천 가지가 되었겠군요!"[9]

당시 교육 지도 보조자로 봉사하던 포퍼는 그 순간 경험 많은 개인 심리학자의 이론이 억압적이라는 사실을 깨닫는다. 아들러 이론의 반박 불가능성은 강점이 아니라 약점이라는 사실을 인식하게 된 것이다. 좌파 시위대에 대한 총격 사건과 상대성 이론의 경험적 확인에 이어 1919년 아들러와의 대화는 포퍼에게 회의적이고 비판적인 이성적 태도를 형성하게 한 세 번째 핵심 사건이 되었다. 이처럼 포퍼는 철학적 문제에 대해 끊임없이 사유하긴 했으나 전문 철학자가 될 생각은 없었다. 당시 그는 음악가가 되고자 하는 꿈과 더불어 어린이와 청소년 들이 인생에서 정말 중요한 것들을 배울 수 있는 자유롭고 민주적인 학교를 설립하려는 꿈을 품고 있었다. 이 꿈의 배경에는 학교에서 겪었던 부정적 일들로 인하여 1918년 중학교를 중퇴하고 대학에 감사로 등록해 수학, 역사, 심리학, 이론물리학, 철학 강의를 들으며 스스로 학업을 이어가야 했던 자신의 경험이 있었다.

높은 인플레이션으로 그의 부모는 재산의 상당 부분을 잃었고 포퍼는 가족의 짐이 되지 않기 위해 여러 가지 잡일을 했지만, 도로 건설과 같은 노동을 하기에는 신체적 조건이 적합하지 않다는 것을 금방 깨달았다. 그럼에도 그는 노동자나 장인의 삶에 매료되었고, 특히 육체노동을 해본 적도 없이 노동자의 지도자를 자처하는 일부 사회주의 동지들의 태도에 강한 혐오감을 느꼈다. 그리하여 포퍼는 기능공 목수가 되기 위한 교육을 받기로 결심하고, 1924년에 목수 과정을 수료했다(〈서랍과 유리문이 달린 찬장〉이라는 인상적인 목수 시절의 작품은 오늘날 클라겐푸르트대학교의 칼 포퍼 아카이브에서 감상할 수 있다).

하지만 1924년에 이르러 포퍼는 더는 목수도 음악가도 되고 싶지 않다는 것을 깨달았다. 그리하여 이후 사회적으로 위험한 환경에 처한 아이들을 위한 교사로 1년간 일했다. 1925년 빈 시의 교육학 연구소가 문을 열었다. 마투라에 합격한 포퍼는 초등학교 교사가 될 기회를 잡을 수 있었다. 교육학 연구소는 평범한 교육학 교육 기관이 아니라 현대 민주주의 학교의 프로젝트를 진전시키기 위해 멀리 있는 진보적 교육자들과 심리학자들이 방문하고자 하는 사회 민주주의 학교 개혁 운동의 기수이기도 했으므로 이를 통해 포퍼는 많은 혜택을 받을 수 있었다. 이 학교의 교사진은 모두 훌륭했다. 포퍼는 특히 카를 뷜러 Karl Bühler에게 깊은 인상을 받았는데, 그는 같은 연구소의 교사로 활동했던 아내 샬로테 뷜러 Charlotte Bühler와 함께 20세기 최고의 발달·인지 심리학자 중 한 명으로 꼽힌다.

포퍼는 뷜러로부터 어린이와 청소년 들은 어른들이 쏟아붓는 지식을 담아내는 양동이가 아니라 환경과의 상호작용을 통해 자신만의 세계관을 형성하는 능동적인 학습자라는 통찰을 얻었다. 이는 포퍼가 처음으로 발표한 에세이에서도 잘 드러난다. 1925년에 발표한 〈학교와 학생에 대한 교사의 관점〉이라는 에세이에서 그는 학생의 개성을 인정하는 것이 교사의 기본 요건임을 밝혔다. "교육이 삶에 충실해야 한다는 요구를 교사와 학생의 관계에도 적용한다면, 교사는 원칙적으로 학생을 일반적인 관점에서 바라볼 것이 아니라 살아 있는 한 사람으로서 마주해야 한다."[10]

포퍼는 1927년 교육학 연구소에서 학업을 마치고 1년 후 빈 대학교에서 〈사고 심리학의 방법론적 문제〉라는 박사 논문을 발표했다. 그는 이후 음악 이론과 심리학, 철학 분야의 구술시험을 우수한 성적으로 통과했다. 그의 철학 과목 심사관은 자연주의 철학자 루돌프 카르납 Rudolf Carnap과 과학철학자 빅토르 크라프트 Victor Kraft, 이후 프린스턴대학교에서 아인슈타인의 가장 가까운 친구이자 토론 상대가 된 수학자이자 논리학자 쿠르트 괴델 Kurt Gödel 등 여러 유명한 과학자가 참여했던 빈학파의 창립자이자 지도자인 모리츠 슐릭 Moritz Schlick이었다.

빈학파의 목표는 경험적 데이터에 기반하고 종교적 신념과 같은 형이상학적 추정을 일관되게 거부하는 과학적 세계관을 개발하고 전파하는 것이었다. 포퍼는 학파의 일부 회원과 개인적으로 인연을 맺고 이들의 출판물을 탐독했다. 또한 자신이 읽은 내용에 대한 비판적 견해를 표현하긴 했으나 그것을 출간할 생각은 하지 않았다.

1930년, 포퍼는 중등직업학교에서 교사직을 얻음으로써 교육학 연구소에서 만난 여자친구 조제핀 헤닝거 Josefine Henninger와 결혼할 수 있는 기반을 마련했다. 그의 주된 관심사는 여전히 보수적인 성직자들의 저항에 맞선 민주적인 학교 개혁이었다. 다만 몇 달 전 빈학파의 일원이었던 철학자 헤르베르트 파이글 Herbert Feigl과 나눈 긴 대화가 그의 머릿속에서 떠나지 않았다. 파이글은 포퍼의 접근 방식에 큰 관심을 보였을 뿐 아니라 과학 이론에 대한 그의 생각을 별도의 책으로 출간하라고 거듭 격려하기도 했다.

포퍼는 자서전에 파이글과의 대화가 이후 자신의 행보에 얼마나 중요한 영향을 미쳤는지 서술했다. "파이글의 격려가 없었다면 나는 책을 쓰지 못했을 것이다. 책을 쓰고 출판하는 것은 나의 삶의 방식이나 태도에 어울리지 않는다고 생각해왔다. 내가 관심을 갖고 있는 것에 다른 사람들도 흥미를 보일 것이라는 확신 또한 부족했다."11

칼은 '타이핑의 달인'은 아니었을 뿐더러 손글씨로 철학하는 사람에 가까웠다. 그래서 칼이 '헤니'라고 불렀던 그의 부인이 칼의 《인식론의 두 가지 근본적인 문제》라는 제목의 1,200쪽짜리 원고를 타이핑하는 일을 맡게 되는데, 여기서 그녀는 단순히 타자를 치는 역할뿐 아니라, '포퍼의 수석 편집자'로서 칼이 쓴 모든 문장을 비판적으로 검토하는 역할도 하게 된다.

1933년 이후 빈학파의 많은 회원이 그의 원고를 읽었다. 그들 중 다수는 칼의 '독창적인 기여'를 반겼지만, 모리츠 슐릭을 포함한 일부는 포퍼의 비판에 도발적인 반응을 보였다. 그럼에도 슐릭은 이 원고를 '과학적 세계관에 관한 저술' 시리즈의 일부로 출판하는 데 동의했다. 하지만 오늘날 대형 과학 출판사인 스프링거 네이처의 전신인 출판사 율리어스 슈프링거 Julius Springer는 이름 없는 저자의 방대한 원고를 통째로 출판하는 것을 거부했다. 이에 포퍼는 원고의 분량을 절반 가까이 줄여야 했는데, 이는 그의 삼촌인 통계학 및 경제학 교수인 발터 쉬프 Walter Schiff의 도움을 받고서야 겨우 가능했다. 포퍼의 대폭 축소된 첫 번째 저작은 1934년 《탐구의 논리: 현대 자연과학의 인식론》이라는 제목으로 출판되었으며, 이 책은 현재 현대 과학 이론의 교과서로 간주되고 있다.

탐구의 논리

《탐구의 논리》가 빈학파의 시리즈에 포함되어 출판되었다는 사실은, 포퍼가 슐릭과 그 일파가 공유한 실증주의적 관점을 공유했다는 오해를 불러일으켰다. 즉 과학은 '실증적으로 주어진 것' 다시 말해 감각적으로 인식할 수 있고 경험적으로 검증 가능한 '사실'에 한정되어야 하며, 이러한 개별적인 경험적 관찰로부터 세계에 대한 적절한 그림을 도출할 수 있다는 입장이다. 30년 후, 이 오해는 독일 사회학에서 유명한 실증주의 논쟁을 촉발시켰으며, 처음에는 포퍼와 아도르노 사이에서 벌어졌고, 그 후에는 '비판이론'의 대표적인 인물인 위르겐 하버마스 Jürgen Habermas와 '비판적 합리주의자' 한

스 알베르트_Hans Albert_ 사이에서 주로 논쟁이 이어졌다.¹²

사실 포퍼도 과학 연구 과정에서 실증적 연구의 중요성을 인정하는 등 빈학파의 일부 견해를 공유했다. 하지만 그는 슐릭과 그의 동료들이 주장한 실증주의적 접근 방식에 대해서는 날카로운 비판을 가했다. 개별적인 경험적 관찰로부터 타당한 일반 진술을 도출하는 것은 불가능하다는 것을 반증한 것이다. 가령 흰색 백조 한 마리를 보았다고 해서 모든 백조가 흰색이라는 가정을 정당화할 수는 없다. 같은 관찰이 수없이 반복되었고, 지금까지 관찰된 모든 백조가 흰색이었다고 하더라도 이를 근거로 앞으로도 모든 백조는 흰색일 것이라는 결론을 내릴 수는 없는 것이다.¹³

따라서 포퍼는 귀납적 방법, 즉 구체적인 예를 통해 일반적인 결론을 도출하는 방법에는 결함이 있다고 보았다.¹⁴ 그러나 그 반대인 연역적 방법은 허용할 수 있다. 즉 일반 이론에서 구체적인 가설을 도출한 후, 이를 비판적으로 검토할 수 있는 것이다. 알베르트 아인슈타인은 이 방법을 모범적으로 실천했는데, 그는 상대성 이론에서 출발하여 태양의 중력에 의해 먼 별들의 빛 경로가 최소한으로 굴절된다고 결론지었고, 이는 1919년 일식이 진행되는 동안 실험을 통해 확인되었다

그렇다고 포퍼의 이론에 따라 아인슈타인의 이론이 검증되었다는 의미는 아니다. 그것이 진리로서 확정되었다는 것이 아니라, 단지 현재까지는 스스로 증명되었다는 것이다. 뉴턴의 중력 이론이 수없이 많은 사례에서 옳음이 증명되었지만, 1919년에 반증(반박)

된 것과 같은 이유에서다. 이것이 포퍼가 《탐구의 논리》에서 소개한 과학철학의 중심 개념이다. 그는 '반증의 원리'를 통해 경험 과학을 유사과학뿐 아니라 수학이나 철학과 구별하려 했다. 그가 제시한 요구 사항의 핵심은 명확하다. "경험에 근거한 경험 철학 체계는 실패할 수밖에 없다."[15] 포퍼에 따르면, 반증될 수 없는(즉 경험적으로 반박될 수 없는) 가설은 과학적으로 유효하다고 주장할 수 없다.

그렇다고 빈학파의 일부 인사들이 주장한 것처럼 비경험적 진술이 무의미하다고 단언하지는 않는다. 포퍼에 따르면, 비과학적 진술은 과학적(반증 가능한) 진술과 명확하게 구별되어야 하지만, 그렇다고 해서 합리적인 논의에서 제외되어서는 안 된다. 철학적 논의(예를 들어 윤리, 정치, 인식론에 관한 질문들)는 엄밀하게 과학적 의미에서 검증될 수 없다 하더라도 중요한 사회적 기능을 지니기 때문이다.

후자는 포퍼의 이론에도 적용된다. 포퍼는 과학적 연구 과정에서 유용한 결과를 얻을 수는 있지만 그 안에 포함된 반증 원칙은 스스로 반증될 수 없다고 보았다. 또한 그는 프로이트와 아들러의 정신분석학 같은 '유사과학 이론'을 '신화'라며 공격했지만 그것들이 완전히 무의미하다고 생각하지는 않았다. 다만 그는 이 이론들이 심리적 문제에 대한 매우 흥미로운 생각을 담고 있지만, 불행히도 검증 가능한 형태로 제시되지 않는다라고 강조했다.[16] 하지만 언젠가는 프로이트와 아들러의 사유가 검증 가능한 '과학적 심리학'의 중요한 요소가 될 수도 있다고 포퍼는 말했다. 실제로 거의 대부분의 위대한 과학 이론도 과거의 신화에서 출발했다는 점을 고려해보면 이는 불가능한 일이 아니다(예를 들어, 고대 그리스의 원자론적 세계관은 20세기에 들어서야 물리학에 통합되어 실험적 검증을 받게 되었다).

포퍼에 따르면, 과학은 원칙적으로 절대적 진리를 선언할 수 없다. 그는 과학 이론을 '우리가 '세계'를 포획하기 위해, 즉 그것을 합리화하고 설명하고 지배하기 위해 던지는 그물'에 비유했다.[17] 가설과 반박의 상호작용, 즉 새로운 이론의 구성과 그에 따른 비판적 검토를 통해 우리는 그물망을 더욱 촘촘하게 좁히는 작업을 함으로써 세계에 대한 더 그럴싸한 그림을 그릴 수는 있지만 확실한 지식에 도달할 수는 없는 것이다. 그렇기 때문에 과학적 세계관은 항상 가설적인 특징이 있다.

포퍼는 첫 번째 저서 《탐구의 논리》에서 절대적인 확실성은 존재할 수 없으며, 오류는 배제될 수 없으므로 우리는 '과학에서 최종적인 확실성을 요구해서는 안 된다'고 말했다.[18] 그는 이후 자신의 철학에서 이 핵심적인 측면을 '실패 가능성(라틴어 'fallibilis'에서 유래했다)'이라고 불렀다. 인간 지식의 오류 가능성을 자기 사고의 중심 원칙으로 삼은 사람은 포퍼 외에 어떤 철학자도 없을 것이다. 그런데 포퍼는 고대 그리스에서 오류 가능성의 선구자들을 발견했다. 자신의 관점을 설명하기 위해 포퍼는 고대 그리스의 소크라테스 이전 철학자이자 시인인 콜로폰Kolophon의 제노파네스Xenophanes가 쓴 시의 한 구절을 자주 인용했다.

— 그 어떤 인간도 신들과 내가 말하는 모든 것에 대해 알지 못한

다. 설령 누군가가 언젠가 가장 완전한 진리를 선언할 수 있다고 해도 그는 그것을 알 수 없다. 모든 건 추측으로 얽혀 있을 뿐.[19]

이 맥락에서 포퍼의 연구 논리의 전환이 얼마나 근본적인지 인식하는 일은 매우 중요하다. 따라서 실증적 연구의 목표는 과학 이론을 증명하는 것이 아니라(항상 가설과의 연관성을 증명하는 것처럼 보이는 사실이 발견될 수 있기 때문에), 과학 이론을 반증하는 것이어야 하며, 이 반증을 새로운 이론의 기초로 삼고, 그 이론 역시 다시 비판적으로 검토해야 한다. 이는 과학철학 분야에서의 혁명적인 재조명이라 할 수 있다. 그런데, 오스트리아의 한 중등직업학교 교사의 데뷔 작품이 전 세계적으로 과학에 대한 이해 방식에 혁명적 전환을 가져올 가능성은 얼마나 되겠는가? 자신의 이론적 접근법의 우월성을 지나칠 정도로 확신하고 이를 토론 상대방에게 전달하는 데 거침없었던 칼 포퍼조차도 자신의 저작이 미치는 영향에 대해서는 예상하지 못했다. 그의 책은 (특히 초기에는) 매우 소수의 독자에게 닿았지만 때로는 독자의 질이 숫자보다 중요할 수 있다(비록 재정적으로는 후자가 더 긍정적인 영향을 미치긴 하지만, 포퍼는 이 점에서 상당한 고충을 겪어야 했다).

1935년 6월, 포퍼는 알베르트 아인슈타인으로부터 자신의 책과 안에 담긴 과학적 이해에 관한 긍정적인 평가가 담긴 편지를 받았는데, 아인슈타인은 상대성 이론과 양자 이론에 관한 몇 가지 특수한 질문에 대해 비판적인 의견 또한 그에게 제시했다(포퍼는 자신이 무척 존경하던 물리학자인 아인슈타인으로부터 받은 이 답변에 너무 감격하여, 나중에 책의 개정판에 그 편지를 인쇄하여 싣기도 했다). 아인슈타인의 양자 이론을 반대했던 노벨 물리학상 수상자 닐스 보어와 베르너 하이젠베르크도 오스트리아 교사가 쓴 이 책을 높이 평가한 것으로 밝혀졌다. 포퍼는 1935년 초 빈에서 하이젠베르크와 토론했고, 1년 후 코펜하겐에서 열린 제2회 과학의 통일을 위한 국제회의에서 보어와 연설자로 나란히 단상에 올랐다.

적어도 이 시점부터 포퍼는 전문 철학자가 되겠다는 결심이 그리 잘못된 생각은 아닐 수도 있다고 여기기 시작한다. 그는 1935년 9월부터 1936년 6월까지 영국에서 중요한 인맥을 쌓기 위해 빈 교육청에 무급 휴직을 신청했다. 런던에서 그는 칸트 이후 가장 위대한 철학자로 꼽은 유명한 수학자이자 논리학자인 버트런드 러셀을 만난다. 러셀은 처음에는 포퍼의 접근 방식에 다소 회의적이었지만 나중에는 그의 견해에 대체로 동의했다. 옥스퍼드에서 포퍼는 양자역학의 또 다른 창시자이자 노벨상 수상자인 에르빈 슈뢰딩거 *Erwin Schrödinger*를 만났는데, 슈뢰딩거는 이후 '슈뢰딩거의 고양이(살아 있는지 죽었는지 또는 동시에 둘 다인지 알 수 없는)' 사고 실험으로 대중에게 널리 알려졌다.

런던에서 포퍼는 중요한 두 철학자와 만나게 되는데, 이들은 얼마 지나지 않아 그를 위험한 상황에서 구해준다. 생물학자이자 과학철학자인 조셉 헨리 우드거 *Joseph Henry Woodger*와 분석철학의 공동 창시자인 조지 에드워드 무어 *George Edward Moore*다. 무어는 우리가 니체의 철학을 논의하면서 접한 '자연주의적 오류'를 밝혀낸 인물이기도 하다. 포퍼의 이후 경력에 중요한 영향을 미친 또 다른 만남의 상대는 진보적(후에 자유지상주의자로 발전) 경제학자 프리드리히 하이에크Friedrich Hayek였다. 하이에크는 빈에서 태어나 1931년부터 런던 정치경제대학교LSE에서 교수로 학생들을 가르치고 있었다. 하이에크는 마르크스의 역사적 결정론에 대한 포퍼의 비판에 열렬히 동의했지만 동포였던 포퍼에게 LSE의 교수 자리를 제안할 능력까지는 없었다. 그럼에도 그는 포퍼를 영국 내 학문적 난민을 지원하는 학술 지원 협의회 책임자와 연결해주었다(히틀러 집권 이후, 이 문제는 유대인과 유대인 출신 연구자들에게 더욱 절실해졌다).

1930년대가 되자 오스트리아의 상황도 악화되었다. 포퍼가 빈으로 돌아오기 얼마 전, 빈학파의 대표 인물인 모리츠 슐리크가 전통적인 종교적 가치를 파괴한다며 불만을 품은 한때의 제자에게 총격을 받아 살해당했다. 포퍼와 달리 슐리크는 유대인도 아니었지만 그가 살해된 후 반유대인 분위기가 언론을 통해 집중적으로 형성되었다. 포퍼는 히틀러가 자신의 조국을 되찾을 것으로 예상되는 그때야말로 어쩔 수 없이 오스트리아를 떠나야 할 때라는 것을 깨달았다.

1936년 11월, 포퍼는 중등직업학교 교사직을 사임하고 학술 지원 위원회의 도움을 받기 위한 필수 요건을 충족했다. 실제로 포퍼는 케임브리지대학교에서 1년간 방문 연구원직을 제안받았다. 우드거와 무어 (그리고 닐스 보어, 버트런드 러셀, 칼 뷜러 Karl Bühler 등의 지원) 덕분에 그는 뉴질랜드 크라이스트처치에 있는 캔터베리대학교에서 정규 강사직을 맡을 기회도 얻었다. 1936년 크리스마스 전날 밤, 채용 제의가 담긴 전보가 도착하자 포퍼는 오래 생각하지 않고 빈학파의 또 다른 회원인 수학자 프리드리히 와이즈만*Friedrich Waismann*에게 케임브리지대학교 연구원 자리를 양보한 뒤 헤닝거와 지구 반대편으로 이주하기 위해 필요한 모든 준비를 서둘러 마쳤다.

칼과 헤닝거는 1937년 1월 런던으로 출발했고, 그곳에서 다시 배를 타고 뉴질랜드로 향했다. 빈을 떠나는 것은 이들에게 매우 힘든 결정이었는데, 특히 다시는 가족을 볼 수 없을 것이라는 두려움이 이들을 괴롭혔다. 안타깝게도 이러한 걱정은 현실로 나타났다. 1938년 3월, 히틀러의 군대가 오스트리아에 진주했고, 5월에는 칼의 어머니 예니가 사망했으며, 그의 이모 헬리 역시 나중에 테레지엔슈타트의 강제수용소에서 살해당했다. 칼의 조카인 게오르크의 행방은 게슈타포 고문실에서 흔적도 없이 사라졌고, 총 16명의 가족이 나치의 공포 통치 아래 희생되었다.[20]

열린사회와 그 적들

1937년 3월, 몇 주간의 항해 끝에 뉴질랜드에 도착한 칼과 헤닝거는 고국에서 벌어지는 정치적 투쟁과는 거리가 먼 한가한 태평양의 풍경을 맞이했다. 34세의 포퍼는 중등직업학교 교사에서 대학 강사로 사회적으로는 신분 상승을 이루지만 곧 망명 생활에 따른 문화적 고립감을 느끼게 되었다.

포퍼는 캔터베리대학교의 유일한 진짜 철학자로서 입지를 다지기 위해 힘을 다했다. 카리스마 있고 유머러스하며 놀라울 정도로 반권위주의적이었던 포퍼는 학생들에게 인기가 많았지만 곧 뉴질랜드 태생의 인류학자인 직속 상사의 심기를 건드리게 되었다. 포퍼는 자신이 가르치는 학문에 통달하지 못한 사람에게 종속되는 것은 참을 수 없다며 그 특유의 직설적인 태도로 분명하게 이유를 밝혔다.[21] 이전에 빈학파 회원들과의 토론에서도 그랬고 이후 학생들과의 토론에서도 그랬던 것처럼 포퍼에게는 자신에게 호의를 베푸는 사람들에게 존중을 표현하는 능력이 부족했다.

하지만 대학에서의 갈등은 독일군이 오스트리아를 침공하면서 뒷전으로 밀렸다. 포퍼는 나치의 공포에서 벗어나고 싶어하는 지인들과 친척들로부터 도와달라는 요청을 수없이 받았다. 그는 대학 동료인 식물학자 오토 프랑켈Otto Frankel과 함께 구호 단체를 설립하여, 40명의 난민이 뉴질랜드로 입국할 수 있도록 도왔다. 전쟁이 발발하자, 포퍼는 뉴질랜드 군에 지원하기도 했지만 그의 지원서는 거절당한다.

그리하여 포퍼는 자신의 '진정한 전쟁터'인 철학으로 관심을 돌린다. 독일군이 오스트리아를 침공한 날, 그는 파시즘과 (국가 사회주의적) 마르크스주의에 대한 비판을 글로 옮기기로 결심하고 실행에 옮겼다. 4년 동안 포퍼는 거의 모든 여유 시간을 두 권의 책을 집필하는 데 쏟아부었다. 이 저서는 역사에 《열린사회와 그 적들》로 기록된다. 그러나 고군분투 끝에 1943년 포퍼가 드디어 원고 작업을 마쳤을 때, 이를 출판하려는 출판사는 어디에도 없었다. 사실, 포퍼가 자신의 '전쟁에 대한 공헌'으로 여긴 이 책은 제2차 세계대전이 끝난 후 반년이 지나서야 출판되었다.

— 현재 정치철학의 고전으로 여겨지며 포퍼를 전 세계에서 가장 영향력 있는 지식인으로 만든 이 책을 여러 유명 출판사조차 거부했던 이유는 무엇일까? 무엇보다 편집자들이 이 책의 시의성을 알아보지 못한 것이 분명하다. 이는 특히 히틀러와 스탈린의 이름을 언급하지 않고 그들의 이데올로기를 비판하는 포퍼의 독특한 전략에서 비롯된 것이다. 히틀러 대신, 포퍼는 2,300년 전에 전체주의 국가의 개념을 제시한 플라톤을 집중적으로 비판했다. 플라톤은 반평등적이고 반민주적인 계급과 인종 이데올로기에 기반한 전체주의 국가 개념을 발전시켰다. 또 스탈린을 공격하는 대신, 역사적 과정이 미리 정해져 있다고 주장한 마르크스를 비판했다. 포퍼는 마르크스가 어떤 야만적이고 비인간적인 행위도 '공산주의 자유의 왕국'을 향한 길에서 필요한 부수적 피해라고 정당화할 수 있는, 지배 엘리트를 옹호하는 기반을 마련했다고 보았다.

포퍼가 책 제목을 고민할 때, 친구들은 '열린사회 Open society'라는, 이전에 잘 알려지지 않은 용어를 제목으로 쓰지 말라고 조언했다. 사람들이 그것의 의미를 이해하지 못할 것이라고 우려했기 때문이다. 하지만 돌이켜보면, 그것은 불필요한 우려였다. '열린사회'라는 용어가 출판 당시 낯설었다는 사실은 오히려 장점이 되었다. 현재 이 용어를 사용하는 대부분의 사람은 포퍼의 책을 직간접적으로 참조해야 하기 때문이다. 많은 예 중 하나를 들자면, 2015년 프랑스의 풍자 잡지 〈샤를리 에브도〉 편집부에 대한 테러 공격이 있은 후, 당시 독일 연방 대통령인 요아힘 가우크 Joachim Gauck는 이렇게 말했다. "이번 테러는 열린사회가 얼마나 취약한지를 보여주었습니다."[22] 지금 '열린사회'라는 용어가 얼마나 널리 쓰이고 있는지는 현재 구글에서 '열린사회'라는 키워드로 검색한 횟수가 650만 건이 넘는다는 사실만 봐도 알 수 있다.

그렇다면 포퍼가 말하는 '열린사회'는 무엇일까? 이 질문은 예상보다 간단하게 답하기 어렵다. 포퍼조차도 자신의 책에서 제목이 된 '열린사회'라는 용어를 정확히 정의하지 않았기 때문이다. 그는 첫 번째 책의 마지막 장인 10장에서야 비로소 열린사회와 닫힌 사회를 구별하는 요소에 대해 논의하기 시작했다. 포퍼는 몇 마디로 간단하게 두 사회를 정의했다. 포퍼는 닫힌 사회를 '마술적이고, 부족적이며, 집단주의적인 사회'로 설명하고, 열린사회는 '개개인이 개인적 결정을 내리는 사회 체제'로 묘사했다.[23]

열린사회의 본질적인 특징에 대한 간결한 정의를 찾고자 하는 사람들은 포퍼의 저서에서 그것을 얻기 어려울 것이다. 그가 열린사회에 대해 언급한 내용은 거의 1,000쪽에 걸쳐 여기저기 흩어져 있으며, 대체로 플라톤과 헤겔, 마르크스의 텍스트를 분석하는 중간중간에 숨겨져 있다. 또한 여러 핵심적인 발언은 책의 본문이 아니라 수백 쪽에 달하는 주석에 적혀 있다. 이 결함은 포퍼의 책이 출현하게 된 바탕을 살펴보면 쉽게 알 수 있다. 포퍼가 그 책을 쓰게 된 주된 목적은 열린사회의 기본 원칙을 규명하는 것이 아니라, 히틀러와 스탈린의 전체주의적 사고의 뿌리를 이미 플라톤과 헤겔, 마르크스와 같은 철학자들에게서 발견할 수 있음을 증명하는 데 있었기 때문이다.

후자는 아마도 이 책이 전후에 급속히 인기를 얻게 된 이유 중 하나일 것이다. 초기 논쟁은 주로 《열린사회와 그 적들》의 두 번째 책인 《헤겔, 마르크스와 그 후속 결과들》에 집중되었다. 공산주의와 자본주의 체제 간의 갈등이 정점에 이르렀던 시대에, 포퍼가 옹호한 현대 민주주의 헌법 국가에 대한 갈망은 동구권에 대한 논박으로 받아들여졌으며, 실제로 이런 점에서 정치적으로 활용되기도 했다.[24]

포퍼의 마르크스 비판은 일차원적인 것이 아니었다. 그는 비판을 시작하면서 다음과 같이 서술했다. "마르크스는 (…) 많은 새로운 질문에 대해 우리의 눈을 열어주었고, 우리의 시각을 날카롭게 만들었다. 마르크스 이전의 사회과학으로 돌아가는 것은 상상할 수 없다. 현대의 모든 저술가는 마르크스에게 빚을 지고 있으며, 그것을 알지 못하더라도 마찬가지다."[25] 포퍼는 마르크스의 현실 감각, 공허한 말장난에 대한 불신, 특히 도덕적 말장난에 대한 불신을 높이 샀으며, 그로 인해 마르크스는 위선과 종교적 형식주의에 맞서 싸운 위대한 인물 중 한 사람이 되었다고 평가했다. 특히 포퍼는 마르크스의 억압받는 이들을 돕고자 하는 뜨거운 열망과 말만이 아니라 행동으로 자신을 증명하는 것이 중요하다는 통찰을 높이 평가했다.[26] 그러나 무엇보다 포퍼가 날카롭게 비판한 것은 마르크스의 역사적 결정론이었다. 20년 전 빈의 시위대가 총에 맞아 쓰러지는 것을 보며 포퍼는 그 파괴적 결과를 누구보다 통감하게 되었던 것이다.

포퍼는 마르크스가 역사적 결정론에 빠진 원인을 헤겔의 '변증법'에서 볼 수 있는 지성을 파괴하는 분위기에서 찾았다. 헤겔의 변증법은 논리적 모순을 해결해야 할 문제로 보지 않고 오히려 전체론적 이론의 논리를 보증하는 것으로 간주하는데, 포퍼는 이런 태도가 모든 과학뿐 아니라 모든 합리적 논증의 종말을 의미한다고 비판했다.[27] 특히 포퍼는 마르크스가 자신의 주장에서 헤겔주의를 드러내며 변증법을 바탕으로 미래의 인류 역사가 자연적인 흐름에 따라 진행될 것이라고 예측하는 점을 강하게 비판했다.

그러면서 포퍼는 마르크스의 자유의 왕국이라는 혁명적 전환 모델에 반박하며, 대신 '점진적 개혁'이라는 방식을 제시했다. 이는 이상적인 사회를 세우려는 시도가 아니라, 구체적인 사회 문제를 해결하기 위해 진화론에 바탕을 둔 '조각 이음 기술' 다시 말해 사회 제도를 단계적으로 재건하는 방식에 가깝다.[28] 포퍼는 지구상에 천국을 세우려는 시도는 항상 지옥을 낳는다며, 이런 시도가 편협함과 종교 전쟁, 그리고 영혼을 구원한다는 명목의 종교재판을 초래한다고 경고했다.²⁹ 이는 몇 년 후 알베르 카뮈가《반항하는 인간》에서 설명한 내용과 상당히 비슷하다.

파시즘 종식과 동서 냉전이 심화된 이후 포퍼의《열린사회와 그 적들》에 대한 논의가 주로 2권을 중심으로 이루어진 것은 역사적인 관점에서 보면 이해할 만하다. 그런데 오늘날, 현실 사회주의가 붕괴되고 전 세계적으로 집단주의적 정체성 정치가 확산된 이후, 이 책의 1권은 놀랍도록 중요한 의미를 지니게 되었다. 포퍼는 단순히 집단주의적 사고의 특징적인 요소들을 보여주는 데 그치지 않고, 왜 사람들이 이러한 사고방식에 끊임없이 취약해지는지를 설명한다. 그의 분석에 따르면, 과거의 집단주의적 전통에 대한 강한 의존적 태도는 부족이나 무리, 또는 '유기적 공동체'와 같은 밀접한 사회적 유대가 해체되는 사회적 변화에 대한 반응으로 볼 수 있다. 즉 사회가 폐쇄적인 형태에서 더 개방적인 형태로 전환하고, 개인성과 다양성이 통일된 집단주의적 전통을 대체할 때, 일부 사회 구성원들 사이에 강한 불안감을 야기하고, 좋았던 옛 질서를 되돌리려는 욕망을 강화시킬 것이라고 포퍼는 말한다.

― 포퍼는《열린사회와 그 적들》1권에서 2,500년 전의 역사적 사건을 바탕으로 이러한 현상을 설명했는데, 그 사건들은 현재와 놀라운 유사점을 보였다. 당시에도 세계시민적 태도, 관용, 인간성, 평등, 개인의 자유, 그리고 열린 토론 문화를 보장하는 민주주의자들이 있었다. 아테네의 정치가이자 민주주의자인 페

리클레스 Pericles의 유명한 연설 중 하나에는 다음과 같은 내용이 있다.

"법은 모든 사람에게 공평하게 정의를 부여합니다. (…) 우리가 누리는 자유는 우리의 일상생활에까지 확장됩니다. (…) 우리 도시는 세계에 열려 있으며, 우리는 이방인을 추방하지 않습니다. (…) 우리는 토론을 걸림돌로 여기지 않고, 오히려 지혜롭게 행동하기 위해 필요한 준비라 생각합니다."[30]

당시에는 가능한 모든 수단을 동원해 외래 문화의 영향에 대항하고 침입자로부터 국민을 보호하며 옛 가치를 회복해야 한다는 반동적인 운동도 일어났다. 이 운동의 중심 구호는 '조상들의 삶으로 돌아가자' 또는 '조국으로 돌아가자!'였으며, 여기에서 '애국자'라는 용어가 유래했다. 포퍼는 기원전 5세기에 일어난 이 '애국 운동'을 다음과 같이 묘사했다. "'애국 운동'은 보다 안정적인 삶의 형태, 종교, 품위, 법과 질서로 돌아가려는 욕망의 표현이었지만, 그것 자체는 도덕적으로 부패한 것이었다. 그들의 오래된 신앙은 사라졌고, 위선적이고 심지어 냉소적인 종교적 정서의 횡행으로 대체되었다."[31]

실로 놀라운 일이다. 포퍼가 70년 전에 2,400년 전의 애국 운동을 묘사하기 위해 사용한 말들은 오늘날 애국자에 대한 예견된 분석처럼 들리지 않는가! 오늘날의 애국자들 역시 전통적인 종교적 가치(기독교적 서구의 가치)를 입에 달고 살지만, 그들 중 대다수가 이러한 가치들과 개인적으로 거의 관련이 없다는 점에서 그러하다. 포퍼는 이 사실에 놀라지 않았을 것이다. 사실 그가 주장한 논지는 이러한 전통적인 가치를 믿을 수 있게 대변할 수 있는 사람이 소수에 불과할수록 오래된 가치로의 회귀가 가장 큰 목소리로 표현된다는 것이었다.

  포퍼의 분석은 서구의 기독교 구세주뿐 아니라, 그들의 반대편에 있다고 여기는 정치적 이슬람 대표자에 관해서도 일맥상통한다. 물론, 플라톤의 전체주의적 국가 이념이란 미덕의 수호자들이 공적·사적 생활의 모든 영역을 의심의 눈초리로 통제하는 것으로, 어쩌면 정치적 이슬람의 지배를 받는 국가들(예: 이란이나 사우디아라비아)에서만큼 일관되게 실현된 곳은 없을 것이다.³² 본질적으로 플라톤에 대한 포퍼의 비판, 즉 히틀러에 대한 비판이 오늘날 이슬람주의에 대한 비판으로 읽히는 것도 놀라운 일은 아니다. 이는 나치즘과 이슬람 파시즘 사이의 밀접한 유사성을 간파한 사람이라면 누구나 동의할 수 있다.³³

― 나치는 히틀러의 열렬한 추종자이자 무슬림 형제단의 창립자인 하산 알반나 *Hassan al-Banna*를 지지했으며, 예루살렘의 위대한 무프티(종교문제에 대한 결정 권한을 가진 무슬림 법률 전문가-옮긴이)였던 아민 알-후세이니 *Amin al-Husseini*와 함께 나치 선전 방송국을 설립하여 베를린에서 이슬람 세계에 반유대주의 증오 메시지를 전파하는 데 앞장섰다. 수십 년 후 이란의 아야톨라 호

메이니 *Ayatollah Khomeini*가 이슬람 전체주의 국가의 원형을 구축하게 된 것도 이런 기원을 안다면 쉽게 이해할 수 있는 일이다. 플라톤과 히틀러처럼 알반나와 알-후세이니, 호메이니와 같은 지도자들은 개인주의와 다원화(닫힌 사회에서 열린사회로의 전환의 징후)를 치명적인 질병의 증상으로 보고, 이를 포괄적이고 전체주의적인 치료법으로 다루어야 한다고 생각했다. 이 치료가 '민족의 몸(아테네인, 아리안, 무슬림)'을 가장 완전하게 회복시킬 수 있다고 믿었기 때문이다.[34]

앞서 살펴본 바와 같이, 포퍼는 에리히 프롬과 마찬가지로 전체주의를 '자유로부터의 도피'로 이해했다. 그러나 이러한 도피가 인류의 문화사에서 반복되는 패턴이라면, 열린사회가 이러한 공격으로부터 어떻게 스스로를 보호할 수 있을지에 대한 질문을 하지 않을 수 없다. 이와 관련하여 포퍼는 자유롭고 민주적인 기본 질서를 형성하고 이를 안정적으로 유지하기 위한 법치주의 제도를 언급했다. 민주적 입헌 국가의 특징은 다음과 같이 쉽게 정의내릴 수 있다.

① 국가의 중앙 기관인 입법(입법부), 행정(행정부), 사법(사법부)이 서로 독립적으로 운영된다(권력분립).
② 이들 기관은 법에 엄격히 구속된다(즉 자의적인 결정을 내릴 수 없다).

③ 입법부(의회)와 행정부 수장(정부 수반)은 보편적 선거에 의해 자유롭게 선출된다.

④ 소위 '제4의 권력'이라 불리는 여론 형성의 주체들(비정부 조직, 언론, 기자, 작가, 블로거 등)은 보편적 선거에 의해 선출되고, 이들의 활동은 자의적으로 제한되지 않는다.

이와 같이 자유롭고 민주적인 기본 질서의 제도적 보장은 열린사회에 필요한 전제 조건이지만, 그것만으로는 충분하지 않다. 열린사회를 보장할 수 있는 모든 제도를 갖추고 있으면서도 그 사회의 민주적 제도가 국제적이고 민주적인 정신으로 채워지지 않으면 닫힌 사회의 특성을 보일 수 있기 때문이다(가령 아데나워(독일 연방 공화국의 초대 수상으로 임기는 1949~1963년이다-옮긴이) 시대의 독일 연방 공화국은 자유민주주의 제도임에도 동성애자들이 자유롭게 살 수 있을 만큼 개방적이지 않았다).

따라서 자유민주적 제도의 존재만으로는 열린사회를 보장할 수 없다. 중요한 것은 이 제도와 더불어 그것을 지지하는 시민들이 열린사회의 원칙을 내면화하고 있는가 하는 부분이다. 포퍼의 저작을 좀 더 자세히 살펴보면, 열린사회를 특징짓는 세 가지 근본 원칙을 발견할 수 있다. 첫째는 자유의 이상을 지향하는 자유주의의 원칙, 둘째는 평등의 이상을 지향하는 평등주의의 원칙, 셋째는 집단이 아니라 개인을 지향하는 개인주의의 원칙이다.[35]

— 흥미롭게도 이 세 가지 기본 원칙은 포퍼가 책 원고를 완성한 지 5년 후 유엔에서 채택한 '세계 인권 선언'의 첫 번째 조항 첫 문장에서도 찾아볼 수 있다. "모든 사람은 태어날 때부터 자유롭고, 존엄성과 권리에 있어서 평등하다."[36] 여기서 '자유'라는 단어는 자유주의의 원칙을 가리키며, 이는 책임 있는 시민이 타인의 보호받고 있는 이익을 침해하지 않는 한 무엇이든 할 수 있다는 것을 의미한다. '평등'이라는 단어는 평등주의의 원칙을 나타내며, 종교나 이념, 출신, 성별, 성적 지향 등을 이유로 사람을 차별해서는 안 된다는 의미이다. '존엄'이라는 개념은 개인주의의 원칙과 맞물려 있으며, 개인의 존엄은 스스로 결정하는 것이라는 점에서 그 의미가 있다. 다시 말해, 한 개인의 존엄은 국가, 가족, 종교 공동체, 민족 또는 다른 어떤 집단에 의해 결정되는 것이 아니라 스스로가 결정하는 것이다.

한편 《열린사회와 그 적들》을 쓸 당시 포퍼의 개인적인 존엄성은 그다지 존중받지 못했다. 이는 학교의 규제를 받는 대학 생활에서 개인의 자율성이 대부분 무시되었기 때문인데 특히 포퍼가 학과장을 매우 불쾌하게 만들었다는 이유로 포퍼의 자유는 최대로 제한되었다.

포퍼는 프리드리히 하이에크가 런던 정치경제대학교에 교수직을 마련해주겠다고 한 약속을 지킬 수 있기를 어느 때보다 간절하게 기도했다. 1945년 5월, 드디어 전보로 교수직 통보를 받았을 때 그는 황홀경에 사로잡혔다. 그 시절을 포퍼는 이렇게 회상했다. "하이에크가 내 목숨을 두 번이나 구해준 것 같았다. 그 순간부터 뉴질랜드를 떠나고 싶다는 생각에 견딜 수 없었다."[37]

합리적 토론의 어려움

1946년 1월 5일 런던에 도착한 칼과 헤닝거는 빈 시절의 충직한 친구이자 존경받는 미술사학자 에른스트 곰브리치 Ernst Gombrich의 마중을 받았는데, 그는 런던에서 망명한 뉴질랜드인들을 여러 방면으로 지원해왔으며, 막 출간된 《열린사회와 그 적들》을 들고 있었다. 포퍼의 책은 빠르게 호평을 받았고 런던 정치경제대학교에서 열린 그의 강연에는 많은 사람이 참석했다. 특히 포퍼는 런던에서 고차원적인 생각을 교환할 수 있는 흥미로운 토론 상대를 만나게 된 것에 큰 기쁨을 느껴 '지구에서 가장 행복한 철학자'라고 생각했다. 그 중에서도 생물학자이자 면역학자인 피터 메더워 Peter Medawar는 포퍼의 접근 방식을 자신의 전문 분야에 응용했으며, '후천적 면역관용(면역 반응을 이끌어낼 수 있는 능력이 있는 물질이나 조직에 대한 면역계의 무반응 상태를 의미한다-옮긴이)'을 발견한 공로로 1960년 노벨 의학상을 수상하기도 했다.

포퍼는 《탐구의 논리》와 《열린사회와 그 적들》을 통해 과학과 민주주의 이론 모두에 혁신적인 변화를 일으켰다. 런던 도착 당시 45세였던 포퍼는 이후 47년을 더 살았다. 생애 후반부에 그는 이

전 작품들의 핵심 메시지를 설명하고 옹호하는 데 집중하였고, 각지에서 영예로운 인정을 받았다. 1994년 사망할 때까지 20여 개의 명예박사 학위를 받았고, 과학과 예술에서 탁월한 업적을 이룬 사람에게 수여되는 '교토상'을 비롯해 수많은 권위 있는 상을 받았다. 또한 전 세계의 정치인들에게 구애를 받았고, 백악관에도 여러 번 초대되었으며, 1965년에는 영국 여왕에게 기사 작위를 받았다.

하지만 포퍼가 스스로 가장 큰 찬사를 받았다고 여긴 것은 1950년 프린스턴대학교에서 열린 그의 강연에서였다. 포퍼는 알베르트 아인슈타인과 닐스 보어가 자신의 강연에 참석한 것을 내가 지금껏 받은 가장 큰 칭찬이라고 여겼다.[38] 아인슈타인은 포퍼 부부를 자신의 집으로 세 차례 초대했으며, 결정론과 불확정성에 관한 문제를 중심으로 토론했다. 포퍼는 아인슈타인에게 우주의 미래가 열려 있다는 것을 설득하는 데 성공하지는 못했지만, 아인슈타인을 만난 것은 그의 삶에서 잊을 수 없는 절정의 시간이었다. 포퍼는 이렇게 회상했다. "아인슈타인의 인품이 내 아내와 나에게 준 인상을 표현하기란 어렵습니다. 그는 한없이 신뢰할 수 있는 사람이었고, 친절함과 선함, 지혜와 개방성, 그리고 어린아이 같은 순수함에 우리는 조건 없이 스스로를 맡겼지요. 그처럼 세속의 때가 묻지 않은 인물이 지구에, 미국에 살아 있을 뿐 아니라, 존경과 찬양의 대상이 되었다는 것은 많은 것을 시사합니다."[39]

여왕에게서 기사 작위를 받은 후, 포퍼 부부는 스스로를 '카를 경'이나 '레이디 조세핀'라고 칭할 수 있는 자격을 얻었지만, 오만함이라고는 찾아볼 수 없었다. 1948년부터 정기적으로 참석했던 티롤의 알프바흐 유럽 포럼에서도 여유로움을 보여줄 만큼 포퍼 부부는 평생 소박한 모습을 잃지 않았다. 알프바흐의 자유분방하고 반계급적이며 국제적인 분위기에서 칼 포퍼는 자신과는 매우 다른 접근 방식을 보인 두 명의 과학 이론가를 만났다. 바로 파울 파이어아벤트 Paul Feyerabend 와 한스 알베르트였다. 파이어아벤트는 《열린사회와 그 적들》을 독일어로 번역했고, 한스 알베르트는 포퍼가 참여한 이른바 실증주의 논쟁에서 포퍼를 지지했을 뿐 아니라, 비판적 합리주의 철학을 놀라운 방식으로 더욱 발전시킨 인물이었다.[40]

포퍼는 스스로를 오만하게 청중을 내려다보며 복잡한 문장과 방대한 외래어를 써가며 깊은 인상을 남기려는 '전형적인 독일 대학 교수'와는 정반대의 사람으로 여겼다. 〈거창한 단어에 반대한다〉라는 제목의 짧은 글에서 그는 자신이 '사회주의 청년 시절부터 노년에 이르기까지 많은 생각과 이상을 견지해왔다'라고 자평했다. 포퍼는 그중에서도 다음과 같은 점을 꼽았다. "모든 지식인에게는 아주 특별한 책임이 있다. 그는 학문을 연구할 수 있는 특권과 기회가 있기 때문에, 자신의 연구 결과를 가장 단순하고 명확하며 이해할 수 있는 형태로 동료 인간과 나아가 사회에 드러내야 할 의무가 있다. (…) 그것을 단순하고 명확하게 말할 수 없다면, 침묵을 지키고 그것을 명확하게 말할 수 있을 때까지 연구해야 한다."[41]

포퍼는 (마르크스의 《포이어바흐 테제》에 따라) 세상을 다르게 해석하는 것만이 아니라 변화시키는 것이 중요하다는 견해를 사회주의자였던 청년 시절부터 노년에 이르기까지 줄곧 고수했다. 그는 1972년 출간된 저서《객관적 지식》에서 이렇게 말했다. "우리는 언어의 의미에 대해 논의하는 것을 전염병처럼 피해야 한다. (…) 우리가 진짜 관심을 가져야 할 것은 사실적인 문제들, 다시 말해 이론과 그 진리에 관한 문제들이다."[42] 이 주제에 대해, 그는 1946년 빈 출신의 언어 철학자 루드비히 비트겐슈타인 Ludwig Wittgenstein과 치열한 논쟁을 벌였고, 결국 이는 스캔들로 크게 번졌다. 비트겐슈타인이 '사실 철학적 문제는 존재하지 않으며, 언어적 오해만 있을 뿐'이라고 주장하자, 포퍼는 철학적 문제 목록(인지론부터 윤리학까지의 질문)을 준비하여 비트겐슈타인에게 던졌고, 결국 비트겐슈타인은 화가 나서 방을 뛰쳐나가며 문을 쾅 닫았다. 이후 이 장면을 목격한 일부 사람은 포퍼와 비트겐슈타인이 곧 포커 스틱으로 서로를 치고받지 않을까 예상하기도 했다.

여기에서 우리는 포퍼의 삶과 작업에서 가장 두드러진 모순을 접하게 된다. 포퍼만큼 인간 지식의 오류 가능성과 지식이 요구하는 지적 겸손을 강조한 철학자는 없을 것이다.《열린사회와 그 적들》에서 그는 이를 비판적 합리주의의 좌우명으로 제시했다. "나는 틀릴 수 있고, 당신은 옳을 수 있지만, 우리는 함께 진리에 도달할 수 있다."[43] 그럼에도 많은 논의에서 포퍼는 종종 고통스러울 정도로 이러한 태도의 결핍을 보였다. 포퍼를 옹호하는 입장에서는 그가 자신의 주장이 반박될 수 있도록 가능한 한 명확하고 철저하게 표현되어야 한다고 항상 주장했기 때문(이른바 '과학적 신중함'은 연구를 더욱 발전시키기보다 오히려 지연시킨다)이라고 할 수도 있겠지만, 그것만으로 포퍼가 여러 논쟁에서 보인 엄청난 공격성을 설명하기에는 부족하다.

포퍼가 자신이 옳음을 확인하는 것을 가장 중요하게 여긴다는 것은 빈학파와의 초기 논쟁에서 이미 노골적으로 드러났다. "그는 경쟁자가 항복서에 서명할 때까지 싸웠으며, 그의 공격적인 토론 태도로 인해 자기편에서 싸워주는 친구를 만드는 것에서 그치지 않았다."[44] 포퍼를 '절대적 확실성'은 존재하지 않는다고 절대적 확신으로 선언하는 '독단적 반독단주의자'이자 '자유의 폭군'으로 묘사하는 관점이 부당하다고는 볼 수 없을 것이다. 이 모순은 또한 그가 연구 작업에서 친구와 적을 분리할 것을 강력히 주장하고 과학에서의 객관성을 이루는 유일한 방법으로 '상호 비판'을 내세우면서도[45], 그의 친구들이나 학생들이 자신의 관점을 친구와 적을 분리한 방식으로 개진했을 때는 왜 그토록 불쾌함을 드러냈는지 설명해준다.

이는 무엇보다도 1962년 미국과 1967년 독일에서 출간된 미국의 과학 이론가 토머스 쿤 Thomas P. Kuhn의 저서 《과학혁명의 구조》를 둘러싼 논쟁 과정에서 극명히 드러났다.[46] 포퍼의 미국 강연에 참석했던 쿤은 논란이 된 이 책에서 과학 연구 과정은 패러다임에 의해 결정되며, 포퍼의 반증 방식은 과학적 위기, 이른바 패러다임의 전환이 일어날 경우에만 적용된다고 주장했다. 포퍼는 이 비판에 처음에는 우아하게 대응하며, 자신의 과학철학은 연구가 이상적으로 어떻게 진행되어야 하는지를 설명하는 것일 뿐, 연구자들이 일반적으로 그렇게 일하는 것은 아니라는 점을 설명했다. 하지만 그의 절친한 동료이자 제자였던 임레 라카토스 Imre Lakatos가 두 사람의 관점을 중재하려 하자 포퍼는 그와 연락을 끊었다. 포퍼가 가장 좋아했던 제자 윌리엄 워렌 바틀리 William Warren Bartley도 비슷한 운명을 맞이했다. 바틀리가 '비판적·합리적 미덕의 길에서 벗어났다는 이유로, 독단적인 반독단주의자 포퍼는 바틀리와 10년 동안 말을 하지 않았다. 두 사람의 갈등은 한스 알베르트가 포퍼와 바틀리 모두를 하이델베르크로 초대하면서 해소되었고, 마침내 두 사람은 관계를 회복했다.

파울 파이어아벤트와의 갈등은 더욱 극적이었다. 파이어아벤트는 포퍼의 태도가 지나치게 독단적이라고 보았고, 자신이 쓴 책 《방법에 반대한다》와 《자유사회의 과학》에서 포퍼의 주장과는 완전히 반대되는 모델을 제시했다.[47] 파이어아벤트는 전통에서 벗어난 상태에서는 진리와 거짓을 구별할 방법이 없으며, 인문주의적 가치와 반유대주의적 가치를 구별할 방법도 없다고 주장했다. 따라서 인식론과 윤리학적 관점에서는 '무엇이든 가능하다'라는 유명한 슬로건처럼 '무엇이든 가능하다'라는 명제가 성립될 수 있다.

파이어아벤트의 도발적인 성향은 나아가 과학적 배경에 대한 설명 대신, 자유로운 사람이라는 것을 보여주기 위해 자신의 별자리를 인쇄하기에 이르렀다. 이는 합리적이고 과학적인 전통이 수많은 전통 중 하나에 불과하며, 결국 진리를 과학적 연구를 통해서 얻느냐 아니면 종교적 서적, 혹은 비밀스러운 구원의 가르침에서 얻느냐의 문제는 관점의 차이일 뿐이라는 그의 생각을 보여준다.

이 주장을 통해 파이어아벤트는 1980년대의 포스트모더니즘뿐 아니라, 오늘날 '비판적 백인성(백인의 특권을 만들어내는 구조에 대한 연구이다-옮긴이)'에 대해 연구하는 저자들의 부족주의적 개념을 예견하기도 했다. 저자들은 합리적이고 과학적인 사고를 오래된 백인의 지배 이데올로기로 간주한다. 파이어아벤트는 또한 오늘날 인종차별, 성차별, 반유대주의, 반이슬람주의, 동성애 혐오, 트랜스젠더 혐오 등을 비판하는 일부 비평가들에게서 볼 수 있는 '정체성 집단 사고'를 40년 이상 앞서 표현했다. 그는 다음과 같이 말했다. "자유 사회는 개인이 아니라 전통이 동등한 권리를 갖고 권력의 중심에 동등하게 접근할 수 있는 사회이다."[48]

하지만 파이어아벤트의 저술은 그의 후계자들에 비해 큰 장점이 있다. 포퍼에 대한 다양한 비판에도 파이어아벤트는 '단순하고 이해하기 쉽게 쓰라'는 포퍼의 요구를 진지하게 받아들였기 때문에, 일부 결론의 불명확함이 매우 명확하게 드러났다. 예를 들어, 파이어아벤트의 급진적인 상대주의는 (다른 모든 상대주의와 마찬가지로) 논리적 자기모순과 연결된다는 것을 쉽게 알 수 있다. 상대주의의 '어떤 전통도 절대적으로 유효하다고 주장할 수 없다'라는 주장이 정당하기 위해서는, 그것 자체가 절대적으로 타당한 것으로 설정되어야 하기 때문이다(하지만 이 맥락에서 파이어아벤트는 '무엇이든 가능하다'는 원칙을 진지한 명령으로 이해하지 않았다는 것을 일정 부분 인정할 수밖에 없을 것이다. 이는 그의 자서전이기도 한《시간낭비》라는 아름다운 제목의 책에서도 확인할 수 있다[49]). 아무튼 파이어아벤트는 자신의 철학을 체계적으로 발전시키는 데 관심이 없었다. 니체와 비슷하게 그는 오히려 '철학의 난파선'과 같은 역할을 수행했는데, 파이어아벤트 역시 체계에 대한 의지를 정직성의 결여로 이해했다.

《방법에 반대한다》의 출판 이후 비합리주의의 합리적 옹호자인 파이어아벤트와, 트럼프와 '큐아논 QAnon' 음모 이데올로기가 등장하기 80년 전에 '합리주의와 비합리주의 간의 갈등은 우리 시대의 가장 중요한 지적·도덕적 갈등'이라고 단언했던 포퍼 사이에는 더 이상 대화를 이어갈 기반이 존재하지 않았다.[50] 항상 두 사람의 접점을 찾기 위해 노력한 한스 알베르트도 더 이상 어떻게 할 수 없었다. 하지만 그는 포퍼와 파이어아벤트 모두와 끝까지 친구로 남았다.[51] 알베르트는 비판적 합리주의를 이론적으로 이해했을 뿐 아니라[52] 수십 년 동안 그 누구보다도 이를 '삶의 방식'으로 실현하는 데 애썼기 때문이었다.

알베르트의 겸손함과 자기 풍자적인 면모는 1975년 알프바흐 유럽 포럼의 과학이사 취임 연설에서 자신을 중요한 업무를 맡겨서는 안 되는 완전한 '조직 바보'로 소개함으로써 청중에게 큰 웃음을 선사한 것에서 잘 드러난다. "사회학자들은 이 상황을 '거위를 지키기 위해 여우를 앉힌다'라는 경우라 결론 내릴 것입니다. 여러분 중 누구도 실상을 눈치채지 못하게 하려는 것이지요. (…)"[53]

한스 알베르트는 비판적 합리주의의 모토('나는 틀릴 수 있고, 당신은 옳을 수 있지만, 우리는 함께 진실에 도달할 수 있다')를 진정으로 실현했다. 알베르트는 책을 통해 비합리적인 주장에 대해 포퍼보다 더 날카롭게 비판하곤 했지만 (특히 종교 비판이라는 예민한 영역에서) [54] 개인적인 대화에서는 항상 차분함을 유지했다. 이는 자신과 정반대 입장을 고수하는 강의를 듣게 되는 경우에도 마찬가지였다. 예를 들어, 알베르트는 자신의 85번째 생일을 기념하는 파티에서 외국어로 가득했지만 사실상 내용이 결여된 강의를 들어야 했을 때, 포퍼가 했을 법한 분노에 찬 공격 대신, 친근하고 자신감이 가득한 미소를 지으며 정중하게 아이러니를 깃들여 다음과 같이 짓궂은 말을 던졌다. "친애하는 동료 과학자님, 제가 몰랐던 많은 내용이 담긴 수준 높은 강의에 대단히 감사드립니다! 하지만 당신의 탁월한 발언 중에서 제가 이해하지 못한 것이 하나 있습니다. 도대체 어떤 문제를 해결하려는 것입니까?"[55]

알베르트와 포퍼 모두 철학의 목표는 구체적인 문제를 해결하는 것이었다. 포퍼가 1994년 사망할 때까지 작업한 책 제목이 《삶은 문제해결의 연속이다》인 것도 우연이 아닐 것이다. 인생 후반기에 그는 문제를 해결하려는 노력이야말로 (비판적 합리주의가 취하는) 인간의 근본적인 특성일 뿐 아니라 생명이 진화하는 데 있어 중요한 상수라는 것을 깨달았다. 포퍼는 이전 저서인 《더 나은 세상을 찾아서》의 서문에서 자신의 후기 저작을 특징짓는 진화론적 관점을 다음과 같이 요약했다.

— 모든 유기체는 끊임없이 문제를 해결하려 한다. 문제는 그 자체와 환경을 평가한 결과로 발생하며, 이에 따라 개선하려는 시도가 뒤따른다. 해결책을 찾으려는 시도는 종종 잘못된 것으로 판명되어 상황을 악화시킨다. 그러면 해결을 위해 또 다른 시도를 하게 되는데 이는 반복적인 시도와 오류를 불러온다. 따라서 단세포 유기체를 포함하여 생명의 세계에서는, 문제와 이를 해결하기 위한 적극적인 시도, 평가, 가치, 시행착오를 통해 이전에는 존재하지 않았던 완전히 새로운 무언가가 등장하게 된다. 빼어나게 능동적인 문제 해결자들, 탐구자들, 새로운 세계와 새로운 생명체를 발견하는 사람들이 더욱 발전하게 된 데에는 다윈의 자연 선택설의 영향도 클 것이다.[56]

포퍼는 아메바에서 아인슈타인으로 가는 길은 아주 작은 단계에 불과하다고 말했다.[57] 그는 아인슈타인과 아메바의 주요한 차이점을 '아인슈타인은 의식적으로 오류를 제거하려 했다'는 점에서 찾았다.[58] 아인슈타인은 자신의 가설에 대해 비판적으로 행동할 수 있는데, 즉 그것들과 의식적으로 거리를 두고 비판적으로 검토할 수 있었다. 반면, 아메바가 품는 기대는 비판적 반성을 허용하지 않는다. 이러한 생각을 바탕으로 포퍼는 진화적 인식론에도 중요한 기여를 했는데, 그의 이론은 빈 시절의 옛 친구였던 콘라트 로렌츠와 물리학자이자 철학자인 게르하르트 폴머 *Gerhard Vollmer*, 그리고 생물학자 루퍼트 리들 *Rupert Riedl* 등의 영향을 받았다.[59] 그런데 포퍼는 생애 후반에 인간의 인지적·지각적 장치가 진화의 산물로서 어떻게 발전했는지 이해하는 것뿐 아니라, 우주에서 어떻게 새로운 것이 생겨날 수 있는지에 대한 심오한 질문, 즉 진화 과정과 같은 현상이 가능하려면 우주가 어떤 근본적인 속성을 지녀야 하는지에 대해 훨씬 더 관심을 가졌다.

포퍼가 이 문제를 해결하기 위해 제시한 몇 가지 생각(가령 많은 논란을 불러온 '세 세계 이론')은 분명 지나친 감이 있지만[60], 그럼에도 '물질이 죽은 것인지, 살아 있는 것인지, 그것이 감각을 의식적으로 처리할 수 있는지 아닌지, 세상을 주관적으로만 경험하는지, 추상적인 방식으로 경험하는지'에는 커다란 차이가 있다는 지적은 확실히 옳다. 후자로 인해 인류의 문화적 진화가 가능해졌으며 그로 인해 우리는 과학을 통해 '우리의 가설을 우리 대신 죽게 한다'라는 큰 이점을 얻게 되었다.[61] 이러한 이유로 우리는 오류에서 오류로 한 칸씩 지식의 사다리를 올라갈 수 있는 것이다. 게르하르트 폴머가 1995년에 쓴 칼 포퍼의 부고 기사에서 언급한 대로, '우리는 오류를 통해 위로 올라간다'.[62]

우주가 열린 것인지 닫힌 것인지에 대한 질문, 즉 오늘날 우리가 살고 있는 세계의 모든 정보가 이미 빅뱅에 내포된 것인지 아니면 새로운 무언가가 우주에서 발생하는지에 대한 문제는 포퍼가 삶에서 마지막 20년 동안 다룬 중요한 주제라고 볼 수 있다. 이를 통해 그는 진화가 일반적으로 생각하는 것보다 훨씬 더 중요하다는 결론에 도달하며, 인간의 세계뿐 아니라 전체 우주를 진화의 관점에서 고려해야 한다고 주장했다.

그런데 이 뛰어난 이론은 포퍼의 것이 아니라 20세기의 또 다른 위대한 학자의 것으로 그가 내세운 진화론적 인본주의 모델은 포퍼의 비판적 합리주의 철학과 완벽하게 결합된다. 이 두 사상가는 한 세기 전 다윈과 마르크스처럼 같은 도시인 런던에 살았고, 미국 아카데미의 명예 회원이었으며 여왕으로부터 기사 작위를 받았는데, 서로 공통된 친구가 많았음에도 이상할 정도로 자신들의 저서에서 서로를 언급하지 않았다. 포퍼의 이 '숨은 동지'는 현대 진화론의 창시자 중 한 명일 뿐 아니라 유네스코의 초대 사무총장으로도 역사에 길이 남을 사람이다. 그는 줄리언 헉슬리 경이다.

모든 것은 진화로
이해할 수 있다

출러의 뒤를 쫓는 건…

10장

줄리언 헉슬리

Julian Huxley
1887~1975

칸트는 영원한 평화를 희망했지만, 현실은 아우슈비츠였다. 마르크스는 자유의 왕국을 예언했지만, 현실은 스탈린의 공포 정치였다. 1945년 제2차 세계대전이 끝난 직후, 유엔이 교육·과학·문화 분야에 관한 새로운 세계기구를 설립하기로 결정했을 즈음 세계는 재앙의 위기에 몰려 있었다. 유네스코 헌법 제1조에 명시된 바와 같이, 유네스코는 '교육, 과학, 문화를 통한 국가 간 협력을 촉진하여 평화와 안보의 유지에 기여'하고, '정의와 법, 인권과 기본 자유에 대한 보편적인 존중을 증진'하는 것을 목표로 한다.[1] 의심할 여지없이 고귀하고 매우 야심 찬 임무이지만, 이를 어떻게 실현할 수 있을까?

놀랍게도, 유네스코의 설립과 초기 프로그램 설계에 대한 책임은 정치인이 아닌 과학자에게 주어졌다. 1946년 3월, 영국의 진화생물학자인 줄리언 헉슬리는 예고도 없이 사무총장을 맡을 의향이 있는지에 대한 준비위원회의 질문을 받고 너무나 당황했다. 그 순간 그는 '포로로 잡혀 강제로 주교가 된 (…) 최초의 기독교인 중 한 사람이 된 것 같은 느낌'을 받았다고 고백했다.[2] 새로 생겨나는 세계기구가 과학의 발전에도 기여할 수 있도록 헉슬리가 사전에 노력한 것도 사실이었고, 처음에는 유네코UNECO였던 기구가 유네스코UNESCO로 변경된 것도 그의 역할이 컸다. 그러나 세계기구를 설립할 책임을 자신이 지게 된다는 생각은 헉슬리에게 큰 충격을 주었는데, 개인적인 문제와 심각하게 싸우고 있을 때라 더욱 그러했다.

줄리언 헉슬리는 (유명한 헉슬리 가문 출신답게) 조울증에 걸리기 쉬운 성향을 타고났기 때문이었다. 창의력과 에너지가 절정에 달하는 시기에는 심각한 자기 의심 단계가 뒤따르며, 그럴 때는 감정적 지옥에 빠져 몇 달 동안이나 꼼짝달싹할 수 없을 정도로 무력해졌다.[3] 헉슬리가 유네스코 사무총장직을 맡았을 때, 그는 불과 2년 전에 마지막 발병을 겪은 터였다. 1944년에 겪은 우울증은 매우 심각하여, 자진해서 극도로 고통스러운 전기충격 요법을 받기로 결심했고, 치료 후에는 4주 동안 허수아비처럼 무기력한 상태로 지내야 했다.[4]

줄리언이 유네스코 사무총장직을 맡기로 결심했다고 고백했을 때, 아내인 줄리엣 헉슬리는 걱정이 클 수밖에 없었다. 그러나 다행히도, 유네스코에서 임기를 보내는 동안은 발병을 피할 수 있었다(다음 발병은 1951년에 일어났다). 1946년, 줄리언 헉슬리는 인생의 절정기를 맞았는데, 이 시기에는 초인적인 성과를 이루었다. 이는 그가 교육·과학·문화 분야를 다루는 새로운 세계기구를 얼마나 빠르게 구축할 수 있었는지를 설명해준다. 1946년 3월, 줄리언 헉슬리가 사무총장직에 취임했을 당시, 유네스코는 런던의 한 아파트에 위치한 작은 사무실을 사용했고 직원 수는 34명에 불과했다. 그러나 그로부터 거의 9개월 후인 1946년 11월, 헉슬리가 유네스코 프로그램을 총회에 보고했을 때, 이 기구는 파리의 호텔 마제스틱으로 이전했으며, 28개 국가에서 온 376명의 직원이 일하게 되었다.

오늘날까지 유네스코가 줄리언 헉슬리의 기본 신념에 얼마나 많은 영향을 받고 있는지는 그가 취임한 직후 조직의 역할을 명확히 하기 위해 쓴 글에서 잘 드러난다. 이 글을 쓰는 동안 헉슬리는 방해받지 않기 위해 2주간 휴가를 내고 8년 전 동물 다큐멘터리 〈가넷의 사생활〉로 오스카 단편영화상을 수상한 조류학자 로널드 로클리 Ronald Lockley의 농장에 머물렀다. 헉슬리는 새들을 관찰하거나 산책을 하고, 대화 사이사이에 구상을 정리한 뒤 60쪽 분량의 유네스코 프로그램 초안을 완성하여 돌아왔다.

헉슬리가 휴가 기간에 완성한 〈유네스코, 그 목적과 철학〉은 얼마 지나지 않아 전 세계에 배포되었다. 이 문서는 헉슬리가 왜 유네스코 설립에 적임자인지를 명확히 보여준다. 그는 과학, 철학, 예술 등 모든 분야에 그 누구보다도 정통한 보편적인 학자이자 상호관계 전문가였다. 그는 또한 엄청나게 복잡한 사실을 대중이 이해할 수 있는 방식으로 제시하는 데 성공한 현대 과학 커뮤니케이션의 선구자이기도 했다. 헉슬리는 에세이를 통해 유네스코의 세 가지 주요 활동 분야인 교육, 과학, 문화가 어떻게 연결되어 있는지, 이 분야에서 유네스코가 어떻게 국제 교류를 촉진할 수 있는지를 명료한 언어로 드러냈다. 더 중요한 것은 극심하게 분열된 이 세계에서 새로운 세계 조직이 업무를 수행할 수 있는 철학적 틀을 개발했다는 점이다.

줄리언 헉슬리는 유네스코가 '자본주의 서구'의 정치적 이념에만도, '공산주의 동양'의 이념에만도 기댈 수 없으며, '기독교 서양'의 가치나 '이슬람(혹은 불교 또는 힌두교) 동양'의 가치, 칸트주의자나 헤겔주의자, 니체주의자 들의 철학, 또는 마르크스주의자, 마오주의자, 실존주의자 들의 세계관에만도 의존할 수 없다는 것을 잘 알고 있었다. 따라서 헉슬리는 이러한 상반된 이념 체계들을 더 높은 차원에서 화해시킬 수 있는 유네스코의 틀을 제안했다. 그리고 이 새로운 상위 개념을 '진화적 인본주의'라고 이름 지었다. 이는 전통과 문화를 초월하고, 과학의 진보적인 통찰에 방향을 맞추며, 개인의 완전한 발전을 앞으로의 진화적 진보의 중심 목표이자 기준으로 삼는 철학을 의미한다.[5]

1946년, 과학적 연구와 인본주의적 가치에 대한 이러한 헌신은 유네스코에서 호평을 받았을 뿐 아니라 격렬한 반발을 일으켰다. 보수적인 대표들은 유네스코의 목적과 철학을 종교에 대한 공격으로 받아들였고, 일부는 이를 '친공산주의 선언문'으로 오해하기도 했다. 이로 인해 이 문서는 유네스코 준비위원회의 공식 성명서가 아니라 사무총장의 개인적인 성명으로만 배포되었다. 헉슬리는 이러한 반응을 예견하고, 에세이의 마지막 부분에서 진화적 인본주의가 국제적 협력을 통해 서서히 받아들여질 것이라고 설명했다.[6]

어떤 의미에서 이 예측은 사실로 드러났다. 유네스코는 1976년에 창립 30주년을 기념하면서, 헉슬리의 기념비적인 성명서를 〈유네스코 쿠리어〉 잡지에 게재하며, 1946년 당시 유네스코가 사무총장의 예견을 충분히 이해하지 못했던 점을 유감스럽게 생각한다고 밝혔다. 1991년에는 헉슬리의 글에서 핵심적인 내용을 다시 발표하며 다음과 같이 언급했다. "40년이 넘는 시간이 흐른 지금, 헉슬리의 '행성 유토피아'는 그 힘과 타당성을 오롯이 지니고 있다."[7] 오늘날, 헉슬리의 '휴가 프로젝트'가 발표된 지 80년이 가까워지는 시점에, 전 세계 많은 지역에서 반동적인 정체성 정치가 확산되고 있는 현실을 고려할 때, 그가 제시한 진화적 인본주의는 여전히 중요한 의미를 지닌다. 헉슬리의 진화적 인본주의는 유네스코와 같은 초국가적 기구들의 업무에 훌륭한 토대를 제공할 뿐 아니라, 우리가 인류세의 도전에 적절하게 대응할 수 있도록 현대적 세계관을 제공하고 있기도 하다.

성공을 짊어진 운명

줄리언 소렐 헉슬리 *Julian Sorell Huxley*는 1887년 6월 22일, 영국에서 가장 유명한 학자 집안에서 태어났다. 정확히 말하자면, 그는 레너드 헉슬리 *Leonard Huxley*와 줄리아 아널드 *Julia Arnold*의 결혼으로 학자 집안인 헉슬리와 아널드의 가계도가 합쳐진 결실이었다. 줄리언의 할아버지 토머스 헨리 헉슬리 *Thomas Henry Huxley*는 다원의 중요한 동반자 중 한 명으로 진화론을 발견하는 데 도움을 준 인물이었다. 그의 외할아버지 매튜 아널드 Matthew Arnold는 19세기 영국의 중요한 시인이자 문화비평가로 꼽히며, 숙모 메리 오거스타 워드 Mary Augusta Ward(니 아널드 née Arnold라는 애칭으로 불렸다)는 20세기 유명한 베스트셀러 작가 중 한 명이었다. 하지만 메리의 성공은 이후 유명한 공상과학 소설인《멋진 신세계》을 써서 세계적인 명성을 얻은 줄리안의 동생 올더스 헉슬리 Aldous Huxley와 1963년 노벨 의학상을 수상한 줄리언의 이복동생인 앤드류 헉슬리 Andrew Huxley에 의해 가려졌다.

줄리언은 그의 할아버지가 세상을 떠났을 때 겨우 여덟 살이었지만, 할아버지는 죽기 전 줄리언을 가족 전통의 계승자로 여겼다. 그는 일찍부터 읽고 쓰는 법을 배운 다섯 살짜리 손주에게 편지를 썼다. "네가 커서 많은 것을 보는 사람이 되어 다른 사람들이 볼 수 없는 (…) 더 멋진 것들을 보게 될 거라고 장담한다."[8] 할아버지가 손주 줄리언에 대해 가졌던 자부심은 다윈이 진화론의 기본 아이디어를 처음으로 털어놓은 유명한 식물학자 조지프 후커를 만나는 길에 손주를 데려간 일화에서도 분명하게 드러난다. 남편보다 20년 가까이 장수한 T. H. 헉슬리의 아내 헨리에타 Henrietta도 8명의 손주 중 줄리언을 가족의 전통을 이어갈 인물로 꼽았는데, 이는 '천재'라는 소리를 듣고 자란 소년에게 가벼운 부담은 아니었다.[9]

그럼에도 줄리언은 기대에 부응하는 인물이었다. 다른 헉슬리 가문 사람들처럼, 그 또한 과학, 철학, 예술에 대한 심도 있는 교육을 받았으며, 라틴어와 그리스어뿐 아니라 독일어도 배워 괴테, 하이네, 칸트, 니체를 원어로 읽을 수 있었다. 명문 이튼 칼리지를 졸업하고, 옥스퍼드대학교에서 장학금을 받아 공부를 이어갔다. 1909년, 그는 옥스퍼드대학교에서 동물학 분야 수석으로 졸업했으며, 그 해에는 '뉴디게이트상'을 수상하기도 했다. 이 상은 그 해 최고의 시를 쓴 사람에게 주어지는데, 외할아버지 매튜 아널드가 반세기 전에 받았던 상이기도 했다.

같은 해, 22세의 줄리언 헉슬리는 아버지 레너드와 함께 찰스 다윈의 탄생 100주년 기념식에 참석했다. 이 행사는 케임브리지대학교에서 열렸는데, 당시 진화론의 명사들이 모인 이 자리(노년에 접어든 조지프 후커도 참석했다)는 줄리언에게 깊은 인상을 남겼다. 그때 헉슬리는 진화론의 발전에 기여하고자 결심했다. 얼마 지나지 않아 그는 옥스퍼드대학교의 동물학 강사로 임명되어 물새에 대한 체계적인 연구를 시작했으며, 곧 새로운 학문적 지평을 이루게 되었다. 1914년에 발표한 〈뿔논병아리의 구애 습성 연구〉로 줄리언 헉슬리는 동물 행동 연구(행동학)의 영향력 있는 창시자 중 한 명이 되었다.

젊은 연구자 줄리언 헉슬리는 성선택의 원리가 동물의 행동에 어떻게 반영되는지를 보여주려 했다. 특히 그는 동물의 왕국에서 반복되는 행동 패턴을 특징짓는 '의식화'라는 전문 용어를 도입했다. 현재 동물 행동학의 이정표로 여겨지는 이 연구는 노벨상 수상자인 니콜라스 틴베르겐 Nikolaas Tinbergen과 콘라트 로렌츠의 연구에 큰 영향을 미쳤다. 두 사람 모두 훗날 줄리언의 큰 지원을 받게 된다. 이는 제인 구달Jane Goodall에게도 해당되었다. 구달은 침팬지들에 대한 현장 연구로 새로운 학문적 지평을 열었지만, 비전통적인 접근 방식으로 인해 많은 비판을 받았다. 1960년대에 줄리언 헉슬리는 구달을 공개적으로 지지한 명사 중 한 사람이었고 구달은 우아하고 전문적인 오라를 지닌 키가 크고 날씬한 수컷 침팬지에게 '헉슬리'라는 이름을 지어주며 그의 적극적인 지원에 감사를 표했다. 이 새로운 가족 구성원은 이후 기사 작위를 받은 줄리언에게 특별한 기쁨을 안겨주었다.[10]

〈뿔논병아리의 구애 습성 연구〉가 1914년에 발표되었을 때, 헉슬리는 옥스퍼드를 떠나 텍사스의 휴스턴에 새로 설립된 라이스 연구소(현재의 라이스대학교)에 생물학과를 설립하겠다는 제안을 수락한 상태였다. 적합한 조교를 찾고 있던 헉슬리는 노랑초파리의 유전적 돌연변이에 관한 연구를 시작한 유전학자 허먼 조지프 멀러를 찾아냈다. 멀러는 방사선이 유전자 물질에 변화를 일으킨다는 사실을 발견한 공로로 1946년 노벨 생리학 의학상을 수상한 인물이었다(우리는 5장에서 칼 세이건의 첫 번째 스승으로 그를 만난 적이 있었다). 멀러는 헉슬리를 따라 휴스턴으로 오게 되며, 두 사람의 평생 우정이 발전하는데, 이는 무엇보다도 멀러가 헉슬리의 진화적 인본주의를 노골적으로 옹호하는 사람이 되었다는 사실에서 잘 드러난다.

1914년 초부터 줄리언이 저명한 할아버지의 발자취를 따를 것이라는 징조가 많이 나타났다. 하지만 이는 부정적인 의미로도 적용되었다. 1913년 초 줄리언은 우울증 증세를 처음 겪었는데, 이후

27세가 된 1914년 초에 라이스 연구소에서의 일을 중단하고 영국의 요양소에서 치료를 받아야 할 정도로 심각한 증세의 악화를 경험했다. 얼마 후 그의 동생 트레버넌Trevenen도 심각한 우울증에 시달렸고 줄리언이 요양원을 떠나자마자 같은 곳에 입소하였다. 줄리언 헉슬리는 1914년 9월 휴스턴에서 일을 다시 시작할 정도로 충분히 회복되었지만 트레버넌은 우울증을 견디지 못하고 25세에 스스로 목숨을 끊었다.

  헉슬리 가문의 피에는 과학과 예술적 성향이 뛰어난 만큼이나 우울증적 경향도 상당수 깃들어 있는 듯했다. 토머스 헨리 헉슬리의 아버지는 심각한 정신 건강 문제로 어려움을 겪어야 했고, 그의 형 조지는 극심한 불안 장애를 앓았으며, 토머스 헨리 자신도 여러 차례 심각한 우울 증세를 경험했고, 초상화 화가 존 콜리어John Collier와 결혼한 딸 마리안 헉슬리Marian Huxley 는 첫 아이를 낳은 후 심한 우울증에 빠져 회복하지 못했다. 반면 토머스 헨리 헉슬리의 아들 레너드 헉슬리는 운이 좋았다. 성공한 작가이자 출판인이었던 그는 헉슬리 가문의 일원이었지만 밝은 기질을 타고났다. 하지만 그의 아들 줄리언과 트레버넌은 아버지와 대조적으로 더욱 심각한 영향을 받았다. 셋째 아들인 올더스 헉슬리 역시 문학적으로 성공을 거두었음에도 우울증에 시달려야 했지만, LSD의 도움으로 우울증을 치료하는 데 성공했다(줄리언도 나중에 시도했지만 큰 성공을 거두지는 못했다).

  줄리언 헉슬리는 자신의 우울증 문제에 대해 글이나 말을 통해 놀라울 정도로 솔직하게 털어놓았다. 예를 들어, 그는 심각한 우울증 증세에서 회복하는 데 시간이 걸린다는 이유로 엘리자베스 2세 여왕과의 동물원 방문을 취소하기도 했다. 헉슬리는 그의 저서(특히 회고록)에서 자신을 반복적으로 괴롭힌 중요한 우울증 위기 (1914, 1919, 1944, 1951~1952, 1956~1957, 1966)에 대해서도 자세히 설명했다. 현대 진화론을 정립하고 유네스코를 창립했으며 1958년에 여왕으로부터 기사 작위를 수여받은 것을 비롯하여 수많은 상과 영예를 받았음에도 79세의 나이에도 줄리언 헉슬리가 여전히 극심한 자기 의심과 싸워야 했다는 사실은 한 사람의 내면과 외면이 얼마나 다르게 인식될 수 있는지를 보여준다. 아무리 안팎으로 인정받는다 할지라도 우울한 사람이 열등감을 느끼는 것을 막을 수는 없었다.

그렇다고 해서 헉슬리의 삶의 위기가 100퍼센트 유전적으로 결정된 건 아니다. 그는 유명한 할아버지의 유산이 두 가지 방식으로 자신에게 부담을 준다는 것을 알아챘다. 하나는 유전적 측면이었지만, 또 하나는 모범적이었던 할아버지의 삶에 부응해야 한다는 (가족 내에서 강화된) 압박을 통해 줄리언은 의식적으로나 무의식적으로나 자신의 재능으로 더 많은 일을 성취하지 못한 것에 대해 항상 죄책감을 느껴야 했다(그의 업적을 생각한다면 참으로 이상하게 들리겠지만).

줄리언 헉슬리가 자신의 우울증에 대해 이렇게까지 솔직하게 말할 수 있는 이유는, 개인적으로는 잔인한 문제이지만 과학적으로는 매우 흥미로운 문제라고 인식했기 때문이었다. 특히 진화론적 관점에서 그는 우울증(을 비롯한 여러 정신 질환)이 인간 역사에서 왜 그렇게 안정적인 특징으로 남아 있는지 의문을 가졌다. 왜 그것들은 오래전에 사라지지 않고 세대에서 세대로 전해져 내려왔을까? 정신 질환이 하나의 부산물로써 직접적이든 간접적이든 진화 과정에서 이득을 주는 역할을 했을 가능성이 있을까?

줄리언 헉슬리는 자신의 삶을 돌아보며, 내면의 혼란이 자신을 종종 억눌렀고 그의 정신에 끔찍한 상처를 남겼지만, 동시에 그것이 자신이 성취하고자 하는 동기를 부여했다는 사실을 깨달았다. "돌이켜보면, 나는 여러 가지 활동으로 나를 몰아넣고 시작한 일을 성급히 마무리하라고 재촉하는 악마에게 사로잡혔던 것 같다. (…) 나는 에너지를 지나치게 분산시켰다는 비난을 받았지만, 이 다재다능함은 지금의 나를 만든 것이고, 내가 유네스코에서 한 일을 준비하게 해주었다." [11]

줄리언 헉슬리가 삶의 마지막 순간에 그처럼 긍정적인 결론을 내릴 수 있었던 것은, 그의 곁에서 항상 그를 격려하고 어려운 위기의 순간에도 함께해준 강인한 여성이 있었던 덕분일 것이다. 줄리언은 스위스 출신의 가정교사 줄리엣 바이요Juliette Baillot를 블룸즈버리의 저명한 귀족 부인 오톨린 모렐Ottoline Morrell의 집에서 만났다. 이 집에서 버트런드 러셀(그녀는 그를 버티Bertie라고 불렀다), 버지니아 울프Virginia Woolf, D. H. 로렌스Lawrence, 그리고 올더스 헉슬리와 줄리언 헉슬리 형제들은 다 같이 어울렸다.

줄리언과 줄리엣의 결혼은 그들의 첫 만남만큼이나 독특했는데 이 결혼에서 두 명의 헉슬리 집안 학자, 식물학자인 앤서니 헉슬리 Anthony Huxley와 인류학자인 프랜시스 헉슬리 Francis Huxley가 태어났다. 어떤 면에서 블룸즈버리 그룹의 '폴리아모리', 즉 성적 다자 관계와 양성애에 대한 긍정적인 태도는 줄리언과 줄리엣의 관계에도 영향을 미쳤다. 그들은 '열린 결혼'을 유지하며 서로의 혼외 관계를 허용했다. 심지어 두 사람은 미국 작가 메이 사튼 May Sarton과 함께 3인 동거 관계를 유지하기도 했다.[12]

두 사람은 1916년에 입대했던 줄리언이 제대한 후 옥스퍼드 대학교에서 동물학자로 자리 잡은 1919년에 결혼했다. 1923년, 그는 진화 원리를 사회 문제(사회학, 성학, 철학, 종교)에 적용한 최초의 저서인 《어느 생물학자의 에세이》를 출간했다. 책의 서두는 루크레티우스의 시와 줄리언의 시로 독특하게 구성되어 있다.

― 시 〈진화: 마음의 영화관〉에서 헉슬리는 상상의 영화관에서 진화라는 위대한 영화가 상영되는 장면을 묘사한다. 처음에는 천문학에 관한 장면이 계속 이어지다가 마침내 생명이 무대로 뛰어나와 수백만 개의 역할을 맡는 장관이 펼쳐진다. 영화는 생명이 어떻게 진흙에서 빠져나와 바다를 건너고 땅을 정복하고 공중으로 솟아오르는지, 그리고 마침내 어떻게 정신이 꽃을 피우고 일찍 죽지 않고 미래 세대에 의해 계승되는지를 보여준다. 시의 마지막은 저자가 앞으로 몇 십 년 동안 몰두하게 될 내용을 요약하는 구절로 끝난다. "이것이 너의 과거라면, 너의 미래는 너를 어디로 끌어올릴 것인가? 오, 원소와 시간으로 창조된

정신이여!"¹³

1925년, 줄리언 헉슬리는 런던대학교 킹스 칼리지의 동물학 교수로 임명되었다. 37세에 나름의 성공을 거둔 셈이었다. 세계적으로 존경받는 대학에서 명망 있는 교수직을 맡았고, 자신의 연구 방향을 설정할 수 있는 자유가 있었으며, 가족이 여유 있게 살 정도의 적지 않은 급여를 받았다. 그럼에도 헉슬리가 교수직을 포기(정확하게는, 보수가 좋은 정교수직에서 보수가 적은 명예교수직으로 강등되는 것을 감수하고)하고, 유명한 공상과학 소설 작가 허버트 조지 웰스Herbert George Wells와 함께 생명과학에 관한 대중 과학 서적인《생명의 과학》을 집필하는 모험을 시작하기로 한 것을 보고 동료 교수들은 깜짝 놀랐다.

어떤 면에서 허버트 조지 웰스는 헉슬리 가문의 할아버지 세대와 손주 세대를 잇는 연결 고리 역할을 했다. 젊은 시절 한때 웰스는 토머스 헨리 헉슬리의 제자였는데, 이후《타임머신》,《투명인간》,《우주 전쟁》등의 공상과학 소설로 국제적인 명성을 얻었다. '세계의 지식인'으로 불렸던 웰스는 미국과 소련에서 모두 찬사를 받았으며, 다재다능했던 T. H. 헉슬리의 손주 줄리언을 그의 새로운 논픽션 책의 집필에 끌어들이고자 했다. 특히 웰스는 종교에 대한 비판과 자연과 문화의 진화 과정에 대한 강조 등 이념적으로 헉슬리와 같은 입장이었으므로 공동 작업에 큰 흥미를 보였다.

줄리언에게도 웰스의 제안은 경제적으로 위험한 요소가 있었지만 여러 가지 면에서 구미가 당기는 것이었다. 첫째, 다양한 분야를 아우르는 생명과학에 관한 책을 쓸 수 있다는 점이 매력적이었다. 둘째, 성공적인 베스트셀러 작가인 웰스로부터 대중을 대상으로 글을 쓰는 법을 배울 수 있을 것이라는 기대도 있었다(실제로 헉슬리는 그의 이모인 베스트셀러 작가 메리 오거스타 워드보다 웰스에게 훨씬 큰 도전의식을 느꼈다). 셋째, 줄리언은 대학의 관료적이고 답답한 일상에서 벗어나고 싶었다. 대학의 삶은 그의 창의성을 크게 옥죄었다. 그래서 그는 《생명의 과학》의 일부를 올더스 헉슬리, 그리고 D. H. 로렌스와 함께 휴가를 보내며 집필하였다. 올더스 헉슬리는 당시 《연애대위법》이라는 책을 작업 중이었고, D. H. 로렌스는 장안의 화제를 불러일으킨 소설 《채털리 부인의 사랑》의 최종 원고를 마무리하던 참이었다.

  1929~1930년에 출판된 세 권짜리 《생명의 과학》은 큰 성공을 거두었고, 줄리언 헉슬리에게 과학의 대중화에 기여하겠다는 새로운 소명을 확인시켜주었다. 이를 위해 그는 다양한 기사와 책을 썼을 뿐 아니라, 현대 대중 매체를 적극적으로 활용했다. 1920년대부터 헉슬리는 복잡한 과학적·정치적 문제를 설명하기 위해 자주 라디오 방송에도 출연했다. 1930년대부터는 새로운 매체인 유성영화를 이용하기 시작했으며, 영화 장르의 선구자가 되어 오늘날까지도 성공을 거두고 있는 교육적이면서도 재미있는 동물 다큐멘터리 장르를 개척했다. 훗날 이 분야의 주요 제작자인 월트 디즈니 Walt Disney부터 데이비드 애튼버러 David Attenborough까지 헉슬리의 작

품에서 영감을 받은 제작자들이 탄생했다(애튼버러가 제작한 최초의 야생동물 다큐멘터리에서는 헉슬리가 내레이터로 출연하기도 했다).

1935년, 헉슬리가 런던 동물학회 총무직을 맡으면서 그의 대중 과학 활동은 한층 더 강화되었다. 그러나 줄리엣은 줄리언이 과학 지식을 대중에게 이해시키는 데 집중하는 것이 자신의 재능을 낭비하는 것이라 생각했다. 그것보다는 그만의 위대한 과학 작품을 쓸 때가 되었다고 본 것이다. 줄리언은 조언을 따르기로 결심하고, 동물원 관장과 인본주의 활동가로서의 여러 다른 업무 외에 남는 시간을 밤낮으로 이용하여 진화 이론을 변화시킬 책 《진화, 현대적 종합》을 완성하는 데 성공한다.[14]

진화의 관점에서

찰스 다윈은 동시대에 발견된 그레고어 멘델 Gregor Mende의 유전 법칙에 대해 아직 들은 바가 없었다. 또한 진화 이론에 관한 첫 번째 저서인 《종의 기원》이라는 제목에서 알 수 있듯 그는 새로운 종이 어떻게 생겨나는지 제대로 설명하지 못했다. 특정 생물군이 서로 밀접하게 연관되어 있음에도 시간이 지나면서 더 이상 서로 번식할 수 없게 되는 이유를 설명할 과학적 도구가 여전히 부족했던 것이다. 이러한 이론적 도구는 20세기에 와서야 만들어졌.

유전학자 토머스 헌트 모건 Thomas Hunt Morgan과 그의 학생들인 테오도시우스 도브잔스키 Theodosius Dobzhansky, 줄리언의 연구소 조교인 허먼 조지프 멀러는 유명한 초파리 실험을 통해 성적 재조합과 돌연변이가 유전 물질에 어떻게 변화를 일으키는지 보여주었다. 그 후 수학자 로널드 에일머 피셔 Ronald Aylmer Fisher 와, 그와 마찬가지로 탁월하고 괴팍한 생물학자 할데인 J. B. P. Haldane 은 수학적·통계적 방법을 사용하여 다양한 집단에서 유전 물질이 확산되고 변화하는 것을 연구하는 집단 유전학을 정립했다.

진화생물학자 베른하르트 렌쉬 Bernhard Rensch 와 에른스트 메이어 Ernst Mayr 는, 호수 내의 자연 장벽으로 인한 결과로 원래 동질적인 생물 집단에서 두 개 이상의 종이 발생할 수 있다는 것을 밝혀냈다. 헉슬리의 직계 제자인 곤충 연구자 E. B. 포드 Ford 는 유전학과 환경이 어떻게 상호작용하는지 보여주었으며 이로 인해 생태유전학의 창시자가 되었다. 또 다른 과학자는 진화의 역사가 배아의 발달에 어떻게 반영되는지 보여주었다(이 아이디어는 이미 에른스트 헤켈이 떠올렸지만 명확하게 입증하지는 못했다). 또한 진화 이론이 계속해서 발전하도록 자극을 준 인물이 있었으니 고생물학자 조지 게일로드 심슨 George Gaylord Simpson 이었다. 그는 자연 선택이 인간의 진화를 어떻게 결정했는지 설명했다. 더불어 식물학자였던 조지 레드야드 스테빈스 George Ledyard Stebbins 는 식물 왕국의 연구를 통해 동일한 연구 결과를 기록했다.

줄리언 헉슬리의 장점은 그가 저자들을 개인적으로 알고 있었을 뿐 아니라 그들 중 많은 이와 친구였으며, 어떤 친구들과는 공동 저술을 했다는 점이다(예: 할데인, 포드, 드 비어). 또한 그는 모임의 구성원 중에서도 가장 다재다능했던 인물로, 그 역량은 저명한 할아버지 T. H. 헉슬리를 능가했다. 줄리언이 자신의 연구를 특정 생물학의 하위 분야에 한정하지 않겠다고 결심한 것은 결과적으로 큰 도움이 되었다. 이것은 그가 유전학과 발생학, 생태학, 집단 생물학, 고생물학, 통계학, 동물학, 식물학 등 여러 분야의 새로운 발견을 하나의 종합적인 작업으로 체계화할 수 있게 문을 열어주었다. H. G. 웰스와 이모 메리 덕분에, 그의 연구 작업은 매우 우아하고 이해하기 쉽게 작성되어 전문가 독자층뿐 아니라 관심 있는 일반 대중에게도 다가갈 수 있었다.

《진화, 현대적 종합》이 1942년에 출판되었을 때의 반응은 열광적이었다. 미국 과학진흥협회에서 발행하는 학술지 〈미국 자연주의자〉에 실린 서평의 내용은 다음과 같았다. "이 책은 이번 세기는 아니더라도 지난 10년간 등장한 가장 뛰어난 진화론 논문이라고 해도 과언이 아닐 것이다."[15] 이 책이 커다란 성공을 거둔 결과 진화론의 전체적인 방향 전환을 '현대적 종합'이라는 용어로 요약할 수 있을 정도였다. 오늘날 우리가 일반적으로 이해하는 '진화'라는 용어는 20세기 중반에 '종합 진화 이론'의 설계자들이 발전시킨 것이다. 다윈이 진화 이론의 골격을 제공했다면, 헉슬리, 메이르, 도브잔스키 등은 그 내부 작업을 맡았다고 볼 수 있다.

헉슬리의 책이 미친 지속적인 영향은, 수십 년 후 진화 이론을 수정하려는 모든 중요한 시도가 1942년 헉슬리의 대표작 제목을 바탕으로 이루어졌다는 사실에서도 드러난다. 헉슬리가 사망한 해인 1975년, E. O. 윌슨은《사회생물학, 새로운 종합》이라는 획기적인 저작을 발표했다. 개미나 벌과 같은 사회적 곤충에 대한 연구를 바탕으로 한 이 새로운 종합 이론은 유전자 중심의 진화관이 굳게 뿌리내리도록 만들었다.[16] 세월이 흘러 35년 후인 2010년, 마시모 피글리우치 Massimo Pigliucci와 게르트 B. 뮐러 Gerd B. Müller는 '확장된 종합'에 대한 에세이집의 제목을《진화론, 확장된 종합》이라고 지었으며 생명체가 자연 선택의 수동적인 피해자나 유전자의 단순한 꼭두각시가 아니라, 보다 더 능동적인 역할을 한다는 새로운 과학적 발견을 강조했다[17] (이는 '삶은 문제 해결의 연속이다'라는 포퍼의 견해를 확인시켜준다. 이 과정의 생물학적 기초를 곧 더 자세히 살펴볼 것이다).

윌슨의 사회생물학은 기본 아이디어를 좀 더 정교하게 다듬는다면 '현대적 종합' 개념에 쉽게 통합될 수 있지만, '확장된 종합' 개념은 전통적 관점을 지닌 대부분의 과학자에게 사실상 큰 도전이었다. 하지만 줄리언 헉슬리에게는 그렇지 않았다. 2008년, '확장된 종합'의 가장 저명한 대표자이자 진화발생 생물학의 선구자인 숀 캐롤 Sean B. Carroll은 다음과 같은 결론을 내렸다. "헉슬리가 진화발생 생물학의 내용과 연구 결과를 알았다면, 발생학은 의심할 여지 없이 그의 현대적 종합 이론의 중요한 초석이 되었을 것입니다."[18] 2010년 출간된 헉슬리의 대표작 서문에서 피글리우치와 뮐러는 헉슬리가 대부분의 동료들보다 훨씬 더 미래 지향적이었으며, 유전적 결정론을 고집하지 않았다고 언급했다.

《진화론, 현대적 종합》의 두 번째 증보판 서문에서 헉슬리는

1950년대에 진화발생 생물학 연구, 후천 유전학 및 확장된 종합 개념의 기초를 놓은 콘래드 할 워딩턴 Conrad Hal Waddington의 연구가 갖는 특별한 의미를 강조했다. 사실, 헉슬리는 워딩턴의 혁명적인 발견을 진지하게 받아들여 이를 자신의 사상 체계에 일찍이 통합한 전 세계에서 몇 안 되는 저명한 생물학자 중 한 명이다. 헉슬리가 그의 친구 워딩턴의 연구를 얼마나 높이 평가했는지를 보여주는 예는, 1961년에 《인본주의의 틀》이라는 선집을 출판하면서 자신의 연구 바로 뒤에 워딩턴의 기여를 언급한 사실에서 잘 드러난다.[19]

― C. H. 워딩턴을 '생물학계의 알프레트 베게너'라고 부를 수 있는 이유는 그의 획기적인 통찰이 생전에는 받아들여지지 않았고, 그가 사망한 지 수십 년이 지난 지금에서야 생물학 연구에서 가장 흥미로운 분야들의 기초를 형성하고 있기 때문이다. 워딩턴은 유전적 구성(유전자형)의 변화가 반드시 생물의 외모(표현형)의 변화로 이어지지 않음을, 그리고 그 반대도 성립함을 인식한 세계 최초의 과학자이다. 다시 말해 유전적 구성이 변화하지 않은 상태에서도 유기체의 외모에 중요한 변화가 일어날 수 있다는 것을 깨달은 것이다. 두 현상은 워딩턴이 '수로화'라고 부르는 과정에 기반하고 있다. 수로화는 이미 수정된 유전적 구성이 있더라도 기존의 발달 경로가 유지되도록 하며, 이는 수정란이 완전한 유기체로 발전하는 과정에서 나타난다.

실제 유전적 다양성은 표현형으로 가려져 있기 때문에 생물체의 외형에서는 드러나지 않는다. 하지만 특정 조건에서는 숨겨진 유전 정보가 빠르게 드러나 새로운 표현형 특성을 형성하는 데 사용될 수 있다. 이는 캄브리아기 폭발이나 6,600만 년 전 지구에 소행성이 충돌한 후와 같은 다양한 가속적 진화 변화 단계에 동식물 종이 비교적 짧은 시간 내에 새로운 진화적 경로를 취할 수 있었던 이유를 설명해준다. 워딩턴은 유전 정보를 읽는 과정(즉 유전 정보의 활성화와 비활성화)과 이에 따른 개별 세포 유형의 분화를 후생유전학적으로 설명하며, 후생유전학 연구가 유전학 연구와 같은 관심을 받을 수 있도록 필사적으로 노력했으나 끝내 성공하지 못했다.

줄리언 헉슬리가 대부분의 '현대적 종합' 이론의 다른 학자들과 달리 워딩턴의 비정통적인 이론을 기꺼이 받아들인 이유는 그의 진화론에 대한 근본적인 고찰이 놀랍게도 포퍼의 생각과 거의 일치했기 때문이다. 포퍼처럼, 헉슬리는 더 높은 진화 수준에서 새로운 가능성이 생긴다고 추정했다. 즉 체계의 기본 구성 요소는 전체 체계를 설명하는 데 필요하지만, 그것만으로는 충분하지 않다. 헉슬리는 훗날 포퍼와 마찬가지로 문화를 생물학과 생화학, 또는 물리학으로 완전히 환원할 수는 없다고 믿었다. 헉슬리는 모든 현상을 근본적인 물리적 힘으로 완전히 환원하려는 '배제적 환원주의'의 태도를 '단순화주의'라고 비꼬았다. 헉슬리는 모든 현상이 물리적으로 가능한 범위 내에 있다는 건 인정하지만, 인간의 사고가 '뉴런의 무선 조작에 지나지 않을 뿐'이라거나 시詩조차도 '다음 세대에도 살아남기 위한 유전자의 정교한 전략일 뿐'이라는 주장은 (포퍼와 비슷하게) 부조리하다고 보았다.

헉슬리에게 있어 포퍼와 마찬가지로 미래는 원칙적으로 '열려' 있는 것이다. 즉 빅뱅 이후 우주를 형성해온 근본적인 물리적 힘에 의해 100퍼센트 결정되는 것이 아니라, 가능성의 공간으로서 물리적으로 가능한 범위 내에서 예상치 못한 새로운 것들이 발전할 수 있는 공간인 것이다. 헉슬리는 1953년에 출간된 저서《진화의 행동》에서 중세 신학이 삶을 '영원의 관점'에서 바라보았다면, 이제는 우리가 자신을 세상의 중심에 놓고 보아야 한다고 주장했다. 그는 이 원칙을 '진화의 관점에서'라고 표현했다.[20]

이로부터 20년 후, 테오도시우스 도브잔스키는 이후 수없이 인용된 저서에서 이 표현을 이렇게 발전시켰다. "생물학에서 진화의 관점 없이 이해될 수 있는 것은 없다."[21] 그러나 헉슬리의 도전은 생물학에만 국한되지 않았다. 그의 주장은 더 포괄적이며 다음과 같이 정리할 수 있다. "온 우주와 우리의 삶에서 진화의 관점 없이 이해될 수 있는 것은 없다." 헉슬리는 모든 현실을 진화의 표현으로 보았기 때문이다. 그가 말하는 진화란 연속적이고, 독특하며, 되돌릴 수 없는 시간 속의 단방향적 과정을 의미한다. 이는 자기 변화와 함께 진행되며, 우주에서 새로운 것이 출현하는 것과 연관된다.[22]

헉슬리는 저서《인본주의자의 책》에서는 40년 전 발표된 초기 저서《생물학자의 에세이》와의 연관성을 설명하며, 다음과 같이 자신의 아이디어를 요약했다. "사람들은 성운과 별, 언어와 도구, 화학 원소, 사회 조직의 진화를 연구하기 시작했다. 그들은 결국 전체 우주를 종의 진화 즉 '진화'의 관점에서 바라보게 되었고, 발전의 개념을 모든 것을 포괄하는 개념으로 바꾸어놓았다."[23] 헉슬리는 계속해서 다음과 같이 말한다. "존재하는 모든 것은 어떤 의미에서 진화라고 할 수 있다. 생물학적 진화는 일반적인 진화 과정의 한 부분이나 단계일 뿐이다. 또한 무기적 또는 우주적 부문, 그리고 심리사회적 또는 인간적 부문이 존재한다. 서로 다른 단계가 시간에 따라 이어지며, 이후의 단계는 이전의 단계에 바탕을 두고 그것에서 발전한다."[24]

헉슬리는 생명체의 세계 이전에 일어난 변화 과정들(예: 우주적·화학적 진화)과 생물학적 진화 이후에 일어난 변화들(예: 의식, 언어, 기술, 의학, 과학, 예술의 진화)을 조명하는 보편적인 진화 이론의 초기 기반을 발전시켰다. 물론, 진화라는 개념은 각기 다른 분야에서 동일한 의미를 지니지는 않는다. 화학적 진화와 생물학적·문화적 진화에서 작용하는 메커니즘은 서로 다르다. 헉슬리는 진화적 과정과 비진화적 과정의 차이를 체계적으로 설명하지 않았지만, 진화라는 말을 합리적으로 사용할 수 있으려면 다음 세 가지 기준을 충족해야 한다고 보았다.

1. 질적 변화: 진화 과정에서는 양적인 변화뿐 아니라 이전에는 존재하지 않았던 새로운 구조가 등장한다. 이 변화는 최소한

일시적으로 더 복잡한 질서의 질적 증가와 관련이 있으며, 복잡한 질서의 붕괴도 진화 과정과 함께 일어나는 경우가 많다. 이러한 점에서 진화는 창조적이면서도 파괴적인 성격을 지닌다.

2. 변이와 선택, 우연과 필연을 통한 변화: 진화는 서로 다른 변형들을 만들어내고, 변형은 각각 다르게 성공하며 그에 따라 선택된다. 이 과정은 우연과 필연이 상호작용하는 것이 특징이다. '절대적이고 원인 없는 무작위성'이 존재하는지 여부와 관계없이, 진화 과정은 유사한 원인이 서로 다른 효과를 가져와 새로운 변종이 선택의 대상이 되는 일종의 '결정론적 혼돈'을 전제로 한다.

3. 대체로 되돌릴 수 없는 선택의 결과: 진화를 통해 등장한 모든 시스템은 과거의 고정된 우연성과 필연성을 내포하고 있다. 따라서 진화는 이미 형성된 구조에서만 작동될 수 있으며, (새로운 문제를 해결하고자 이전 버전으로 재설정할 수 있는 컴퓨터 시스템처럼) 이전의 발전 단계로 돌아갈 수는 없다. 따라서 초기 진화 단계에서 형성된 메커니즘은 필연적으로 후속 단계의 진화에 영향을 미친다. 이로 인해 우주의 진화는 원자의 진화를 결정했으며, 원자의 진화는 화학 분자의 진화를, 화학 분자의 진화는 생물학적 세포의 진화를, 세포의 진화는 유기체의 진화를, 유기체의 진화는 의식의 진화를, 의식의 진화는 인간 문명의 진화를 결정하게 된 것이다.[25]

진화의 더 높은 수준에서 새로운 변형들이 반복적으로 등장하지만, 이러한 변형들은 이전 수준에서 발전한 법칙들에 의해 제한된다. 이는 인간에게도 적용된다. 문화의 진화 과정에서 우리 종의 업적이 아무리 눈부시더라도, 인간이 생물학적·화학적·물리적으로 가능한 범위를 넘어서는 일에 성공한 적은 없다.

여기서 인간의 현재 문화가 어떻게 우주적·화학적·생물학적·심리사회적 진화에서 비롯되었는지 설명하기는 어렵지만,[26] 새로운 것들이 우주에서 등장하는 것은 일반적으로 해당 시스템의 정보 내용이 증가하는 것과 관련이 있다는 점은 주목할 만하다. 여기서 정보란 시스템의 비물질적이고 영적인 속성이 아니라 그보다는 그 시스템의 물질적 구성 요소들이 형성되는 방식으로 이해해야 한다. 한 가지 분명한 것은, 시스템이 복잡할수록 이 정보가 더 복잡하고, 그 시스템이 등장한 진화적 역사에 대한 전제 조건이 더 많아진다는 것이다. 어떤 면에서 진화 과정은 컴퓨터 게임의 레벨 수준과 비유할 수 있다. 더 높은 레벨에 도달하면 게임의 기본 메커니즘이 바뀌지 않지만(여전히 이진 코드의 기본 원리인 1과 0을 기반으로 함), 각 레벨마다 새로운 규칙(선택 기준)이 추가되며, 플레이어의 성과에 따라 그들이 다음 레벨로 진입할지 아니면 '게임 오버'가 될지를 결정하게 된다.

보편적 진화 이론에 대한 헉슬리의 생각은 그의 생애 동안 거의 반응을 얻지 못했다. 진화적 과정은 생물학에만 해당되며, (이 부분에서 논란이 시작되었지만) 문화적 현상에도 적용될지 모른다고 여겨졌다. 하지만 이후 이러한 태도가 변했다. 2017년, 헉슬리의 책이 발표된 지 약 60년이 지난 시점에, 진화론적 인식론의 선구자로 앞서 소개된 물리학자이자 철학자인 게르하르트 폴머는 600쪽 이상의 방대한 책《진화의 관점에서》를 발표했다. 이 책에서는 진화적 관점이 다양한 연구 분야에 얼마나 깊숙이 침투했는지를 보여준다. 그 연구 범위는 진화고고학과 화학·지질학·제도 이론에서부터 진화 우주론과 예술 이론, 언어학·의학·진화법학·경제학·과학 이론에 이르기까지 다양하기 이를 데 없다.[27]

진화적 설명 모델에 대한 관심이 높아진 것은 자연과학과 공학, 인문학 및 사회과학과 같은 학문 사이에 발생한 간극을 진화론이 메울 수 있다는 점과 관련이 있다. 이는 다양한 수준의 현상과 이를 연구하는 다양한 방법을 고려하는 보편적 진화 이론이 여러 과학 분야를 매끄럽게 연결할 수 있기 때문이다. 결국 우리가 물리적·화학적·생물학적·문화적 스펙트럼에서 관찰할 수 있는 다양한 현상들은 엄청나게 복잡하지만 동일한 진화적 과정의 표현이다. 따라서 줄리언 헉슬리가 그의 보편적 진화론에서 제안한 '통합된 세계관'은 과학의 학문적 파편화에 대응하고, 생물학적 성의 존재를 부정하는 사회학 분야의 성 연구자들과 사회적 성 역할의 중요성을 무시하는 자연과학 중심의 생물학자 사이에서 종종 발생하는 여러 학문의 대표자 간의 비생산적인 논쟁을 극복할 수 있는 지식의 통합을 위한 적절한 틀이 될 수 있는 것이다.

헉슬리의 보편적 진화 이론 개념은 이론적으로만 흥미로운 것이 아니라 실용적인 중요성도 지닌다. 이것은 1950년, 칼 포퍼가 알베르트 아인슈타인과 논의했으며 말년에 깊이 천착했던 문제로 우리를 데려다준다. 사실, 더 깊은 철학적 수준에서 '열린사회'는 우주가 적어도 부분적으로 열려 있을 때, 즉 인류 역사의 발전 과정이 우주의 초기 조건에 완전히 포함되어 있지 않다는 전제가 있을 때에만 의미가 있다. 우주의 근본적인 개방성을 위해서는 인간의 원인 없는 의지를 가정할 필요는 없지만, 기본적인 물리적 힘에 의해서만 결정되는 것이 아니라 진화적 과정에서 그 나름의 힘을 발휘할 수 있는 문화적 결정 요인들에 의해 영향을 받는 의지가 존재한다고 볼 수 있다. 이를 위해서는 아이디어, 주장, 이론 등이 이 세상에서 실제로 의미 있어야 하며, 따라서 근본적인 물리적 인과 관계의 단순한 현상(결과 없는 결과)에 그쳐서는 안 된다.[28]

이 문제에 대해 헉슬리와 포퍼의 주장은 완전히 일치한다. 포퍼와 헉슬리 모두 미래는 정해져 있지 않으며 원칙적으로 열려 있다고 본다. 헉슬리는 이 점에서 철저한 결정론자가 아니라, 인간 종의 긍정적인 고차원적 발전의 가능성과 동시에 재앙적인 쇠퇴의 위험이 모두 존재하는 다양한 미래가 가능하다고 믿는 가능론자이다. 인류에 대한 실제적인 위협을 고려할 때, 그는 우리에게 진화의 향후 과정을 책임질 윤리적 의무가 있다고 생각한다. 이것은 1930년대부터 그의 시대의 정치적 투쟁에 점점 더 많이 관여하게 된 진화적 인본주의의 핵심 주장 중 하나이다.

진화적 인본주의

헉슬리는 1923년, 저서 《생물학자의 에세이》에서 진화적 관점이 사회적 차원에서 어떤 영향을 미칠 수 있는지 살펴보았으며, 마지막 장에서는 계시의 종교에 초점을 맞추어 진화론적 관점이 사회에 미칠 수 있는 결과를 짚어보았다. 1927년에는 《계시 없는 종교》라는 책을 출간하여 종교적 신앙 체계의 진화적 뿌리를 분석하고, 그것이 왜 종종 독단주의와 편협함으로 이어지는지 그 이유를 밝히려 했다.

40년 후 다시 수정해서 펴낸, 종교에 대한 비판적인 책으로 줄리언은 헉슬리 가문의 전통을 이어갔다.[29] 그의 할아버지 토머스 헨리는 옥스퍼드 주교와 격렬하게 논쟁했을 뿐 아니라(괜히 '다윈의 불독'이라는 별명을 얻은 것이 아니었다) 신(을 비롯하여 천사, 고블린 또는 악마의 존재)에 대해 확실한 진술을 하고자 하는 것은 지적으로 정직하지 못하다는 '불가지론(알 수 없음의 교리)'이라는 용어를 만들어냈다. 어떤 의미에서 헉슬리의 '불가지론'은 앞서 살펴본 것처럼 '절대적 확실성'이란 있을 수 없다는 포퍼의 '반증가능성'을 암시하기도 한다.

줄리언 헉슬리는 할아버지의 비판적 사고를 이론적으로 계승했을 뿐 아니라 이러한 사고를 실천하는 조직의 발전을 지원하기도 했다. 가령 1952년에는 인본주의자·무신론자·자유사상가 단체들의 국제적 우산 조직인 국제 인본주의 및 윤리 연합 *IHEU* 의 창립 총회 의장을 맡았다. 또한 영국 인본주의 협회의 초대 회장을 역임

했으며, 아인슈타인, 토머스 만과 함께 뉴욕 최초의 인본주의 협회 자문위원회 창립 멤버로 활동했다.

헉슬리는 매력적인 대안을 제시하지 않고 기존 종교를 비판하는 것만으로는 충분하지 않다는 점을 지적하는 것으로 실천을 강조했다. 사람들은 왜 희망적인 환상을 암울한 진실과 바꾸어야 할까? 이전의 카를 마르크스('눈물 골짜기의 후광')처럼 헉슬리도 종교에는 인간적인 핵심, 즉 옳지 않은 세상에 대한 항의가 내포되어 있음을 인식하고 있었다. 따라서 그는 모든 종교에서 발견되는 의미 있는 요소들을 과학적 지식과 인간주의적 가치에 부합하는 새로운 틀에 통합할 것을 제안했다. 처음에 헉슬리는 이 맥락에서 '인본주의적 종교'에 대해 말하고, 이후에는 진화적 인본주의 철학을 언급하면서, 현재의 자신을 넘어 진화적으로 발전할 수 있는 인간의 잠재력에 대한 믿음을 확립하려 했다.

헉슬리의 진화적 인본주의에서 새로운 점은 종종 극단적으로 대립된 것이라 여겨졌던 자연주의와 인본주의라는 두 가지 전통적인 사상을 일관되게 결합한 것이다. 우리는 칼 세이건에 관한 장(5장)에서 자연주의를 접했다. 다시 말하자면, 자연주의는 우주가 적절한 원리에 따라 작동하며, 자연의 인과 구조를 벗어나는 초자연적인 사건(기적)은 존재하지 않는다고 본다. 자연주의는 경험적 과학의 근본 철학으로 이해할 수 있으며, 실제로 이 책에 등장하는 모든 인물들(에피쿠로스부터 다윈, 마르크스, 아인슈타인, 마리 퀴리, 칼 세이건까지)은 자연주의 방식으로 사고했다. 하지만 그들 중 많은 이가 자신을 '인본주의자'로 여겨졌다. 이는 자연주의와 인본주의가 왜 대립적인 사상으로 여겨져야 하는지에 대한 의문을 제기한다.

— 이러한 모순이 존재한다고 여겨진 것은 '인본주의'라는 단어의 역사와 관련이 있다. 철학자이자 신학자인 프리드리히 이마누엘 니트하머 *Friedrich Immanuel Niethammer*는 1809년에 이 용어를 고대 그리스-로마의 고전 문헌(기독교 문헌 외에도)을 바탕으로 한 언어 교육을 의미하는 데 사용했으며, 이는 실용적인 사용과 과학적·기술적인 교육의 측면을 강조하는 현대적인 교육적 접근과 대비되는 개념이었다. 이 과정에서 니트하머는 기원전 1세기 로마의 법률가이자 정치가, 작가였던 마르쿠스 툴리우스 키케로가 만든 라틴어 '후마니타스 *humanitas*'에서 '인본주의 *Humanismus*'라는 용어를 파생시켰다. 키케로는 후마니타스를 인성과 학식의 결합이라는 의미로 받아들였다. 키케로에 따르면 모든 사람은 '진정한 인간'으로 성숙하기 위해 먼저 그리스와 로마 문화의 과학과 철학, 예술을 접함으로써 자신의 본성을 다듬어야 하며, 이러한 교육이 부족하면 '야만인'으로서 '야생동물'에 더 가깝다.

이러한 사고방식에서 나온 시민 교육적 인본주의는 무엇보다도 이른바 '인문주의적(즉 고전 언어)' 문법 학교의 설립 등에서 드러나듯, 인문학과 신학을 강하게 지향하며, 인간과 동물, 자연과 문화, 순수한 이성과 더러운 본능의 이원성을 강조하기 때문에 자연주의와 긴장 관계에 있다. 그러나 19세기 중반에 이르러 인본주의의 개념은 재정의되었다. 앞서 살펴본 것처럼 카를 마르크스는 인본주의를 니트하머의 그것과는 완전히 다른 의미로 이해했다. 다시 말해 그는 인본주의를 '인간이 서로를 높이 받드는 교리'로 정의했으며, 이로부터 마르크스는 '인간이 타락하고 노예가 되고 버려지고 경멸받는 모든 조건을 전복해야 한다'는 절대적 명령을 도출했다.[30]

많은 동료들과는 달리 스스로를 '마르크스주의자'로 보지는 않았지만, 줄리언 헉슬리의 인본주의 개념은 이러한 전통적인 마르크스주의적 사고에 뿌리를 두고 있다. 진화론 분야에서와 마찬가지로 이 분야에서 헉슬리의 업적은 '현대적 종합 이론' 정립이다. 그는 자연주의와 인본주의를 일관되게 결합하는 데 성공한 첫 번째 저자였다. 물론 그 이전에도 이러한 시도가 있었지만,[31] 그의 진화적 인본주의는 두 가지 측면에서 '진화적'이라 할 수 있는데 첫째, 그는 인간을 '진화의 관점에서' 바라보며, 둘째, 자신의 변화를 하나의 이론으로 승격시켰다는 점이다. 헉슬리는 모든 인간 지식이 오류에 취약하고 수정이 필요하다고 보며, 이는 포퍼와의 유사성을 드러낸다. 헉슬리는 다음과 같이 서술했다. "대부분의 신학적 시스템과 달리, 새로운 사고 체계는 변화를 받아들이고, 진보를 필연적이고 바람직한 것으로 간주하며, 전통적인 사고방식에 반하는 혁신을 환영한다."[32]

마찬가지로 헉슬리의 진화적 인본주의는 절대적 진리나 절대적 도덕, 절대적 완벽함, 절대적 권위를 믿지 않는다.[33] 그렇다고 파울 파이어아벤트가 나중에 주장한 것처럼 모든 인간의 아이디어와 행동이 동등하게 합리적이거나 정당하다고 보는 상대주의적 관점을 따르는 것도 아니다. 헉슬리는 우리가 '자신의 행동과 의도에 적합한 기준을 찾을 수 있다'라고 강조했다.[34] 이는 진화적 인본주의가 (비판적 합리주의와 마찬가지로) '지식과 통찰력을 증가시킬 수 있으며, 사회의 행동과 조직을 개선할 수 있고, 개인과 사회의 발전을 위한 더 바람직한 지침을 줄 수 있다'라고 보는 것과 같다.[35] 중요한 것은 더 풍요롭고, 더 만족스러우며, 더 성공적인 삶이다.[36]

얼핏 듣기에 순진하고, 이상적이며, 미사여구 같은 목표지만, 헉슬리가 그런 의미로 쓴 것은 아니었다. 그는 인간성의 깊은 곳에 자리한 어두운 면을 외면하지 않았다. 헉슬리는 진화적 인본주의 개념을 발전시키면서 영국에서 반파시즘 및 반인종주의 운동을 이끄는 중요한 인물이 되었다.[37] 1935년, 헉슬리는 사회인류학자 알프레드 C. 헤이든_Alfred C. Haddon_과 함께 《우리 유럽인들: '인종' 문제에 대한 조사》라는 책을 출간했다. 이 책은 나치 독일뿐 아니라 전 세계에 만연한 인종차별이 윤리적 이유뿐 아니라 과학적 근거가 부족한 신화에 기반하고 있음을 밝혔다.[38]

헉슬리는 기원이 다른 사람들 간의 생물학적 차이는 너무나 미미해서 '인종'이라는 개념을 사용할 수 없다고 설명했다. 이에 1935년, 그는 호모 사피엔스에 대해 '인종'이라는 용어를 폐지하고 대신 '민족'이라는 용어를 사용하자고 제안했다. 15년 후인 1950년, 유네스코는 그의 제안에 따라 이 같은 내용을 담은 성명을 채택했다. 시간은 좀 걸렸지만, 결국 헉슬리의 제안이 받아들여진 것이다. 오늘날 '다른 민족적 기원을 가진 사람들'이라는 표현은 (대부분 잘 알지 못하지만) 모두 헉슬리의 말을 사용하고 있는 셈이다.

줄리언 헉슬리는 나치즘에 과학적으로 맞서 싸운 것뿐 아니라 정치적으로도 맞서 싸웠다. 예를 들어, 1941년 가을에 그는 미국에서 나치 독일과의 전쟁에 미국이 참전해야 한다는 캠페인을 매우 적극적으로 전개하여 의회 조사와 미국인들의 분노에 찬 시위를 촉발시켰고, 이 분노는 진주만 공습이 있은 후에야 가라앉았다. 하지만 헉슬리가 나치를 격렬하게 반대한 것은 독일에 대한 증오에서 비롯된 것이 아니었다. 오히려 반대로, 그는 독일의 언어, 과학, 문화에 대한 깊은 애정이 있었다. 그 예로 그는 1939년 영국에서 창립된 자유독일문화연맹의 주요 지지자 중 한 사람이었다. 전쟁 후에도 독일의 신속한 재건과 국제 사회로의 재가입을 위해 활동했으며, 처음에는 독일 재건 위원회의 사무총장으로, 이후에는 유네스코의 초대 사무총장으로 일했다.

— 헉슬리와 공동 저자로 책을 쓰기도 했던 H. G. 웰스도 비슷한 길을 걸었다. 1939년, 웰스는 제2차 세계대전에서 연합국의 목표가 나치 독재를 물리치는 데 그쳐서는 안 되며, 대신 국제 국가 연합을 수립하고, 보편적인 인권을 선언하며 이를 전 세계적

으로 시행하는 것이어야 한다고 주장하면서 광범위한 국제적 논의를 촉발시켰다. 1940년에 발표한 저서《인간의 권리: 또는 우리는 무엇을 위해 싸우는가?》에서, 이 유명한 공상과학 소설 작가는 20세기에 가장 큰 영향을 미친 (그리고 안타깝게도 오늘날 대부분 잊혀진) 글 중 하나를 썼다.[39] 웰스의 인권에 대한 끊임없는 헌신은 미국의 프랭클린 D. 루스벨트 대통령에게 큰 영감을 주었고, 루스벨트는 1941년 그의 유명한 '네 가지 자유' 연설을 통해 인권을 전쟁 목표로 삼을 것을 선언했다. 또한 웰스의 글은 전쟁 후 유엔 인권위원회 의장을 맡은 대통령의 부인 엘리너 루스벨트의 생각에도 큰 영향을 미쳤다.

H. G. 웰스는 1945년에 사망했지만, 그의 보편적인 인권 선언 초안은 1947년 인권 헌장에 대한 논의를 시작한 위원회에 제출되었다. 유네스코 준비 그룹을 성공적으로 이끈 줄리언 헉슬리는 이 초안을 마음에 들어했고, 1946년 12월 6일, 헉슬리는 새로 설립된 유엔 교육·과학·문화 기구(유네스코)의 첫 번째 사무총장으로 선출되었다. 또한 전 세계의 지식인과 접촉하여 인권이라는 개념의 보편적 정당화를 위해 노력했고, 이는 헌장 서문에 반영되었다.

1948년 중반까지 인권 선언문의 내용은 대부분 확정되었으나, 동서 간의 갈등이 심화되면서 프로젝트는 좌초될 위험에 처하게 되었다. 다행히 이 시점에 프랑스 시민 사회가 나섰다. 1948년 11월 19일, 알베르 카뮈와 무국적자인 '코스모폴리탄

1호' 가리 데이비스Garry Davis가 이끄는 코스모폴리탄 운동의 활동가들이 유엔 총회를 점거하고, 국가와 이념 간의 대립을 넘어서기 위한 세계 정부를 요구했다. 알베르트 아인슈타인이 멀리서 이 활동을 지지하면서, 이 운동은 전 세계적으로 헤드라인을 장식하고 파리 시민들의 전폭적인 지원을 받았다. 며칠 동안 수천 명이 유엔 총회가 열리는 샤이요 궁전을 포위했고, 대표들에게 압박을 가하여 결국 1948년 12월 10일, 그들은 보편적 인권 선언을 채택할 수밖에 없었다.[40]

줄리언 헉슬리는 이러한 상황을 직접 경험하면서 전 세계의 생활 여건이 개선될 수 있다는 희망을 더 크게 품게 되었다. 헉슬리는 유네스코에서 국제 협력을 적극적으로 촉진하며, 인류의 장기적인 발전에 큰 관심을 두고 활동했다. 이는 20세기 가장 유명한 두 명의 공상과학 소설 작가와의 긴밀한 관계에서 받은 영향도 클 것이다. H. G. 웰스 외에도, 줄리언은 평생 동안 그의 동생인 올더스 헉슬리와 밀접하게 교류했다. 두 형제는 각자의 프로젝트에 대해 토론할 뿐 아니라 영감을 주고받기도 했다. 줄리언이 초기에 품었던 인간의 우생학적 번식 가능성과 미래의 기적적인 약물 개발에 관한 아이디어는 올더스 헉슬리의 유명한 소설 《멋진 신세계》에 반영되어 있으며, 줄리언의 책에는 올더스의 기술과 합리성에만 바탕을 둔 세계의 발전에 대한 경고와 사회적 교정 장치로서의 예술의 중요성에 대한 고찰이 반영되어 있다.

줄리언 헉슬리는 공상과학 소설에도 도전했지만, 성공을 거두지는 못했다. 그의 소설 중 1926년에 발표된 《조직 배양왕》만이 사후에 명성을 얻었을 뿐이다.[41] 이 작품에서는 강력한 통치자가 텔레파시를 통해 사람들의 마음을 조종하는 것에 맞서 저항군들이 '알루미늄 모자'를 만들어 싸우는 내용이 나온다. 오늘날 '알루미늄 모자 착용자'라는 용어는 미디어나 엘리트 또는 제도권의 포괄적인 정신적 조종자로부터 자신을 방어해야 한다고 믿는 (대체로 신비주의 성향의) 음모 이데올로기를 지지하는 사람들을 일컫는 표현으로 종종 사용된다. 줄리언 헉슬리는 평생 동안 사이비 과학과 신비주의적 믿음을 신랄하게 비판했기 때문에, 오늘날 자신의 이야기가 이러한 방식으로 재해석되는 것에 반대하지는 않았을 것이다. 하지만 그는 주류를 비판하는 사람들을 너무 쉽게 신비주의자들이라고 매도하는 것은 잘못이라고 지적했을 가능성이 크다. 실제로 16세기 과학사의 비극적인 영웅인 조르다노 브루노의 통찰은 오늘날에도 여전히 유효하다고 볼 수 있다. "일반적인 의견이 항상 진리는 아니다"[42] (물론, 그렇다고 반대 의견이 반드시 진리라는 의미는 아니다. 반론이 최소한의 합리적 논증 기준을 충족하지 못하는 경우도 많다[43]).

헉슬리가 미래에 큰 의미를 둔 것은 할아버지인 T. H. 헉슬리와 가장 큰 차이점이다. 토머스 헨리는 인간이 유인원 같은 생물에서 어떻게 발전했는지를 이해하기 위해 과거를 바라본 반면, 줄리언은 호모 사피엔스가 미래에 어떻게 발전할지를 예측하기 위해 미래를 바라보았다.

미래의 도전 과제

헉슬리의 아이디어는 때로 유토피아적으로 보였으나, 대체로는 현실적인 기반 위에 있었다. 그는 항상 세계 공동체가 직면한 엄청난 도전 과제를 잘 알고 있었다. 1946년 11월, 유네스코 총회에서의 첫 번째 연설에서 그는 환상을 배제하고 말했다. "인구의 절반 이상이 글을 읽고 쓸 줄도 모르는 세상에서 유네스코가 어떻게 효과적으로 일할 수 있을까요? (…) 수많은 사람이 영양실조와 질병에 시달리는 세상에서 어떻게 사람들이 좋은 삶을 누릴 수 있고, 교육을 위해 노력할 것이라 기대할 수 있을까요? 좀 더 발전된 과학과 이에 대한 이해 없이 어떻게 그들이 영양실조와 질병에서 벗어날 수 있을까요?"[44]

"오늘날 과학은 합리적이고 정직하게 활용되기만 한다면 전 세계 모든 사람에게 최소한의 적절한 생활수준을 보장할 수 있는 지점에 도달했습니다." 그러나 이 사실은 다른 측면으로 보자면 "인류 역사상 처음으로 전면전이 벌어질 경우 과학의 발전이 인류의 문명화된 삶을 불가능하게 만들 수도 있다는 것입니다!" 이 문제는 인류가 별개의 국가들로 조직되어 있다는 사실에 의해 더욱 악화된다고 헉슬리는 생각했다. 그는 분리된 국가를 전쟁의 주요 전제 조건으로 보았다. 따라서 유네스코는 "파시스트 국가나 나치 국가가 그랬던 것처럼, 그리고 모든 전체주의나 반전체주의 정권에서 그런 위험이 찾아왔던 것처럼 국가의 분리가 증가하는 추세를 막아야 할 의무가 있다"고 주장했다.45

유네스코의 주요 임무는 정신과 영혼의 영역에서 하나의 세계를 창조하는 것이며, 이를 위해서는 국제적 협력이 필요하고, 관련된 모든 이의 지적 겸손이 요구된다. 말하자면 우리는 항상 인류는 아직 걸음마 단계에 있으며, 우리의 지적 업적과 국가적 성취는 이제 겨우 시작에 불과하고, 어느 순간 불가피하게 그것을 넘어서거나 대체되는 날이 올 것임을 기억해야 한다. 그러므로 '인간의 놀랍고 바람직한 다양성이 충돌을 일으키는 대신, 협력 속에서 화해로 이어지는 세계를 창조할 수 있게 하려면 국제적 협력과 사람들의 겸허한 태도가 필요한 것이다.46

몇 년 후, 진화적 인본주의에 관한 중요한 텍스트에서 헉슬리는 인류가 직면한 가장 시급한 문제들을 다음과 같이 정리했다. "핵, 화학, 생물학적 무기를 이용한 과학적 전쟁의 위험, 과잉 인구의 위협, 특히 저개발 국가들과 전 세계 소외된 계층 사이에서 커져가는 공산주의 이념의 부상과 그 매력, (…) 자연 자원의 과도한 착취, 문화적 다양성의 상실, (…) 부유한 나라와 가난한 나라 사이, 가진 자와 가지지 못한 자 사이에서 점점 더 벌어지는 격차."47 60년 이상이 지난 오늘날, 문제의 목록은 크게 달라지지 않았다. 다만 기후 위기가 추가되었고, 현재는 공산주의 이데올로기의 위협보다는 다양한 이데올로기적 배경을 가진 전체주의 이데올로기에서 발생하는 위험이 더 부각되고 있다(다음 장 참조).

헉슬리는 인류의 이러한 근본적인 문제에 대응하고자 했다. 자연 자원과 생물 다양성에 대한 인간의 파괴적 영향을 처음으로 인식한 작가 중 하나로서, 국제자연보호연맹 IUCN과 세계자연기금 WWF 창설을 촉구했다. 또한 세계 인구 성장의 극단적인 결과를 일찍이 깨달은 인물이기도 했다. 20세기 중반, 헉슬리는 인류 인구가 2000년까지 60억 명을 넘을 것이라고 예측했는데, 이는 놀랍도록 정확한 예측이었다(유엔은 1999년 10월 12일을 지구 인구가 60억 명에 도달한 날로 언급했다). 인류의 기하급수적인 증가는 1920년대 초 미국의 여성 인권 운동가 마거릿 생어 Margaret Sanger의 피임 및 성교육 투쟁을 지지하게 만들었다. 또한 헉슬리는 나중에 유네스코 사무총장으로서 이를 유엔 기구의 주요 임무로 삼으려고 했지만, 가톨릭 교회(혹은 가톨릭 국가들)의 반대에 부딪혀 실패했다. 그가 이 문제에 대한 헌신적 노력을 인정받은 것은 훨씬 후의 일이다.

헉슬리의 경우 피임이나 가족계획, 그리고 피임약에 대한 옹호보다 더 논란이 되는 것은 유전학 분야에 대한 그의 헌신이다. 유전학은 인간 유전자 풀의 질을 유지할 뿐 아니라 심지어 개선하려는 목적을 가지고 있다. 나치가 장애인을 대상으로 시행한 끔찍한 학살이 '우생학적 조치'로 규명된 이후, 이 주제는 독일에서 강한 반발을 불러일으켰다. 헉슬리는 '나치의 우생학'을 강력하게 비판했지만, 그럼에도 평생 동안 우생학적 조치는 합리적일 뿐 아니라 장기적으로 거의 불가피하다고 주장했다. 그는 왜 이러한 주장을 했을까? 그는 왜 인권과 양립할 수 있는 '진보적 우생학'이 존재할 수 있다고 주장했던 것일까?

이를 이해하려면 시대를 되돌려볼 필요가 있다. 유전학이라는 개념은 찰스 다윈의 사촌인 프랜시스 골턴Francis Galton에 의해 창안되었다. 골턴은 역사상 뛰어난 연구자 중 한 명으로 핵심적인 통계 방식을 정립하고 오늘날 범죄학에서도 여전히 사용되는 지문 절차를 마련했으며 기상 지도에 고압 지역을 최초로 표시했고 실험 심리학의 기초를 세웠고 개인 또는 집단 간의 차이를 조사하는 차별 심리학을 내세웠다. 이러한 맥락에서 특히 골턴은 지능과 음악적 재능과 같은 정신적 특성의 유전에 많은 관심을 보였다. 이를 바탕으로 그는 '좋은 유전자(즉 인류의 발전에 유익하다고 생각하는 유전적 특성)'의 확산을 촉진하고 '나쁜 유전자(가령 질병을 유발하는 유전적 특성이나 평균 이하의 지능)'를 유전자 풀에서 점차적으로 제거하기 위한 우생학 이론을 개발했다.

1959~1962년 영국 우생학 협회 회장을 맡았던 줄리언 헉슬리는 골턴의 개념을 채택하긴 했으나 골턴의 노골적인 인종차별적 사상과는 뚜렷하게 거리를 두었다. 헉슬리는 언제나 특정 민족 집단 내에서의 차이가 두 민족 집단 간의 차이보다 더 크다고 강조해왔다. 이는 인종에 따른 차별적 평가, 즉 한 개인을 그가 속한 집단을 기준으로 평가하는 온갖 형태의 인종차별의 근거를 미리 차단하는 것이다.

우생학이 좌파 지식인들 사이에서도 인기를 끌었다는 사실 또한 중요한 요소이다. 헉슬리의 우생학 관련 동료 활동가였던 홀데인과 멀러, 그리고 워딩턴은 자신들을 마르크스주의자라고 여겼고, 많은 사회민주주의자들이 우생학을 지지했으며, 좌파 자유주의 경제학자인 존 메이너드 케인스 John Maynard Keynes는 7년 동안 영국 우생학협회의 이사직을 맡기도 했다. 이처럼 우생학이 당시에 광범위한 인기를 누린 배경에는 두 가지 주요 요인이 관련되어 있다. 첫째, 연구자들은 현대 의학이 수많은 생명을 구한 위대한 업적을 달성했음에도 유전자 풀에서 부정적인 유전 형질(가령 심각한 질병에 걸리기 쉬운 소인)도 전달하는 부정적인 측면도 있다고 지적했다. 둘째, 특히 사회에 유익한 특성(가령 높은 지능과 창의성)을 지닌 사람들은 이러한 특성을 지니지 않은 사람들보다 출산율이 훨씬 낮으며, 이는 인간 유전자 풀의 손상으로 이어질 수 있다고 우려했다.

헉슬리가 강제적인 우생학을 옹호하지는 않았고, 부모들이 자신의 자녀에게 최고만을 주기를 원할 것이라는 가정하에 자발적인 결정을 바탕으로 한 우생학을 제안한 것은 사실이나, 그가 우생학에 관해 쓴 글 중에는 충격적인 내용도 많다(예를 들어, 그는 유전적 결함을 지닌 사람은 자녀를 낳지 않아야 한다고 주장했다). 하지만 헉슬리가 이러한 주장을 한 것은 개인적인 그의 우려에서 비롯되었다는 사실을 고려해야 한다. 헉슬리의 목표는 자신이 심한 우울증을 앓는 동안 견뎌야 했던 고통을 미래 세대가 겪지 않도록 하는 것이었다. 또한 비록 그것을 우생학적 조치라 부르기는 애매하지만, 1950~1960년대에 헉슬리가 제안했던 논란의 여지가 있는 여러 조치가 이미 널리 받아들여졌다는 점도 고려해야 할 것이다.

— 예를 들어, 오늘날에는 (헉슬리가 제안한 것으로 대중들의 분노를 불러일으켰던) 수많은 '정자은행'이 있어 부모가 유리한 유전 정보를 선택할 수 있다. 또한 심각하게 손상된 배아나 태아를 낙태할 수 있게 하는 태아 진단이 있으며, 심각한 유전적 손상이 나타나지 않을 것으로 예상되는 수정란을 선택하는 정교한 착상 전 진단도 있다. 놀랍게도, 유전학적 조치를 표준 관행으로 여기는 사람들은 엄격한 교리를 따르는 정통파 유대인들이다. 예를 들어 정통파는 결혼을 하기 전에, 랍비들은 타이삭스병, 고셔병, 카나반병, 낭포성 섬유증 등과 같은 유전 질환의 확산을 막기 위해 유전자 검사를 권장한다. 이러한 질병들은 이 집단에서 특히 흔한데, 이는 가까운 가족 관계로 인한 것이다.[48]

흥미롭게도, 헉슬리의 자서전에는 그의 우생학적 신념이 거의 생략되어 있다. 대신, 우생학적 관념에서 발전한 '트랜스 휴머니즘' 개념을 두드러지게 언급하고 있다. 헉슬리의 자서전에는 다음과 같이 기록되어 있다. "인류는 마음만 먹으면 스스로를 초월할 수 있다. (…) 우리는 이 새로운 신념에 이름을 지어주어야 한다. 아마도 트랜스 휴머니즘이 적합하지 않을까? 인간은 인간으로 남아 인간 본성의 새로운 가능성을 실현함으로써 자신을 초월한다. (…) '나는 트랜스휴머니즘을 믿는다'고 진심으로 선언할 수 있는 사람이 많아질수록 인류는 베이징 유인원과 지금의 인류가 다른 것처럼 현재와는 다른 새로운 존재 방식의 문턱에 서게 될 것이다."[49]

미국의 정치학자 프랜시스 후쿠야마 Francis Fukuyama는 헉슬리의 '트랜스 휴머니즘(혹은 그와 유사한 개념)'을 세계에서 가장 위험한 아이디어라고 불렀다.[50] 실제로 유전자학·나노기술·보철학·신경과학·인공지능 분야에서 끊임없이 진화하는 여러 가능성을 고려할 때, 이 개념과 관련된 위험성은 어마어마하다.[51] 하지만 트랜스휴머니즘의 위험이 그것이 제공하는 기회보다 더 심각한지를 처음부터 평가하는 것은 불가능하다. 또한 현재로서는 이러한 과학적·기술적 발전이 우리가 함께 살아가는 방식을 근본적으로 변화시키는 것을 막을 수 있는지 여부도 명확하지 않다(이 주제는 다음 장에서 다시 다룰 것이다).

우생학이나 트랜스 휴머니즘에 대한 헉슬리의 생각이 어떻게 평가되든, 인간은 진화의 특별한 산물이며 현재 '세상의 운명을 그 서투른 손에 쥐고 있다는 사실을 두렵지만 깨닫게 되는'[52] 존재라는 그의 평가는 옳았다. 우리가 이 균형 잡기에 성공할 수 있을지는 전적으로 미지수다. 헉슬리는 다음과 같이 썼다. "우리는 참으로 엄청난 양의 지식을 축적해왔다. 하지만 문제는 우리가 그것을 어떻게 사용할 것인가에 달려 있다. 이익을 위해 지식을 늘리는 것을 멈추고, 더 나은 미래를 계획하는 데 사용한다면, 우리는 호모 사피엔스에서 '호모 휴마누스 Homo humanus'로 발전할 것이다. 즉 우리 자신과 지구의 진화적 미래를 위해 희망을 품고 전진하는 수호자로서 존재하게 될 것이다."[53]

줄리언 헉슬리는 이 말로 죽기 2년 전인 1973년에 출간된 자서전을 마무리했다. 인류의 미래에 대한 그의 마지막 전망은 정치적 유산처럼 들릴 뿐 아니라, 오늘날 우리가 마주하는 위대한 실험, 다시 말해 기회와 위험이 가득하고 그 결과를 완전히 예측할 수 없는, 인류세 시대 프로젝트의 서곡처럼 들린다.

미래를 향해

인류세의 인류

전망

2000년 2월 말, 멕시코 쿠에르나바카에서 소수의 연구자가 1만 1,700년 전부터 지속되고 있는 간빙기, 즉 홀로세 Holocene 시대의 환경 변화에 대해 논의했다. 그들 중 유명한 네덜란드 기상학자이자 대기 화학자 파울 크뤼천 Paul Crutzen 은 침묵을 지키다, 갑자기 토론을 예상치 못한 방향으로 이끌었다. "잠깐만요!" 그는 외쳤다. "우리는 이제 홀로세가 아니라 (…) 인류세에 살고 있습니다!" 크뤼천의 동료들은 깜짝 놀랐다. 누구도 이런 발언을 예상하지 못했던 것이다.[1]

회의 직후, 크뤼천은 미국의 생물학자 유진 스토머 Eugene Stoermer 가 한동안 인간 문명이 환경에 미친 영향을 설명하기 위해 '인류세'라는 용어를 사용해왔다는 사실을 알게 된다. 2000년 5월, 크뤼천과 스토머는 국제 지구권-생물권 프로그램 IGBP 뉴스레터에 〈'인류세 Anthropocene'〉라는 제목의 에세이를 공동으로 발표한다.[2] 제목에 포함된 따옴표는 그 시점에 저자들이 이를 '새로운 지질 시대'라고 부를 수 있을지 확신하지 못했다는 것을 보여준다. 하지만

2년 뒤, 크뤼천은 〈인류의 지질학: 인류세〉라는 글을 〈네이처〉지에 발표하면서 조심스러운 태도를 벗어던졌다.[3]

크뤼천이 2002년에 쓴 글은 '인류세'라는 용어가 급속히 확산되는 데 큰 기여를 했으며 현재 이 용어는 거의 모든 맥락에서 사용된다.[4] 한 쪽에 불과한 짧은 글이 널리 사용되고 있는 건 내용 때문만은 아니며, 저자의 명성 또한 큰 역할을 했다. 크뤼천은 단순한 인물이 아니었다. 그는 염화플루오르카본$_{FCKWs}$이 성층권의 오존층을 파괴한다는 사실을 과학적으로 밝혀내 오존층을 구한 '오존층의 구세주'로, 1995년 화학 분야 노벨상을 받았다. 또한 '오존 구멍'을 다시 막기 위한 효과적인 대책을 마련하여 피부암 발병률과 같이 인간의 건강에 심각한 피해를 입히고 생물권에 심각한 돌연변이를 일으키는 것을 방지하는 데 중요한 역할을 했다. 게다가 크뤼천은 칼 세이건과 함께 핵겨울의 위험을 경고한 최초의 연구자 중 하나였고, 온실가스 배출 증가로 인한 지구 기온 상승에 대해서도 일찍이 지적한 바 있다.

2002년 〈네이처〉에 글을 기고했을 때만 해도 크뤼천의 명성은 대단했지만, 그의 제안은 상당히 신중했다. 지질학적 시대에 명칭을 붙이는 것은 지질학자들의 몫이었기 때문이었다. 크뤼천은 알프레트 베게너처럼 기상학자였다. 그리고 베게너의 경우처럼, 이 제안을 처음 접했을 때 지질학자들은 다소 회의적이었다. 지질 전문가들이 주저하는 것은 당연한 일이었다. 지질학은 매우 긴 시간(대개 수백만 년)을 다루기 때문에, '산업 혁명'이 시작된 지 불과 200년, 또는

'대규모 가속화(1950년부터 인류는 대규모 산업화로 인해 지구 시스템에 본격적으로 영향을 미치기 시작했다)'가 시작된 지 70년이라는 시간은 너무나 미미한 수준에 불과하기 때문이었다. 이렇게 짧은 시간을 두고 새로운 지질학적 시대의 시작이라고 말할 수 있을까? 수백만 년 후에 암석 퇴적물이나 빙핵을 통해 인류 문명이 존재했는지 여부를 판단할 수 있을까? 인류가 스스로 새로운 지질학적 시대의 결정적인 요인이라고 판단하는 것은 과대평가가 아닐까? 이러한 질문들은 충분히 합리적이었다. 그러나 크뤼천의 제안 이후, 그의 주장을 뒷받침하는 방대한 양의 데이터가 수집되었다.

이를 간략하게 살펴보자.[5] 현재 인간이 만든 것의 총 질량은 지구상의 모든 생명체의 질량을 초과한다. 인류의 기술권(건물, 인프라, 기계, 전자기기 등)만 해도 30조 톤에 달하며, 이는 살아 있는 사람 한 명당 약 4,000톤의 무게를 지니고 있다는 뜻이다. 이 물질들이 지구 전역(모든 육지와 바다를 포함)으로 고르게 분포한다고 가정하면, 지구의 표면 1제곱미터당 약 50킬로그램의 기술권이 짓누르고 있다는 것이다.

인류는 점점 더 큰 규모로 변화 과정을 겪고 있다. 1950년까지 인류는 약 150만 톤의 플라스틱을 생산했지만, 현재 그 수치는 90억 톤을 넘어섰다. 매년 전체 인류의 질량을 초과하는 양의 플라스틱을 생산하고 있으며, 그중 상당 부분은 여전히 자연 환경 속으로 유입되고 있다. 또한, 인류는 약 13만 개의 새로운 결정성 물질을 만들어냈다(자연적으로 발생하는 것들은 약 5,000개). 이로 인해 자연 종의 멸종 속도가 1,000배나 증가했으며, 지구 대기 중 이산화탄소의 비율은 지난 200년 동안 약 280ppm(100만 분의 1)에서 400ppm 이상으로 증가해 1,500만 년 전에 마지막으로 도달한 수준까지 높아졌다.

이러한 사실은 지질학자들에 의해 진지하게 논의되고 있다. 2019년, 국제적이고 다학제적인 '인류세 실무 그룹'은 대다수 의견을 모아, 인류세가 새로운 지질학적 시대를 나타낸다는 결론을 내렸다. 이는 1950년 중반에 시작된 대규모 가속화뿐 아니라, 그 시점부터 핵 실험으로 인한 방사능 낙진이 전 세계에서 감지되기 시작했기 때문이기도 하다. 2023년 7월, 실무 그룹은 새로운 지질 시대를 정의하는 데 사용할 수 있는 '표준 퇴적층(캐나다 크로포드 호수의 층서구역)'의 표본지를 찾아냈다.[6] 이제 인류세를 새로운 지질 시대로 공식적으로 인정할지 여부는 국제 지층학 위원회의 손에 달려 있다.

이는 지질학을 넘어서서 훨씬 더 큰 의미를 지니게 될 것이다. 20세기에 인류뿐 아니라 지구 전체에 새로운 시대가 시작되었음을 분명히 보여주기 때문이다. 인류세를 지질 시대로 공식화하는 것은 반세기 전 줄리언 헉슬리가 자서전에서 강조한 내용, 즉 인간은 '세상의 운명을 서투른 손에 쥐고 있는 진화의 특별한 산물'이라는 점을 더욱 부각시키는 것이기도 하다.[7]

파울 크뤼천도 표현은 다르지만 이 사실을 반복해서 강조했다. 그의 신념은 과학적인 것뿐 아니라 인본주의적 동기에 바탕을 두고 있기도 했다. 크뤼천의 책을 읽다 보면 그가 줄리언 헉슬리와 마찬가지로 세속적·인본주의적 가치와 진화론적 자연주의를 결합했음을 알 수 있다. 비록 두 연구자는 만난 적이 없지만(크뤼천이 마인츠의 막스 플랑크 화학연구소 소장으로 임명된 1980년 당시 헉슬리는 사망한 지 5년이 지난 상태였다), 흥미로운 연결 고리가 있었다. 1973년에 줄리언 헉슬리는 진화적 인본주의의 기본 생각들을 분명하게 반영한 미국 인본주의 협회(미국 종교 비판적 인본주의자 협회)의 소위 '인본주의 선언문 2'에 서명했고, 30년 후(2003) 폴 크뤼천은 진화론적 인본주의를 더욱 간결하게 표현한 '인본주의 선언문 3'에 서명한 인물 중 하나였다.[8]

이 같은 (진화적) 인본주의 덕분에 크뤼천은 오늘날 '인류세'에 대해 이야기하는 많은 사람과 달리 '인류세의 종말'을 꿈꾸지 않고, 오히려 이 인간의 시대가 보다 지적이고 생명 친화적으로 변화해야 한다고 희망한다. 2000년에 쓴 세계의 기초에 관한 에세이에서 그는 이렇게 기술했다. "대규모 화산 폭발이나 예상치 못한 전염병, 대규모 핵전쟁, 소행성 충돌, 새로운 빙하기, 또는 부분적으로 원시적인 기술에 의한 지구 자원의 지속적 약탈과 같은 큰 재앙이 없다면 (…) 인류는 수천 년, 아마 수백만 년 동안 중요한 지질학적 세력으로 남아 있을 것이다."[9]

하지만 인류세의 도전 과제는 엄청나게 많다. 크뤼천은 2002년 〈네이처〉에 기고한 기사에서 이를 다음과 같이 요약했다. "과학자들과 엔지니어들은 인류세에 우리 사회를 환경적으로 지속 가능하게 관리해야 하는 막대한 과제를 안고 있다. 이를 위해서는 모든 분야에 걸쳐 적절한 인간의 실천이 필요한데 예를 들어 기후를 최적화하는 대규모의 국제적 지구공학 프로젝트가 이에 포함될 수도 있다. 그러나 현재로서 우리는 여전히 미지의 영역에 머물고 있다."10

지구의 책임

지금까지 인류는 이 미지의 영역을 거의 눈을 감은 채 헤쳐왔고, 이는 전반적으로 엄청난 행운에 힘입은 바가 크다. 파울 크뤼천은 1995년 노벨상 수상 연설을 하며 이를 설명하기 위해 자신의 분야에서 놀라운 예를 들었다. "1970년대에 화학 산업이 염화플루오린화탄소 FCKWs 대신 유기브로민화합물을 개발했다면, 우리는 1년 내내, 어디서나 오존층의 치명적인 구멍에 노출되었을 것입니다. 브로민은 염소보다 오존층에 거의 100배 더 해롭기 때문입니다." 그는 이어서 설명했다. "1974년 이전에는 염소와 브로민이 대기 중에 배출되는 결과를 아무도 걱정하지 않았기 때문에, 우리는 운이 좋았다고밖에 결론지을 수 없습니다. 이것은 새로운 제품이 환경에 유입될 때 항상 그 가능성에 대해 경계를 늦추지 말아야 한다는 것을 보여줍니다."11

알프레트 베게너에 관한 장(4장)에서 살펴본 것처럼, 인류는 다른 면에서도 운이 좋았다. 우리는 (혹은 우리의 진화적 조상들은) 지난 몇 백만 년 동안 치명적인 혜성과의 충돌을 피할 수 있었다. 또한 문화가 발전하는 과정에서 거대 화산 폭발을 경험하지 않았다. 그러나 평온한 시기는 오래가지 않을 것이다. 현재 추정에 따르면, 향후 100년 내에 7 또는 8의 대규모 화산 폭발이 발생할 확률은 6분의 1에 달한다.[12] 예를 들어, 미국 와이오밍의 옐로스톤 화산이나 이탈리아 나폴리 근처의 플레그레아 필드 화산에서 대규모 폭발이 발생하면, 100킬로미터 반경 내의 모든 생명이 멸종될 뿐 아니라, 전 지구적인 기후 재앙('화산 겨울')이 발생할 수 있다. 이로 인해 기온이 몇 도씩 급강하하고, 지구의 대부분이 다시 얼음에 덮이게 되어 우리의 문명이 종말을 맞이할 수도 있다. 이러한 위험을 감안할 때, 연구자들은 우리가 오래전부터 비상 대책을 세우고, 이미 배출된 에어로졸을 제거하거나 최상의 경우 활화산 아래의 마그마 구역에 영향을 미칠 수 있는 지구공학 방법을 개발하는 데 많은 자원을 투자했어야 한다고 비판한다.[13]

지구공학적 조치들은 오늘날 기후변화와 관련해서도 논의되고 있다. 예를 들어, 파울 크뤼천은 지구 온도를 낮추기 위한 '플랜 B'로 황 성분 입자를 성층권에 주입하는 방법을 제안했다. 이러한 아이디어는 1991년 6월 필리핀 루손 섬에서 발생한, 20세기 들어 비교적 규모가 작았던 피나투보 화산의 6단계 분화에서 영감을 얻은 것이다. 1991년 화산 폭발은 성층권에서 이산화황 농도의 상당한 증가를 초래했다. 그 결과, 성층권에 에어로졸이 주입되었고, 이로 인해 1990년대 초 전 세계적으로 평균 기온이 섭씨 0.5도 정도 하강했다. 비슷한 효과는 황 입자를 인위적으로 주입함으로써 얻을 수도 있지만, 이러한 '치료법'이 불러올 수 있는 심각한 결과는 아직 충분히 밝혀지지 않았다. 이러한 이유로 크뤼천은 자신이 제안한 성층권 황 입자 주입 실험은 글로벌 사회가 진정으로 실패하고 온실가스 배출량의 급격한 감소가 이루어지지 않는 경우에만 시행되어야 한다고 강조했다.[14]

그러나 장기적으로 인류는 위험한 화산뿐 아니라 자연적으로 발생하는 여러 기후변화와 관련하여 지구공학을 불가피하게 활용해야 할 전망이다. 지구의 기온은 약 5,000년 전의 기후 최적기 이후로 1,000년마다 섭씨 0.12도 정도가 낮아졌지만, 20세기 이후로는 인위적인 온실효과로 인해 오히려 높아졌다. 현재 우리가 걱정해야 할 것은 기후의 온난화이지만, 그보다 더 근본적인 관계를 반드시 고려해야 한다. 우리가 실제로 지구 온실가스 배출량을 조절하는 데 성공한다 하더라도(우리는 대중이 알고 있는 것보다 훨씬 더 다양한 수단을 사용할 수 있다[15]), 인류는 새로운 빙하기를 막기 위해 언젠가는 다시 온실가스 배출량을 늘려야 할 수도 있다.

파울 크뤼천도 이를 잘 알고 있었다. "내 생각에 먼 미래에 인류세의 특징 중 하나로 분명한 것은 호모 사피엔스는 점점 더 많은 인공 가스를 대기로 배출하여 새로운 빙하기가 출현하는 것을 막기 위해 최선을 다해야 할 것이라는 점이다. 마찬가지로, 그들은 이산화탄소 농도가 너무 낮아져 광합성과 농업 생산에 영향을 미치는 것을 막기 위해 인위적으로 이산화탄소를 배출할 가능성이 높다."[16]

이 주장은 두 가지 이유로 흥미롭다. 첫째, 이는 '기후 중립성'이라는 논쟁적 개념이 지나치게 단순하다는 점을 명확히 한다. 자연적인 기후변화(화산 폭발, 이산화탄소 감소, 밀란코비치 주기)에 대해 단순히 중립적인 태도를 취하는 것은 기후 재앙을 초래할 수밖에 없기 때문이다. 따라서 우리는 '기후 중립성'보다는 오히려 '기후 효과성'에 대해 이야기할 필요가 있다. 중요한 것은 우리가 살기에는 쾌적할지 몰라도 지구 역사상 매우 드문 따뜻한 기후를 인간 활동뿐 아니라 자연적인 교란 요소들로부터 방어하는 것이 최종 목표여야 하기 때문이다. 둘째, 크뤼천의 과학적 근거를 바탕으로 한 주장은 오늘날 많은 생태학적 논의에서 나타나는 이상적인 자연에 대한 낭만적이고 오래된 종교적 신화에 기반한 이미지를 불식시키는 데 결정적인 역할을 했다. 인간을 토양을 오염시키고, 공기를 오염시키고, 바다를 남획하고, 숲을 개간하는 등 좋은 의도로 잘 만들어진 '창조물'의 반대편에 서 있는 '죄인'으로 분류하는 것은 이해할 만하다. 그럼에도 이 세계관은 본질을 놓치고 있다. 지구상 절대다수의 종은 인간이 생명의 무대에 등장하기 훨씬 전에 이미 멸종했기 때문이다.

오늘날 우리가 자연을 천국처럼 느끼는 이유는 지난 몇 천 년간 인간 문화 발전이 우연히도 직립 원숭이에게 유리한 조건이 지배했던 지질학적으로 드문 기회의 창을 통해 일어났기 때문이다. 그러나 자세히 살펴보면 '우연히'라는 표현은 적절하지 않다. 왜 그럴까? 대자연이 정기적으로 발생하는 전 지구적 재앙으로부터 1만 년 동안 휴식을 허락하지 않았다면 오늘날의 과학·철학·예술의 발전은 이루어지지 않았을 가능성이 매우 높기 때문이다.

지구 역사에서 반복적으로 발생한 전 지구적 재앙을 살펴보면, 자연은 '선'이 아니며 인간은 '악'의 존재가 아니라는 것을 잘 이해하게 될 것이다. 지구의 발전과 인간 문명의 발달을 헉슬리의 말대로 진화의 관점에서 바라본다면 그러한 도덕적 범주는 성립되지 않는다. 이는 오늘날 우리가 과거 세대에 대해 제기하는 도덕적 비난의 여지를 없애주기도 한다. 마르크스의 간결한 문장을 떠올려보자. "인간은 자신의 역사를 만들지만, 자유의지대로 역사를 만드는 것은 아니다." 당시의 사회경제적 조건을 고려한다면 과거의 인류는 화석 연료의 사용을 피할 선택권이 없었다. 또한 오늘날의 관점에서 볼 때 기후를 파괴하는 인간의 활동 덕분에 현대 과학이 사회의 분화 과정에서 발전할 수 있었고, 그 덕분에 오늘날 기후변화의 원인을 이해할 수 있게 되었다.

더 도발적으로 말하자면, 우리는 과거 세대들을 비난하기보다 적절한 조처를 할 가능성이 있는 이 시점에 기후변화에 대응할 수 있게 해준 것에 감사해야 한다. 인류에 닥칠 재앙뿐 아니라 인간과 무관한 재앙들(초화산 폭발, 혜성 충돌, 새로운 빙하기 등)을 예방할 수 있는 기회를 제공한 것이기도 하니까 말이다. 한 가지 사실은 분명하다. 진화의 관점에서 본다면, 현재로서는 인간만이 이 지구 위에 더 높은 수준의 (의식적이고 감각적인) 존재들이 영구히 존재할 가능성을 어느 정도 현실적으로 제시할 수 있다. 언젠가는 소행성이나 혜성 충돌이 일어날 것이며, 그 영향은 6,600만 년 전 공룡의 멸종을 초래했던 충격보다 훨씬 더 파괴적일 수 있다.

이런 맥락에서, 1970년대에 화학자이자 생물 물리학자인 제임스 러브록 James Lovelock과 미생물학자 린 마굴리스(칼 세이건의 첫 번째 부인)가 개발한 이른바 '가이아 가설'과 인류세 개념을 연결 짓는 것은 흥미롭다.[17] 가이아 가설은 그리스 신화에서 '위대한 어머니'를 의미하는 '가이아 Gaia'라는 이름에서 따 왔으며, 지구와 그 생물권을 복잡한 생명체의 생명과 진화 조건을 창조하고 유지하는 역동적인 시스템으로 설명한다. 이 이론의 배경은, 우리가 10장의 '확장된 종합'의 개념에서 보았듯이, 지구상의 생명체들이 문제 해결자로서 자신의 환경을 형성하는 데 능동적으로 참여하며, 그로 인해 기후 조건의 안정화와 대기의 산소 농도 유지에 기여한다는 것이다.

가이아 가설은 1980년대 '지구 시스템 과학(지구의 구성 물질과 분포 상태, 지구의 구조, 지각에 작용하는 여러 가지 힘의 메커니즘과 이들에 의해 일어나는 다양한 변화들을 연구하는 학문이다-옮긴이)'의 출현과 2000년대 인류세 개념의 발전에 중요한 동력을 제공했다. 파울 크뤼천은 가이아 가설의 핵심 내용을 깊이 연구했으며, 특히 가이아 가설의 주요 지지자인 제임스 러브록과 린 마굴리스를 높이 평가했다. 그 이유 중 하나는 러브록이 '전자 캡처 탐지기'를 발명하였고 염화플루오린화탄소의 확산이 오존층 구멍 발견에 중요한 기여를 했다는 사실을 증명하는 데 성공했기 때문이었다. 크뤼천은 이 과정에서 지구상의 생명체가 지구 시스템 전체에 큰 영향을 미친다는 러브록과 마굴리스의 주장에 동의했다. 하지만 그는 생태적 균형을 안정시키는 데 초점을 맞춘 '치유하는 가이아'라는 개념에 대해서는 비판했다. 크뤼천은 특히 생물권이 지구의 기후에 미치는 영향과 관련하여 이 개념의 한계를 증명했다. 과도한 이산화탄소가 증가된 광합성을 통해 흡수됨으로써 더 이상 대기 중으로 방출되지 않아 기후 온난화를 막을 수 있다는 점은 사실이다. 하지만 반대로 식물 성장의 증가(특히 이전에 얼음으로 덮여 있던 지역에서 대규모 숲이 형성되는 경우)는 지구에서 우주로 반사되는 햇빛의 양을 줄이게 되어, 전 지구적 온도 상승으로 연결되는 측면도 있다.[18]

흥미롭게도 크뤼천은 치유하는 가이아 개념에 대한 비판적인 분석을 마치면서, 지구 자원의 지속적인 약탈과 과도한 폐기물 배출뿐 아니라 더 나은 기술·관리와 자연환경의 보다 신중한 사용을 위해 노력하는 인류세에 대한 희망적인 전망을 제시했다. 이 낙관적인 글에서 그는 인간이 영구적으로 뛰어난 지질학적 세력으로 남아, 미래의 '새로운 빙하기'를 예방할 뿐 아니라 운석과 소행성이 지구에 충돌하기 전에 피할 방법을 개발할 수 있을 것이라고 예언했다.[19]

어떤 면에서, 이 '이상적인 인류세'는 '치유하는 가이아'의 특별한 사례로 볼 수도 있다(위 내용 참조). 결국 인간은 지구 생물권의 일부이기 때문이다. 러브록과 마굴리스의 이론을 관대하게 해석해보면, 지구(가이아)는 생물권만 만들어낸 것이 아니라 '정신권(인간 이성의 수준, 정신권은 지질권, 생물권 다음으로 출현했으며 인간의 정신이 지구 규모로 상호작용하는 새로운 현상과 연관된다-옮긴이)'도 만들어냈으며, 과학적 연구 덕분에 지난 수십억 년 동안 생물권이 투쟁해온 생태적 균형을 실현할 수 있는 생명체(인간)도 만들어냈다고 말할 수 있다. 따라서 자연의 교란 요인들(판구조론, 화산 폭발, 우주 충돌 등)에 대해서만 맹목적으로 반응하는 것만으로는 충분하지 않으며 적절한 대응 조치를 찾으려면 정신권을 포함한 지구상의 기본적인 상호 관계를 이해해야만 할 것이다.

이처럼 더 넓은 관점에서, 인류세 개념을 가이아 가설과 연결 짓는다면 인류는 우주로부터의 치명적인 위협에 대해 지구가 스스로를 보호하기 위해 발전시킨 일종의 '면역 방어' 수단이라 볼 수도 있을 것이다. 물론 이는 의식적이고 목표 지향적인 과정이 아니었다. 포유류 면역 시스템은 자연이 특정한 목적을 추구해서 발생한 것이 아니라, 미래를 예측할 수 없는 선택 메커니즘의 결과로 나타난 것이다. 즉 질병으로부터 스스로를 보호할 수 있었던 동물들은 살아남고, 그렇지 못한 동물들은 멸종한 것이다. 우주적 규모에서도 비슷한 선택 과정이 일어날 수 있다. 파괴적인 운석 충돌을 비롯한 여러 자연 재해를 견딜 수 있는 능력을 지닌 종을 생산하는 행성만이 장기적으로 고등 생명체를 유지할 수 있는 것이다.[20] 이에 비해 그렇지 않은 다른 행성에서는 진화 과정이 반복적으로 다시 시작될 것이다. 이런 의미에서 미래의 '동물 왕국' 형제자매들은 지구에 오래 지속되는 생태계를 유지할 수 있는 잠재력을 지닌 호모 사피엔스라는 종이 등장한 덕분에 운이 좋은 것일지도 모른다.

그러나 현재로서는 이러한 상황을 보여주는 징후가 거의 보이지 않는다. 오히려 인간은 기존 생태계를 불안정하게 만드는 주된 세력이다. 이러한 맥락에서 자연 서식지의 파괴 외에도 기후 위기가 자주 거론된다. 이 문제에 대해서는 이미 많은 글이 쓰였기 때문에(이 책에서도 다뤘듯) 여기서 다시 언급할 필요는 없을 것이다. 반면, 다른 심각한 위협들은 거의 사람들의 눈에 띄지 않는다. 예를 들어 파울 크뤼천은 인류가 겪고 있는 위기 중 기후위기만큼이나 심각한 것이 '인산 위기'라는 점을 지적했다. 그게 도대체 무엇일까? 인산은 모든 육상 생명체의 기본적인 구성 요소이다. 이 화학 원소가 있어야 식물이 자랄 수 있고, 인간은 이를 통해 근육에 에너지를 공급한다. 인산 비료가 없다면 전 세계 인구를 먹여 살릴 수 없지만, 자연적인 인산 자원은 앞으로 100~300년 내에 고갈될 것이다.

    다가오는 재앙을 피할 수 있는 유일한 방법은 순환 과정을 적절한 시기에 완성하는 것이다. 오늘날 한 사람이 하루에 배출하는 약 1.8그램의 인산이 하수 시스템으로 흘러가며, 이로 인해 이 중요한 자원이 전 세계적으로 엄청나게 낭비되고 있다. 우리는 카를 마르크스의 예언적인 발언(8장)을 통해 이 주제를 접했다. 그는 인간의 배설물이 농업에 매우 중요한 자원인데도 생산적으로 사용되지 못하고 템스강을 오염시키는 데 쓰인다고 지적했다. 이 같은 맥락에서 앞서 마이클 브라운가르트와 윌리엄 맥도너가 개발한 '요람에서 요람까지 c2c' 접근 방식을 언급했는데, 이는 인간이 지금까지 제시한 순환 경제 모델 중에서 가장 포괄적이라고 할 수 있다.

요람에서 요람까지의 기본 개념은 생물권과 기술권에서의 순환을 일관되게 분리하는 데 기반을 둔다. 이는 생물학적 순환에서 소비되는 모든 것은 생분해가 가능해야 하며, 생태계에 부정적인 영향을 주지 않고 자연 순환에 영양분으로 재활용될 수 있어야 한다는 의미이다(예: 인). 희토류와 같이 기술적 순환에서 사용되는 모든 물질은 일관되게 높은 품질을 유지해야 하며 생물권으로 유입되지 않아야 한다. 이를 위해서는 기존 생산 방식의 근본적인 재편성이 필요하다. C2C는 제품의 개발 단계에서부터 그 제품의 사용 종료 시 구성 요소를 재활용하는 방안을 고려해야 한다고 요구하기 때문이다.

C2C의 장점은 인간의 생산과 소비가 환경에 덜 해로울 뿐 아니라 유익한 방향으로 이루어지도록 하는 것을 목표로 한다는 점이다. 브라운가르트와 맥도너는 국제적인 파트너들과 협력하여 이것이 가능하다는 것을 여러 차례 입증했다. 물이 유입될 때보다 배출될 때 더 깨끗한 공장을 만들었고, 소비하는 에너지보다 더 많은 에너지를 생산하는 집을 지었으며, 흔히 피부에 바르는 '위험한 폐기물'이 아닌 언제든지 발라도 해롭지 않고 이후에는 정원에서 비료로 사용할 수도 있는 제품을 만들어 소비자가 멋진 카탈로그에서 고를 수 있게 했다.[21]

C2C와 전통적인 생태학적 접근법의 다른 부분은 인류세에 대한 서로 다른 관점에 반영되어 있다. 앞서 살펴본 것처럼 파울 크뤼천은 인류세를 긍정적인 측면에서 보았지만, 그가 만든 용어는 현

재 임박한 지구 종말의 전조로 대부분 부정적으로 해석된다. 전통적인 생태학적 측면에서는 인간을 주로 '환경 해충'으로 보고, 그들의 부정적인 발자국을 없애야 한다고 주장한다. 인류의 목표는 가능한 한 빨리 인류세를 극복하는 것이며, 따라서 인류는 지구 시스템에 대해 중립적으로 행동해야 한다는 것이다. 반면, 크뤼천과 브라운가르트, 맥도너의 견해에 따르면 인간은 긍정적인 영향력을 늘려야 하는 '잠재적 환경 후원자'에 가깝다. 따라서 좋은 인류세는 영구적으로 보존되어야 하며 인류는 지구 시스템에 효과적으로 개입해야 할 의무가 있다.

이 대안적 개념은 우리가 '치유하는 가이아의 대리인'이 되어 자연적 상호 관계에 대한 지식을 사용해 이전 지질 시대에 (비합리적인) 생물권이 확립하지 못했던 생태적 균형에 기여하기를 제안한다. 하지만 이는 인류가 지구에 대한 책임을 기꺼이 받아들일 때만 가능하다. 이것은 현실적으로 가능할까? 지난 수천 년 동안 인류가 누려온 행운이 영원히 지속되지 않을 것이 분명한데도 인류는 계속해서 인지적 실명 상태에 놓인 채 역사를 뒤죽박죽으로 만들 가능성이 훨씬 더 높지 않을까?

새로운 축의 시대

독일의 철학자 칼 야스퍼스 Karl Jaspers는 '축의 시대'라는 용어를 사용하여 역사적으로 주요한 문화 간 변화가 일어나 인류 역사에 중대한 영향을 미친 시기를 설명했다.[22] 야스퍼스의 개념은 역사학자들에 의해 비판을 받기도 했지만 현재 우리가 인류 역사의 향후 진로를 결정할 뿐 아니라 인류 역사가 존재할지 여부까지 결정할 축의 시대의 한가운데에 있는 것은 분명해 보인다.

사고의 진화와 그에 따른 생산 조건은 인류를 새로운 진화적 상황에 놓이게 했으며, 여기서 '드레이크 방정식'의 마지막 한계 요소가 점점 더 중요한 역할을 하고 있다. 잠시 되짚어보자. 드레이크 방정식은 서로 다른 행성 문명 간의 접촉 가능성을 결정하기 위해 개발된 것으로, 기술 문명의 제한된 수명으로 인해 그러한 접촉 가능성이 크게 감소했다. 이는 인류 문명이 외부의 힘(자연 재해)뿐 아니라 내부 요인(기술적 사고, 전쟁, 테러 등)에도 위협받기 때문이다. 일반적으로 말하자면, 문명의 기술 수준이 높을수록 자멸 가능성도 커진다고 할 수 있다.

드레이크 방정식의 관점에서, 인류가 태양계 밖에서 인식할 수 있는 고도로 발달된 기술을 갖게 된 지는 100년도 되지 않았다. 그 이후로 우리에게는 몇 차례 집단적인 자멸 위기가 있었지만, 믿을 수 없는 행운 덕분에 아직까지 그런 일이 일어나지는 않았다. 예를 들어, 1983년 9월 26일, 질병으로 인해 내정되었던 강경한 공산주의자 대신에 온건한 기술자였던 스탠리슬라프 페트로프 Stanislav Petrov가 소련 위성 감시 본부의 책임자 자리에 오르지 않았더라면 40년 전에 전 세계적 핵전쟁이 일어났을 수도 있다. 페트로프는 자신이 개발에 참여했던 컴퓨터 시스템에서 보고된 미국의 핵 공격이 소프트웨어 오류라는 것을 정확히 직감했고, 그 덕분에 자의적으로 그 메시지를 크렘린에 전달하지 않기로 결정했다. 나중에 소련의 조기 경보 시스템이 구름 반사가 있는 일출을 미국의 미사일 발사로 잘못 해석한 것으로 밝혀졌다. 기만적인 현상으로 인해 우리 인류가 자멸할 뻔했던 것이다.[23]

앞서 살펴본 것처럼 퀴리 부부는 노벨상 수상 연설(1905)에서 방사능이 '범죄자들의 손에 들어가면 매우 위험할 수 있다'고 경고했다. 그 후 아인슈타인과 세이건은 인류의 자멸 위협에 대응하기 위해 핵 무장을 강력히 주장했다. 하지만 우리는 핵 위협이라는 다모클레스Damocles의 칼날 아래서만 살고 있지 않다. 우리는 이미 자멸할 수 있는 새로운 기술을 충분히 개발했다. 예를 들어 유전자 공학을 이용해 전 세계적인 파괴를 일으킬 수 있는 생물학적 무기를 만들 수 있고, 나노 로봇(나노봇)을 대규모로 풀어 생물권을 파괴할 수 있으며, 인간의 개입 없이 자율적으로 생사를 결정하는 AI(인공지능) 제어 무기를 배치할 수도 있다. 다만 시스템이 과도하게 자신의 임무를 해석할 경우, 그것이 초래할 수 있는 결과는 매우 심각할 수 있다.

문제는 우리가 유전자 공학, 나노기술 또는 AI 시스템 없이는 살아갈 수 없다는 점이다. 변화하는 환경 조건에 식물을 적응시키고 인산염 과잉으로 인한 위기 없이 전 세계 인구를 먹여 살리기 위해서는 유전공학이 필요하다(앞서 언급한 '인산 위기' 참고). 또한 심각한 질병을 치료할 뿐 아니라 귀중한 에너지를 낭비하지 않고 자연과의 신진대사를 더욱 효과적으로 할 수 있는 다양한 제품을 생산하기 위해서도 나노기술이 필요하다. 마지막으로, 우리는 자연의 복잡한 상호 관계를 이해하고 생물학적으로 진화한 두뇌만으로는 생각해 낼 수 없는 인류세의 과제에 대한 더 나은 해결책을 찾기 위해 AI에 의존하고 있다.

— 덧붙이자면 우리는 AI에 대해 너무 걱정하기보다는 '인공 어리석음'AS에 대해 더 걱정해야 할 것이다. 똑똑한(생명을 보호하는) 목표를 달성하는 데 사용되는 '어리석은(오류가 있는)' 알고리즘 또는 '어리석은(생명을 적대시하는)' 목표를 실현하는 데 사용되는 '똑똑한(오류가 없는)' 알고리즘을 경계해야 하는 것이다.[24] 지금까지 우리가 쌓아온 생명과 의식의 진화 논리에 따르면, 자신의 목적을 위해 인류를 정복하거나 심지어 파괴하려는 '강력한 AI'의 출현은 공상과학 소설의 영역에 속한다. 하지만 독재적인 AI 시스템의 위험은 훨씬 더 현실적이다. 자의식 없이도 똑같은 목표를 달성할 수 있기 때문이다.

분명한 것은 '자연으로 돌아가자'와 같은 기술에 대한 낭만적 적대감으로는 지금 그리고 앞으로 인류가 직면한 어려움을 극복할 수 없다는 것이다. 그러나 '기술의 축복(기술지상주의)'에 대한 순진한 믿음도 해롭기는 마찬가지다. 일부 트랜스 휴머니스트가 유전자 조작이나 신경 강화제를 통해 인위적으로 IQ를 향상시키면 엄청난 진전을 이룰 것이라고 기대하는 허황된 꿈의 원천이 바로 그 것이다. 그렇다고 오해는 말자. 평균 IQ가 더 높아진다고 해서 인류에 해가 될 리는 없으니까! 다만 인류세의 도전에 대응하기 위해서는 사소하지 않은 문제를 해결할 수 있는 능력, 즉 지능이 절실히 필요하다. 그러나 지능은 존재의 문제에 대처하는 하나의 수단일 뿐이며, 중요한 것은 우리가 이 수단을 사용하는 목적이다.

다행히도 이 책에 등장하는 인물들은 평균 이상의 지능을 지식과 진리, 인간성을 향한 인간의 탐구를 발전시키는 데 사용했다. 하지만 그것이 필연적인 것은 아니다. 높은 지능은 비인간적이고 망상적인 시스템에서 주도적인 위치를 차지하는 데에도 사용될 수 있다. 뉘른베르크 재판을 받은 주요 전범 대부분은 지능이 비상하게 높았다. 1945년 체포된 나치 지도부(히틀러와 괴벨스 제외)의 평균 IQ는 128로, 고지능 협회인 '멘사'의 가입 요건인 130보다 살짝 낮은 정도였다. 21명의 피고인 중 9명은 멘사 회원 자격을 신청할 수 있었다. 심지어 샤흐트 Hjalmar Schacht(히틀러 정부에서 중앙은행 총재로 재직했다-옮긴이)와 자이스-잉크바르트 Seyss-Inquart(나치하의 독일-오스트리아 합병 국가에서 오스트리아 총리를 맡았다-옮긴이)는 IQ 테스트에서 140 이상을 받았고, 괴링 Hermann Göring(히틀러가 직접 임명하고, 법령으로 선포한 나치 독일의 공식적인 2인자이다-옮긴이)과 되니츠 Karl Dönitz(나치 독일의 마지막 국가원수이다-옮긴이)는 각각 138로 그 뒤를 이었다.[25]

자신의 지능과 과학적 발견을 다루는 방식은 우리가 어떤 세계관을 지녔는지, 어떤 사회화 과정을 거쳤는지에 따라 달라진다.

이러한 세계관은 생물학적으로 결정된 것도 아니고(1960년대의 비트와 히피 운동이 나치 세대의 유전자 풀에서 나왔다는 사실에서 알 수 있듯이), 카를 마르크스가 한때 짐작했던 것처럼 명확하고 선형적인 사회적 추세를 따르지도 않는다. 마르크스가 예측한 시장의 세계화는 현실이 되었고, 문화 상품과 라이프스타일의 전 세계적 동화 현상이 일어났다. 그러나 이와 함께 새로운 형태의 민족주의와 민족 중심주의가 등장하여 '지구촌' 내의 개별 집단이 서로를 더욱 명확하게 구별하는 현상도 볼 수 있다. 마르크스가 예측한 의식의 세속화도 이루어졌다. 즉 종교적 의미 해석의 중요성이 광범위하게 감소했다. 그러나 이에 대한 반작용으로 신앙의 기초가 무너지는 것을 막으려 안간힘 쓰는 새로운 종교적 근본주의가 새롭게 꽃을 피우게 되었다.[26]

최근 몇 년 동안 이 두 가지 역행의 흐름이 결합되었다. 이를 바탕으로 모스크바에서 뉴델리, 리야드, 테헤란을 거쳐 워싱턴에 이르는 국제적 민족주의자가 등장했다. 국제적 민족주의의 통합적 요소는 매우 위험한데, 궁극적으로 전쟁을 부추기는 국가적 우월주의와 반동적인 종교적 가치가 결합된 것이다. 따라서 현대 대부분의 정체성 정치가 특정 종교에 초점을 맞추고 있는 것은 놀라운 일이 아니다. 폴란드·헝가리·프랑스의 가톨릭, 미국과 영국의 개신교, 러시아·그리스·세르비아의 기독교 정교회, 이스라엘의 유대교 정교회, 터키·이집트·사우디아라비아의 수니파, 이란·이라크·시리아의 시아파, 인도의 힌두교, 미얀마의 불교 등이 그 예이다.

이들 간의 차이점에도 이들이 내세우는 이데올로기나 정치적 지향성은 의심스러울 정도로 유사한 점이 있다. 모두 현대성의 문화적 부산물인 자유화와 다원화, 개인화, 세속화, 여성·동성애자·트랜스젠더의 권리, 이념적으로 중립적인 국가에 비판적인데, 다시 말해 개방 사회의 원칙에 반대하는 입장을 취하고 있다. 한마디로 세계화된 세상에서 가속화되는 변화의 주기에 보조를 맞추지 못하고 소위 적대적인 외국인으로부터 조상의 문화적 게토를 지키기 위해 최선을 다하는 사람들이 구성한 정치적 잡동사니라고 할 수 있다(따라서 현재의 상황은 80년 전 에리히 프롬과 칼 포퍼가 주장한 '자유에 대한 두려움'의 증세를 확인시켜준다). 그러나 프롬과 포퍼조차도 소위 좌파가 우익 부족주의를 모방하고 심지어 이 터무니없는 전략을 해방적이라고 여기게 될 것이라고는 상상하지 못했을 것이다.[27]

예상했던 대로 이러한 정체성 정치적 모델의 매력에는 경제적 요인이 부분적으로 작용한다. 많은 국가에서 엘리트는 자신의 지위를 유지하기 위해 거의 아무것도 할 필요가 없고, 사회적 약자층도 자신의 지위를 향상시키기 위해 할 수 있는 일이 거의 없는 신봉건적 구조가 등장했다.[28] 이런 상황에서는 사회에서 개별적인 존재로 인정받지 못하게 되면, 자신을 집단의 일원으로 정의하려는 경향이 나타난다. 영광스러운 국가와 유일무이한 종교를 결합하는 것은 병든 자아를 가다듬는 매우 효과적인 방법이 되는 것이다.

이런 사고방식은 지속 가능하지 않다. 우리가 인류세의 도전들로 인해 실패한다면, 그것은 인류가 효과적이고 협력적인 단위로 행동하지 않고, 서로 적대적인 개별 이익 집단으로 분열되어 각자 국가적·문화적·종교적으로 좁은 시각을 끝까지 고수하기 때문일 것이다. 이를 바로잡기 위해, 우리에게는 '민족', '국가' 또는 '종교'라는 한정된 범주를 넘어서는 새로운 세계시민의 진화적 인본주의가 절실하다. 이 인본주의는 지구의 다양하지만 위협받고 있는 생물권을 지성으로 극복할 수 있는 존재는 인간뿐이라는 것을 분명히 밝혀줄 것이다.

현재로서는 새로운 인본주의가 겉보기에 강력해 보이는 반대 세력에 맞서 승리할 수 있을지 오리무중이다. 그러나 많은 국가에서 더 이상 조상들의 낡은 이야기에 속아 넘어가지 않겠다는 젊은 세대들이 나타나는 징후가 보이는 것은 분명하다(이란 청년들과 술탄 정권 간의 날 선 갈등을 생각해보라). 따라서 현재 상황을 유지하려는 사람들은 다윈의 진화론과 같은 위험한 사상이 그들의 이데올로기의 영역에 침투하는 것을 막기 위해 문화적 장벽을 유지하려고 최선을 다하고 있다. 하지만 상호 연결된 세계에서 이는 점점 더 어려워지고 있다.

— 질서의 수호자들이 진화론에 대해 의심을 품는 현상은 대부분의 종교적 민족주의 집단에서 찾아볼 수 있으며, 이는 전체주의 이데올로기의 이전 추종자들과의 대화에서 볼 수 있는 것처럼 나름대로 이유가 있다. 왜 그럴까? 한 번이라도 진화의 대서사를 온전히 이해하게 되면, 종교적 근본주의자들이나 정치적 민족주의자들의 지적 한계에 갇힌 편협한 이야기는 더 이상 믿을

수 없기 때문이다. 현재 논쟁적인 불교 종단이 아니라고는 말하기 어려운 티벳 불교의 지도자 달라이 라마(텐진 갸초 Tenzin Gyatso)가 전통적인 믿음과 과학적 지식이 충돌할 경우에 대한 질문을 받았을 때, 그조차도 '과학이 이긴다'라고 인정했다.[29]

이것은 현재의 핵심 문제로 이어진다. 우리는 분명 상충하는 것들의 동시성을 특징으로 하는 반쪽짜리 계몽 시대에 살고 있다. 오늘날 많은 사람이 기술적으로는 21세기에 살고 있지만, 이들의 세계관은 여전히 비판적 논리를 견디지 못하는 수천 년 된 신화들에 의해 지배되고 있다. 그들이 스마트폰이라는 새로운 시스템을 선택할 때와 같은 합리적 원칙을 자신의 세계관에 적용한다면, 세상은 매우 다르게 보일 것이다. 그러나 이러한 세계관에 대한 통찰은 체계적으로 막혀 있다. 어릴 때부터 많은 사람이 종교적·정치적 이데올로기에 사회화되며, 이는 현대 기술 없이는 존재할 수 없는 비판적이고 합리적인 사고 원칙과는 격리된 환경을 제공함으로써 유지되었다. 문제는 손에 스마트폰을 쥐고 중세의 사고방식을 머릿속에 담고 있으면 21세기의 도전을 극복할 길이 없다는 것이다. 장기적으로 볼 때 최고 수준의 기술적 전문성과 가장 순진한 유아적 믿음이 함께하는 이 상황은 치명적인 결과를 초래할 것이다. 많은 이가 제트기에 대한 책임을 맡은 다섯 살 어린이'처럼 행동하고 있기 때문이다.[30]

세계관의 측면에서 볼 때 현대를 살아가는 대부분의 지성은 불행히도 2,300년 전 에피쿠로스의 수준에도 도달하지 못했다. 지난 150년 동안 다윈과 아인슈타인, 퀴리, 베게너, 세이건, 니체, 마르크스, 포퍼, 헉슬리 등이 발전시킨 획기적인 통찰력의 수준은 말할 것도 없다. 이것은 우리 시대의 큰 역설이다. 사람들은 물질과 생명, 의식의 진화에 대해 그 어느 때보다 많은 것을 알고 있지만, 동시에 우리가 이미 알고 있는 것에 대한 기본적인 지식조차 갖추지 못한 사람이 그 어느 때보다 많다.

2022년, 국제 협력 덕분에 제임스 웹 우주망원경이 지구에서 150만 킬로미터 떨어진 곳에 배치되었다. 이를 통해 우리는 수십억 광년 떨어진 은하와 블랙홀을 탐사할 수 있게 되었다. 하지만 지금도 수백만 명의 사람들은 여전히 자신의 종교, 자신의 민족 또는 자신의 국가가 더할 나위 없이 커 보일 정도로 지적 지평이 축소된 이데올로기의 우물에 갇혀 있다. 늘 그런 것은 아니지만(사우디아라비아나 미국 복음주의 티파티 운동을 주도하는 부유층을 생각해보라), 대체로 빈곤 문제, 즉 사회경제적 불의와 맞물려 있는 이 교육 문제를 해결하지 않는 한, 우리는 좋은 인류세 프로젝트의 진전을 이루기 어려울 것이다.[31]

그렇다고 이들 모두가 다윈이나 아인슈타인, 퀴리 등에게 빚지고 있는 통찰의 본질적 가치를 부정하지는 못한다. 이들이 발전시킨 사고의 진화는 우리의 시야를 확장시켰다. 한편으로 우리는 인간 세계가 우주적 차원에서 얼마나 작고, 연약하며, 사소한지 깨닫게 되었다. 다른 한편으로, 우주적 연결성에 관한 이러한 통찰은 인간의 지식 탐구에 새로운 품격을 부여했다. 다윈의 지적 모험에 참여할 수 있는 특권을 지닌 사람들은 지구상에서 처음으로, 어쩌면 은하계 전체에서 처음으로 인간이 수십억 년에 걸친 우주의 진화를 밝혀낸 존재일 수도 있다는 것에 놀라움을 금치 못하고 있다. 그렇다고 이러한 우리를 '지구의 지배자'로 만들자는 것은 아니다. 그 자리는 아마도 우리보다 훨씬 더 오래 전에 존재했으며 우리가 사라진 후에도 존재할 미생물에게 더 어울릴 것이다. 하지만 진화적 변화에 대한 깨달음은 우리의 이익뿐 아니라 우주의 먼지 한 점 위에 존재하는 다른 모든 생물의 이익을 위해서도, 좋은 인류세라는 의미에서 지구의 생태적 균형을 오랫동안 유지하는 데 많은 도움이 될 것이다.

진화 과정을 이해할 수 있는 존재가 탄생하기까지 수십억 년이 걸렸다. 그 이유만으로도 우리가 생명의 무대에서 너무 일찍 퇴장하는 것은 안타까운 일이 아닐 수 없다.[32] 이를 막기 위해 우리는 플라스틱 쓰레기나 환경 독소, 적대적인 이데올로기가 아니라 과학과 철학, 예술의 위대한 업적 등 인류가 만들어낸 최고의 것으로 인류세를 풍요롭게 채워야 할 것이다. 그래야만 우리는 반세기 전에 줄리언 헉슬리가 말한 것처럼 치유하는 가이아의 일원이 될 수 있으며, 우리 자신과 행성의 진화적 미래의 수탁자로서 행동할 수 있다.

인류세의 이러한 개혁은 아직 늦지 않았다. 우주는 여전히 우리에게 필연적으로 닥칠 폭풍으로부터 잠시 숨 돌릴 시간을 주고 있다. 우리는 아직 간빙기의 기후적 틈새를 완전히 파괴하지 않았다. 이제는 인류가 어린아이 같은 반항의 단계를 넘어서야 할 때이다. 좀 더 성숙해져야 할 때이며, 우주적 현실을 인식하고 지구 행성에 대한 책임으로 난관에 맞서야 할 때이다. 물론 인류세의 도전은 엄청나고, 지금까지 인류는 위대한 통찰을 보여주지 못했다. 하지만 이대로 머무를 수는 없다. 가장 마지막에 죽는 것이 희망 아니겠는가.

미주

머리말 머리는 혼자 생각하지 않는다

1   팀스는 나중에(2020) 웹사이트 hmolpedia.com에 〈최고의 천재 및 지성 2,000인〉이라는 훨씬 광범위한 '천재' 목록을 제공했는데, 여기에는 이 책에 소개된 거의 모든 인물이 나열되어 있다. 다양한(사변적인) 연구를 바탕으로 평가했지만, 그가 추정된 IQ를 기준으로 천재의 순위를 매기는 방식은 의문을 품게 한다. 예를 들어, 팀의 목록에서 1위를 차지한 요한 볼프강 폰 괴테가 실제로 IQ 210일 가능성은 거의 없다. 반면 인류 문화사에서 최고의 업적을 정량적으로 결정하려는 보다 과학적인 시도도 있었다. 특히 찰스 머레이를 참고할 만하다(Charles Murray, *Human Accomplishment. The Pursuit of Excellence in the Arts and Sciences, 800 BC. to 1950*, New York 2003). 그러나 머레이가 제시한 분석이 이 책에서 전개한 주장을 무효화한다고는 볼 수 없다.

2   다음을 참고하라. Leslie Mitchel, "The Vexing Legacy of Lewis Terman" in: *Stanford Magazine*, Juli/August 2000, Gregory Park, Dawid Lubinski, Camilla Benbow, "Recognizing Spatial Intelligence", in: *Scientific American*, 2. November 2010.

3   루이스와 월터 알바레즈는 대멸종이 거대한 소행성 충돌, 이른바 KT 충돌에 의해 발생했다고 주장했다. 이 이론은 1970년대에 과학계에 큰 충격을 주었지만, 이후 대중적으로 널리 알려져 오늘날에는 이 충돌 가설이 얼마나 혁명적이었는지 쉽게 잊히게 되었다. 월터 알바레즈는 자신의 책 《T. Rex and the Crater of Doom》(Princeton, 1998)에서 KT 충돌 가설의 발전과 지구 조건의 점진적인 변화를 주장하면서 '재앙주의'를 거부한 '점진주의자들'의 저항을 생동감 있게 묘사하고 있다.

4   현대 지식 사회에서 IQ가 사람들의 평균 성공 확률을 예측하는 데 의미 있는 변수라고 해도, 지능과 천재성 사이의 비례 관계('IQ가 높을수록 천재성이 크다')라는 가정은 문제가 있다. 왜 그럴까? IQ는 사람이 뛰어난 성과를 거둘 수 있는 잠재력을 지녔는지 여부만 알려줄 뿐, 실제로 삶에서 그러한 성과를 거둘 수 있는지를 알려주지는 않기 때문이다.

5   Wilhelm Lange-Eichbaum, *Genie–Irrsinn und Ruhm*. Band 1: Die Lehre vom Genie, München 1928, p. 81.

6   Lange-Eichbaum, *Genie–Irrsinn und Ruhm*, p. 212.

7   Arthur Schopenhauer, *Parerga and Paralipomena II*, Chapter 20, § 242, in: Arthur Schopenhauer, *Werke in zehn Bänden*(Züricher Ausgabe), Zurich 1977, Band 10, p. 521.

8   연구에 따르면 아시아인이 유럽인보다 평균적으로 더 지적 능력이 높으며, IQ 테스트에서 평균적으로 더 높은 점수를 받는다는 사실도 밝혀졌다. 평균적으로 여성과 남성의 지적능력은 같지만, 다른 여러 특성과 마찬가지로 남성이 더 넓은 편차를 보인다(XY 보인자 중 영재성이 높은 사람보다 영재성이 낮은 사람의 비율이 더 높음), 다음을 참고하라. Axel Meyer, *Adams Apfel und Evas Erbe: Wie die Gene unser Leben bestimmen und warum Frauen anders sind als Männer*, München 2015. 그러나 이 맥락에서 볼 때 집단 내 차이(예: 아시아인, 유럽인, 남성 또는 여성)가 집단 간 차이(예: 아시아인과 유럽인 또는 남성과 여성)보다 훨씬 크기 때문에 단순한 집단 간의 비교를 통해 개인의 특성을 도출하려는 방식은 용인되기 어렵다. [10장의 인종주의에 대한 줄리안 헉슬리의 주장도 참고하라.]

9   하나의 인류라는 개념과 최초의 보편적 반전 사상을 담은 글은 2,500년 전 중국 철학자 모자가 썼으며, 1,000년 전에는 소위 현재의 '서구적 가치'는 '동양적 가치'였을 가능성이 더 크다. Michael Schmidt-Salomon, *Hoffnung Mensch. A Better World is Possible*(*Hoffnung Mensch. Eine bessere Welt ist möglich*), München2014, pp. 238 ff., p. 300 ff.

10 문화사 속 주요 과학적 사건에 대한 설명은 다음을 참조하라. Murray, *Hu-*

	man Accomplishment, p. 157 ff.
11	이에 대해서는 다음을 참조하라. Rolf Bergmeier, *Christlichabendländische Kultur. Eine Legende*, Aschaffenburg 2014, S. 49 ff, sowie Hamed AbdelSamad, *Islam. Eine kritische Geschichte*, München 2022, S. 147 ff.
12	Vgl. Uwe Flick(Hg.), *Psychologie des Sozialen. Repräsentationen in Wissen und Sprache*, Reinbek 1995, p. 72 ff.
13	Karlheinz Deschner, *Auf hohlen Köpfen ist gut trommeln*. Aphorismen, Basel 2017, p. 9.
14	아이작 뉴턴이 1676년 동료이자 과학적 경쟁자인 로버트 훅에게 보낸 편지에서 말한 내용이다. 미국의 사회학자 로버트 머튼은 이 유명한 주장에 대해 매우 이해하기 쉬운 책을 썼다. Robert Merton, *Auf den Schultern von Riesen. Ein Leitfaden durch das Labyrinth der Gelehrsamkeit*, Frankfurt/M. 1989.
15	Michael Schmidt-Salomon, *Entspannt euch! Eine Philosophie der Gelassenheit*, München 2019, p. 20.
16	'합리성의 10계명', in: Michael Schmidt-Salomo, *Die Grenzen der Toleranz. Warum wir die offene Gesellschaft verteidigen müssen*, München 2016, p. 105 ff.
17	Hoffnung Mensch(2014), "저는 과학, 기술, 의학, 예술, 윤리, 정치 등 모든 측면에서 인류의 발전을 추적하려고 노력했습니다."
18	많은 사례 중 한 가지만 언급하자면 전체주의의 문제는 아이히만 재판의 참관인으로서 '악의 평범성'이라는 유명한 문구를 만든 철학자 한나 아렌트의 삶을 이야기할 수 있다. 또한 아우슈비츠 재판을 시작하고 아이히만의 체포를 가능하게 한 헤센주 법무장관 프리츠 바우어나 제2차 세계대전 당시 권위주의적 성격에 대한 계몽적인 분석을 제시한 사회 심리학자이자 철학자 에리히 프롬, 프롬과 거의 동시에 '열린사회' 개념을 발전시킨 철학자 칼 포퍼의 삶도 자세히 알아볼 가치가 있을 것이다. 이 네 인물 모두 인정받을 가치가 충분하

지만 책의 개념을 벗어나지 않기 위해 포퍼를 선택하기로 했다. 오늘날 인정받아야 할 과학철학 분야에서도 상당한 공헌을 했기 때문에 최종적으로 포퍼로 결정한 것이다. 그렇다고 포퍼가 아렌트, 바우어 또는 프롬보다 더 중요하다고 생각한다는 의미는 아니다. 내가 말했듯이 실제로 '순위'는 별 의미가 없다.

19 다행히도 지혜로운 많은 분의 도움을 받아서 미리 원고를 읽고 수정하는 일을 할 수 있었다. 이런 맥락에서 다음 분들에게 감사의 말씀을 전한다. Nico Büttner, Florian Chefai, Helmut Fink, Ulrike Gallwitz, Konstantin Haubner, Horst Marschall, Ludwig A. Minelli, Jonas Pöld, Rüdiger Vaas, Laura Wartschinski, Ulla Wessels, Tobias Wolfram. 이 책을 쓰도록 동기를 부여해준 BarbaraWenner(Wenner Agency)와 Anne Stadler(Piper), 아름다운 표지 일러스트를 만들어준 Roland Straller, 이전 책과 마찬가지로 첫 번째 버전의 챕터를 편집하여 문장을 훨씬 매끄럽고 이해하기 쉽게 만들어 준 아내 Elke Held에게 특별한 감사를 전한다. 이 책의 미흡한 부분에 대한 책임은 전적으로 나에게 있다.

1장. 변화하는 것보다 영원한 것은 없다

1   Charles Darwin, *Nichts ist beständiger als der Wandel. Briefe 1822–1859*, Frankfurt/M. 2008, p. 169.
2   1844년 7월 5일 다윈이 아내 엠마에게 쓴 편지, Darwin, *Nichts ist beständiger...*, pp. 171 f
3   다음을 참고하라. Matthias Glaubrecht, *Es ist, als ob man einen Mord gestehtein Tag im Leben des Charles Darwin*, Freiburg, pp. 169 ff.
4   Charles Darwin, *Mein Leben. Die vollständige Autobiographie*, Frankfurt/M. 2008, p. 94.
5   위의 책, 86쪽.

6 위의 책.

7 다윈이 1844년 7월에 아내 엠마에게 보낸 편지, 참조하라. Darwin, *Nichts ist beständiger...*, p. 171.

8 다윈의 미스터리한 질병에 대한 수많은 출판물이 출간되었다. 정신적 불안정 징후는 다윈의 조상에게서도 보이지만 다윈이 비글호에서 외래의 질병에 걸렸을 가능성이 있다. 에른스트 메이어가 다윈의 자서전 서문에서 의구심을 표한 것처럼, 자신의 이론을 둘러싼 걱정과 불안이 유전적이고 허약한 신경 체질의 증상을 심화시켰을 수 있다 (참조: Darwin, Mein Leben, p. 11 f., vgl. auch Glaubrecht, *Es ist, als ob man...*, pp. 166-167).

9 실제로 남편이 사망한 후 엠마는 다윈의 자서전에서 종교를 가장 날카롭게 비판하는 구절을 삭제하도록 지시했다. 이는 엠마가 죽은 후에야 밝혀졌다.

10 젊은 다윈과 늙은 다윈 사이의 이러한 내적 연결은 비글호의 여정을 되짚기 위해 전 세계를 여행한 위르겐 네페의 뛰어난 다윈 전기에서 특히 잘 알 수 있다. Jürgen Neffe, *Darwin. Das Abenteuer des Lebens*, München 2008.

11 Darwin, Mein Leben, p. 86.

12 이 논문은 원래 스코틀랜드의 지질학자 제임스 휴튼이 1795년에 출간한 두 권의 대작 《지구 이론》에서 《성경》의 연대기에 의문을 제기한 것으로 거슬러 올라간다. 그 이전에도 허튼은 애덤 스미스와 제임스 와트 등 스코틀랜드 계몽주의의 대표적 인물들과 자신의 획기적인 아이디어를 논의한 적이 있었다.

13 Charles Darwin, *Die Fahrt der Beagle. Darwins illustrierte Reise um die Welt*, Darmstadt 2016, p. 21.

14 Darwin, *Mein Leben*, p. 91.

15 장 바티스트 드 라마르크의 《동물 철학》은 늦게(1776) 독일어로 번역되었다. 독일 서적 시장에서는 절판되었지만 인터넷에서 디지털 버전(에른스트 해켈의 서문 포함)을 쉽게 찾을 수 있다.

16 다윈은 종이 하나의 원형에서 출현했는지 아니면 몇 개의 원형에서 출현했는지 당시에는 확신하지 못했다. 다윈은 당시의 통념을 거스르지 않기 위해 이러한 원형의 창조를 '창조주'로 돌렸지만, 사실 그는 1850년대에 이미 '창조

주 신'에 대한 믿음을 포기한 상태였다.

17　Charles Darwin, *Über die Entstehung der Arten durch natürliche Zuchtwahl oder die Erhaltung der begünstigten Rassen im Kampfe um's Dasein*, Stuttgart 1876, p. 578.

18　과학과 종교의 차이를 설명하는 예로 자주 인용되는 이 유명한 논쟁은 문헌에 다양한 버전으로 기록되어 있다. 대부분의 보고서가 그 이후에 작성되었기 때문에 실제로 이런 방식으로 진행되었는지 여부는 확실하지 않다. 그러나 논쟁을 피하지 않았던 배짱 있는 헉슬리의 대답은 확실히 신뢰할 만하다.

19　다음을 참조하라. Thomas Huxley, *Evidence as to Man's Place in Nature*, New York 1863. 불과 몇 주 후, 이 책은 독일어 번역본으로도 출간되었다. Thomas Huxley, *Zeugnisse für die Stellung des Menschen in der Natur*. by J. Victor Carus, Braunschweig 1863. 두 버전 모두 온라인에서 디지털 에디션으로 만날 수 있다.

20　그 이유는 암컷 난자가 값싼 수컷 정자보다 더 제한적이라 귀중하므로 암컷이 파트너를 선택할 때 잃을 것이 더 많기 때문이다.

21　Charles Darwin, *Über die Entstehung der Arten*, p. 111(찰스 다윈, 장대익 역,《종의 기원》, 사이언스북스, 2019).

22　Charles Darwin, *Die Abstammung des Menschen und die geschlechtliche Zuchtwahl*, II. Band, Stuttgart 1875, p. 362.

23　Charles Darwin, Die Abstammung des Menschen, p. 378(찰스 다윈, 추한호 역,《인간의 기원》, 동서문화사, 2018).

24　핸디캡 원칙에 대해서는 다음을 참고하라. Amotz Zahavi, Avishag Zahavi, *Signale der Verständigung. Das HandicapPrinzip*, Frankfurt/M. 1998; Matthias Uhl/Eckart Voland: Angeber haben mehr vom Leben, Heidelberg 2002.

25　이에 대해서는 다음을 참고하라. Thomas Junker, *Die Evolution der Phantasie. Wie der Mensch zum Künstler wurde*, Stuttgart 2013.

26　Sigmund Freud, *Vorlesungen zur Einführung in die Psychoanalyse*, in:

Sigmund Freud, *Studienausgabe*, Frankfurt am Main 1969, Band 1, p. 283 f.

27   여기서는 사회생물학에 대한 유전자 중심적 관점의 도입이나 후성유전학 연구와 같은 많은 중요한 혁신에 대해 자세히 설명할 수는 없다. 하지만 이미 과거에 다음과 같은 몇 가지 필수 자료를 언급한 바 있다. Schmidt-Salomon, *Hoffnung Mensch*, p. 134 ff.; as well as in Schmidt-Salomon, *Auf dem Weg zur Einheit des Wissenp. Die Evolution der Evolutionstheorie und die Gefahren von Biologismus und Kulturismus*, Aschaffenburg 2007.

28   이 책 10장을 참고하라.

29   켈빈 경은 처음에는 4억 년으로 가정했지만, 19세기에는 별을 그렇게 오랫동안 빛나게 할 수 있는 에너지원이 알려지지 않았기 때문에 이 가정을 수정했다.

2장. 발상의 전환으로 시공간을 뒤흔들다

1   Alice Calaprice(Hg.), *Einstein sagt. Zitate–Einfälle–Gedanken*, München 1999, p. 41.

2   아인슈타인이 1919년 친구 하인리히 장거에게 보낸 편지에서 인용했다. Calaprice, *Einstein sagt*, p. 40.

3   위의 책, 248쪽을 참고하라.

4   위의 책, 51쪽.

5   다음을 참고하라. Jürgen Neffe, *Einstein. Eine Biographie*, Reinbek 2006, p. 8 ff

6   위의 책, 11쪽.

7   이것은 바이올린을 연주하는 데 많은 시간을 보냈음을 보여주는 물리학자 아인슈타인의 뇌 구조에서도 볼 수 있다.

8   Albert Einstein, *Mein Weltbild*, Berlin 1955, p. 11.

9   Neffe, *Einstein*, p. 78 ff. 사실 에버티는 이미 '시공간'이라는 개념과 관찰

자의 관점에 따라 공간과 시간이 팽창하거나 수축한다는 개념을 가지고 있었다. 위르겐 네페의 아인슈타인 전기(위 참조)에 언급된 내용을 바탕으로 에버티의 저서인 《천체와 세계사(디지털)》(Berliner Comino-Verlag) 새 판본이 출간되기도 했다. 이 판본에는 1923년 아인슈타인이 기고한 (눈에 띄게 짧지만 그럼에도 의미 있는) 서문도 포함되어 있다. "독창적이고 재치 있는 사람이 쓴 이 작은 책은 상당한 관심을 불러 모으고 있다. 한편으로는 전통적인 시간 개념에 대한 비판 정신을 보여주고, 또 한편으로는 상대성 이론의 기괴한 요소가 여러 가지 방식으로 비판을 받았음에도 그것이 우리를 구원하는 독특한 결론을 보여준다."

10 1955년 3월 21일, 알베르트 아인슈타인이 베로와 베아트리체 베소에게 보낸 편지.

11 Calaprice, *Einstein sagt*, p. 48

12 에세이 "Eine neue Bestimmung der Moleküldimensionen"(1905년 4월 말 완성)과 "Über die von der molekularkinetischen Theorie der Wärme gefordte Bewegung von in ruhenden Flüssigkeiten suspendierten Teilchen"(1905년 5월 중순 완성).

13 다음을 참고하라. Brigitte Röthlein, *Das Innerste der Dinge. Einführung in die Atomphysik*, München 1998, p. 15.

14 알베르트 아인슈타인도 특수 상대성 이론의 특성을 설명하기 위해 다음과 같은 기차 역설을 사용했다. 토머스 뷔르케의 이론을 검토하고(Thomas Bührke, $E=mc^2$. *Einführung in die Relativitätstheorie*, München 2002, p. 31 ff.) 이해를 돕기 위해 약간 수정했다.

15 Vaas, Rüdiger, *Einfach Einstein! Geniale Gedanken schwerelos verständlich*, Stuttgart 2018, p. 74.

16 Albert Einstein, "Ist die Trägheit eines Körpers von seinem Energieinhalt abhängig?" in: *Annalen der Physik*, Band 18, 1905, p. 641.

17 Albert Einstein, "On the Principle of Relativity and the Conclusions Drawn from It", in: *Yearbook of Radioactivity and Electronics*, Band 4,

1908, p. 442.

18 Vaas, *Simply Einstein*, p. 27.

19 in: Bill Bryson, *A Short History of Almost Everything*, München 2005, p. 159.

20 Vaas, *Simply Einstein*, p. 30.

21 실제로 밀레바는 혼외로 잉태한 세 번째 아이를 낳는데, 1902년에 태어나 1903년에 사망한 것으로 추정되는 딸 리젤이 알베르트와 밀레바의 관계에 처음으로 균열을 일으키는 요인이 되었다.

22 밀레바의 가족은 헉슬리 가문과 비슷하게 정신 질환이 빈번하게 발생했다.

23 아인슈타인은 (베르톨트 브레히트와 비슷하게) 결혼과 가족이라는 전통적인 개념을 지지하지 않았다. 그 이전의 밀레바처럼 아인슈타인은 성적인 의미에서 엘사에게 '충실'하지 않았고 수많은 불륜을 저질렀다. 노년기에도 그는 러시아 스파이로 의심되는 훨씬 젊은 여성과 불륜을 시작했지만 크게 개의치 않았다.

24 Einstein, Über das Relativitätsprinzip, p. 454 ff.

25 Vaas, *Einfach Einstein*, p. 37

26 Hermann Minkowski, "Space and Time", in: *Physikalische Zeitschrift*, Band 10, 1909, pp. 104–111.

27 Albert Einstein, "The Foundation of the General Theory of Relativity", in: *Annalen der Physik*, Band 49, 1916, pp. 769–822.

28 다음을 참고하라. Vaas, *Einfach Einstein*, p. 106.

29 인용의 출처는 다음과 같다. Hanoch Gutfreund, Jürgen Renn, Einstein über *Einstein. Autobiographische und wissenschaftliche Reflexionen,* Berlin Springer, 2023, p. 13.

30 Erich Fromm, *The Revolutionary Character*, in: *Erich Fromm Gesamtausgabe*, München 1989, Band IX, pp. 351 f.

31 Albert Einstein, "Autobiographical", in: Gutfreund/Renn, *Einstein über Einstein*, p. 314 f.

32	아인슈타인은 1932년 미국 스피노자 학회에서 이 개념을 이렇게 이론화했다. 참고: Alice Calaprice, Einstein sagt, p. 177.
33	다음을 참고하라. Albert Einstein, *Mein Weltbild*, Berlin 2017, p. 9 f. 아인슈타인이 이 평가에 부여한 중요성은 그가 1930년에 쓴 에세이 〈세상을 보는 방법〉의 두 번째 장에서 강조했다는 사실에서도 알 수 있다. 말하자면 아인슈타인은 여기서 '자기 지식의 $E=mc^2$'를 공식화한 것으로 보인다(참조: Schmidt-Salomon, *Entspannt euch!*, p. 42 ff.)
34	Einstein, *Mein Weltbild*, p. 19.
35	위의 책, 18쪽.
36	위의 책, 19쪽.
37	그가 쓴 글 〈세상을 보는 방법〉의 첫 번째 단락에서 그는 다음과 같이 강조했다. "매일 나는 내 외면과 내면의 삶이 현재와 과거의 사람들이 이룬 업적에 기반을 두고 있으며, 내가 받았고 여전히 받고 있는 만큼 주기 위해 노력해야 한다고 끊임없이 생각한다." Einstein, *Mein Weltbild*, p. 8.

3장. 우주는 평화와 폭탄을 품고 있다

1	Barbara Goldsmithin, *Marie Curie. Die erste Frau der Wissenschaft*, München 2017, p. 188.
2	Goldsmith, *Marie Curie*, p. 188.
3	이브 퀴리의 휴가에 대한 설명은 다음에서 참고하라. Eve Curie, *Madame Curie*, New York 1937, p. 324.
4	Albert Einstein, *In memoriam Marie Curie;* Fritz Vögtle, Peter Ksoll, *Marie Curie*, Reinbek 1988, p. 118.
5	위의 책, 13~14쪽에서 인용.
6	위의 책, 46쪽.
7	다음을 참고하라. Röthlein, *Das Innerste der Dinge*, p. 20.

8	Vögtle, Ksoll, *Marie Curie*, p. 50.
9	월터 카우프만의 독일어 번역본도 프랑스어 원본과 같은 해에 출판되었다. Marie Curie, *Untersuchungen über die radioaktiven Substanzen*, Braunschweig 1904.
10	Goldsmith, *Marie Curie*, p. 111-112.
11	위의 책, 123쪽.
12	Goldsmith, *Marie Curie*, 134쪽에서 인용.
13	Bryson, *A Brief History*, p. 183.
14	위의 책, 184쪽.
15	Michael Schmidt-Salomon, *Keine Macht den Doofen!*, Munich 2012, p. 11.
16	Curie, *Madame Curie*, pp. 442-448.

4장. 대륙과 함께 세상이 흔들리기 시작하다

1	Alfred Wegener, *Die Entstehung der Kontinente und Ozeane*, Braunschweig 1915.
2	그러나 주목할 만한 예외도 있었다. 1937년에 출간된 저서 《우리의 방랑하는 대륙들》에서 남아프리카의 지질학자 알렉산더 뒤 투아는 대륙 이동을 포함해야만 전체 지질학이 의미가 있다는 것을 보여주었다.
3	Heinrich Zankl, *Kampfhähne der Wissenschaft. Kontroversen und Feindschaften*, Weinheim 2012, p. 71.
4	Christine Reinke-Kunze, *Alfred Wegener. Polarforscher und Entdecker der Kontinentaldrift*, Basel 1994, pp. 67-68.
5	위의 책, 65쪽
6	1925년 프랑스 지질학자 피에르마리 테르미에의 글에서 인용. 위의 책, 69쪽에서 재인용.

7   알프레트 베게너가 그린란드 첫 탐험을 마치고 쓴 일기에서 발췌했다. Else Wegener (ed.), *Alfred Wegener. Tagebücher, Briefe, Erinnerungen*, Wiesbaden 1960, p. 62.

8   Alfred Wegener, *Thermodynamik der Atmosphäre*, Leipzig 1911.

9   다음을 참고하라. Wladimir Köppen, *Das geographische System der Klimate*, Berlin 1936.

10 Wladimir Köppen, Alfred Wegener, *Die Klimate der geologischen Vorzeit*, Berlin 1924. 오랫동안 절판되었다가 2015년 재발간되어 처음으로 영어로 번역되었다(참조: *Die Klimate der geologischen Vorzeit*, Berlin 2015).

11 헬름홀츠 연구센터 키엘의 해양 지질학자 볼프-크리스티아안 둘로는 2015년 개정판의 리뷰에서 다음과 같이 썼다. "이 작품을 읽으면 20세기 후반 또는 마지막 3분의 1에야 발굴되었다고 생각할 수 있는 광범위한 지식이 당시 이미 존재하고 있었다는 사실에 깊은 감동을 받습니다." *Polarforschung*, 86th year, no. 1, 2016.

12 Alfred Wegener, *Die Entstehung der Kontinente und Ozeane*, Braunschweig 1929, p. 2.

13 위의 책, 17쪽.

14 위의 책, 20쪽.

15 위의 책, 172쪽.

16 위의 책, 184쪽.

17 위의 책, 185쪽.

18 Else Wegener, Fritz Loewe(eds), *Alfred Wegeners letzte Grönlandfahrt. Die Erlebnisse der deutschen Grönlandexpedition 1930/1931*, Leipzig 1932(Kindle Version), p. 389.

19 이 영화가 큰 인기를 끌면서 하러가 나치 정권(그리고 나중에 CIA)과 밀접한 관계를 맺었다는 사실도 밝혀졌다(Gerald Lehner, *Zwischen Hitler und Himalaya. Die Gedächtnislücken des Heinrich Harrer*, Wien 2017).

20 Wegener, *Die Entstehung der Kontinente*(1929), p. VI.

21 이러한 맥락에서 이러한 재앙적인 지질학적 사건의 피해자들에게는 끔찍하지만 한편으로는 긍정적인 사회 발전을 촉발할 수도 있다는 점을 간과해서는 안 된다. 오스트리아의 철학자 게르하르트 슈트레밍거는 유럽 계몽주의의 결정적 계기가 된 리스본 지진(1755)을 예로 들어 이를 증명했다(참조: Gerhard Streminger, *Die Welt gerät ins Wanken. Das Erdbeben von Lissabon im Jahre 1755 und seine Nachwirkungen auf das europäische Geistesleben*, Aschaffenburg 2021).

5장. 우리는 우주의 티끌 한 점이다

1   Carl Sagan, *Blauer Punkt im All. Unsere Heimat Universum*, Augsburg 1999, p. 24(칼 세이건, 현정준 역, 《창백한 푸른 점》, 사이언스북스, 2001).
2   위의 책, 24쪽.
3   아시모프가 언급한 다른 사람은 미국의 인공지능 연구자 마빈 민스키였다.
4   Carl Sagan, *The Cosmic Connection: An Extraterrestrial Perspective*, New York 1973(칼 세이건, 김지선 역, 《코스믹 커넥션》, 사이언스북스, 2018).
5   1973년 세이건에게 보낸 편지에서 인용.
6   Keay Davidson, *Carl Sagan. A Life*, New York 1999, Chapter 1.
7   위의 책, Chapter 2.
8   Carl Sagan, "Radiation and the Origin of the Gene", in: *Evolution* 1957, p. 40–55.
9   Carl Sagan, Stanley Miller, "Molecular Synthesis in Simulated Reducing Planetary Atmospheres", in: *Astronomical Journal* 1960, p. 499.
10 Carl Sagan, *Physical Studies of the Planets*, University of Chicago 1960.
11 다음을 참고하라. Davidson, *Carl Sagan*, Chapter 5.
12 Ernst Mayr, *What Evolution Is*, New York 2001, pp. 48-49.

13 린 마굴리스는 자신의 논문(특히 1967년 이론생물학 저널에 실린 초기 논문 〈세포 분열 세포의 기원에 관하여〉가 중요)에서 생명 진화에 대한 이 매혹적인 견해를 제시했을 뿐 아니라, 아들 도리언 세이건의 도움을 받아 대중 과학 서적을 출간함으로써 더 많은 독자가 접근할 수 있도록 했다(예: Lynn Margulis, Dorion Sagan, *Microcosmos: Four Billion Years of Microbial Evolution*, Berkeley 1997; Lynn Margulis, Dorion Sagan, *Leben. Vom Ursprung zur Vielfalt*, Heidelberg 1999, 그리고 Lynn Margulis, *Der symbiotische Planet*, Frankfurt 2018).

14 드레이크 방정식은 우리 은하의 연평균 별 형성률에 a) 행성계를 가진 별의 비율, b) 거주 가능 영역의 평균 행성 수, c) 실제로 생명체를 생산하는 평균 행성 수, d) 지적 생명체를 가진 생물권의 비율, e) 성간 통신이 가능한 문명과의 비율, f) 기술 문명의 수명을 곱한 값으로 계산한다(년 단위). 물론 드레이크 방정식을 사용하여 은하계에 우리와 접촉할 수 있는 문명이 몇 개나 존재하는지에 대한 질문에 답하려는 시도는 지극히 추측에 기반을 둔 것이다. 은하수에 생명체가 존재할 수 있는 행성의 수는 비교적 정확하게 추정할 수 있지만(세이건의 추정치보다는 적지만 여전히 많을 수 있다), 이 중 실제로 생명체나 지적 생명체가 존재하는 행성의 수는 추정하기 어렵다. 문명의 평균 수명도 마찬가지다. 우리에게는 진지한 추정의 근거가 될 만한 증거가 아직 없다. 이 주제에 대해서는 울리히 월터도 참고하라. *Außerirdische und Astronauten. Zivilisationen im All*, Heidelberg 2001, p. 84 ff.

15 칼 세이건을 참고하라. Carl Sagan, *Cosmos*, New York 1985, pp. 248 ff(칼 세이건, 홍승수 역, 《코스모스》, 사이언스북스, 2006). (독일 번역본: Carl Sagan, *Unser Kosmop. Eine Reise durch das Weltall*, Augsburg 1997, pp. 310 ff.)

16 Carl Sagan, *The Dragons of Eden: Speculations on the Evolution of Human Intelligence*, New York 1977(칼 세이건, 임지원 역, 《에덴의 용》, 사이언스북스, 2006). 이 책은 1978년 퓰리처상을 수상했다. 독일에서는 《에덴의 용》이 《신들처럼 되리라: 인간 지성의 경이로움》이라는 제목으로 1980년 뮌헨에서 출판되었다.

17 Sagan, *Unser Kosmos*, p. 357.

18 위의 책, 115쪽.

19 세이건은 이 주제에 대해 많이 인용된 과학 논문의 저자 중 한 명이다. (R. P. Turco, O. B. Toon, T. P. Ackerman, J. B. Pollack, Carl Sagan, "Nuclear Winter: Global Consequences of Multiple Nuclear Explosions", in: *Science* 222, December 23, 1983, pp. 1283–1292) 얼마 지나지 않아 그와 생물학자인 폴 애얼릭은 일반 독자를 위해 쓴 '핵겨울' 문제에 관한 책을 출판했다(Paul R. Ehrlich, Carl Sagan, *Die nukleare Nacht. Die langfristigen klimatischen und biologischen Auswirkungen von Atomkriegen*, Cologne 1985).

20 Sagan, *Unser Kosmos*, p. 114.

21 위의 책, 115쪽.

22 Carl Sagan, *Statement auf der Anhörung des USKongresses vom 10. Dezember 1985*[비디오 녹화를 바탕으로 필자가 번역].

23 Sagan, *Statement auf der Anhörung des USKongressep*.

24 Sagan, *Blauer Punkt im All*, p. 27.

25 위의 책, 33쪽.

26 위의 책, 35쪽.

27 위의 책, 35쪽.

28 위의 책, 231, 234쪽.

29 Sagan, *The Dragons of Eden*, p. 11 ff.

30 다음을 참고하라. Ann Druyan, *Unser Kosmop. Andere Welten*, München 2020, p. 9.

31 다음을 참고하라. Schmidt-Salomon, *Keine Macht den Doofen*, p. 16 f.

32 Sagan, *Unser Kosmos*, pp. 9-10.

33 Carl Sagan, *The DemonHaunted World: Science as a Candle in the Dark*, New York 1995(칼 세이건, 이상헌 역, 《악령이 출몰하는 세상》, 사이언스북스, 2022). 이 책은 다음 제목으로 독일어로 출판되었다. *Der Drache in meiner Garage oder Die Kunst der Wissenschaft, Unsinn zu entlarven*, München 2000, 그러나 이 버전은 오래전에 절판되었고 나는 영어 원서를 참조했다.

34 이에 대해서는 무엇보다 다음의 책을 참고하라. Katharina Nocun, Pia Lamberty, *Fake Factp. Wie Verschwörungstheorien unser Denken bestimmen*, Köln 2020, p. 64 ff.
35 Sagan, *The DemonHaunted World*, p. 25.
36 위의 책, 25쪽.
37 위의 책.
38 위의 책.
39 위의 책, 27쪽.
40 위의 책, 28쪽.
41 위의 책.
42 위의 책, 31쪽.
43 앞의 책, 28쪽.
44 Carl Sagan, *Contact*, München 1986.
45 Sagan, *Blauer Punkt im All*, p. 414.
46 Carl Sagan, Ann Druyan, *Billions and Billionp. Thoughts on Life and Death at the Brink of the Millennium*, New York 1997.
47 자연주의 철학에 대한 간결한 소개는 게르하르트 볼머를 참고하라. *Gretchenfragen an den Naturalisten*, Aschaffenburg 2013.
48 Sagan, *Blauer Punkt im All*, p. 33.
49 다음을 참고하라. *Dante: Die Göttliche Komödie*(10. Gesang, Verse 13–15).

6장. 오직 지금의 삶만이 존재한다

1 이것은 에피쿠로스 자신도 분명히 알고 있었다. 이 책의 서문을 참조하면 알 수 있다. "나는 사람들을 기쁘게 하려는 욕망이 전혀 없었다. 나는 그들을 기쁘게 하는 것을 배운 바가 없었기 때문이다. 그러나 내가 아는 것은 그들의 지평선을 훨씬 넘어서는 것이었다."(Epicurus, *Wege zum Glück*. Edited by

Rainer Nickel, Mannheim 2010, p. 46)

2 Friedrich Nietzsche, *Der Antichrist*, in: Friedrich Nietzsche, *Werke in drei Bänden*. Edited by Karl Schlechta, München 1954, Band 2, p. 1230 f.

3 Epikur, *Philosophie der Freude. Briefe, Hauptlehrsätze, Spruchsammlung, Fragmente*, Frankfurt/M. 1988, p. 101.

4 Lukrez, *Über die Natur der Dinge*. Hermann Diels 라틴어에서 번역, Berlin 1957, p. 33.

5 위의 책, 193쪽.

6 위의 책, 193~194쪽.

7 물론 에피쿠로스는 우주가 지구에서 육안으로 볼 수 있는 밤하늘보다 훨씬 크다는 것을 당시에 관찰할 수 없었다. 따라서 그는 순전히 논리적으로 우주의 무한성을 추론했다. 우주는 모든 것을 포괄하는 공간으로 정의되기 때문에 경계가 있다는 것은 모든 것을 포괄하는 공간 너머의 공간이 있다는 것을 의미한다. 따라서 우주는 어떤 경계도 가질 수 없으며, 이는 앞의 말과 모순이 되기 때문이다.

8 Lukrez, *Über die Natur der Dinge*, p. 174.

9 Epikur, *Philosophie der Freude*, p. 102.

10 Heinrich Heine, *Deutschland. Ein Wintermärchen*, Kapitel 1.

11 Epikur, *Philosophie der Freude*, p. 103.

12 위의 책.

13 다음을 참고하라. Theodor Ebert, "Epikurein Religionskritiker und Freigeist in der griechischen Antike", in: Helmut Fink(Hg.), *Der neue Humanismup. Wissenschaftliches Menschenbild und säkulare Ethik*, Aschaffenburg 2010, p. 39-40.

14 다음을 참고하라. Uwe-Christian Arnold, Michael Schmidt-Salomon, *Letzte Hilfe. Ein Plädoyer für das selbstbestimmte Sterben*, Reinbek 2014, p. 139 ff.

15   Epikur, *Philosophie der Freude*, p. 55.

16   Epikur, *Wege zum Glück*, p. 165.

17   Epikur, *Philosophie der Freude*, p. 55.

18   Seneca, Philosophische Schriften. Vollständige Studienausgabe. Edited by Otto Apel, Wiesbaden 2004, p. 264~265.

19   Epikur, *Philosophie der Freude*, p. 71.

20   위의 책, 72쪽 이후 여러 페이지.

21   위의 책, 67쪽.

22   위의 책, 70쪽.

23   위의 책, 85쪽.

24   위의 책, 65쪽.

25   위의 책, 88쪽.

26   위의 책, 101쪽.

27   위의 책, 95쪽.

28   위의 책, 100쪽.

29   위의 책, 70~71쪽.

30   위의 책, 79쪽.

31   Lucretius, *On the Nature of Things*, pp. 31-32.

32   Epicurus, *Philosophy of Joy*, p. 55.

33   위의 책, 77~78쪽.

34   에피쿠로스는 이렇게 말했다. "미각의 쾌락, 사랑의 쾌락, 청각의 쾌락, 마지막으로 아름다운 외모를 보고 느끼는 흥분을 빼면 그 밖에 어떤 것을 선이라고 여겨야 할지 모르겠다"(Epikur, *Philosophie der Freude*, p. 98).

35   Friedrich Nietzsche, *Menschliches, Allzumenschliches*, in : Nietzsche, *Werke*, Band 1, p. 968.

36   Nietzsche, *Der Antichrist*, p. 1229.

37   (에피쿠로스와 마찬가지로) 역사상 가장 독창적이고 가장 배척당한 철학자 중 한 명인 줄리앙 오프레이 드 라 메트리도 이 책에서 한 자리를 차지할 자격이

있을 것이다. 그의 가장 중요한 저작인 《기계로서의 인간, 행복 또는 최고의 선에 대한 고찰, 그리고 쾌락을 느끼는 기술》은 1980년 후반 뉘른베르크에서 출판되었다.

38   Nietzsche, *Menschliches, Allzumenschliches*, p. 495.

7장. 이 세계는 모래 위에 세워진 성이다

1   Friedrich Nietzsche, *Die fröhliche Wissenschaft*, in: Nietzsche, *Werke*, Bd. 2, p. 127.
2   Nietzsche, *Die fröhliche Wissenschaft*, p. 127.
3   위의 책, 128쪽.
4   위의 책, 127쪽.
5   위의 책, 246쪽.
6   Nietzsche, *Der Antichrist*, p. 1163(프리드리히 니체, 박찬국 역, 《안티크리스트》, 아카넷, 2013).
7   니체와 그의 조상들의 생애에 대해서는 매우 상세한 정보를 제공하면서도 단호하고 냉정한 쿠르트 파울 얀츠의 3권으로 구성된 방대한 저작(Curt Paul Janz, *Friedrich Nietzsche*. Biographie, München 1993)과 Sue Prideaux, *Ich bin Dynamit. Das Leben des Friedrich Nietzsche*, Stuttgart 2020의 훨씬 더 간결한 설명을 참고하라. 헤르만 요제프 슈미트의 기념비적인 네 권의 작품(Hermann Josef Schmidt, *Nietzsche absconditus oder Spurenlesen bei Nietzsche*, Aschaffenburg 1991-1994)은 니체의 어린 시절과 청년기 그리고 그의 철학적 결론에 대해 다루고 있다.
8   Friedrich Nietzsche, *GötzenDämmerung*, in: Nietzsche, *Werke*, Band 2, p. 947.
9   다음을 참고하라. Hermann J. Schmidt, *Der alte Ortlepp war's wohl doch*, Aschaffenburg 2004.

10　Friedrich Nietzsche, *Also sprach Zarathustra*(프리드리히 니체, 박찬국 역, 《차라투스트라는 이렇게 말했다》, 아카넷, 2025), in: Nietzsche, *Werke*, Band 2, p. 333.

11　Nietzsche, *Also sprach Zarathustra*, p. 334.

12　위의 책, 335쪽.

13　Nietzsche, *Der Antichrist*, p. 1232.

14　위의 책, 1234쪽.

15　위의 책, 1235쪽.

16　위의 책, 1235쪽.

17　Nietzsche, *Die fröhliche Wissenschaft*, p. 197.

18　위의 책.

19　위의 책, 186쪽.

20　위의 책.

21　Friedrich Nietzsche, *Jenseits von Gut und Böse*, in: Nietzsche, *Werke*, Band 2, p. 696(프리드리히 니체, 박찬국 역, 《선악의 저편》, 아카넷, 2018).

22　Friedrich Nietzsche, *Morgenröte. Gedanken über die moralischen Vorurteile*, in: Nietzsche, *Werke*, Band 1, pp. 1045-1046.

23　Friedrich Nietzsche, *Aus dem Nachlass der Achtziger Jahre*, in: Nietzsche, *Werke*. Band 3, p. 836-837.

24　Friedrich Nietzsche, *Über Wahrheit und Lüge im außermoralischen Sinn*, in: Nietzsche, Werke, Band 3, p. 309.

25　Nietzsche, *Die fröhliche Wissenschaft*, p. 213.

26　Nietzsche, *Also sprach Zarathustra*, p. 636.

27　Nietzsche, *Der Antichrist*, p. 1175.

28　Friedrich Nietzsche, *Ecce Homo*, in: Nietzsche, *Werke*, Band 2, p. 1066(프리드리히 니체, 박찬국 역, 《이 사람을 보라》, 아카넷, 2022).

29　Friedrich Nietzsche, *Zur Genealogie der Moral*, in: Nietzsche, *Werke*, Band 2, p. 877-878(프리드리히 니체, 박찬국 역, 《도덕의 계보》, 아카넷, 2021).

30 Nietzsche, *Zur Genealogie der Moral*, p. 878.
31 물론 이것은 '선한 사람들'의 진영뿐 아니라 반대 진영 사람들에게도 적용된다. 항상 자신의 생각에 맞게 '과학적 진실'을 왜곡시키는 도널드 트럼프나 블라디미르 푸틴과 같은 인물을 생각해보면 잘 알 수 있다.
32 Nietzsche, *Die fröhliche Wissenschaft*, p. 116
33 과학적 진술에 대한 도덕적 평가에 관해서는 특히 사회학자 막스 베버의 현명한 통찰, 즉 과학은 경험적인 것에 대해서만 우리를 깨우칠 수 있을 뿐 규범적인 측면에 대한 깨달음을 줄 수 없다는 것을 간과해서는 안 된다(Max Weber, "Die Objektivität sozialwissenschaftlicher und sozialpolitischer Erkenntnis", in: *Gesammelte Aufsätze zur Wissenschaftslehre*, Tübingen 1964, pp. 146–214). 이것은 두 가지 상반된 오류로 이어진다. '자연주의적 오류'는 (가정된) '존재'에서 '해야 한다'는 것을 도출하는 반면, '문화주의적 오류'는 '해야 한다'는 것에서 무엇이 '존재'에 대한 적절한 설명인지에 대한 결론을 도출한다. 자연주의적 오류의 명령은 '어떤 것이 (경험적으로) 존재하는 것은, 또한 (규범적으로) 있어야 한다!'이고, 문화주의적 오류의 명령은 '규범적으로 존재해서는 안 되는 것은 (경험적으로) 존재할 수 없다!'이다. (참고: Schmidt-Salomon, *Auf dem Weg zur Einheit des Wissens*, p. 30 ff.)
34 Nietzsche, *Ecce Homo*, p. 1110.
35 Nietzsche, *Aus dem Nachlass der Achtziger Jahre*, p. 550.
36 Schmidt-Salomon, *Die Grenzen der Toleranz*, p. 7.
37 Nietzsche, *Ecce Homo*, pp. 1065-1066.
38 Nietzsche, *Aus dem Nachlass der Achtziger Jahre*, p. 526.
39 Nietzsche, *Der Antichrist*, p. 1224.
40 Nietzsche, *GötzenDämmerung*, p. 1032.
41 Nietzsche, *Der Antichrist*, p. 1196.
42 니체는 자신에 대한 온갖 비판에도, 지성을 높이 평가하는 이마누엘 칸트를 '위대한 철학자'로 꼽으면서도 그가 예술, 아름다움, 삶의 열정에 대한 감각이 없다고 보았으며 이 점에서 그를 '지금까지 존재했던 가장 기형적인 개념

적 불구'로 묘사한다. 그렇기 때문에 니체가 볼 때 칸트는 그가 높이 평가한 능력이 부족한 철학자였다. 그것은 바로 개념으로, 말로 춤을 출 수 있는 능력이었다. (참고: Nietzsche, *Götzen-Dämmerung*, p. 988).

43 Nietzsche, *Götzendämmerung*, p. 1032.
44 Nietzsche, *Aus dem Nachlass der Achtziger Jahre*, p. 826 f.
45 Friedrich Nietzsche, *Der Fall Wagner*, in: Nietzsche, *Werke*, Band 2, p. 903.
46 Nietzsche, *Ecce Homo*, p. 1159.
47 Nietzsche, *Der Antichrist*, p. 1175.
48 Nietzsche, *Aus dem Nachlass der Achtziger Jahre*, pp. 826 f.
49 예를 참고하라. Toby Helm, "Atkinson defends right to offend", in: *The Telegraph*, December 7, 2004.
50 Schmidt-Salomon, *Die Grenzen der Toleranz*, p. 8.
51 Nietzsche, *Ecce Homo*, p. 1152.
52 Nietzsche, *Die Genealogie der Moral*, p. 882.
53 Nietzsche, *Götzen-Dämmerung*, p. 979.
54 위의 책, 982쪽.
55 위의 책, 979쪽.
56 Nietzsche, *Ecce Homo*, p. 1159.
57 다음을 참고하라. Nietzsche, *Jenseits von Gut und Böse*, pp. 584-585.
58 Nietzsche, *Aus dem Nachlass der Achtziger Jahre*, pp. 826-827.
59 Nietzsche, *GötzenDämmerung*, p. 1001.
60 Nietzsche, *Jenseits von Gut und Böse*, p. 578.
61 Nietzsche, *Der Antichrist*, pp. 1168-1169.
62 Nietzsche, *Aus dem Nachlass der Achtziger Jahre*, p. 827.
63 Nietzsche, *Götzen-Dämmerung*, p. 946.
64 다음을 참고하라. Hermann Josef Schmidt, *Wider weitere Entnietzschung Nietzschep. Eine Streitschrift*, Aschaffenburg 2000.

65　Janz, *Friedrich Nietzsche*, Band 2, p. 262.

66　위의 책.

67　사실 그는 《권력에의 의지》 작업을 포기하고 대신 《적 그리스도》를 통해 '모든 가치의 재평가'라는 자신의 프로젝트를 마무리하기로 결정했다.

68　니체는 하이네에 대해 이렇게 썼다. "나에게 작사가에 대한 가장 높은 기준이 되어 준 사람은 하인리히 하이네였다. 나는 수천 년에 걸쳐 모든 영역에서 달콤하고 열정적인 음악을 헛되이 찾았다. 그는 내가 그것 없이는 완벽함을 상상할 수 없는 신성한 사악함을 소유하고 있었다." (Nietzsche, *Ecce Homo*, pp. 1088-1089) 하이네의 작품은 1940년 나치에 의해 공식적으로 금지되었다. 그러나 그보다 수십 년 전, 니체의 생전에도 그는 독일에서 '인격 없는 유대인', '프랑스인의 친구', '조국의 반역자'라는 비방을 받았다.

69　Nietzsche, *Die fröhliche Wissenschaft*, p. 253.

70　위의 책.

71　Nietzsche, *Götzen-Dämmerung*, p. 983.

72　Nietzsche, *Also sprach Zarathustra*, p. 284.

73　Nietzsche, *Götzen-Dämmerung*, pp. 1007-1008.

74　Albert Camus, *Der Mythos des Sisyphos*, Reinbek 1999, p. 11(알베르 카뮈, 오영민 역, 《시시포스 신화》, 연암서가, 2014).

75　위의 책, 26쪽.

76　이 문제에 대해서는 다음을 참고하라. Schmidt-Salomon, *Hoffnung Mensch*, p. 13 ff; Franz Josef Wetz, *Die Kunst der Resignation*, Stuttgart 2000, p. 110 ff.

77　Camus, *Der Mythos des Sisyphos*, pp. 159-160.

78　Deschner, *Auf hohlen Köpfen ist gut trommeln*, p. 118.

79　Albert Camus, *Der Mensch in der Revolte*, Reinbek 1969, p. 341.

80　Camus, *Der Mensch in der Revolte*, pp. 334-335.

8장. 우리에게는 사슬을 끊는 힘이 있다

1 Karl Marx, Friedrich Engels, *Manifest der Kommunistischen Partei*(카를 마르크스·프리드리히 엥겔스, 이진우 역,《공산당선언》, 책세상, 2018), in: Karl Marx, Friedrich Engels, *Werke*(MEW), Berlin 1956 ff., Band 4, p. 493.
2 Karl Marx, *Erster Entwurf zum "Bürgerkrieg in Frankreich"*, in: MEW, Band 17, p. 538.
3 위의 책, 539쪽.
4 Karl Marx, *Thesen über Feuerbach*, in : MEW, Band 3, p. 6/534.
5 Karl Marx, *Zur Kritik der politischen Ökonomie*, in : MEW, Band 13, p. 9.
6 Marx, Engels, *Manifest der Kommunistischen* Partei, p. 480.
7 다음을 참고하라. Franziska Kugelmann, "Kleine Züge zum großen Charakterbild von Karl Marx", in: Institut für Marxismus-Leninismus beim ZK der SED(ed.): *Mohr und General. Erinnerungen an Marx und Engels*, Berlin 1983.
8 Bertolt Brecht, *An die Nachgeborenen*, in: Bertolt Brecht: Gesammelte Werke, Frankfurt/M., Band 9, p. 725.
9 Karl Marx, *Zur Kritik der Hegelschen Rechtsphilosophie. Einleitung*, in: MEW, Band 1, p. 378.
10 젊은 마르크스가 쓴 시의 놀라운 양과 질은 오랫동안 주목받지 못했지만, 2018년 마르크스 탄생 200주년을 기념하여 음악가 미하엘 자흐치알과 그의 밴드 디 그렌츠겡어가 발매한 음악〈청년 마르크스의 격정적 노래〉에 맞춰 모든 시집을 웹사이트 https://www.karl-marx-lieder.de에 공개하면서 상황이 바뀌었다.
11 〈당신의 감정〉 1836년 예니에게 헌정된《가곡집》의 두 번째 부분에서 발췌한 것이다. 이 시는 웹사이트 https://www.karl-marx-lieder.de 에서도 볼 수 있으며 그룹 Die Grenzgänger의 음악에도 담겨있다.

12	다음을 참고하라. Heinz Monz, *Karl Marx–Grundlagen der Entwicklung zu Leben und Werk*, Trier 1973.
13	Karl Marx, *Betrachtungen eines Jünglings bei der Wahl eines Berufes*, in: MEW, Band 40, p. 594.
14	Marx, *Betrachtungen eines Jünglings*, p. 592.
15	Karl Marx, *Differenz der demokritischen und epikureischen Naturphilosophie*, in: MEW, Band 40, p. 305.
16	Nietzsche, *Menschliches, Allzumenschliches*, pp. 968/994(프리드리히 니체, 강두식 역, 《인간적인 너무나 인간적인》, 동서문화사, 2016).
17	Marx, Engels, *Manifest der Kommunistischen Partei*, p. 482.
18	오늘날 많은 교과서에서 볼 수 있는 이 시는 주간지에 '불쌍한 웨버'라는 제목으로 처음 등장했다.
19	Heine, *Deutschland. Ein Wintermärchen*, Kapitel 1.
20	Marx, *Zur Kritik der Hegelschen Rechtsphilosophie*, pp. 378-379.
21	위의 책, 379쪽.
22	위의 책, 385쪽.
23	다음을 참고하라. Friedrich Engels, *Die Lage der arbeitenden Klasse in England*, in: MEW, Band 2, pp. 382-383.
24	Marx, *Thesen über Feuerbach*, p. 7/535.
25	Marx, Engels, *Manifest der Kommunistischen Partei*, p. 461.
26	위의 책, 462쪽.
27	위의 책, 464~465쪽.
28	위의 책, 465쪽.
29	위의 책, 465~466쪽.
30	위의 책, 467쪽.
31	위의 책.
32	위의 책, 468쪽.
33	위의 책, 472쪽.

34 위의 책, 482쪽.

35 위의 책, 493쪽.

36 Jenny Marx, *Kurze Umrisse eines bewegten Lebens*, in: Institut für Marxismus-Leninismus, *Mohr und General*, p. 208.

37 마르크스는 헬레나 데무트와 사생아를 낳았을 가능성도 있다. 하지만 마르크스의 친자 관계에 대한 증거는 결정적이라고 볼 수 없다.

38 다음에서 인용했다. "Karl Marx—Geschichte seines Lebens", in: Franz Mehring, *Gesammelte Schriften*, Berlin 1960, Band 3, p. 255

39 1852년부터 1862년까지 마르크스는 당시 세계에서 가장 많은 부수를 발행하던 신문에 487개의 기사를 실었다. 이 글 중 125편은 엥겔스가 썼는데 이같은 방식으로 친구를 경제적 어려움에서 벗어나도록 도왔다.

40 마르크스가 엥겔스에게 보낸 편지, in: MEW, 29권, 385쪽.

41 Karl Marx, *Das Kapital(Erster Band)*, in: MEW, Band 23, p. 17(카를 마르크스, 김수행 역, 《자본론》, 비봉출판사, 2015).

42 오늘날에도 '부가가치세'라는 용어로 사용되고 있는 이 '잉여가치'는 생산된 상품의 가치가 임금 및 생산 비용보다 높다는 사실에서 비롯된다.

43 Marx, *Das Kapital(Erster Band)*, p. 16.

44 Karl Marx, *Das Kapital(Dritter Band)*, in : MEW, Band 25, p. 404.

45 Marx, *Das Kapital(Dritter Band)*, p. 488.

46 위의 책, 454쪽.

47 Marx, *Das Kapital(Erster Band)*, p. 529.

48 Marx, *Das Kapital(Dritter Band)*, p. 784.

49 위의 책, 89쪽 이후 여러 페이지.

50 위의 책, 110쪽.

51 Karl Marx, *Ökonomischphilosophische Manuskripte*, in: MEW, Band 40, p. 474.

52 Marx, Engels, *Manifest der Kommunistischen Partei*, p. 468 f.

53 마르크스에 따르면 '소외된 노동'은 사람이 자신을 실현할 수 없어 자신이 만

든 생산물에서 자신을 인식하지 못하는 모든 활동을 의미한다. 따라서 그는 그것을 외부의 압력에 의해서만 요구되는 '이질적인 것'으로 간주한다(참고: Marx, *Ökonomischphilosophische Manuskripte*, p. 511 ff).

54 마르크스는 이러한 사상을 소위 '기계에 관한 단상'(Karl Marx, *Grundrisse der Kritik der Politischen Ökonomie,* in: MEW, Band 42, p. 592 ff.)에서 발전시켰다. 그러나 (출판용이 아닌) 텍스트는 간접적으로 너무 헤겔적이어서 그 의미를 합리적으로 이해하기 쉬운 방식으로 전달하려면 먼저 해체했다가 다시 조립해야 한다. 철학자 마르크스의 언어에는 경제학자 마르크스의 시적이고 간결한 언어적 특성이 많이 남아 있지 않다.

55 Marx, *Das Kapital(Dritter Band)*, p. 828.

56 Karl Marx, *Rede über den Haager Kongress*, in: MEW, Band 18, p. 160.

57 Marx, *Das Kapital(Erster Band)*, p. 15 f.

58 Karl Marx, Friedrich Engels, *Ein Komplott gegen die Internationale Arbeiter-Assoziation*, in: MEW, Band 18, p. 438.

59 Marx, *Zur Kritik der politischen Ökonomie*, p. 9.

60 Marx, *Das Kapital(Erster Band)*, p. 16.

61 다음을 참고하라. Jürgen Neffe, *Marx. Der Unvollendete*, München, 2017.

62 프리드리히 엥겔스는 1890년에 쓴 콘라드 슈미트(MEW, Band 37, p. 436)와 폴 라파르그(MEW, Band 37, p. 450)에게 보낸 편지에서 이를 이렇게 전했다.

63 그리 멀리 떨어져 살지는 않았지만 한 번밖에 서신을 주고받지 않았던 다윈과 마르크스의 삶과 저작의 유사점과 차이점에 대한 흥미로운 논의는 다음을 참고하라. Neffe, *Marx*, pp. 487 ff.

64 Gajo Petrović, "Die Revolution denken", in: Fritz Raddatz(ed.), *Warum ich Marxist bin*, Frankfurt/M. 1980, p. 180.

65 실제로 마르크스는 인간이 역사 자체를 결정할 수 있는 자유의 작은 창을 열어두었다. 《포이어바흐 테제》에서는 다음과 같이 진술한다. "상황의 변화와 인간 활동 또는 자기 변혁의 일치는 혁명적 실천으로서만 개념화되고 합리적

으로 이해될 수 있다"(MEW, 제3권, 6쪽). 이미 인용된 초기 시 〈감정〉의 기본 모티프도 여기에서 다시 등장한다. "낮은 멍에에／불안하게 고민하지 마세요／갈망과 욕망／그리고 행동, 그것들은 여전히 우리와 함께 있으니까." 마르크스는 자신의 논문에서도 데모크리토스보다 에피쿠로스를 선호했을 것이다. 에피쿠로스는 최소한 원자의 경우에서 벗어날 여지를 허용하여, 경직된 물질적 결정론을 약간 부드럽게 만들었기 때문이다. 마르크스의 역사적 결정론과 관련하여 9장에서는 포퍼에 대해 다룰 예정이다.

66　Bertolt Brecht, *Die Lösung*, in: Brecht, Gesammelte Werke, Band 10, p. 1010.
67　중국에서 마르크스주의의 양가적 결과는 별도로 논의할 가치가 있을 것이다.
68　1952년 미국 재입국이 거부된 채플린은 나중에 어린 소년이 마르크스주의적 주장으로 국가 당국을 조롱하는 영화 〈뉴욕의 왕〉를 통해 '반공주의 마녀 사냥'에서 겪은 경험을 담았다.
69　Karl Marx, *Der achtzehnte Brumaire des Louis Bonaparte*, in: MEW, Band 8, p. 115.
70　Zitiert nach Eva Weissweiler, *Tussy Marx. Das Drama der Vatertochter*, Köln 2002, p. 51.
71　《성격과 사회적 발전 과정》의 부록이 특히 유용하며, 다음을 참고하라. Erich Fromm, *Die Furcht vor der Freiheit*(에리히 프롬, 김석희 역, 《자유로부터의 도피》, 휴머니스트, 2020), in: Fromm, *Gesamtausgabe*, Band 1, pp. 379 ff. 9

9장.　우리는 오류를 통해 위로 올라간다

1　Karl Popper, *Ausgangspunkte. Meine intellektuelle Entwicklung*, München2004, p. 40.
2　위의 책, 40~41쪽.
3　위의 책, 42쪽.

4	다음을 참고하라. Manfred Geier, *Karl Popper*, Reinbek 1994, p. 15.
5	다음을 참고하라. 위의 책, 16쪽.
6	위의 책, 23~24쪽.
7	Popper, *Ausgangspunkte*, p. 4.
8	위의 책, 45쪽.
9	Karl Popper, *Science: Conjectures and Refutations/Wissenschaft: Vermutungen und Widerlegungen*(Englisch-deutsche Ausgabe), Stuttgart 2022, p. 17.
10	Zitiert nach Geier, *Karl Popper*, p. 49.
11	Popper, *Ausgangspunkte*, p. 114.
12	다음을 참고하라. Theodor W. Adorno u. a., *Der Positivismusstreit in der deut schen Soziologie*, Frankfurt am Main 1993.
13	실제로 자연에서 회색 백조와 검은 백조를 볼 수 있으며, 소위 '검은 백조'는 호주에서 주로 발견할 수 있다.
14	포퍼는 귀납주의에 대한 비판에서 더 나아가 자세히 살펴보면 귀납적 결론은 존재하지 않는다고 말한다.
15	Karl Popper, *Logik der Forschung*, Tübingen 2005, p. 17.
16	Popper, *Conjectures and Refutations*, p. 27.
17	Popper, *Logik der Forschung*, p. 36.
18	위의 책, 56쪽.
19	다음을 참고하라. Karl Popper: *Die Anfänge des Rationalismus*, in: Karl Popper, *Lesebuch*, Tübingen 2000, p. 11.
20	다음을 참고하라. Robert Zimmer, Martin Morgenstern: *Karl R. Popper*, Tübingen 2015, p. 82.
21	다음을 참고하라. 위의 책, p. 81.
22	다음을 참고하라. Florian Kech, "Denker der Stunde–Wie der Terror dem Philosophen Karl Popper zum Comeback verhilft"(*Badische Zeitung*, 17.01, 2015).

23　Karl Popper, *Die offene Gesellschaft und ihre Feinde*, Tübingen 2003, Band 1, p. 207.

24　이러한 맥락에서 로널드 레이건이나 마가렛 대처와 같은 보수 정치인들이 포퍼를 언급한 것이 옳았는지는 논란의 여지가 있는데, 포퍼는 그의 친구 프리드리히 하이에크와 달리 무한한 경제 자유주의를 설파하지 않고 기능적인 법치와 공정한 시장 경제를 위한 확고한 규제 체계를 만들어야 한다고 반복해서 경고했기 때문이다.

25　Karl Popper, *Die offene Gesellschaft und ihre Feinde*, Tübingen 1980, Band 2, p. 103(칼 포퍼, 이한구 역,《열린사회와 그 적들》, 민음사, 2006).

26　위의 책.

27　위의 책, 52쪽.

28　위의 책, 161쪽.

29　위의 책, 292쪽.

30　Karl Popper, *Die offene Gesellschaft*, Band 1, pp. 221~222.

31　위의 책, 1권, 219쪽에서 인용.

32　여기서 예외는 소위 '조선민주주의 인민공화국'이라고 불리는 북한의 경우인데, 이곳은 '김씨주의'라는 정치 종교에 의해 지배된다.

33　다음을 참고하라. Schmidt-Salomon, *Die Grenzen der Toleranz*, p. 34 ff.; Hamed Abdel-Samad, *Der islamische Faschismus: Eine Analyse*, München 2014.

34　포퍼에게 공동체와 국가의 조직적 이해는 전체주의 사상의 근본적인 특징이다. 다음을 참고하라. Popper, *Die offene Gesellschaft und ihre Feinde*, Band 1, p. 207 ff.

35　zu diesen Prinzipien u. a. ebd., S. 110 ff., 120 ff., 132 ff. 위의 책, p. 110 ff., 120 ff., 132 ff.

36　Art. 1 AEMR.

37　Popper, *Ausgangspunkte*, p. 172.

38　위의 책, 185쪽.

39 위의 책, 189쪽.

40 알베르트의 《비판적 이성에 대한 논고》(1968년 초판 출간)은 포퍼의 《탐구의 논리》, 《열린 사회와 그 적들》과 함께 비판적 합리주의의 주요 저작 중 하나이다. 이 책에서 알베르트는 무엇보다도 사이비 과학뿐 아니라 종교적·정치적 이데올로기가 어떻게 '비판으로부터 스스로를 면역시키는지'(포퍼가 채택한 용어)에 대해 설명했다. 또한 이 책에서 알베르트는 자신의 머리카락으로 늪에서 빠져나왔다고 알려진 뮌하우젠 남작의 유명한 이야기를 사용하여 왜 '최종적인 정당성'이 존재할 수 없고 따라서 '절대적인 확실성'이 존재할 수 없는지를 설명하는 유명한 '뮌하우젠 트릴레마'에 대해 논의했다(참고: Hans Albert, *Traktat über kritische Vernunft*, Tübingen 1991, p. 15 ff.).

41 포퍼가 대담하게도 그의 반대자인 아도르노와 하버마스의 이론을 일반적으로 이해할 수 있는 언어로 번역한 텍스트는 실제로 출판을 목적으로 한 것은 아니지만, 그럼에도 주간지 〈Die Zeit〉에 게재되었다(Karl Popper, "Wider die großen Worte", in: *Die Zeit*, 39/1971, p. 8). 이 글은 이후 여러 포퍼의 에세이 모음집에 'Gegen die großen Worte'라는 제목으로 전재되었다. Karl Popper, *Auf der Suche nach einer besseren Welt*, München 1984(인용문은 100쪽에서 확인할 수 있다).

42 Karl Popper, *Objektive Erkenntnip. Ein evolutionärer Entwurf*, Hamburg 1973/1984, pp. 322~323.

43 Popper, *Die offene Gesellschaft*, Band 2, p. 293.

44 Zimmer, Morgenstern, *Karl R. Popper*, p. 43.

45 다음을 참고하라. Popper, *Auf der Suche nach einer besseren Welt*, p. 88.

46 Thomas p. Kuhn, *Die Struktur wissenschaftlicher Revolutionen*, Frankfurt/M. 1967(토머스 쿤, 김명자, 홍성욱 역, 《과학혁명의 구조》, 까치, 2013).

47 다음을 참고하라. Paul Feyerabend, *Wider den Methodenzwang. Skizze einer anarchistischen Erkenntnistheorie*, Frankfurt/M. 1976; Paul Feyerabend, *Erkenntnis für freie Menschen*, Frankfurt/M. 1979.

48 Feyerabend, *Erkenntnis für freie Menschen*, p. 7.

49 다음을 참고하라. Paul Feyerabend, *Zeitverschwendung*, Frankfurt/M. 1997, p. 196 ff.

50 Popper, *Die offene Gesellschaft*, Band 2, p. 275.

51 다음을 참고하라. Hans Albert, *In Kontroversen verstrickt. Vom Kulturpessimismus zum kritischen Rationalismus*, Münster 2007; 또한 포퍼와 파이어아벤트 사이의 많은 정보를 담고 있는 자료인 Martin Morgenstern, Robert Zimmer(eds) *Hans Albert & Karl R. Popper, Briefwechsel*, Frankfurt/M. 2005; Wilhelm Baum, Michael Mühlmann(eds), *Paul Feyerabend & Hans Albert. Briefwechsel*(two Bands), Klagenfurt 2008/200.

52 Albert, *Traktat über kritische Vernunft*, p. 95.

53 알베르트의 취임 연설 오디오 파일은 한스 알베르트 연구소(HAI)의 "디지털 한스 알베르트 아카이브(hansalbertinstitut.de)"에서 확인할 수 있다. 이 연설문은 2021년 2월 8일 과학 이론가 탄생 100주년을 맞아 HAI가 지오다노 브루노 재단(gbs)과 공동으로 제작한 영화 다큐멘터리 〈한스 알베르트: 세기의 사상가〉의 일부이기도 하다[아카이브 또는 유튜브를 통해 무료로 액세스 가능].

54 알베르트의 신학 비판적 저술을 참고하라. Hans Albert, *Theologische Holzwege. Gerhardt Ebeling und der rechte Gebrauch der Vernunft*, Tübingen 1973; Hans Albert, *Das Elend der Theologie. Kritische Auseinandersetzung mit Hans Küng*, Hamburg 1979; Hans Albert, *Joseph Ratzingers Rettung des Christentump. Beschränkungen des Vernunftgebrauchs im Dienste des religiösen Glaubens*, Aschaffenburg 2008.

55 다소 딱딱할 수 있는 대학 리셉션에 참석한 후 하이델베르크의 유로패에이스처 호프에서 열린 개인 생일 파티에서 훨씬 더 편안한 분위기를 즐겼던 한스와 그의 아내 그레텔 알베르트가 노년에도 여전히 놀라울 정도로 경쾌하게 춤을 즐겼다는 것을 저자는 인상적인 목격담으로 기록했다.

56 Popper, *Auf der Suche nach einer besseren Welt*, p. VII.

57 Popper, *Objektive Erkenntnis*, p. 360.

58　위의 책, 25쪽.
59　진화론적 인식론은 인간의 인지 기관을 진화의 산물로 설명한다. 우리는 지각과 독립적으로 존재하는 세계를 있는 그대로 인식할 수는 없지만, 우리가 세계를 인식하는 방식은 생존을 위한 투쟁에 도움이 되는 것으로 입증되었다. 이런 점에서 우리는 인식의 선험성(어떤 경험 이전에도 세계에 적용하는 인식 패턴)을 진화의 후험성(즉 진화 과정에서의 다양한 이전 경험의 결과)으로 이해해야 한다. 이 주제에 대해서는 콘트라 로렌츠의 글을 참고하라 *Die Rückseite des Spiegelp. Versuch einer Naturgeschichte des menschlichen Erkennens*, München 1973; Gerhard Vollmer, *Evolutionäre Erkenntnistheorie*, Stuttgart 1975; Rupert Riedl, *Biologie der Erkenntnip. Die stammesgeschichtlichen Grundlagen der Vernunft*, Berlin 1980.
60　포퍼는 《객관적 인식》에서 세 가지 다른 세계를 설명했고, 이후 노벨상을 수상한 신경과학자 존 에클스와 함께 쓴 《자아와 그 뇌》에서는 세계를 물리적 세계(제1세계), 개인의 지각과 의식의 세계(제2세계), 모델, 이론, 개념과 같은 정신 및 문화적 인공물의 세계(제3세계)로 나누어 설명했다. 그러나 포퍼와 달리 에클스는 정신의 세계와 죽음 이후의 삶에 관여하는 초자연적인 기원을 믿었기 때문에 이 개념은 근본적인 문제를 명확히 하기보다는 혼란을 가중시키는 데 더 많이 기여했다. 포퍼가 세 세계 이론을 통해 실제로 말하고자 했던 것은 마음의 세계를 어떤 손실도 없이 순전히 물리적 연결로 환원할 수 없다는 것이므로 여전히 의미가 크다. 10장에서 줄리언 헉슬리의 '보편적 진화 이론' 초안과 관련하여 이 문제를 다시 다룰 것이다.
61　Popper, *Objektive Erkenntnis*, p. 258.
62　Gerhard Vollmer, "Wir irren uns empor", in: *Skeptiker* 01/1995, p. 4.

10장. 모든 것은 진화로 이해할 수 있다

1　*Verfassung der Organisation der Vereinten Nationen für Erziehung, Wis-*

senschaft und Kultur*(UNESCO). 1945년 11월 16일 런던에서 서명. 독일 유네스코 위원회가 오스트리아 및 스위스 국립 유네스코 위원회와 공동으로 작성한 독일어 텍스트 버전(2001)은 다음을 참고하라. https://www.unesco.de/unesco_verfassung.html.

2 Julian Huxley, *Ein Leben für die Zukunft. Erinnerungen*, München 1981, p. 262.

3 위의 책, 346쪽을 참고하라.

4 위의 책, 244~245쪽을 참고하라.

5 Julian Huxley, *UNESCO–Its Purpose and Philosophy*, London, 1946/2010, p. 62.

6 위의 책, 62쪽을 참고하라.

7 *The UNESCO Courier*, 1991 XLIV: 2, p. 41[번역: MSS].

8 Huxley, *Ein Leben für die Zukunft*, p. 22.

9 헉슬리의 복잡한 가족에 대한 탁월한 설명은 다음을 참고하라. Alison Bashford, *The Huxleyp. An Intimate History of Evolution*, Chicago 2022.

10 위의 책, 217쪽을 참고하라.

11 Huxley, *Ein Leben für die Zukunft*, pp. 7~8.

12 줄리엣은 처음에 '공개 결혼'이라는 개념을 전혀 받아들이지 않았고, 실제로 부부 관계에 일시적인 단절이 생기기도 했다. 그러나 나중에 줄리엣은 다른 연인들이 거의 일과 결혼한 남편 줄리언보다 훨씬 더 많은 것을 자신에게 줄 수 있다는 것을 깨달았다(흥미로운 그녀의 자서전을 참고하라. *Leaves of the Tulip Tree. Autobiography*, Oxford 1986, pp. 137~167). 그러나 그녀는 회고록에서 메이 사튼과의 인연을 생략했다. 메이와 줄리엣의 깊은 관계는 미국의 페미니스트 작가 수잔 셔먼이 메이가 줄리엣에게 보낸 편지(《수잔 셔먼: 줄리엣에게 보내는 편지》)를 출간하면서 비로소 밝혀졌다(Susan Sherman, *Dear Juliette. Letters of May Sarton to Juliette Huxley*, New York 1999).

13 Julian Huxley, *Essays of a Biologist(1923)*, New Delhi 2021, p. 5[번역: MSS].

14　다음을 참고하라. Julian Huxley, *Evolution. The Modern Synthesip. The Definite Edition*, Cambridge 2010(첫 번째 판: London 1942).

15　*The American Naturalist*, 77/771(Juli/August 1943), p. 365.

16　E. O. Wilson, *Sociobiology. The New Synthesis*, Cambridge 1975.

17　Massimo Pigliucci, Gerd B. Müller(edp.), *Evolution. The Extended Synthesis*, Cambridge 2010.

18　Sean B. Carroll, "Evo-Devo and an Expanding Evolutionary Synthesis: A Genetic Theory of Morphological Evolution", in: *Cell* 134, July 11, 2008, p. 34.

19　C. H. Waddington, "Der Mensch als Lebewesen", in: Julian Huxley, *Der evolutionäre Humanismus*, München 1964, pp. 71–89.

20　Julian Huxley, *Evolution in Action*, New York 1953, p. 152.

21　Theodosius Dobzhansky, "Nothing in Biology Makes Sense except in the Light of Evolution", in: *The American Biology Teacher*, 35/3 (March 1973), p. 125.

22　다음을 참고하라. Huxley, *Evolution in Action*, p. 2.

23　Julian Huxley, *Ich sehe den künftigen Menschen. Natur und neuer Humanismup*[원제: *Essays of a Humanist*], München 1965, p. 31.

24　위의 책, 31쪽.

25　이 거대한 진화 과정은 아마도 훨씬 더 포괄적인 '다중 우주' 진화의 일부에 불과할 것이다. 이론 물리학자 리 스몰린은 블랙홀의 '산도'를 통해 새로운 우주가 만들어지는데, 이 산도는 서로 다른 성질을 가지고 있지만 큰 별을 '출산'할 수 있는 것만 '살아남아' 번식을 할 수 있다고 가정한다(Lee Smolin, *Warum gibt es die Welt? Die Evolution des Kosmos*, München 2002). 스몰린의 이론은 우주가 어떻게 생명을 가능하게 하는 특성을 가지고 있는지를 우아하게 설명할 수 있다는 장점이 있다(결국 우리가 알고 있는 모든 생명은 '별똥별'에서 비롯된 것이기 때문이다). 그러나 이 이론의 문제점은 경험적으로 반증하는 것이 적어도 지금까지는 사실상 불가능하다는 것이다.

26   Schmidt-Salomon, *Hoffnung Mensch*, p. 151 ff.
27   Gerhard Vollmer, *Im Lichte der Evolution. Darwin in Wissenschaft und Philosophie*, Stuttgart 2017.
28   그러나 이러한 관점은 지금까지 과학계에서 거의 인정을 받지 못한 '강력한 자연주의적 출현 원리'를 전제로 한다. 하지만 이러한 원칙을 전제로 하지 않으면 포퍼와 헉슬리의 진화론과 '확장된 진화적 종합'의 특정 요소는 실제로 불가능하다. 나는 '강력한 자연주의적 출현 원리'가 어떻게 정당화될 수 있는지에 대해 저서 《선과 악을 넘어서》 5판의 부록에서 설명한 바 있다(Schmidt-Salomon, *Jenseits von Gut und Böse. Warum wir ohne Moral die bessere Menschen sind*, München2010, p. 317 ff.)
29   Julian Huxley, *Religion without Revelation*, London 1967.
30   Marx, *Zur Kritik der Hegelschen Rechtsphilosophie*, p. 385.
31   독일 작가이자 노벨 평화상 수상자인 베르타 폰 주트너의 기사(일부는 가명으로 출판)는 분명 평화주의적 헌신과 진화론에 대해 자유롭고 인본주의적인 해석이 더해진 것이다. Eveline Thalmann(ed.), "Bertha von Suttner als Soziologin", in: *LiTheS. Zeitschrift für Literatur und Theatersoziologie*, Sonderband 4/2017) 러시아의 무정부주의자이자 지질학자이자 다윈 수학자인 포트르 트로포트킨은 자신의 저서인 《동물과 인간 세계의 상호 지원》(1902)과 《윤리: 도덕의 기원과 발전》(1923년 사후 출판)에서 인간학적 가치를 실현할 때 인간이 비인간 동물 세계에서부터 발달시켜온 행동을 유지할 수 있다는 것을 분명하게 보여주었다.
32   Julian Huxley, "Die Grundgedanken des evolutionären Humanismus", in: Huxley, *Der evolutionäre Humanismus*, S. 29.
33   위의 책, 15쪽.
34   위의 책, 16쪽.
35   위의 책.
36   위의 책.
37   이것만으로도 이스라엘 역사학자 유발 하라리의 주장이 얼마나 혼란스러운

지 알 수 있다. 유발 하라리는 베스트셀러《사피엔스》(2013)와《호모 데우스》(2017)에서 '진화론적 휴머니즘'이라는 용어를 사용하여 (그 의미를 완전히 무시한 채) 국가 사회주의(!) 세계관을 특징짓는데, 이는 '휴머니즘'도 아니고 '진화론도 아니다. Michael Schmidt-Salomon, "Die große Harari-Ver(w)irrung. Waren die Nazis wirklich Humanisten?", in: *Humanistischer Pressedienst(hpd)*, 1.8.2017.

38 Julian Huxley, Alfred Cort Haddon, *We Europeans: A Survey of "Racial" Problems*, London 1935.

39 H. G. Wells, *The Rights of Man, or what are we fighting for?*, Middlesex 1940.

40 다음을 참고하라. Giordano Bruno Foundation(ed.), *Die Menschenrechte: Wie sie entstanden sindund warum wir sie verteidigen müssen*, Oberwesel 2018[재단의 웹사이트를 통해 볼 수 있다].

41 Julian Huxley, "The Tissue-Culture King : A Biological Fantasy", in: *Cornhill Magazine*, 60/358(April 1926).

42 2008년 3월 3일 베를린 포츠담 광장에 알렉산더 폴진이 제작한 조르다노 브루노 조각상을 설치하는 자리에서 배우 울리히 마트데스가 낭송한 인상적인 브루노 인용문 모음은 웹사이트 https ://www.brunodenkmal.de에서 확인할 수 있다.

43 다음을 참고하라. "10 Gebote der Rationalität", in: Schmidt-Salomon, *The Limits of Tolerance*, p. 105 ff.

44 1946년 11월 20일 유네스코 총회 회의록을 바탕으로 번역했다. 헉슬리의 연설문 번역본은 그가 유네스코 사무총장으로 선출된 지 75주년을 맞아 조르다노 브루노 재단 웹사이트에 게시되었다. *Vor 75 Jahren: Julian Huxley wird zum Generaldirektor der UNESCO gewählt*, Oberwesel 2021(online verfügbar).

45 위의 책.

46 위의 책.

47　Huxley, *Die Grundgedanken des evolutionären Humanismus*, p. 26 f.

48　다음을 참고하라. Raphael Evers, "Um der Kinder willen. Ein orthodoxer Rabbiner rät partners vor der Eheeschließung zu einem freiwilligen Genest", in: *Jüdische Allgemeine* of 24.4.2017 [온라인에서 확인할 수 있다].

49　Huxley, *Ein Leben für die Zukunft*, p. 471 f.

50　Francis Fukuyama, "Transhumanism-the world's most dangerous idea ", in: *Foreign Policy*(September 2004).

51　이 주제는 그 자체로 한 권의 책이 될 가치가 있지만 여기서는 간단히 설명하자면, 인간 유전자 편집과 같은 트랜스 휴머니즘적 조치가 실제로 삶의 질을 향상시킬지 아니면 더 많은 고통을 초래할지 여부는 현재 명확하지 않기 때문에 국제 최고의 연구자들이 이 분야에서 유예를 요구했다(참고: Eric Lander et al., "Adopt a moratorium on heritable genome editing", in: *Nature* 567, 2019년 3월 14일, 165쪽 이하). 그러나 트랜스 휴머니즘적 개입이 완벽하게 성공한다고 가정하더라도, 주어진 사회경제적 조건하에서 전 세계 인구의 극히 일부 특권층만이 트랜스 휴머니즘적 개선에 접근할 수 있고 나머지는 배제되기 때문에 심각한 사회적 격변을 야기할 수 있을 것이다. 그렇다고 해서 트랜스 휴머니즘 개념이 영원히 사라질 것이라는 의미는 아니지만, 어떤 시기와 조건에서 어떤 조치가 윤리적으로 정당화될 수 있는지, 또 어떤 조치는 최소화해야 하는지 매우 신중하게 검토할 필요가 있다.

52　Huxley, *Ein Leben für die Zukunft*, p. 483.

53　위의 책, 486쪽.

전망. 미래를 향해

1　이 상황에 대한 설명은 다소 다르다(예: Christoph Antweiler, *Anthropologie im Anthropozän. Theoriebausteine für das 21. Jahrhundert*, Darmstadt 2022, p.

81; Michael Müller, "Paul J. Crutzen–ein Jahrhundertmensch", in: Paul Crutzen, *Das Anthropozän: Schlüsseltexte des Nobelpreis trägers für das neue Erdzeitalter*, München 2019, p. 26; Hans Joachim Schellnhuber, "Crutzen und das neue Weltbild", in: Crutzen, *Das Anthropozän*, p. 64 f.; Reinhold Leinfelder, "Das Anthropozän–Die Erde in unserer Hand", in: Elke Schwinger(Hg.), *Das Anthropozän im Diskurs der Fachdisziplinen*, Marburg 2019, p. 25). 일부 설명에서 크뤼천은 '홀로세'라는 단어의 사용에 대해 매우 감정적이며 다른 설명에서는 우리가 현재 인류세에 있다고 비교적 유연하게 주장했다.

2 Paul Crutzen, Eugene Stoermer, "The 'Anthropocene'", in: *IGBP Newsletter No. 41(Mai 2000), p. 17 f.*

3 Paul Crutzen, "Geology of mankind", in: *Nature* 415(3. Januar 2002), p. 23.

4 이 용어의 지나친 사용에 대한 인상적인 설명은 다음에서 찾을 수 있따. Antweiler, *Anthropologie im Anthropozän*, p. 96.

5 다음 내용은 위의 책 14쪽 이후 여러 페이지를 참고하라. 또한 다음을 참고하라. Leinfelder, "Das Anthropozän", p. 26 ff.

6 Christine Boldt, "Chronik einer angekündigten Katastrophe. Wie der kanadische Crawford Lake den menschlichen Fußabdruck archiviert : Interview mit dem Geologen Reinhold Leinfelder zur möglichen Ausrufung eines neuen Erdzeitalters, des Anthropozäns", in: *campup.leben. The online magazine of Freie Universität Berlin*, Juli 14, 2023.

7 Huxley, *Ein Leben für die Zukunft*, p. 483.

8 미국 휴머니스트 협회 사이트에서 '인본주의 선언'을 서명자와 함께 살펴볼 수 있다. 다음을 참고하라. https ://americanhumanist.org.

9 Crutzen, Stoermer, "The Anthropocene", p. 18 [번역: MSS].

10 Crutzen, "Geology of mankind", p. 23 [번역: MSS].

11 Paul Crutzen, "Mein Leben mit O3, NOx und anderen YZOx-Verbindungen", in : Crutzen, *Das Anthropozän*, p. 121 f.

12	다음을 참고하라. u. a. Michael Cassidy, Lara Mani, "Prepare now for big eruptions", in : *Nature* 608 (18. August 2022), p. 469.
13	위의 책, 469쪽 이후 여러 페이지.
14	Paul Crutzen, "Erdabkühlung durch Sulfatinjektion in die Strato-sphäre", in: Crutzen, *Das Anthropozän*, p. 205 ff.
15	얀 헤겐버그는 쉽게 이해할 수 있으면서도 유머러스한 개요를 내놓았다. *Weltuntergang fällt aus! Warum die Wende der Klimakrise viel einfacher ist, als die meisten denken, und was jetzt zu tun ist*, München 2022
16	Paul Crutzen, "Eine kritische Analyse der Gaia-Hypothese als Modell für die Wechselwirkung zwischen Klima und Biosphäre", in: Crutzen, *Das Anthropozän*, p. 200.
17	다음을 참고하라. James Lovelock, Lynn Margulis, "Atmospheric Homeostasis by and for the Biosphere: The Gaia Hypothesis", in: *Tellus* 26(2/1974), p. 1141 ff.
18	다음을 참고하라. Crutzen, " Eine kritische Analyse der Gaia-Hypothese...", p. 183 f.
19	위의 책, 200쪽.
20	다음을 참고하라. Schmidt-Salomon, *Hoffnung Mensch*, p. 308 f.
21	다음을 참고하라. Michael Braungart, William McDonough, *Intelligente Verschwendung. The Upcycle: Auf dem Weg in eine neue Überflussgesellschaft*, München 2013.
22	Karl Jaspers, *Vom Ursprung und Ziel der Geschichte*, Frankfurt/M. 1955.
23	다음을 참고하라. Benjamin Bidder, "Vergessener Held—Der Mann, der den dritten Weltkrieg verhinderte", in: *SpiegelOnline*(21.4.2010); Ronald D. Gerste, "Nervenprobe vor 30 Jahren-Haarscharf vorbei einen Atomkrieg", in: *Neue Zürcher Zeitung*(25.9.2013); Schmidt-Salomon, *Hoffnung Mensch*, p. 310 f.

24 다음을 참고하라. Michael Schmidt-Salomon, *Mensch bleiben im Maschinenraum. Über Künstliche Intelligenz und Künstliche Dummheit*, Aschaffenburg 2020.

25 다음을 참고하라. Gustave M. Gilbert, *Nürnberger Tagebuch. Gespräche der Angeklagten mit dem Gerichtspsychologen*, Frankfurt 1977, p. 36.

26 다음을 참고하라. Schmidt-Salomon, *Hoffnung Mensch*, p. 90 ff.; Hamed Abdel-Samad, *Der Untergang der islamischen Welt. Eine Prognose*, München, 2010, p. 15 ff.

27 종교-민족주의 독재자들과 마찬가지로 '좌파'조차도 이제 집단의 정체성을 주장의 중심에 두고 보편적 인권과 개인의 자기 결정권을 무시하고 있다. 정치적 우파의 대표자들처럼, 이들은 또한 다원주의('절대 진리'를 소유하고 있다고 믿기 때문에), 과학적 합리성('백인의 지배 이데올로기'로 오해받는), 모든 형태의 문화적 혼합(좌파 용어로는 '문화적 전유'로 분류)에 반대한다(참고: Michael Schmidt-Salomon, "Die autoritäre Bedrohung", in : *bruno. Jahresmagazin* 2022, p. 44 ff.)[지오다노 브루노 재단 웹사이트를 통해 온라인으로 제공). 이 책의 7장에서 '세계의 도덕화'와 데카당스적인 '과민성 반응'에 대한 니체의 날카로운 주장도 참고하라.

28 Schmidt-Salomon, *Die Grenzen der Toleranz*, p. 135 ff.

29 Colin Goldner, *Dalai Lama. Fall eines Gottkönigs*, Aschaffenburg 2008

30 Michael Schmidt-Salomon, *Manifest des evolutionären Humanismup. Plädoyer für eine aufgeklärte Leitkultur*, Aschaffenburg 2005, p. 7.

31 이러한 맥락에서 우리는 마르크스의 주장을 다시 한번 상기할 필요가 있다. 경제가 'G-W-G' 또는 'G-G' 공식에 기초하여 단기적 이윤 극대화를 지향하는 한, 우리는 사회경제적 불공정의 문제나 자연과의 비합리적 신진대사 문제를 극복할 수 없을 것이다. 따라서 '이기심을 합리적인 채널로 유도'하는 것이 무엇보다 중요하다(Schmidt-Salomon, *Manifest des evolutionären Humanismus*, p. 106 ff). 그렇지 않으면 석유 회사 '엑손'의 책임자들이 보여준 행동 패턴은 변함없이 유지될 것이다. 그들은 이미 197 년대에 화석 연료 연소가

지구 온난화를 유발한다는 사실을 내부적으로 알고 있었지만 많은 선전 활동을 통해 이를 공개적으로 부인했다. Geoffrey Supran, Stefan Rahmstorf et al., "Assessing ExxonMobil's global warming pro jections", in: *Science* 379, 13. Januar 2023.

32   나는 이미 10년 전부터 이 주장을 내세웠지만(Schmidt-Salomon, *Hoffnung Mensch*, p. 9), 어떤 주장은 아무리 반복해도 지나치지 않다고 생각된다.

Die Evolution des Denkens

그들은 어떻게 시대를 앞서갔는가
생각의 진화

1판 1쇄 인쇄 2025년 12월 17일
1판 1쇄 발행 2025년 12월 24일

지은이 미하엘 슈미트잘로몬
옮긴이 이덕임
펴낸이 고병욱

책임편집 한희진　**기획편집** 김경수
마케팅 안선욱 황혜리 황예린 권묘정 이보슬　**디자인** 공희 백은주
제작 김기창　**관리** 주동은　**총무** 노재경 송민진

펴낸곳 청림출판(주)
등록 제2023-000081호

본사 04799 서울시 성동구 아차산로17길 49 1010호 청림출판(주)
제2사옥 10881 경기도 파주시 회동길 173 청림아트스페이스
전화 02-546-4341　**팩스** 02-546-8053

홈페이지 www.chungrim.com　**이메일** cr2@chungrim.com
인스타그램 @chungrimbooks　**블로그** blog.naver.com/chungrimpub
페이스북 www.facebook.com/chungrimpub

ISBN 979-11-5540-261-0 03100

※ 이 책은 저작권법에 따라 보호를 받는 저작물이므로 무단전재와 무단복제를 금합니다.
※ 책값은 뒤표지에 있습니다. 잘못된 책은 구입하신 서점에서 바꿔 드립니다.
※ 추수밭은 청림출판(주)의 인문 분야 브랜드입니다.